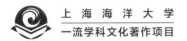

上海海洋大学
一流学科文化著作项目

渔权即海权

国际履约谈判纪实

江卫平　主编

FISHING RIGHT IS SEA POWER

Record of international
performance negotiations

上海三联书店

编审委员会成员

主　　编　吴嘉敏　程裕东

副 主 编　闵　辉　郑卫东

编委成员　黄旭雄　江卫平　陈　慧　施永忠　张登沥

张雅林　程彦楠　俞　渊　韩振芳　周　辉

钟俊生　宁　波　屈琳琳　叶　鸣　张亚琼

总　序

❧❧❧

　　浩瀚深邃的海洋，孕育了她海纳百川、勤朴忠实的品格；变化万千的风浪，塑造了她勇立潮头、搏浪天涯的情怀。作为多科性应用研究型高校，上海海洋大学前身是张謇、黄炎培1912年创建于上海吴淞的江苏省立水产学校，1952年升格为中国第一所本科水产高校——上海水产学院，1985年更名为上海水产大学，2008年更为现名。2017年9月，学校入选国家一流学科建设高校。在全国第四轮学科评估中，水产学科获A+评级。作为国内第一所水产本科院校，学校拥有一大批蜚声海内外的教授，培养出一大批国家建设和发展的杰出人才，在海洋、水产、食品等不同领域做出了卓越贡献。

　　百余年来，学校始终接续"渔界所至、海权所在"的创校使命，不忘初心，牢记使命，坚持立德树人，始终践行"勤朴忠实"的校训精神，始终坚持"把论文写在世界的大洋大海和祖国的江河湖泊上"的办学传统，围绕"水域生物资源可持续开发与利用和地球环境与生态保护"学科建设主线，积极践行服务国家战略和地方发展的双重使命，不断落实深化格局转型和质量提高的双重任务，不断增强高度诠释"生物资源、地球环境、人类社会"的能力，努力把学校建设成为世界一流特色大学，水产、海洋、食品三大主干学科整体进入世界一流，并形成一流师资队伍、一流科教平台、一流科技成果、一流教学体系,谱写中国梦海大梦新的篇章！

文化是国家和民族的灵魂，是推动社会发展进步的精神动力。党的十九大报告指出，文化兴国运兴，文化强民族强。没有高度的文化自信，没有文化的繁荣兴盛，就没有中华民族伟大复兴。习近平总书记在全国宣传思想工作会议上强调，做好新形势下的宣传思想工作，必须自觉承担起举旗帜、聚民心、育人、兴文化、展形象的使命任务。国务院印发的"双一流"建设方案明确提出要加强大学文化建设，增强文化自觉和制度自信，形成推动社会进步、引领文明进程、各具特色的一流大学精神和大学文化。无论是党的十九大报告、全国宣传思想工作会议，还是国家"双一流"建设方案，都对各高校如何有效传承与创新优秀文化提出了新要求、作了新部署。

大学文化是社会主义先进文化的重要组成部分。加强高校文化传承与创新建设，是推动大学内涵发展、提升文化软实力的必然要求。高校肩负着以丰富的人文知识教育学生、以优秀的传统文化熏陶学生、以崭新的现代文化理念塑造学生、以先进的文化思想引领学生的重要职责。加强大学文化建设，可以进一步明确办学理念、发展目标、办学层次和服务社会等深层次问题，内聚人心外塑形象，在不同层次、不同领域办出特色、争创一流，提升学校核心竞争力、社会知名度和国际影响力。

学校以水产学科成功入选国家"一流学科"建设高校为契机，将一流学科建设为引领的大学文化建设作为海大新百年思想政治工作以及凝聚人心提振精神的重要抓手，努力构建与世界一流特色大学相适应的文化传承与创新体系。以"凝聚海洋力量，塑造海洋形象"为宗旨，以繁荣校园文化、培育大学精神、建设和谐校园为主线，重点梳理一流学科发展历程，整理各历史阶段学科建设、文化建设等方面的优秀事例、文献史料，撰写学科史、专业史、课程史、人物史志、优秀校友成果展等，将出版《上海海洋大学水产学科史（养殖篇）》《上海海洋大学档案里的捕捞学》《水族科学与技术专业史》《中国鱿钓渔业发展史》《沧海钩沉：中国古代海洋文化研究》《盐与海洋文化》、等专著近20部，切实增强学科文化自信，讲好一流学科精彩故事，传播一流学科好声音，为学校改革发展和"双一流"建设提供强有力的思想保证、精神动力和舆论支持。

进入新时代踏上新征程，新征程呼唤新作为。面向新时代高水平特色大学建设目标要求，今后学校将继续深入学习贯彻落实习近平新时代中国特色社会主义思想和党的十九大精神，全面贯彻全国教育大会精神，坚持社会主义办学方向，坚持立德树人，主动对接国家"加快建设海洋强国""建设生态文明""实施粮食安全""实施乡村振兴"等战略需求，按照"一条主线、五大工程、六项措施"的工作思路，稳步推进世界一流学科建设，加快实现内涵发展，全面开启学校建设世界一流特色大学的新征程，在推动具有中国特色的高等教育事业发展特别是地方高水平特色大学建设方面作出应有的贡献！

上海海洋大学党委书记　**吴嘉敏**

序

海洋占地球面积的 71%，蕴藏着各类极其丰富的资源，在政治、经济、军事、外交上都有着举足轻重的战略地位，海洋已经成为世界各个沿海国家争相开发的"蓝色疆土"。中国是一个陆地大国，也是一个海洋大国，海洋对中国有广泛的战略意义，我国在历史上有过优秀灿烂的海洋文明。2018 年 6 月 12 日，习近平总书记在青岛海洋科学与技术试点国家实验室考察时指出，建设海洋强国，必须进一步关心海洋、认识海洋、经略海洋。

在世界海洋生物资源中，公海渔业资源是最重要的组成部分。远洋渔业是国家战略性产业，是保障粮食安全和优质动物蛋白有效供给的重要途径，是国家重要的蓝色粮仓，是实施一带一路、维护海洋权益和服务国家外交的重要手段。近几十年来，以发达国家为主导的区域渔业管理组织相继成立，管辖范围已几乎涵盖了全球三大洋和南北极等海域，涉及所有经济鱼种。在"存在即权益"的背景下，发展中国家扩大资源份额、提升国际渔业治理中的话语权的进程举步艰难。

1904 年，著名实业家、教育家张謇为"护渔权，张海权"，提出"渔界所至，海权所在也"的主张，并于 1904 年向清廷提议创办水产学校（上海海洋大学前身）。张謇是明确指出我国海权边界的第一人，其渔业思想的核心可以概括为"渔权即海权"，在我国海权思想发展史上具有里程碑意义。"渔界所至，海权所在"也成为了我校的创校使命。由于上世纪 70 年代到 80 年代近海渔业资源的衰退，我国于 1985 年开始了海洋渔业的战略调整，发展远洋渔业。在这种背景下，上海海洋大学在农业农村部及远洋渔业协会的指导下组织远洋渔业国际履约团队成立了国际履约的研究中心。

团队自成立以来，先后参加了美洲间热带金枪鱼委员会、大西洋金枪鱼养护国际委员会、印度洋金枪鱼委员会、中西太平洋渔业委员会、南太平洋区域渔业管理组织、北太平洋渔业委员会、南极海洋生物资源保护委员会等国际渔业组织会议。团队代表国家参加国际渔业谈判共计 300 多人次，涉及的远洋渔业事务覆盖全球三大洋和南北两极海域。现有 5 名团队核心人员担任国际组织的主席或副主席。团队向农业部、外交部等提交有关行业决策咨询和建议报告近 20 余份，培训并遴选国家科学观察员 110 余人，培训远洋渔业从业人员 1 万余人，出色地完成了农业部等国家有关部局交办的履行渔业管理公约义务，在维护我国负责任渔业国家形象、维护我国海洋权益等方面做出了突出贡献。这些努力支撑了我国远洋渔业的从无到有，从小到大，并使我国发展成为世界上产量和规模最大的远洋渔业国家。2017 年，团队被上海市总工会授予"工人先锋号"荣誉称号，并入选了首批"全国高校黄大年式教师团队"。

自原校长乐美龙先生 1973 年全程参加了第三次国际海洋法公约的谈判及中朝、中越和中日的谈判开始，四十几年的国际渔业履约谈判历史常常是以各式各样的"故事"流传下来的，而恰恰是这些"故事"，构筑起了一部履约谈判的"活"历史。为了更好地铭记这些专家学者们在国际舞台上拼搏所留下的历史足迹，铭记他们在国际履约方面为我国远洋渔业及海洋事业的可持续发展作出的重要贡献，传承百年海大"勤朴忠实"的校训精神，激励一代又一代的海大人为实现海洋强国梦不懈努力，海洋科学学院特编撰《渔权即海权：国际履约谈判纪实》口述史，将十几位优秀专家学者的履约谈判故事通过学院党委采访、人物口述、青年师生听和记的方式记录并整理汇编成集,宣传他们热爱祖国、搏浪天涯、勇于担当、乐于奉献的精神,进一步激励广大师生潜心教育教学、勇攀科学高峰,为把祖国建设成海洋强国贡献力量。

　　全书记述了团队部分核心成员如何从一名学生成长为在专业上有较高造诣、掌握熟练的外语交流能力、有较强的外交能力和组织能力的国际履约谈判专家的故事;记述了如何在国际渔业谈判中从后排逐渐坐到前排,直接代表中国政府、利用科学武器,积极为祖国争取渔业配额、维护国家海洋权益的故事。学习、传承和弘扬履约谈判专家们的高尚品格和奉献精神,需要这些鲜活的故事。相信此书的出版对于在新的历史条件下加强青年师生海洋意识教育、培养担当民族复兴大任的时代新人具有重要的意义。

本书编者

1976 年中朝双方代表团在金日成故居前举行
中朝渔业协定会谈(水丰水库)(左四为乐美龙)

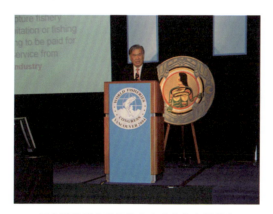

周应祺教授在世界渔业大会上作主题报告

黄硕琳于 1999 年出席 FAO—IUU 海鸟鲨鱼会议

许柳雄(前排左一)于 2009 年 11 月 20 日出席印度
洋委员会第 12 次科学分委员会会议

刘小兵(左一)参加大西洋金枪鱼委员会会议

戴小杰教授参加《濒危野生动植物种国际
贸易公约》第 25 届动物委员会会议

宋利明(前排中间)于 2014 年 10 月 2 日在西班牙马德里参加
ICCAT— SCRS(大西洋金枪鱼类保护委员会—研究与
统计常设委员会科学会议)

2017 年唐建业(右)和高风(左)(中国北极事务特别代表)
参加会议时合影留念

田思泉(中)于2014年3月18日在日本东京参加NPFC
筹备会第12次科学工作组会议

邹晓荣(右一)于2012年参加筹建成立南太平洋区域性
渔业管理组织(SPRFMO)第十一次科学委员会会议

目　录

乐美龙

乐美龙，1932年1月15日生，浙江宁波人，中共党员，原上海水产大学校长，捕捞学教授。

1954年，上海水产学院毕业后留校任教，曾任教研室主任、海洋渔业系副主任。

1973年，调任农林部外事局和国家水产总局外事局副处长，曾作为中国政府代表团成员参加和承担《联合国海洋法公约》及中日、中朝、中越等政府间渔业协定会谈和渔业援外等任务。

1979年，调回上海水产学院，历任教务处长，上海水产学院副院长、院长，上海水产大学校长，兼任农业部高等农业学校教学指导委员会副主任、顾问等。

20世纪60年代，在舟山参加渔业生产。

1975年4月，参加在日本外务省会议室召开的中日政府间渔业协定会谈。

1975年10月，参与签订《中日民间渔业安全作业协议书》。

1976年，参加中朝渔业协定会谈。

1977年5月至6月，参加日中渔业协定会谈。

1994年7月20日至21日，参加两岸海洋渔业发展研讨会。

1992年起，享受国务院政府特殊津贴。

1997年，退休。

只有深入研究，国际谈判
才能有的放矢

乐美龙

*"在我的一生当中，其实最有成就感的就是在 1995 年中日
渔业谈判中，我提出了解决中日矛盾的最佳方案"*

一、艰难困苦中的求学经历

（一）抗战期间，埋头苦学，严师出高徒

我是在 1932 年 1 月 15 号出生的，阴历是 1931 年十二月初八。我出生地是在上海闸北区新疆路南林里。我原籍是浙江宁波的镇海，但从我祖父起三代人都在上海，可以算是上海人。我父亲是从事建筑行业的，他不是大学毕业生，是在营造厂学做监工工作的，也就是在施工现场根据施工图纸，全过程监督施工质量，如不合要求，就及时提出问题并进行纠正。据说，他曾参与上海国际饭店、西藏中路的基督教堂的监工工作，后来也曾参与建国西路一带住宅区建造的监工工作。

我家原来住在闸北区上海火车北站附近的新疆路南林里，不是现在的新客站，是老火车站。我祖父租了一栋两层楼房，我们一家住一层，祖父和我父亲各有一间较大的住房，另有客厅和厨房各一间。二层出租给他人。按当时生活条件，我家属于中等水平。"八一三"淞沪会战时，我家遭到毁灭性的打击，住房和所有家产全部被日军飞机炸毁，幸好全家六口人都安全脱逃，但其他什么东西都没有了。于是我们在公共租界的现石门二路武定路处租了一间约 10 多平方米的住房。这

个租的房子实在太狭小,祖孙三代人住不下,祖父只能在现凤阳路单独租了一间小间。我父母及我兄妹加起来共有 5 口人,我们就住在租的那间房子里。那个房子很小很小,在我的印象中只放了一张双人床、一张桌子和几个凳子,剩下的空间就已不多。我兄妹三人只能在晚上打地铺,早上起来就卷起来。全家全靠父亲一个人工作,我兄妹三人又相继要上学,生活相当艰苦。

我在 1937 年(即 5 岁半)开始念小学。一年级就读于我家隔壁高照里的一个弄堂小学。该所学校设施条件极差,既没有操场,也没有任何运动器材,一、二年级和三、四年级分别合并在一个教室里上课。在二年级时,我转到了成都路新闸路的市立和安小学。这个小学离我家约有 2 公里路,学校规模也比较大,有正规的教学楼、操场,老师也比较好。但太平洋战争爆发后,上海原有的公共租界、法租界都被日军占领,和安小学作为日军的兵营只能关闭。我又转学到北京西路石门二路的国强小学。1941 年,日军撤出了和安小学,我再回到老学校念书,一直读到毕业。

我小学四年级以后就开始学英语了。高中大部分课程采用英文教本,不是很难。老师上课时中英是同时在讲的,不是全部中文,也不是全部英文,是夹在一起讲的。特别是就数学、物理、化学来讲,我接受起来比较容易,再不行就回家查查字典。

我有一个姐姐和一个哥哥。因为家里条件比较困难,哥哥原在格致中学念书,抗战胜利后即进入原中央航空公司工作。姐姐小学毕业后就不再念书了。我小学毕业后,考入大同大学二附中。大同大学有两个附中,一个叫一附中,在石门一路附近,另一个是二附中,在新闸路西康路。二附中校址内有大学本科和中学,大学在五层大楼中的一至三层上课,初中和高中在四层和五层上课。该校是私立学校,学费较高。因我哥哥在格致中学上学,这个还是比较有名的,哥哥和有关老师的关系比较好,他们要我转到格致中学去读书。事实上,格致中学在抗战前是上海工部局所属的四所中学之一,当时改为上海市市立中学,比大同二附中更有名。经格致中学考核通过,我初二、初三就在格致中学学习。

我初二时还处于抗战时期,格致中学广西路校区仍被日军占领,只能借用山海关路的育才中学上课。育才中学学生上午上课，格致中学学生下午上课。我们每天中午 12 点半就等在育才中学门口，等育才中学学生放学，我们再进校。格致中学的传统管理是很严格的。我随便举个例子，所有学生到了学校之后是不能随便进入教室的，待上课铃响后，所有学生按班级在操场上排队，在高三学生带领下进入教室。每次下课后，所有学生都必须离开教室，到室外去活动，教室门是上锁的。待上课铃响后，再次按班级在操场上排队进教室。所有学生都须穿蓝布长衫，头戴黑色鸭舌帽。高三的学生叫做学长班，协助管理各年级学生。学长班同样穿蓝布长衫，但头戴的黑色鸭舌帽顶上有一个黄色圆圈，以示区别。老师也非常严格。譬如，做作业都必须用蘸墨水笔，不准用自来水笔。蘸的笔芯有两种，一种是 J 字笔尖，这与自来水钢笔笔尖相似，书写比较流畅，但有的老师不准用该笔尖，必须用另一种 G 字笔尖。G 字笔尖书写较难，写得重的话，笔尖会分开，笔划较粗，有时还会拉破纸，写得轻的话，笔划就变细。书写得当，无论是英文、中文，笔划粗细分清，字体端正，都相当美观。值得引起注意的是，现在无论是大学本科生或是研究生的字，写得好的人有，但为数太少。近年来，我所承担的研究生课程在考试时，要求同学们在试卷上的字写端正即可。事实上，还有百分之十几的试卷让我在批阅时感觉很吃力。我武断地说，当前中国学生的汉字书法不及日本、韩国学生。大概这和中小学不写毛笔字有一定关系。

初中毕业时，我跟着格致中学几个老师转到市西中学读高中。市西中学原是汉必烈西童中学，抗战胜利后被接管并更名为市西中学，现仍在愚园路 440 号。这所学校的条件和环境都比较好，校长赵传家是留美的教育家，其管理学生的方式方法与格致中学几乎完全一样。同时，学校还留了一部分西童中学的外国教师，教授包括英语、地理、画图等课程。中国老师在教学上也相当不错。如果作业不合格，老师不但不收，还会退回重做。我觉得对于初中和高中来讲，对学生的培养是相当重要的，学生的素质和学风基本上是在小学和中学里培养的。在高中阶段，外国老师授课全部用英文，除语文、历史、地理课用中文课本外，其他数理化课程大多是用英文原版书，三角、解析几何、大代数的作业也用英文。老师批改作业也是比较严格的。相对来讲,这对培养学生是有很大帮助的。

在学习上,我们同学之间关系比较好,学风也比较好。学生之间是有差距的,有的学生文科比较好,包括古文、英文等,而有的学生是数理化比较好,所以我们就把同学们组织起来,相互帮助着学习。我记得我们有的同学家里条件比较好,有客厅,我们七八个学生下午放学后就骑着自行车到他家里去做功课,做完了之后就各自回家吃饭,基本每天都是这样。这样的话,同学们之间的感情啊,还有学习啊,完全是不一样的。学习比较差的同学至少可以跟得上,不会掉队。有关老师对此也很感兴趣,有时候专门问我们:"你们怎么回事?"听完我们的解释后就说:"你们这个很好,可以把别的班级也带动起来,应该这样做。"那时候没有在课外请老师补课的,都是同学之间互帮互学。这样对帮的同学来讲相当于在复习,也有好处。当时,我在考试期间几乎不需要专门复习和准备,因为与大家一起温课时等于重新复习了一遍。当时我们一般下午六点来钟就都回家吃饭了。回家基本上是不怎么做作业的。有时候翻翻书,但不会花很多时间,活动的时间是比较多的。做作业的时候都十分认真,没有去外面兜兜转转的这种情况。一放学就去那位同学家里做功课,今天做什么明天做什么都是大家一起商量,充分发挥互助精神。

当时我数学基础较好,对大代数、三角、解析几何都比较有兴趣,所以数学这块我包下了,其他课程就由其他同学负责。我们的课程有历史、外国地理、中国地理、普通生物学……都是要念的,课相当的多,这些东西主要靠记忆。"活"的东西就相对比较难,像物理、数学这些就比较难一点。解析几何是在高三学的。

(二)因对水感兴趣,我选择了上海水产专科学校

我在1949年夏高中毕业时,因家庭经济困难,曾工作了两年。我高中同学大多在沪江、复旦、交大念书。我1951年想考大学时,有一位同学推荐我读沪江大学的化学。最后,我报了三个学校,一个是沪江大学的化学系,一个是上海水产专科学校的捕捞科,还有一个是上海工业

专科学校的造船科。这三个学校中，沪江大学是四年制本科，上海水产专科学校是三年制，上海工业专科学校是两年制。结果三个学校都录取了我。我的老同学拉我到沪江大学去，但沪江大学四年的学费很贵，还要加上饭钱，我的经济条件不允许。沪江的学生有的在学校里面吃，有的条件稍微好一点的，都愿意在沪江门口对面的饭店里面吃饭。我一想，这个学上不起，要学费还要饭费。上海水产专科学校读三年制的捕捞科既不要学费，也不要饭费。

那时候虽然我已工作过几年，但是家里的条件仍不太好。我工作时一个月的工资只有三十几元，而沪江一学期学费大约要五六十元，还要加上饭钱。

当时我选择上海水产专科学校，经济基础是一方面，但主要是我对水感兴趣。这还是和我打捞沉船的经历是有关系的，对海洋有一点兴趣。当时学校有三个专业：养殖、捕捞、制造（即加工）。我选择学捕捞。当然，我为什么没有去工专，实际上工专也是可以的，学费也是比较低的，主要（是）因为工专只学两年，时间太短了。那时候脑子里面对本科和专科是没有很明确的概念的，就是一个学两年、一个学三年、一个学四年的区别，四年时间长一点，就是这种概念。我考虑三年要学得多一点，所以工专就没有去。实际上到我就读的第二年，工专并入了交大，沪江大学并入了复旦，我们学校保留了。就这样，我在学校一直待到现在，至今已有67年了。

我在学校里面的学习，应该讲是可以的。我们班一共有40多位同学，算多的，后来个别学生有一些变化，毕业时还有35位同学。上课的老师中有专职的、兼课的，兼课的老师相对比较多，而且有的兼课老师还是有点名望的。但我们同学水平相对比较低，基础较弱，特别是数理方面更差一点。可学校开设的课程要求却是蛮高的。例如，一般学校高等数学仅开设一门"微积分"，但我们学了微积分后，还要开一门"微分方程"。不仅开"常微分方程"，还开"偏微分方程"。当时，微积分任课老师是学校专任老师，但微分方程任课老师是请当时华东化工学院（现华东理工大学）的数学教研室的主任曹一华教授来授课。这位老师原来是大同大学的老师。他一进我们这个班级就发现基础太差，当面就说我们这些学生怎么能学微分方程。他说："你们微积分学完就完了，怎么还设了'微分方程'这一门课？"事实上，我们有些同学确实学得非常吃力。当时是没有助教的，也没有辅导老师，老师就上半天四节课后就走了，其他都不管了。但我们班级有个优点，我们把同学组织起来，分成几个小组，每个小组安排一个成绩比较好的同学，带着五六个、七八个成绩稍差一点的同学一起学。一般我们上午上了微分方程课，下午就没有课。但我们全班同学仍回到教室，分组复习和集体做作业，不懂的话就由带头的同学进行辅导。再有问题的话，就把有困难的同学再集中在一起，再进行辅导。一个月以后，我们班所有的同学基本上都能跟上了。因为我是课代表，曹一华教授曾问我是怎么做的，我就介绍了上述情况以及有关组织形式。曹老师认为这个办法很不简单。到学期结束时，我们全班同学没有一个掉队的，只有成绩高一点和低一点的差别。曹老师到华东化工学院专门介绍我们的经验。他说："你们别以为你们化工学院成绩好，其实你们掉队的人有的是，人家水产学院确保没有一个掉队的。"这个做法都是我们自发的，不仅对"微分方程"这一门课，我们对所有课程基本上都是这样做的。比如我们的普通动物学是由水产养殖系的陆桂教授主讲的。他的特点是上课有时是要迟到的，下课时又往往要"拖辰光"（上海方言，意为"拖时间"）不下课，但课教得很好。同学对他的课往往一时难以理解和掌握，这样我们就让同学采用上述方法进行复习。这也大大促进了我们同学之间的感情。

我大学里学的是俄语，中学里学的是英语。就俄语来讲，我们那个女老师刘治亭原在政府机构任俄文翻译，她对学生是非常严格的。她的记忆力也非常的强，我们一个班40多个学生，她只要点一次名，下一次就能叫得出你的名字。她每次上课都要随堂问答，如答不上，要罚站。学校除开设俄语外，还开设有日语、英语。

我选俄语主要是因为学校引进有一批苏联专业教材和杂志，英文专业参考书相对比较少，这引起了我学俄语的兴趣。那时候学俄语是同业务老师挂钩的，我们把有关的俄语杂志里面最新的文章翻译过来，翻译中的语法问题就请教俄语老师，业务上的问题请教专业老师，成文后就编成专业的参考资料。这样的话，无论是对俄语还是专业业务都有很大的帮助。当然，这么做的确有一点难度，开始的时候非常难，但逐步逐步就习惯了。基本上一年以后，我们就开始对苏联《渔业》杂志中最新的资料进行翻译，还提供给专业老师参考，有的还编入了专业教材。当时养殖系有位老教师华汝成教授，他主编《学艺》杂志，就经常选用我翻译好的专业文章，放在其杂志里发表。差不多每期《学艺》杂志都有我们这一帮学生翻译的材料。这对老师来讲也有帮助，对同学来讲也有帮助。我们俄语老师也知道了我们专业词汇的特点，因为有时候俄语词汇解释与专业是不一样的，这样她也可以了解有关的专业知识。这个时候我们口语是比较差一点的，但阅读会比较好一点。

那时候就课程来讲，我对专业课兴趣相对更大一些。当时课程分得比较细，轮机这门课要分成柴油机、蒸汽机、锅炉三门课。蒸汽机、锅炉两门课由交大范洵如教授主讲，柴油机由上海工专的冯岗教授主讲。造船大意这门课也分成船舶静力学、船舶动力学、船舶结构、船舶舾装（即船舶装备），这些课程全都由交大教授主讲。这主要是我们老校长，后为海洋渔业系主任的候朝海亲自去聘请的知名专家。他们来校上课一般都是一个礼拜来半天，半天上完就走了。辅导就要由学校自己来解决。我觉得那时候学的这些课都是新的，我都蛮有兴趣的。既有一些基础理论，又很实用。我主动为兼课老师做好辅导工作。

那时候是没有毕业论文的，是苏联专家来了之后，我们又重新搞的毕业论文。那时的毕业论文和现在的毕业论文是不一样的。

学校在 1958 年到 1960 年聘请了多位苏联专家，有从事海洋捕捞的，也有从事大水面养殖的。

二、生活所迫，初涉职场，举步维艰

（一）家中拮据，高中毕业即到长江打捞公司上班

我在市西中学读了三年高中，是在 1949 年 7 月毕业的。按我的学习情况，高中毕业考大学应该是没多大问题的。有关同学和同学家长也都认为我考大学是无疑的。但事实上，我家里经济条件相当差，我父亲长期患哮喘病，在 1947 年初并发心脏病病故。我哥哥原在中央航空

公司工作，1948年上海解放前，全公司迁至香港。1949年解放初，他回到重庆后患肾病，从重庆回到上海就医，也不幸病故。我姐姐当时也没有工作，后到扬州的苏北行署粮食厅工作，再从扬州调至北京。我母亲为有关公司代打毛衣，略有收益。在这种情况下，我就没有办法考大学。那时候有一个邻居，亲戚在上海的华东军区海军司令部工作。司令部吸收了一批长期专门负责解放区后勤物资工作的人员，组成了一个企业，即长江打捞公司。公司主要测量、打捞解放前夕沉没在长江芜湖至江阴段之间的国民党军舰。经这位邻居的亲戚介绍，我就去了该公司工作。

当时，公司中大部分人都是老干部，我17岁算是最年轻的，但学历还算高。有一位年龄比我大十多岁的同志，业务知识较丰富，能画船图，我就跟着他一起工作。据说这批沉在长江的军舰有几种情况：一种是跑不了，自己沉掉了的；一种是为了阻碍解放军横渡长江，在长江的运河口沉没的一排军舰。这批沉舰中有的是日本投降时留下的，有的是美国的大型登陆艇，也有个别较为新型的，如沉在南京燕子矶的"长治号"。当时，解放军的装备相当困难，要求我们拆卸沉舰甲板上的武器，包括大炮、重机枪、高射机枪等。另一要求是撤清运河口的江舰，打通航道。

那时候的打捞条件很有限。虽有一批潜水员，但技术大多是在抗战时打捞沉在十六铺附近的黄浦江中的"康的万天号"沉船时跟外国人学的。装备上既没有大型起重设备，更没有大型抽水泵，把整艘沉舰打捞上来不太可能。

我1949年7月到公司报到，10月份首次安排我赴苏北三江营运河口（在镇江到江阴之间）参与爆破沉舰和拆卸武器工作。当时我的工作是管理有关工具和经费。那时候叫管账，即按标准支付、记账。这是我生平第一次离开上海。当时当地正遇到灾荒，老百姓都非常艰苦。我们借了农民的茅屋，差不多呆了三四个月。

到了工地才知道打捞工作非常艰苦。每天不是按八小时进行工作。因长江水很急，潜水员下不去的。一定要在平潮，水流较缓时才能下水工作，要不然就漂掉了。落潮时向东漂，涨潮时往西漂。一天有两个平潮，一个是涨潮的平潮，一个是落潮的平潮。潜水员的鞋子是铜头铅底，各有 5 公斤重，衣服全部由不透水的帆布制成，头戴铜帽子，外接通气的橡皮管，橡皮管直接与手掀的气泵相连，帽子右侧有一排气阀，如进气过多，只要头向右，即可打开排气阀排气。工作时，该橡皮管接在工作船上，由专人负责管理。潜水衣前胸、后背各背一块 10 公斤的铅块。因当时尚无水下通讯设备，所以当潜水员的衣着装备全部穿戴完成后，在潜水员的腰部尚须捆绑一根粗约 17 毫米的白棕绳，在工作船上由一专人负责与水下潜水员联系。如潜水员拉一下绳，可能表示要某一工具，应急时可连续无规则拉动绳子，工作船上的工作人员会立即将潜水员拉出水面。因此，这根白棕绳也叫做救生绳。所以拉救生绳的人责任很重，是第二把手。拉冲气皮管的人是副手，其他还有负责手掀气泵打气的 4 人。

因工作时间是随江水平潮时间而定的，因此每天用餐、休息的时间都不同。工作船是无动力的小木船。一般潜水员下水只下到 15 米左右，再往下的话，气压、水压都很大。深水区的地方要试验，不能随便下去，否则鼻子和耳朵都会出血。

初次到现场后，一方面出于好奇，另一方面也由于好动、好学，在做好陆上管理工作的基础上，我主动要求去船上帮帮忙。开始我什么也不懂，到了现场，对各个环节都看在眼里，记在心里。比如潜水服怎么穿，以及下去了之后有什么注意事项等。这批工人对我都很好，肯教我。同时，我在工作船上主动参加劳动，先做打气工，掀气泵，后来去拉气管，最后试拉救生绳和帮助潜水员穿潜水服等。由此，我基本上熟悉了工作船上的工作全过程，但一下子还不敢下水。在镇江附近的三江营工作到后期，我与现场的潜水员和有关工作人员的关系也很融洽，我要求穿潜水服下水体验体验长江水下的感觉。为了安全起见，他们同意我在沉船处以外的一片安全水域试下水。下水后我才真正体会到潜水员的不容易和危险性。大家知道长江是混水，下水不到 1 米深已伸手不见五指，越往下越黑。潜水员下水后，在水下全靠经验辨别行动方向，要摸清沉船倾侧情况，如进入船舱则更危险，要用一根绳子逐步引进，还要记住进去的路线，出来时，就顺着绳子出来。有经验的潜水员还能在水下分清铜和铁。据说，摸上去比较粗糙的是铁，如果比较光顺的则是铜。

我在那边工作 3 个月后回上海总结，后来又先后去南京、芜湖沿江水域从事沉舰测量打捞工作。我相应地有了一些工作经历，也有了一些发言权。在炸沉舰工作时，要特别注意安全，要将防水的油纸包上，给 TNT 炸药插入雷管并放到沉舰上，然后再与工作船上的电源线连接。

（二）青年教师凡事认真，才能有所作为

那时候高校毕业生都是国家统一分配工作的，组织上决定你去什么地方，就去什么地方。当时我们专业一共是两个班级，一个班级是初中毕业的五年制，是原来吴淞水产专科学校留下来的；另一个是我们高中毕业的三年制。毕业那年的分配非常简单，一半分配到上海海洋渔业公司，还有一半去舟山，个别的有些变动。比如我留校的，还有个别的分配到青岛的中国科学院海洋研究所。根据通知，各自去分配的地方报到。

留校之后，系主任侯朝海先生找我谈，要我担任"造船大意"这门课程的助教。按侯先生的说法，渔船是最大的渔具。我对造船有一定兴趣，但要当交大老师的助教，我也知道不是很容易的。为此，我一方面服从领导安排，另一方面我要求去交大听课进修造船专业。

经侯老先生同意，我去交大听课先后有两个学期，相当辛苦。每周除有一个上午在校内随堂辅导外，几乎每周有 4—5 个上午去交大。该校上午七点半上课。我从军工路骑自行车到徐家汇交大，路上要一个半小时。早饭只能在路上买些点心，边骑车边吃。中午再骑车回军工路。经受了夏冬、晴雨、刮风的考验。交大讲课老师都是老专家。我从"流体力学"基础课听起，该课程由英国造船皇家协会会员、全国造船专家辛一心教授主讲。其他船舶课程也都由交大有一定声望的教授负责。尽管很辛苦，但在业务上有很大收获，在教风和学风上也受益匪浅。1956 年上半年，学校将"造船大意"的课程名称改为"船舶原理与渔船结构"。侯先生请了上海船舶设计院总工程师张景诚担任该课的兼课教师，我担任他的助教。这位总工程师在国内也是很有名的，曾主持设计过多艘大型运输船，但他确未正式为学生上过课。他在讲授船舶静力学时，采用辛一心教授编著的《船舶静力学》一书，但他的教学效果不太理想。侯先生聘请他时也明确说过，张总上完四节课就走。辅导、复习、

考试都由我来完成，连考试成绩也是我来处理，这对我来说确实压力很大。问题还在于张总经常要去北京开会，如果次日他要赴京开会，他一般当天晚上会打电话告诉我，要求次日的课由我来上。尽管我略有些基础，但为了上好这四节课，我几乎要通宵写讲稿备课。第一次上课的确很紧张，尽量做到不看讲稿。这确实挺辛苦，但另一方面也锻炼了自己。我辅导的第一个班级是海洋捕捞专业的1956级的同学。事实上，我跟他们算是前后届的同学。我第一次上辅导课时，有一位来自温州的同学开玩笑提问题说："学这门造船大意课程解决什么问题？有什么意思？"我当即反问他："你读大学有什么意思？"由此引起大家哄堂大笑。

过了两年，到了1956年下半年，我们真正的造船老师来了。交大造船系毕业的胡明育老师、上海海运学院修船专业毕业的王云章老师，他们一起分配到我校。候朝海主任找我谈话，说交大和海运分别分配造船的毕业生来我们学校，要我从事海洋捕捞教学。那时我确有些想法，不管怎么样，我已经研究了两年的船舶原理与结构课，而且其中相当一部分我已能上课。另一方面我自己也知道，自己不是该专业毕业的，应该回来从事捕捞的教学科研。尤其是在那个时代，系主任正式找你谈话，作出了决定，哪里可不接受的？

乐美龙为学生上课

我开始从事海洋捕捞教学时是当捕捞教研组主任张友声教授的助教。当时学校已引进了苏联米高扬莫斯科渔业工学院原版的专业教学计划、专业课教学大纲和教材。我从中发现其捕捞课程教学内容与我校原以捕捞操作技术为主的内容完全不同，他们已侧重水动力学和渔具形状变化的研究。同时，我从学校图书馆找到上世纪30年代由原日本东京水产讲习所老教授田内森三郎编著的《渔具物理学》，其中提出了网渔具水池模型试验准则等。田内森三郎是我校水产资源王贻观教授在日本留学时的老师。由此，我结合在交大进修的有关课程，像流体力学，以及船舶动力学中的船舶阻力和船模试验等，提出拟开设"渔具计算的一般原理"这一新课程，获得了教研组主任张友声教授的支持。1956年下半年，我开始编写课程教学大纲和教材，1957年上半年开课。我最初将这门课程设计为12个学时，最后正式成型后定为54个学时。这门课应该是在全国水产高等院校首开的课程。后来我又把刺网、拖网等渔具与上述有关内容结合，重新整理和编写了相关的渔具理论的教学内容。为了讲好这门课程、充实教学内容和提高试验水平，我就借用上海船舶研究所的水池，开展网渔具水池模型试验，还借用南京航空学院的低速风洞开展网板、网渔具风洞模型试验，以及进行模型试验相似准则的研究。

苏联专家萨布林柯夫（原是苏联海洋与渔业研究所副所长）来校讲学时，他只知道他的老师巴拉诺夫在其教材《渔具理论与计算》中学过网渔具风洞模型试验准则，但没做过有关试验，也没见过风洞模型试验。他听我介绍后，一再问我们是怎么做的，觉得很奇怪。后来，我带他去南京航空学院看我们的试验工作，他很惊奇，认为确实不错。

当时我们研究的拖网网板扩张原理基本上是流体力学中的机翼理论。网渔具不仅要研究其结构，还要研究受水动力后的网型变化，需要通过模型试验进行观测，因为网型直接影响到鱼群能否顺利进入囊网。通过风洞实验观测网型变化的效果比水池试验简便得多。

这个风洞实验对提高这门课的水平和充实课程内容来讲是起到一定作用的。但也是逐步完善的。

我除了开设"渔具计算一般原理"课程外，还开设过"刺网渔具理论与捕鱼技术""拖网渔具理论与捕鱼技术"等课程。同时，我还带同学在东海、黄海进行出海实习，带越南留学生赴北部湾、南海进行实习。1959年我就当了讲师。

我在还是学生的时候入了团。1957年我申请入党，1958年就批准了我。因为那时候我们学校党员也比较少，党组织是党支部，书记是学校副院长王文锐。1956年11月，学校经上海市委批准后正式成立党委，仅设党委副书记。1957年反右期间，胡友庭同志从同济大学调来任书记。各系分别设总支、支部。当时学校上级党组织是上海市教委部，部长大约是常溪平。胡友庭原来也曾在华师大任职，后来到同济当副书记，最后到我们这里做党委书记，都是老同志。胡友庭书记对老中青新有一整套设想，对老的怎样发挥作用，年轻的怎么培养都有相应的举措。他对我们年轻人比较重视。我在学校也是一般教师，他就总觉得年轻人要发挥作用，要我们下乡，要我们去舟山。他认为，我们业务基础都是可以的，但是最大的缺点就是没有联系实际。1958年，学校吸收了一批青年教师入党，我在学校年轻教师中间入党是比较早的。我当时在我们学校里面，有几个比较早，一个是入党比较早，一个是当讲师比较早。

我第一次出海是在1952年求学期间。我出海乘得是风帆船，在吴淞上船，赴江苏的苏北吕泗渔场捕小黄鱼。因为是木帆船，不是机动船，所以是随着风漂的。我第一次出海并没有感到害怕。第一次出去差不多有一个多月，在船上是很不错的。作为学生实习，必须参加劳动。在船上全部靠双手操作，没有机械设备。平潮时起网，那时候鱼是相当多的，一网上来至少有五六吨鱼，产量是比较高的。现场有冰鲜船收购鱼货。后来我上学校"水产号"实习船，也出海过好几次。我们也到黄海、烟台、海洋岛、大连去实习，从事拖网、围网作业。大部分同学在船上都晕船，但还是要干活。那时候同学们总的来讲还是可以的，大家都知道晕船是难免的，要难受两三天。但是有一条是非常明确的，就是不能睡。睡下的话，一个礼拜都起不来。如果能够站得起来，就坚持参加劳动，一两天就可以过去了。我也晕船，没出长江口，在横沙附近就有一点晕船了。但是有一条，不能吃面食，一定要吃泡饭，下肚快，吐出来也快，面粉粘在胃里是吐不出来的。不能吃馒头，馒头最不好。要站在甲板上面，吐归吐，吃归吃。这个不容易，但是都能克服过来。我们有极个别的学生，是崔建章老师班级里的一个同学，一出海就起不来，船靠了港，他才能起来。整个出海期间，他一口饭也不吃。

三、深入一线研究，实践出真知

（一）一线蹲点，理论才会更有用

根据胡书记的意见，我于1957年到舟山渔区。当时胡书记来学校后有一个特点，我们开教研组会议，他都要来参加，但不发言，就听我们讲什么东西。事后，他认为我们理论基础再好，不会动手，不接触渔民，是没用的。那时候他主要抓两个人，一个抓我，一个抓水产养殖的王素娟老师。

那时候我已经结婚了，小孩也有了，但必须服从组织决定，去舟山沈家门，到大陈岛参加带鱼汛生产，相当艰苦。船又小，又没有机器，也没有舱位，根本无法睡觉。尤其是雨天更麻烦，无处避雨。学校给的桐油雨衣，不仅漏水，还相互粘住拉不开，无法穿。那时候，小渔船不是早出晚归的，是要看渔况。渔况好的话，就要在船上过夜了，如果差的话，就要把鱼运回岸来卖掉。

我在那边蹲点、下渔村，总共待了一年半左右的时间。我在下渔村后着重总结群众的生产经验，特别是几个全国劳动模范的经验。后来，我在沈家门对面的鲁家峙随全国渔业生产劳动模范郭钦再的渔船劳动，同时听取他的捕鱼经验并加以总结后交给舟山水产局，在渔区里进行推广。舟山地区有关领导，包括专员、书记，对我们学校的印象都相当好。我们还帮他们搞技术改革。当时渔船虽已机帆化，但捕捞全过程全是手工操作。我们一组六个老师在那边蹲点，有从事机械和轮机的，我们就一起进行起网机械化设备设计、加工、安装、调试和投产，大大减轻了劳动强度，产量也有所提高。

1959年，我回到学校，原因一个是苏联专家要来学校讲学，另一个是我的左手臂在起网操作时不小心被绞机绞了进去，相当危险。我随舟山运输船返回上海，幸亏手臂没有断，也没有骨折。如处理不妥，人也会被绞入起网机。因我比较熟悉操作，出事时立即把起网机刹车刹住了，否则就麻烦了。当时苏联专家也已于1958年8月来校讲课，学校要我回上海，边就医，边听课。

王素娟老师下舟山从事海带南移栽培不是一年两年，而是好几年。她不仅从事海带研究，后来还从事紫菜研究，也是相当艰苦的。

蹲点时一定要参加实际生产活动，一定要出海的。理论技术再好，自己不会动手的话也是空的。搞捕捞，网具装配自己要会动手，还要掌握航海基本功。现在我们的航海课只有40来学时，太少了。不管是从事资源工作、捕捞或海洋调查，最起码要能看懂海图，基本定位要会，这样才能掌握主动权。海上调查路线不是全靠船长来确定的，我们可以提出建议。所以实践很重要，尤其是对年轻教师尤为重要，如果上了年纪再去海上实践，在体质上也已不行了。

乐美龙于20世纪60年代在舟山参加渔业生产

我是从1960年9月开始带学生出去的。我从舟山回来之后，跟着这个苏联专家可能一年不到一点的时间。我完成苏联专家指导的研究生班毕业设计后，又赴上海海洋渔业公司去蹲点。蹲点的过程中既要带学生实习，又要在全国渔业劳动模范郑连品的生产船上总结其机轮拖网生产经验。在这样的情况下，如何在船上带好学生实习呢？当时是对船作业。在我的船上有三名学生，另一对船上也有三名学生。在我船上的三名学生当天晚上吃了晚饭，在拖网过程中，我就给他们上课。主要讲船上生产操作技术、渔场特点与分析，以及作业时应该注意的事项。隔几天，这三名学生就到对面的那条船上去，对面的三名学生过来，我再给他们上课。这种做法，教学效果相对较好。但海上风浪必须较小，否则过船很危险。

有一些学生毕业多年后，有时来我家做客，还回忆起那时在上海渔业公司船上一边做一边讲，印象是比较深刻的。我和学生在船上都一起干活的，放网、起网，全部一起劳动，绝对不允许不做事情。

（二）多次出海，凡事用心，收获才会更多

我第一次带 5 名越南留学生赴北部湾和南海实习是 1964 年，到海南岛白马井的南海海洋渔业公司出海，在海上我与他们一起参加生产劳动，讲解相关生产知识。我先后带了三个班级，那批学生应该来说是不错的。在我印象当中，这批留学生学习比较刻苦，对老师也比较尊重，劳动也比较认真。他们全部讲中文。他们来到学校后，与中国同学一起上课，全部是中文。

我赴北部湾带实习，不仅带好实习，还有意识地了解了北部湾海洋渔业，以及中越在该海域的生产分布特征。这使我对后来中越北部湾渔业谈判做到了心中有数。比如说北部湾的夜莺岛（越方称白龙尾岛）于 1956 年让给越方的经过及其对北部湾的中越划界带来的影响等。

由于带学生实习或者自己出海的经历，无论是黄海、渤海、东海、南海还是北部湾，对我来说都比较熟悉。这使我之后在参与与朝鲜、韩国、越南、日本的渔业协定谈判时，一般都没有遇到什么问题。

我在年轻时有较多的时间都在海上。当时我的想法比较简单，一是领导让你做这方面的事情，应该去做；另一个是既然你去做就一定要做好，这个是最基本的。你做是在做，但是不好好做，这没意思。我还有一点是不管做什么事情，自己要积累一点东西，以后是有用还是没用是另外一回事情。比如我去交大进修学流体力学和造船有关课程后，从未估计到学校不让我再从事船舶原理和渔船结构的教学，改为教授海洋捕捞了。事实上，我把流体力学、船舶模型试验等有关内容与海洋捕捞结合起来开设了"渔具计算一般原理"这一课程。谁也不知道后面要用到这个。反正你积累在这里，以后用到就可以。后来我借调到农

林部要研究海洋法，从事与日本进行渔业协定谈判等工作。我就这方面来说完全是外行。但我在纽约参加联合国海洋法会议时，在联合国图书馆收集了一批有关日本与其他国家进行渔业谈判的资料和协定。当时我根本不知道要渔业协定谈判，也不知道如何谈以及谈什么，但是我把资料先搜集齐，我了解了解再说。

对青年教师一定要认真培养、严格要求。我刚毕业时，每周五下午是教研组政治学习，每周二下午是教研组会议，汇报教学情况。所有年轻教师都要在教研组试讲，要大家提意见。我也是这样过来的。记得上个世纪 90 年代时，有位青年教师主动向我提出要求上"海洋法"这门课。我完全支持，但要求他，第一是要把全部讲稿一次性写完，在秋季开学前两周交给我，第二是开学时要试讲。他说，他家正利用暑假在修房，要求讲稿先交一半，另一半开学之后再交。我十分明确说不行，我说："你的讲稿一定要全部给我。因我看你讲稿，要前后联系起来看。你前面讲的内容和后面都有一定关系的，如果你后面怎么讲我不知道，那你讲稿给我就没意义了。"这位老师很不错，能按时完成，我也认真地在两周内把讲稿全部看完并提出了修改意见。我对试讲也很认真，重要的内容要一段一段试讲。

事实上，我认为所有课程在每次上课前都应该重新备课。这学期我给研究生上"农（渔）业推广与管理"，这门课的讲稿我都重新修改的。不能每年都讲一样的东西，新的内容我们要增加进去。2018 年 3 月底，我又要上课，仍应重新备课，新增了渔业技术推广的"十三五规划"的资料。

（三）能解决问题，才能赢得渔民信任

在"文化大革命"这一段时间里，也有一些内容可以和大家介绍介绍。"文革"开始我也受到了冲击，当然和老教师受到的冲击不一样。因为我们生活经历较短，但是不管怎样，总要给你戴个帽子的。我和王素娟两个人都挨过批斗。我作为一个年轻教师，反而成为一个被批判的对象，主要是我接触的同学比较多，对学生比较严，教学上也比较严格。再有一个，可能是同事之间有些不协调的地方，可能也有影响。刚

才我说的评讲师或者评什么东西，都可能涉及到利益，有的人可能不服气。但总体上来说，和老教师受到的冲击完全不一样。

当时说我和王素娟两个人属于白专道路的典型。对于这个情况，1968年工宣队来了以后，他们就另有想法，他们觉得我们都是知识分子，要改造，要我们下放去劳动。1968年底，我与几位中青年教师就去了金山县，当地有两个渔业大队，一个叫漕泾渔业大队，另一个叫山阳渔业大队。去山阳渔业大队的连我在内共有三位老师，其他两位是姜在泽、杨德康。去漕泾大队的是胡鹤永老师。我们下去的时候正好是冬天，是捕带鱼的季节。上海郊区渔民同舟山的渔民不一样，捕捞的经验相对来讲没有舟山渔民丰富，在捕捞技术方面相对要弱一点。我上的这艘渔船的船老大是这个大队最好的，最有名的。另外两个老师，姜在泽老师是从事渔具材料的，杨德康老师是从事渔业资源的。冬季带鱼汛是蛮艰苦的，24小时一直在海上作业，只有在下网和起网之间约有1个小时间隙可以休息一下。如渔获物多时，还要清洗、装箱、下舱，天天如此。遇到大风才能回嵊山港避风，睡一大觉。我们在船上劳动，叫做再教育。事实上，因我长期在海上生活，相对来说比较习惯。如果避风进港，陆上渔业指挥部要开会，总结交流，也要我们老师参加。船老大交流，指挥部也要我们提提意见。船上吃饭最麻烦，抓什么鱼吃什么鱼，就在水里煮一煮，加些盐，连酱油都没有，根本没有蔬菜，也没有厨师。一般是船上最年轻的渔民负责做饭，叫伙将。那时候一条船上有十二三个人。两条船一对。那条船上就我一个人是水产学院的，整个大队就我一个人。

我在那里干了一年多，干到了1971年年初。因为我在舟山和渔业公司都蹲过点，在生产上比较熟悉。我考虑他们生产应该就是冬汛、春汛。冬汛是从11月开始，到第二年的一月份，最多到二月份，这段时间就是捕带鱼，两三个月就结束了。到四月份以后，开始捕小黄鱼、大黄鱼，五月底到六月初又结束了，最迟到六月二十三日。俗语说"夏至鱼头散"，就是鱼不集群，不再捕捞了。这么一来，就从六月份开始，七月、八月、九月、十月就没有事情做了，就是补网和修船。这段时间来讲，渔民都闲住了。我就考虑，这个应该是适当地做一些改动。一般来讲，东海的鲐鱼这时相当丰富，福建渔民捕得蛮好的，还有底层鱼类。但这样作业必须要改进现有的网具。为此，我和大队的领导商量，我说修船还是要修，但是不是可以适当调整一下，组织部分渔船去捕鲐鱼，把网具的袖网在原有基础上适当加长些。他们接受了我这个建议，弄了几条船出去试试，不是所有船都出去。试了以后还是可以的。之后就逐步地推开，产量提高了，收入也增加了。

我的工资就是学校发的，和我劳动多少没有关系。当初这些网具都由我负责进行修改。这样就又有几个月可以从事生产了。修船的时间是要有保证的，因为木船必须每年维修，否则会漏水。还有网具一定要重新调整一下。这么一来，渔民就对我们比较感兴趣了。因为那时候一般的渔民是不会搞网的，是有一个网师专门搞网的。这个网师工资特别高。我们去了以后这个网师一下子跟不上，我们就告诉他应该怎么做。经过试捕取得了效益，渔民对我们态度就不一样了。因为我们不光会讲，还会做，直接在生产上面有效果，那就不一样。我们不仅在业务基础和理论上有一定水平，实际操作上也一定要有基本能力，基本能力没有是不行的。一直到 1971 年冬季，我在普陀山避风，学校工宣队要我，我才回学校。事实上，该渔业队的有关领导和渔民与我们之间也建立起了深厚感情，直至现在，山阳渔业队编写渔村志时还专门请我一起去讨论编写大纲，帮着修改其具体内容等。

我从普陀山回学校后，工宣队安排我去学校在崇明的干校。当时学校大部分教工都在崇明干校种地。我去干校有两三个月，正好是学校要迁厦门前夕，干校准备撤校。我记得好像是在冬天那个时候去的，笑话蛮多的。因为秋收全部结束了，好多收上来的农作物没法处理，如蚕豆收了以后怎么办，又不能分。后来在厨房劳动的老师决定把这些豆全部煮熟，分给每个教工一人一个脸盆，带回上海。有的说我运气好，什么农活都未做，坐享其成。把这些农作物处理完后，所有教工都返回上海，准备迁校去厦门。我是 1972 年 2 月春节过后去厦门的。

我真正在厦门的时间前后不到十个月。那段时间主要是迁校，赴厦门接运家具。后来准备新学期工作时，我已离开学校了。

四、为了国家海洋权益,深入研究,每"字"必争

(一)借调农林部,深入研究,为联合国第三次海洋法谈判做准备

我借调到北京农林部是在春节过了之后。我记得 1972 年 2 月正月初六还由我带领一批教工去厦门,就是去搬家。直到该年 12 月才准备回上海过春节。按规定,探亲乘火车只能买硬坐票,不能买硬卧。如果是出差是可以买硬卧的。我记得我的硬坐票日期是 12 月 29 号,从集美经鹰台转车再回上海。那时候我们一个教师的亲戚在鹰台火车站工作,我们买转上海的车票都是请他帮忙,否则就买不到。我 12 月 29 号回上海的车票也已拿到了,准备次日中午上车就走了。但当天晚上,学校有人突然通知我,要我明天早上一早就到刘忠同志家里去一趟。刘忠当初是我校党委书记,是院长第一把手。通知我的人说,刘忠有事情找我。我问什么事情,他说不知道。我也没有多问。我早上吃好早饭,一早就到了刘忠家。我问刘院长是什么事情。他说北京农林部(水产部已经撤销)来电话,要我 1 月 1 日到北京农林部水产局报到。我问去干什么,他也说不知道。我问要准备什么东西去,他说好像就是去开个会,具体情况他也不了解。至于带什么资料,他也说不知道,让我看着办。他还说让我先到上海,上海学校留守处已给我订好了 1 月 1 号去北京的飞机票。到北京后到农林部水产局报到,北京农林部水产局有一位局长在等着我,这个局长具体叫什么名字他也不知道,反正就是这么一回事。刘忠同志也蛮关心我,问我买的什么票去上海,我说买的硬坐票。他就通知有关同志帮我把硬坐换为硬卧。我就回到了上海。在上海就住了一个晚上,次日 12 月 31 日就飞北京了。当天晚上 6 点多到了北京,北京这位局长是个山东老干部,叫鲍光宗,在办公室等我。第一次见面彼此不认识。见了以后,他就说叫我来的目的是有两件事情,一件是中日复交之后,签了四个协定,一个是航空协定,一个是海运协定,一个是外贸协定,还有一个是渔业协定。前面三个协定已经签好了,叫我来一起讨论《中日渔业协定》的问题。这是中日复交以后,我国和日本签订的第一个渔业协定。另一件事是参加由外交部牵头的对

《联合国海洋法公约》的讨论。我听后即说，这两件事我都不懂。他让我明天九点钟来办公室再说。我住在东四的农林部招待所。招待所是七八人一间房间。东四到西单农林部有一段路，乘电车约有七八站。第二天上班到局长办公室，鲍局长就对我说，因为要起草协定方案，需要找几个人来商量一下到底要怎么弄，所以请我来。他问我是研究什么的，我也实事就是地讲从事海洋捕捞的。他说东海我应该熟悉的，我说东海渔业比较熟悉，但渔业协定谈判完全不懂。我再次问到底是怎么一回事情，要我做什么？他就简单跟我说了一下基本情况。他主要讲的是中日复交后签订四个协定的重要性，并再三说，所有协定方案都要经过总理批了以后，送毛主席圈阅才能办的。当时到底要签什么协议我搞不清楚。他就把已经签订好的外贸、航空、海运的三个协定给我，要我带回去仔细地看看。他把在西四原农垦部大楼中的一个办公室给我，让我和水产局两位干部以及从南海水产研究所调来的两位同志，一起组成一个 5 人专门办公室，并要我牵头。事实上，我对那三个中文本协定根本看不懂，到底讲什么东西不清楚，更别说对协定中各条例含义的理解。

正式上班以后，有一天外交部要开会，鲍局长要我一起去外交部。我认为中日有关问题都是外交部管的，所以肯定要去外交部。在路上，我问鲍局去外交部做什么，他说今天到外交部不是去谈中日渔业谈判，是开海洋法会议。因在学校里没有海洋法方面的课程，别说海洋法的内涵，连海洋法的名词也未见过。我又问什么海洋法会议，以及在什么地方开等问题。他说得很简单，一句话总结反正就是到了外交部就知道了。到了外交部，来开会的不是只有几个人，有交通部的、地质部的、海洋局的、总参的等等，会议室中坐得满满的。出席的人员中大多是各单位的领导或总工程师。总的是由外交部国际条法司来牵头。那时的外交部长是乔冠华。一开会，外交部国际条法司司长首先作了简要介绍，主要是前面已召开过多次联合国海底委员会会议，现经联大决定，为重新签约海洋法公约，决定从 1973 年起召开联合国第三次海洋法会议。经国务院批准，我国恢复联大常任理事国身份后将首次参加该会议，并请各部委共同讨论和研究有关方案等。这对我来说又是一个新问题,我不知道海洋法包括哪些内容。那时候外交部有两位专家,一位是老专家倪征燠,是周总理的顾问,在外交部搞条法的人中应是第一把手。他是原东吴大学毕业的,后留学于美国纽约大学。二战结束时,他曾任东京审判日本战犯的中方国际法官,后任国际法院的大法官。另一位是上海圣约翰大学毕业后,留学苏联莫斯科大学法学院的黄嘉华,年岁比我大一点。他和后任外交部长黄华夫人何理良是留学于莫斯科大学时的同班同学。这样,我实事求是地向他们请教,也不隐瞒我的经历。他们两位十分热心,推荐我首先应阅读周鲠生著的《国际法》。据说周鲠生是位法学教授,这本书是他 1964 年的遗著,后经有关同事加以补充,于 1976 年由商务印书馆出版,内部发行。该书内容比较完整,把国际法、联合国、条约法等都讲得比较清楚,也叙述了海洋法的基本内容。这对我帮助很大,至少可以入了门。其次,对我来讲,应该弄清楚联合国第一次和第二次海洋法会议的基本情况和主要内容。当时我请教了黄嘉华,才知道了联合国第一次海洋法会议是 1958 年在日内瓦召开的,签订了四公约,即《领海与毗连区公约》《公海公约》《大陆架公约》和《公海捕鱼和渔业资源公约》。这些公约都有中文版本。通过有关同事,我找到了这四份公约,这对我帮助很大。同时,我也了解了 1960 年召开的联合国第二次海洋法会议是专门讨论联合国第一次海洋法会议签订的《领海与毗连区公约》中的领海宽度问题,有 3 海里和 12 海里之争。最终仍未就此达成协议。

联合国第一次海洋法会议时没有中华人民共和国大陆地区代表参加,是中国台湾地区派人出席的。但我们对四个公约是承认的,还专门发表中国领海为 12 海里的声明。这次联合国召开的第三次海洋法会议是联合国恢复了中华人民共和国合法地位后,我们第一次参加联合国召开的会议。中央非常重视,指明有关部委都要参加,农林部就派了鲍局长和我两个人作为渔业的代表参加。鲍局长这位老干部是很不错的,业务很熟悉,文笔也很好。

我在这个基础上,边参加外交部会议,边看书、看资料,不懂的地方就请教有关专家。因为倪老年纪比较大,事情比较多,不敢多麻烦他。我经常问那位黄嘉华,基本上弄清楚了第一届、第二届、第三届的关系,了解了当时领海宽度之争的焦点，美国主张 3 海里，苏联主张 12 海里。在 1960 年召开的第二次海洋法会议上，仍未解决领海宽度问题，但最后允许沿海国有 12 海里的渔区。

这第三次海洋法会议把海洋法所有的问题都集中起来讨论。除全体会议外，分成了四个委员会。四个委员会中，第一个委员会讨论海洋基本法问题，包括领海、毗连区、专属经济区、公海等问题，这个委员会讨论的内容最多。第二个委员会讨论大陆架和海底部分的问题。第三个委员会讨论整个海洋的科学研究问题。第四个委员会讨论纠纷解决问题。这四个委员会要我们代表团全部参与讨论的。我主要参加第一个委员会，就是领海、毗连区、专属经济区、公海等问题。实际上，在 1973 年正式召开联合国第三次海洋法会议之前，已召开过历时有四年的联合国海底委员会会议。那时，马耳他驻联大的大使认为，发达国家正大力开发海底矿产资源，尤其是公海海底资源，于是就向联大建议召开专门会议对此进行讨论。经联大同意，1968 年召开联合国海底委员会会议，一直持续到 1972 年。各国一致认为，应全面修订 1958 年签订的四个海洋法公约，将联合国海底委员会会议作为联合国第三次海洋法会议的预备会。我们了解这样的来龙去脉，对研究有关对策是很有帮助的，实质上是发展中国家与发达国家之间的斗争。

1958 年这个海洋法会议，主要是领海中涉及到领海宽度和无害通过权中的军舰问题，还有是专属经济区各方的权利和义务问题等。为什么美国主张领海 3 海里，因对于美国来说，领海越小越好，这样他的军舰就可以到处游弋活动。

对我来说，要把国际上的有关问题都弄清楚。那时候我就考虑，为什么领海不仅是 3 海里和 12 海里之争，在上世纪 40 年代后期有关拉美国家宣布国家主权可达 200 海里。上世纪 70 年代，一些非洲国家就宣布领海宽度可为 30 海里、70 海里、110 海里等。通过了解，我发现这些问题实际上是美国人引起的矛盾。第二次世界大战结束后，美国总统杜鲁门于 1945 年发表了一个声明，称美国在其领海外的大陆架的海底的所有自然资源都属于美国所有且美国对其享有专属管辖权利，而对领海外水底主张权利的深度范围是根据其开发能力而定的。换句话说,只要美国有能力达到的水深海底资源,就都是他的。现在我能达到水深 50 米下的海底,以这个为基数,这 50 米以内的都是他的。如果明天可以达到 100 米的话,那 100 米以内水深的海底部分,都是他的。只要他达得到,再深的也都是他的。这引起了国际上很大的反响,这是第一点。美国总统第二个声明宣布领海外捕鱼的优先权。美国在其领海外,只要在其能达到的水域捕鱼的话,就有优先权。但不是像第一个声明所主张的那样都是美国的,而是享有优先权。这两个声明发表之后,首先作出反应的是拉美国家墨西哥。对墨西哥来讲,美国人这种做法直接侵犯了其利益。因为美国和墨西哥共处在墨西哥湾。为此,墨西哥就发表同美国相同的声明。这也相应地引起智利、秘鲁、委内瑞拉这三个拉美国家的不满。就秘鲁和智利来讲,他们都没有真正的大陆架,在离岸不远处,水就一下子很深。为此,秘鲁、智利等国宣布,其主权延伸至自其领海基线算起 200 海里水域,包括海底。到了上世纪 70 年代,世界各国都作出反应。亚非有些国家宣布了各种不同的领海宽度,12 海里算是狭窄的。第三次海洋法会议一共开了九年。从 1973 年算起,直到 1982 年才结束。

(二)正式参加联合国第三次海洋法谈判,为维护国家海洋权益做出努力

联合国第三次海洋法会议一般每年开两次,一次在日内瓦开,一次在纽约开。会议日程相当紧张,上下午在联合国大厦参加会议,晚饭后代表团内部汇报各组会议情况和对策,事后个人还须为次日会议拟定发言稿或整理资料。一般要搞到凌晨一两点钟才能休息。各个国家的观点不一样,有争议。例如,领海宽度因美国逐步松了口,宽度定在不超过 12 海里,于是解决了矛盾。但拉美秘鲁等国家仍维持其 200 海里的主权范围的主张。

会议在大陆架问题上又产生了矛盾。因非洲西部国家的外海都是深水,没有浅海,一下子就很深。像毛里塔尼亚、几内亚比绍等国,离岸不远的水深就可达几百米。由此,他们主张类似秘鲁的提法,就是要求 200 海里的主权范围,但不是领海。非洲国家曾在肯尼亚开过一次会议,统一了意见,认为领海应不超过 12 海里。但从领海基线算起,200 海里去掉领海宽度 12 海里后的 188 海里,叫做"专属经济区",是指这 188 海里的水域内和海底内的所有自然资源都是属于沿海国的,别的国家可以自由航行通过,飞机可以自由通过,但是别国不能在该水域及其海底捞取任何资源,这些都是属于沿海国所有的。其他国家要在该水域捕鱼也必须同沿海国谈判,经同意后才能进入作业。这么一来,在联合国海洋法会议讨论大陆架时,就涉及到范围多大的问题,是以水深为标准,还是以宽度为标准。对美国来讲,他主张到达其开发的水深。但是秘鲁、智利主张 200 海里主权范围,现在又有 200 海里专属经济区。如按地理上的大陆架概念,应按大陆架延伸的原则,一般水深不超过 200 米。依此原则,巴西、阿根廷的大陆架可延伸到 400 海里。这样,在讨论大陆架范围时,就遇到一个难题。最后,将大陆架范围定为沿海国的大陆延伸,其宽度不到 200 海里的,可以延伸至 200 海里,但最大不超过 350 海里。这对周围没有国家的沿海国来说,是不存在任何矛盾的。但对类似中国这样海洋被周围国家所围住的国家来说就有矛盾。如按大陆架延伸的原则,中国在东海的大陆架可延伸至冲绳海沟,宽达 300 多海里。但日本根据上述规定,在东海大陆架宽度不到 200 海里时就可延伸到 200 海里,这就造成了矛盾。即冲绳海沟到我国大陆架延伸至 200 海里的范围之间,约有 100 海里宽的海域成为中日大陆架划界上的争议地区。东海中间有 400 海里,但是我们要占 300 多海里,日本只有 100 多海里。日本中间夹有一个冲绳海沟。冲绳海沟有 2760 米水深,日本认为,2760 米水深不算深沟,深沟在日本的东面。在太平洋上,中日在东海共处于一个大陆架上,要划界应一分为二。这就是在《联合国海洋法公约》中的矛盾。这对我个人来讲是逐步理清了。

会议期间,因我被分在第一委员会,讨论领海、专属经济区、公海等部分的条款,外交部国际条法司曾要我起草一份专属经济区的条款草案初稿,拟作为中方向大会提供的提案。我参考了有关方面的意见,仔细研究了非洲国家的意见,按公约的体例要求起草了初稿。初稿经外交部条法司讨论通过后提交给联合国第三次海洋法会议,作为中国的提案。1982 年联合国第三次海洋法会议结束时，总共已经开了九年。海洋法会议的主席也换了两个。一个是原来最早的印度大使阿梅拉辛加，他因年纪大了病故。后来换了新加坡的外交部长许通美为会议主席。

我主要参加第一委员会。但在中方代表团内部研究工作时，所有成员都必须参加讨论。第一委员会代表中国的主要是我，还有外交部的。我当时对外身份开始是顾问，后改为副代表，代表是副局长。团长是外交部驻纽约联合国大使。

在正式会议上，我参加第一委员会。我主要倾听各国代表的意见，进行综合分析，在代表团内部讨论时提出个人见解。1974 年的一次会议上，专属经济区问题上争议最大。当时美国、苏联、日本都是坚决反对专属经济区的，但发展中国家大多是赞成的。散会回来后，代表团要讨论研究，要分析各国意见和意向。这样，在会上不仅要听，还要尽可能地记下来，还要适当注上自己的看法。一般先在小组内讨论，再到大组会总结各委员会的情况，最后再决定第二天的工作要求。讨论后，自己还要做好第二天的准备工作

在会议上，我们发现苏联代表蛮横无理地坚决反对任何国家渔业生产管理范围超过 12 海里，会上也无代表进行反驳。当时，我向黄华大使等领导提出，1956 年日本与苏联在大马哈鱼渔业谈判过程中不仅要管辖其领海海域外的范围，而且要求对大马哈鱼整个海洋洄游经过的海域行使管辖权，使其受苏联给予的配额限制。这样，苏联对大马哈鱼渔业管辖范围可距其岸达 400 海里之远。经领导同意，我即起草了一份拟在大会上驳斥苏联大使上述态度的发言稿。次日，我方代表郑重地作了发言，其中强调指出，苏联对发展中国家提出的 200 海里专属经济区找了种种理由予以反对，而其早在 20 世纪 50 年代就把渔业管辖权延伸至 400 到 500 海里，岂非太霸道了吗？这当即引起全会关注。

这一内容鲍局长已向我明确谈过，要我参与《中日渔业协定》谈判工作。因此，我就有目的地在联大图书馆内查阅收集日本与有关国家进行渔业协定谈判的资料中含有 1956 年《日苏渔业协定》签订的全过程和其内容的部分。

当时苏联代表的上述发言有俄文稿散发（联大规定可用中、英、法、

俄、西班牙五种语言或文字）。为了仔细研究苏方发言，代表团要我将该发言稿译成中文。当时只有一本俄汉词典，有很多外交上的用语我也不懂。我花了整整一个晚上，完成了中文初稿。最后我将初稿交给黄华的夫人何理良，她是留苏的研究生，请她帮忙看看，她说可以，那就可以了。

联合国会议一般要开四到八周。我参加联合国的会议从 1973 年开始，一直到 1979 年。我在 1978 年后就很少出席会议了，但基本情况都知道。

联合国第三次海洋法会议至 1982 年结束，最终通过了《联合国海洋法公约》，共 320 条，17 个部分。这个是作为海洋的宪法，是最完整的。但到现在为止，美国依然没有在《联合国海洋法公约》上签字。

我在会上发言是用中文，有同声翻译。中、英、法、俄、西班牙 5 个国家语言可以同时翻译（使用语言转换进行的）。我们一般正式发言是将中文稿交给同声翻译，可避免不必要的错误。其他国家的发言有的也有稿子，即席发言一般没有文字稿。

参加联合国第三次海洋法会议对我最大的挑战就是这与我原从事的海洋渔业专业和业务有很大区别。因为我不是学法律的，即使对有关海洋法问题表面上有所了解，但对深度问题的认识要比别人差得多。海洋法方面有很多新的问题。海洋中的自然资源包括生物资源和非生物资源，我对非生物资源方面更不熟悉。对于这些问题，我既多请教人家，又加强自学，加以弥补。联合国的图书馆我经常去。联合国的图书馆有个好处，可以查到历史上的资料，也可看到最新的资料，还可索取或借阅。联合国图书馆的书籍大多是英文版的，不懂只好查词典。我用的不是大词典，大词典背不动，就是一般的英汉词典。

我经常去查资料是为了谈判做准备。日本人开始很厉害的，必须要做好准备。日本与其他国家渔业协定谈判的资料我基本上都查过、看过。第二次世界大战以后，日本与美国在 1952 年进行渔业谈判，1956 年与苏联进行谈判，1965 年与韩国进行谈判。这些我都做到心中有数。因为自己不懂，就要不断学习。我学了周鲠生著的《国际法》这本书，懂得了什么叫联合国、国际会议、条约法、国家主权。至少不是外行了，最起码一些基本情况懂得一点。

总的来讲，上世纪 70 年代和现在完全不一样。在参加第三次联合国海洋法会议期间，当时国内还在进行"文化大革命"，男的都穿中山装，不穿西服。我们外交部长也穿中山装。这是规定。服装都是在北京定做的，统一在指定的服装店做的。中国代表团出席会议的这些人都是比较守规矩的，联合国通知上午九点钟开会，我们都在八点半就到会场了。这是我们中国人的特点。有时有可能到十一点会议尚未开始。这主要是有些代表在会下会相互之间私自进行相关讨论，在会下活动很多，交换一些意见等。也有人拖拖拉拉的无所谓。纽约和日内瓦会场有大会场和小会场。在电视上可以看到，联合国大会场上有主席台，发言的须上台。各国座位按照英文字母顺序进行排列，但是会变。今天 A 字母的国家在第一个，明天的话有可能是在最后一个。这样的话你有可能坐在第一排也有可能坐在最后一排。每个国家代表一般有 5 个座位，前面 2 个，后面还可以坐 3 个。如果人多的话，就坐在公共座位上。联合国比较开放，有参观的座位，但与正式座位之间有个栏杆分开。如果开委员会，一般用小会场。小会场的话，参观的人就不能进来，座位也是按顺序来。讲话的一般都坐在前座。有些国家代表发言比较随意，有时最后说一句，"上述的发言仅代表个人意见，不代表我国政府"。我国代表比较正规，发言稿事先交给同声翻译，尽可能避免翻译时发生不必要的错误，造成各国误解。就我自己个人来讲，相当紧张，相当认真。我不管出席大会或小会，都尽可能把所有国家代表的发言都记录下来。因为我不熟悉各国情况，要摸清这些国家的意向，所以一定要记好代表发言才能进行分析。拿内陆国来讲，按规定，有关相邻的沿海国应提供出海的港口、陆上通道、海关等相关的资料。这虽与我国关系不大，但也引起我们注意，因我国周边有个别内陆国，如蒙古等。一般会议开始时比较轻松，后期越来越紧张，尤其是大会要拿出决议报告，而各国又有不同意见时，会议有可能开到半夜。

我们在纽约代表团的汽车司机都是国内各省市交际处派去的。一般上海、北京的司机问题不大，到了纽约后跟老司机去联合国跑两三趟就可以了。如果贵州等地司机去了以后，就比较麻烦。尤其是纽约，除几条大马路是双向的外，大多是单向的。有一次，有一名司机送代表去联合国开会。到了会场,那位代表专门问司机是否认识回去的路,那司机明确说认识,没问题。那位代表开一天会,下午会议结束,他告诉司机班派车接他。回到办事处,司机班反问他上午送他的司机和车怎么都没回来。后来电告纽约警察局,就是找不到,弄得十分紧张。一直到半夜两三点钟,联合国大厦内的联合国警察巡逻时在联合国大厦院子里发现一部车子,一看是中国车子。那个司机一个人坐在里面,玻璃窗都关上了。警察让他回去,他又不懂英文。警察马上打电活到中方办事处,办事处再派一辆车将该司机和车带回来。我有一次开会,特别提醒司机,纽约大多是单行线,过路口前一定要小心,错过一条,就要多走两条马路。因新司机不熟悉当地路况,要有一个过程才能适应。事实上,这一次送我的司机也连续三次错过了单行线。幸亏我对纽约还比较熟悉,反正也就多绕几条马路。

纽约治安不是很好。我国代表团初到纽约时是借当地的一家很大的旅社,住在最高的一个楼层。当地还派警察值班。有一天,我们有一个办事员吃完晚饭回住房后,第二天早晨死在了床上。结果发现热水瓶中的开水是有毒的。这个案子一直没有破,美国对此也很紧张。这件事后我们就决定要在当地买一栋房屋,经国内派人进行装修后使用。

可能大家不知道,当时在北京的各机关食堂,周日让炊事员休息,只开两顿饭,分别是早上九点和下午四点。在纽约也是如此。如果肚子饿,可以自己到厨房去煮鸡蛋、吃些点心等,但不能做菜。

当时我国代表团是支持发展中国家提出的对 200 海里专属经济区的主张的,并没有认真考虑与中国周边海洋的利害关系。但美国代表团有关人士曾专门提醒我方有关同志,200 海里专属经济区对美国是有利的,因为美国无论是大西洋一侧或太平洋一侧都是开放海,外面没有国家包围,但中国周边的东海、黄海以及南海都是封闭海,周围都被有关国家包围着,200 海里专属经济区对中国是不利的。

当年我在美国纽约一般不出去,平时也没有空闲时间。在星期日,办事处组织我们到什么地方跑一圈,或是在外面吃顿饭也是有的。最远是到罗德岛大学去参观和举行座谈,就是海洋学院许柳雄院长去留学的大学。去该学校花了整整一天,早上很早去,晚上回来。当时管得比较严，我们在日内瓦也没到什么地方去。后来使馆接我们到苏黎世使馆所在地，日内瓦是领馆。大使馆又带我们去了雪山高峰，什么峰我忘了（可能是阿尔卑斯山）。我们去的时候还是夏天，但雪山顶上还是蛮冷的呢。

（三）中日渔业谈判中，我提出了解决中日矛盾的最佳方案

在中日渔业谈判和中朝渔业谈判工作中，中日渔业谈判相对来讲比较麻烦。我当时都是首席代表。

1975 年 4 月在日本外务省会议室召开中日政府间
渔业协定会谈（水产经济新闻社写真部摄影）

我刚到农林部时，碰到的第一个难题就是怎样向国务院写渔业协定会谈方案的请示报告。就是对这个渔业协定要怎么谈，谈点什么内容，协定规定的哪些内容是可以接受的，哪些是不能接受的等提出预案。请示报告经农林部和外交部领导批示后，送国务院审批。因这是涉外且关系到国家利益的重大问题，报告须经周恩来总理批示后，送毛主席圈阅。现在这个报告交给我起草，我就懵掉了。我不仅以前从来都没有写过，甚至连见也从未见过。鲍局长还交代，文字要求简洁明确，绝不允许有套话废话，不要耽误毛主席审批的时间。鲍局长对我做

了细致和具体的指导。首先，他给我讲了这次谈判的总要求，以及要注意的具体问题。当时的基本情况是：第一，我方船数比日本多，日本相对来说船数要少得多；第二，日本渔船比中方大。我方那个时候已经开始自己造渔船了，最大的渔船功率有 600 马力，总吨位大概 300 吨，而日本渔船最大功率在 900 马力；第三，从作业情况来讲，日本渔船到我方沿海作业较多，但有逐年减少的趋势，而我方渔船已经逐步向外发展，到 20 世纪 70 年代中后期，已经到对马海峡南端至钓鱼岛一带作业。那时候，既要使我方渔船能向外发展，也要限制日本大渔船远离我方沿海。我们应该怎么处理，这确实是一个难题。

当时联合国海洋法会议还在召开，12 海里领海和 12 海里毗邻区原则上没有问题，但专属经济区尚未在讨论中定下来。在这个情况下，我提出了一个建议，拟在东经 125°左右划一条直线，北至北纬 32°45′，南至北纬 27°，规定 600 马力以下渔船可以到东面作业，600 马力以上渔船不允许越过东经 125°以西作业，理由是该线东侧水域是主要渔业资源的产卵场，应予以保护。这样的话，日本 900 马力渔船就不能到达我方沿海作业，只有小渔船可以开过来。在北面划了条北纬 32°40′线，主要是避免与日本和韩国于 1965 年签订的渔业协定和 1973 年签订的大陆架协定发生矛盾。在该大陆架协定中，在对马岛西南有一个三角地带，划分为日、韩两国的公管区。1973 年签订这个协定的时候，我在外交部，当时我方有不少同志提出了异议，他们主张应发表声明表示中国不承认这个协定。但我认为，日本与韩国签订大陆架协定的主要问题是，因该三角地带处于东海的北部，与中国是有关系的。但其事先没有征求中国的意见，不存在对该协定承认或不承认的问题，这就是一个不合理问题。经讨论，外交部领导同意我的意见并发表了中国政府声明。

我与日方谈判时，日方对北纬 32°40′线提出意见，我也按此予以说明。东经 125°线主要是为了保护沿海资源和产卵场。日方也知道，日本拖网渔船在历史上几乎都是在中国沿海作业，所以日本也就接受了我方方案。日方也问及为什么规定 600 马力，我方回答，根据当时情况来讲，600 马力是一个普遍的标准，超过了的话，拖力太大，对底层鱼类是很不利的。尽管日方接受了上述方案，但事后日本开始动起了歪脑筋，日方将其渔船主机标牌上的"900马力"改为"600农林马力"。为什么这么改，原来没有"农林"两个字，现在加了"农林"两个字。他们解释是，这是经过日本农林省专门核定的马力。这明显是耍了个滑头。但我方也考虑到，这涉及到日方的国内政策制定的标准，进行争论是没有什么意义的。

基本情况就是这样。然后局长跟我说了一些报告需要注意的问题和应修改的内容，包括文字表述等。接着我进行了修改和补充。经他这么一说，我就有点思路了。后来，我在外交部收集了一些向国务院提交的请示报告进行学习参考。我完成第一稿送局长看，局长很耐心地给我指出了哪些问题讲清楚了，哪些问题没有讲清楚，还有哪些问题还是需要进一步研究的等。第一遍肯定是要改的，也是我预料之中的。我就尽量抓紧时间，一般情况下，上午局长给我提完意见，我下午下班前就把它改好，送给局长。如果他是下午提完意见的，我第二天早上就把改好的送他看。这样来来回回改了五六次。最后，局长说："行，先放在这里，我带回去看。"这稿子大体上就可以通过了。事实上，局长带回家后用2B铅笔认真地进行了修改，在原稿上改得密密麻麻的。局长退回我原稿时，还专门重点说明改了哪些地方和为什么要这样改，然后让我带回去认真看，也明确指出如我认为他有改的不妥之处，允许我再实事求是修改。这一点对我们年轻人有很大的帮助。有些地方我写得确实比他更确切一点，那我还是要改过来的。第二天我肯定要把最终稿交给局长。就这样反复地改，正式的稿子就定下来了，经部长批示，送外交部会签后，递交给国务院。总理批示后，再送毛主席圈阅同意，就作为谈判依据，以后谈判就依这个框架为准。因此，请示报告中的方案一般应有三个比较方案和相应的利弊分析以供领导审批时参考。有关领导审阅后，可能会提出这三个方案都有不足之处的种种意见。这样反复多次，方案就比较成熟了。我深刻地体会到，像我这样一个普通教师，是靠老同志培养出来的。如果这位局长不是以这种方式来督促、指导我的话，这报告我连起草都不会，更谈不上与日方谈判。上述请示报告和方案于1974年起草后，由局长、部长和外交部等到国务院去汇报，相当于去答辩。那时候我还没资格参加。有关领导回来后，再向我们传达有关情况。上报的请示报告和方案在正式批准下达后才能正式通知日方进行谈判。谈判是比较严格的，一定要根据规定的内容来谈，如果超出这个范围就一定要请示。这就不是请示外交部了，而是请示国务院，国务院批准了，才能够进行变动。但是一般来说没有什么特殊情况，在一定范围里面，小的变动是没有问题的，否则就没有办法谈了。准备工作大体上就是这么做的。

还有一个方面就是要尽可能全面掌握有关资料。当时我主要查阅第二次世界大战后日本和韩国、美国、苏联的三个渔业协定和谈判资料，以及 20 世纪 50 年代中日民间渔业协定和谈判资料。谈判过程当中难度比较大。因为日方参与谈判的人员由外务省、农林水产省、法务省三部分组成，资历都是比较老的。我方的人员由外交部、交通部、农林部三部组成，主谈是农林部。交通部主要处理港口的问题，外交部进行总的领导。日方农林水产省由水产厅副厅长和一位课长参加。该课长叫铃木一郎，相当于处长，他人比较和善，原是学水产的，后在东京大学学法律，负责对外渔业谈判。在谈判过程中，最典型的问题就是刚才我们讲的：为什么规定 600 马力线？我们通过内部调查，基本上掌握了日本渔船在东海的活动情况，包括在东海的日方拖网渔船作业已逐步减少并向东面移动，改为以围网为主。这样，我们在谈判时相对地掌握了主动权。

日本的作业和管理与我们国家不一样，他们通过渔业协议会进行管理，相当于我方的行业协会。该渔业协议会分为以西渔业和以东渔业两块。在东海、黄海作业的由以西渔业协议会负责。日本以西拖网渔船最高船数达到 800 多艘，后来减到 400 多艘，在谈判时已不到 20 艘，明显减少了。围网渔业主要是捕捞鲐鱼等中上层渔业资源。

为什么说和日本谈判很难呢？主要是日方外务省有关人员总是刁难中方，出些难题给我们。如果对这些难题不能及时驳斥，对方必然更加嚣张。但在谈判桌上又应有礼有节。有一次谈判过程中，日方外务省有一官员当面对我说："中方不重视、不遵守国际公约和其有关规定，因此有好多问题很难与中方沟通和讨论。但日方都是按照国际上的规定或有关公约进行谈判的。"我听后在表情上还是很友好的，但毫不客气地当场指出日方这种说法是很不妥的，我说："所有国家对国际公约和其有关规定的态度的衡量标准都很明确，首先考虑的是与其国家的利害关系。对其国家有利的，或不损害其利益的，应该会接受。如果有损其国家利益的，或者有影响的，当然不接受。事实上，你们日本也如此。"当时对方不服。我举例说："联合国第一次海洋法会议通过了四个公约，即《领海和毗邻区公约》《公海公约》《大陆架公约》和《公海捕鱼与渔业资源公约》。你们日本对《大陆架公约》既不签字，也不批准，说明日本不承认《大陆架公约》。这样能说日本不重视、不遵守国际公约和其有关规定吗？就是因为《大陆架公约》对你们日本不利啊！"日方有关人员当场难以下台。由此，我又表示，我们双方是友好会谈，有关问题应该多交流。这样，我又把谈判气氛给缓和下来了。后来农林水产省参与谈判的官员铃木一郎私下向我方翻译询问我是学什么专业的，这位翻译是南海所的一个老同志，是华侨，说我是学海洋渔业的。他们不相信，猜我肯定是搞国际法的，否则不会对法律这么熟悉，都能够把日本的外务省官员给顶回去。大概在 20 世纪 90 年代，铃本一郎改任日本大分县县知事后曾两次来华访问，一定要找我见见面。那时候他通过上海水产系统找到我，见了两次。大家聊天时，他还回忆起当时谈判时的有关情况。我说谈判的时候好紧张，他说他也蛮紧张的，他很佩服当时中方谈判中的有关工作。

我总觉得，不管我们学什么东西，一定要认真负责。第一时间掌握资料，常年累积的知识在这个时候可能会发挥出作用，也可能没有什么作用。对于我们做工作来讲，就一定要认真、细致，事先一定要把相关材料收集好。有条件的话，尽可能作些较深的探讨和研究。如果只有广度没有深度也不行。上述的问题可能是一个比较典型的事例。

中日渔业谈判问题更麻烦的还在后面。一般在有关协定谈判时，双方先在各项原则问题上取得统一认识后才开始共同拟定协定草案的各条基本内容。譬如协定序言应有的内容，协定主体分几条，各条原则上应该讲些什么，直至最后一条关于协定的生效时间和生效程序等。双方对这些协定的常规内容一般不会有矛盾，实质性条款内容，如文字表达，双方必须认真讨论取得一致后再由双方各自起草，而不是依某一方的文本为准，各自起草完成后再译成另一方的文本。各方起草完成后，双方逐条核对内容，如文字上有出入，双方应协商进行调整，一定应将文字的内涵保持一致，大家都能接受后才能通过。当时在拟定条款文本时，第三次联合国海洋法会议正在召开，尚未确定专属经济区。因此，各方领海外仍属于公海，公海上作业的渔船管辖权属沿海国所有。但为了保护渔业资源和控制渔船数，双方同意各方应将进入东海协定海域的船数、船名通知对方。某一方发现另一方渔船违规作业，可通知对方。违规渔船一方应对该船进行处理，并将处理结果告知对方。总的意思是任何一方发现对方渔船违规后应该相互通报，并将处理结果告知对方。因在文字表述上，我方认为应是"一方如果发现对方渔船违规，应该及时通知对方，对方应该把处理结果告诉另一方"。日方对"处理结果"四个字表示不同意，认为在日文文本中应将汉字"处理结果"改写为"采取措施后"。当时，我提出日方的用语中采取什么措施不明确，例如是停止作业，还是吊销船长执照、罚款。中方"采取措施后"用语未表明倒底采取什么处理结果，这不应含糊不清。应该说，双方讨论应该是十分正常的。但是日方外务省的官员十分高傲，表示绝对不能用"处理结果"几个字，并说日本签订所有的协定都有一个规定，凡是日本协定中没有用过的词语都不能用，即使写上了，在法务省及国会也通不过的。那时候，我仍沉着气客气地再次说明我方用词的含义。但日方坚持其意见，反复强调日本协定中没有用过的词语绝对不能用，一定要中方文本采用日方"采取措施后"这一表述。鉴于此，我在语气上也逐步升格，并明确指出，日方认为"日本协定中没有用过的词汇都不能用"的说法很不妥当。按日方的说法，贵方第一个协定是怎么签订的呢?! 我仍强调双方应友好协商，只要双方都能理解且都能接受的词语都能用。但对方仍寸步不让，我就相当严肃地向日方外务省官员指出，日方与有关国家签订的协定中，而且是签订的渔业协定中，使用过"处理结果"四个字。对方立即显得十分紧张，态度十分缓和地问是否可告诉他们是哪个协定? 我说："是你们自己签订的渔业协定，没有必要由我来告诉你们哪一个协定。但我再次明确你们在协定中用过这个词语的。"日方主谈人相当被动，要求休会，说他们去查资料。第二天早上继续开会，日方态度就不一样了,他们表示,他们查了一天也没有查到,再次要求我是否可告诉他们是什么文本的协定,英文、日文还是法文。我仍一再表示,双方应是友好协商,有不同见解是正常的。但婉拒了是什么文本的问题。由此,对方没有二话,一口同意中方的用词,包括日方文本将"措施后"也改用"处理结果"。按当时规定,每天会谈结束后,晚上我们都要向外交部副部长念龙汇报,不论谈判谈到几点钟都要去。那天结束会议以后,韩副部长和外交部亚洲司负责人也问我日本到底有没有在协定里用过"处理结果"这个词语?我说我当然是有把握的,是有依据的,绝不会随便瞎说。日方同意中方意见后,我们内部人员也都查不到,来问我是什么协定。我就告诉他们,是我在纽约联合国图书馆曾查阅到 1965 年《日韩渔业协定》全部的英文版,在其附件中用过"处理结果",并在协定中明确该协定的所有附件均是协定的组成部分。估计日方主要查协定的正文,没有注意附件,所以查不到。同事们都说我还蛮厉害的,我说我也不知道会用到这些资料。这次正巧碰到上述问题,我即记起这些资料。

正由于上述与日方进行的较量,对协定文本草案其他条款文字的讨论十分顺利。问题是在 20 世纪 50 年代签订《中日民间渔业协定》时,中方尚未宣布领海基线,仅在东海、黄海的中方一侧划了三条线,禁止日方渔船进入。第一条是从鸭绿江口至山东成山头之间的连线,叫做军事警戒区线;第二条是东海、黄海中方一侧的底拖网渔业禁渔区线;第三条是北纬 27°线,叫做军事作战区线。当时,日方只承认领海,不能接受上述三条线。最后在签订《中日民间渔业协定》时,采取中日双方互换信件的方式予以解决,即中方给日方一信,阐明了上述三线的性质和规定,日方回复中方的一信中表示不同意中方提出的三条线的性质和规定,但为了保护渔业资源,日方渔船自己决定不进入上述三条线。在 1975 年时,日方对中方提出的三条线的性质和规定也同意采用互换信件的方式解决。问题是中方信件是"不允许进入",日方信件是"自己不进入"。在 20 世纪 50 年代签订民间渔业协定时,日方用词不太严格,这次是政府间签订的,外务省官员用词很讲究,在"自己不进入"这句话的日文应该怎么表述上,双方进行讨论。因我曾查到过,

1952年日本与美国签订渔业协定时，美国不允许日本渔船到美国近海海域作业，日方也表示，不是美方不允许日方渔船进入，而是日方自己主动不进入。当时就用了一个日文词语，写成汉字是"自动制止"四个字。记得日方外务省官员说过，只要日方协定中用过的词语都可以用的原则，我便脱口而出，说日方回信中可采用汉字"自动制止"。没想到，当时一起参加讨论的日本驻华公使柳谷谦一先生十分紧张地要求中方临时休会，并请双方团长举行非正式的交换意见。在交换意见时，这位柳谷先生首先发言，说乐先生提出的1952年日本与美国签订渔业协定时，美国不允许日本渔船到美国近海海域作业。日方确实是在1952年日美签订的渔业协定中用过"自动制止"这四个字。但那时候是日本在第二次世界大战后第一次与美国签约，日本处于战败国、亡国奴的地位，处于接受不平等待遇的情况下。这次日中签订渔业协定是日中恢复邦交，处于友好邻国关系。如果今天在日中渔业协定上写上"自动制止"这四个字的话，他明天就会被撤职，还要查办。他还向中方检讨，日方外务省官员说过"只要日方协定中用过的词语都可以用"的说法是不妥的。他一再要求中方谅解。因为中方的目的是只要日方渔船不进入即可。从此以后，日方态度明显改变，有关文字工作也进行得比较顺利，基本上都能接受中方的意见。

后来日方有几位官员私下在打听我到底是学什么的，不太相信我是学捕捞的。后来我当了学校校长后，日本有些人士来上海访问，才相信我不是学法律的。我深深体会到，对日本谈判，既要有理有节、友好协商，但也一定要有谈判实力，要压到对方，否则肯定会受欺负。

后来把这四个字改成"制止"两个汉字。中方只要求日方回信中说明日方渔船不进入上述区域作业即可。中日渔业谈判一共谈了两年多，1973年开始谈判，1975年7月在东京签字。

在中日渔业谈判期间，我一直是首席代表。我一边参加联合国海洋法会议，一边开始中日渔业谈判。连续谈了3次。第一次在北京，时间比较短，一个月左右；第二次是在东京谈判，谈了50天；第三次也比较快，都是文本上的问题，一些争议基本已经解决。第三次谈完以后，挺高兴的，因为《中日渔业协定》终于谈妥定下来了。

1975 年 10 月签订《中日民间渔业安全作业协议书》

　　在我的一生当中具有成就感的另一件事是 1995 年中日政府间第二次渔业协定谈判工作。该谈判是我校黄硕琳副校长参加的,我没有参加。当时《联合国海洋法公约》已经生效,难度是在于双方领海外的专属经济区界限尚未划定。开始怎么谈的我不太清楚,有一次黄副校长和我谈起,中日渔业谈判已处于僵局。原因是日方坚持以《联合国海洋法公约》中专属经济区的规定进行谈判和签订新的协定。我方认为中日之间在东海和黄海尚未划界,只能在原 1975 年签订的《中日政府间渔业协定》基础上进行调整。据说,日方十分恶劣,问中方是否承认《联合国海洋法公约》规定的专属经济区。由此,外交部条法司有关领导通过农业部水产局,邀请我和黄副校长去北京外交部商讨对策。在商讨过程中,我建议:一是中方完全同意按《联合国海洋法公约》中的专属经济区条款签订新的渔业协定,其内容主要是任何一方渔船必须经另一方批准并获得捕捞许可证后,才能进入其专属经济区从事捕鱼活动,并且在遵守其有关法规,一旦违反其法规,由该国进行处理等。但是,应该向日方明确指出,这样的协定由于各方的专属经济区管辖范围未划定,必然无法执行。二是根据《联合国海洋法公约》中的专属经济区划界条款的规定,东海和黄海涉及中、日、韩三方,事实上一时难以划界。三是根据《联合国海洋法公约》中专属经济区条款的规定,中日双方可采取不影响今后各方之间的划界的过渡措施。为此,中方应向日方提出划界前的过渡措施。我提议该过渡措施是在各方领海外划出一定宽度海域，作为各方的专属经济区。双方专属经济区之间的海域作为双方共管区。各方专属经济区宽度可考虑选择 40 海里、50 海里或 70 海里，中日东海之间最大宽度有 400 海里，去掉双方领海 24 海里，中间还有 350 海里。这样，中间共管区最大宽度处尚可达 270 海里、250 海里或 210 海里。由于中方渔船数多于日方，我方希望共管区尽可能要大一些。为此，可以考虑 40 海里、50 海里、70 海里分别作为低案、中案、高案，争取 40 海里达成协议，这对中方最佳。对日方来说，有可能选择较小的共管区。外交部有关同志听后认为这确实是一个可行的解决办法。据说，事后在与日方继续会谈时，日方完全接受中方方案。确定各方领海外划出 40 海里为各方专属经济区，这是我方的最佳方案。

当时《中韩渔业协定》的谈判也在进行，也遇到相同的问题。由于中日会谈圆满解决，我外交部采用中日会谈的相似方案，《中韩渔业协定》的谈判也获得顺利解决。中方与韩方的渔业协定是在 1996 年签订的，与日本的渔业协定是在 1995 年签订的。

中日谈判中后面发生的这件事情是让我最有成就感的，因为前面一件事毕竟是从文字上进行谈判的。当初我提出的解决方法现在还一直在执行。因为划界划不起来，东海划界都还没有定下来，专属经济区划界牵涉到大陆架问题。日本对大陆架要以中间线为界，中方是以冲绳海沟为界，争议还是蛮大的。

（四）中朝谈判，我作为首席代表明确反对朝方的意见

我们大约从 1977 年开始和朝鲜进行渔业谈判，我作为首席代表参加。学校的校友之家还有一张当时我参加朝鲜谈判的照片。就朝鲜谈判来讲，中方同朝方已经签订了有关鸭绿江水丰水库的渔业协定。中国与朝鲜对鸭绿江的分界是以岸为界，鸭绿江江水属于共有共管的。中国同俄罗斯对黑龙江是以航道为界，也就是以水深最深的航道为界。我们同朝鲜以岸边为界，就是说双方船舶在这个水域航行不受影响，这个协定是 20 世纪 60 年代就签订的，20 世纪 70 年代重新修订进行谈判。开始时，中方也不了解对方在协定里会提什么要求，我也是首次接

触朝鲜官员，只能等对方来了之后进行沟通。但我们每年为了保护鸭绿江水丰水库，都要进行人工增殖放流，增加资源。在此方面我们是做得还不错的。具体有两个办法：一是就鲤科鱼类来说，我们在水中放集鱼的鱼巢，就是把草扎成一捆放在水中，鲤鱼在里面产卵；二是人工鱼苗放流。中方在吉林省有专门用于人工放流的养殖场。当时据我们了解，对方只是提出了人工放流，但可能没有像中方这样认真地采取措施。中方对此也不与其计较。

中朝双方代表团举行中朝渔业协定会谈后于纪念馆前合影（前排右二为乐美龙）

但在正式谈判的时候就发现了问题。朝方在会谈时，提出要在其鸭绿江边划出一块水域作为禁渔区，为保护资源而不允许中方任何船舶进入。据我们了解，朝方的保护资源产卵仅是借口，其真实目的是为使其国家领导人每年夏天到鸭绿江边避暑休养。这样划分将鸭绿江江面三分之二的宽度都划了进去，这不仅对中方航行、捕捞都不利，而且破坏了鸭绿江双方以岸线划界的原则。但朝方经常不通过正式谈判而直接向中方国家领导人提出要求。当时，华国锋同志担任国家主席。国务院根据这个情况，召集农林部等有关部门，就中朝鸭绿江水丰水库渔业协定召开汇报会议，由李先念副总理主持。我随农林部领导参加了会议并作了汇报。我明确提出，朝方所划的水域不是鱼类产卵场。关于鲤鱼产卵繁殖问题，中方已按协定规定采用投放鱼巢措施使其得到解决，朝方实际目的是为了其国家领导人的休养。我还认为，如中方同意朝方这一意见，不仅破坏了鸭绿江双方以岸线为界的原则，更严重的是朝方以此为例，可以经常借口种种理由，将鸭绿江任一水域划为朝方所有，这对我们国家来讲是十分不利的。在我汇报时，华国锋主席碰巧来会议室，问："你们在开什么会？"李先念副总理简要地说明了总的情况。华国锋主席当即说："这不行。"因为我们在北部湾的有关岛屿上已与越南发生过类似事情。由此，这次在北京与朝方谈判暂无结论，也就告一段落。

第二次谈判在朝鲜平壤进行。由于我方上下意见一致，坚决不同意朝方建议，并要求其提供划定禁渔区的依据。最后，中方明确指出，朝方上述建议无助于保护渔业资源，而且破坏了双方鸭绿江以岸线为界的原则，在国际上影响也不好。这样一讲，对方提不出更好的方案，只能收回其建议。

（五）中越渔业谈判，建议在北部湾单独划 12 海里领海

还有一个是越南的问题，那个不是正式谈判。越南在 20 世纪 70 年代曾提出要和中方就北部湾海划界问题进行谈判。那时广西负责谈判的一位同志曾来过农林部，与我比较熟悉，就和我们讨论北部湾海划界问题。处于北部湾中东部、海南岛中部西侧的夜莺岛（越方称白龙尾岛）原属中国。1956 年，越方要求将该岛划给越方。经中央同意，该岛后归越南所有。这件事给北部湾划界带来一系列的麻烦，再要想收回来是不可能的。越南内部也比较复杂，有部分人对中国比较友好，也有部分人和我们关系一般。

这个事情发生在 1978 年。因我曾多次带越南留学生去北部湾实习，亲自出海，对情况比较熟悉。北部湾渔业生产的特点是，主要产卵场都在越方沿海。我方广西、海南的集体渔船大多去越南沿岸生产。夜莺岛周围底质比较平坦，中方国营拖网渔船大多在该岛周围 20 海里

内生产。北部湾无论是海域或海底,都没有特殊情况。如要划界,一般都按中间线等分的原则。由于夜莺岛有居民,不仅有领海,还可划有专属经济区,而它又地处海南岛西侧 50 海里。如按上述划界原则,整个北部湾海域的三分之二以上都要划给越方。如夜莺岛归属中方的话,划给越方的部分还不到二分之一。后来在拟定方案时,我给他们提出建议,夜莺岛肯定收不回来,但单独在夜莺岛划 12 海里领海不能作为北部湾划界的据点。这样,中方少吃点亏,至少对夜莺岛西面、北面和南面的划界不会造成影响。当时越方未再谈及此事而使谈判搁置起来。一直到 20 世纪 90 年代,双方开始正式谈判。划界的结果与我上述的建议基本上一致,就是夜莺岛周围 12 海里是越南的,其他的部分全部等分。在夜莺岛西部有一块是属于中方管辖的。

我从 1973 年到 1979 年,一直都在农林部工作。1979 年夏天我就回校了。

1977 年 5—6 月日中渔业协议会谈代表团访华(谭震林在人民大会堂接见代表团第二排左二为乐美龙)

(六) 为培养国际履约后备人才,首次开设“海洋法与渔业法规”课程

我是在 1979 年 7 月回到学校的。回来以后我就在教务处工作,那

时候还不叫处长，叫负责人。以骆肇尧先生为主，我和纪家笙、陈伟两位老师配合骆先生一起工作。院长是朱元鼎先生。

我回来之后，对海洋法和国际渔业协定等相对比较熟悉，也带回来一些资料。为此，我积极准备，编写讲义，终于在 1982 年在全国水产高校中首次开设了"海洋法"这门课程。开始只开 12 学时，类似讲座。最后定为 36 学时。后来我和黄硕琳老师商量，应该把海洋法同渔业法规结合起来，如果只讲海洋法，不讲渔业法规，似乎不完整，因为海洋法包含不了渔业法规的内容，所以相应地将课程改为"海洋法与渔业法规"。在这个基础上面又进一步调整，改为第三门课程，名为"渔业法规与渔政管理"。

这些课程面向本科生、研究生，现在已有好几位老师开了。像黄硕琳、唐建业、唐议等，还有调去东海区渔政局的郭文路。

开了这些课程之后，一般来讲，搞远洋的学生还是满意的，因为他们接触实际东西的。在渔政管理方面既讲法规，还讲政策、制度与管理问题，还包括国内和国际问题，同学也比较感兴趣。课程内容都是很实际的，也就是从事海洋渔业工作，尤其是从事远洋渔业工作都必须具备的基本功。

乐美龙为学生上课

全国远洋渔业最早是在 1984 年起步的,上海建立了远洋渔业公司,买了一艘 3000 总吨的"开创号"拖网渔船。相应地,国家水产总局也启动发展远洋渔业。我回上海后,鲍局长负责远洋渔业,他于 1984 年亲自去西非考察。年底回国后,他专门到上海来找我,谈他对西非的考察情况,说准备在 1985 年派 13 艘 900 马力 300 总吨的渔船去西非中东大西洋生产。他征求我的意见。当时我对西非不熟悉,就问他西非的情况怎么样,他说现在船队的组成问题不大,最大的难度是怎么去和去到那边要怎么样组织生产。我建议,航行这个问题一定要找远洋运输公司的老船长领航,船队通过别国领海要遵守无害通过的法规。但单靠远洋运输公司的老船长还不够,因为到那边还要生产。我说西非资源状况到底怎么样我也讲不清楚,所以你需要一个真正搞捕捞的人跟着去才能抓起来,这样才能解决问题。因为西非的海况、鱼种、作业方式肯定与国内不一样,我们去的船都是双拖,是否适用没把握。当时 1985 年我已当校长。他问我怎么弄,我说学校可派出在外语和捕捞业务上能力较强的老师一起随船参加领航组赴西非。这样,学校就派出季星辉老师和远洋公司的一名老船长带了 13 条船,比较顺利地到达西非拉斯帕尔马斯基地。

远洋渔业总公司总部设在拉斯布拉马斯,属西班牙。这样一来,我想学校也应向远洋渔业发展,除了派季老师随船去西非,学校也相继派出高年级学生、毕业生赴远洋参与生产活动。由此,在校的课程也作了更大的调整,包括加强英语学习和增设法语等。

季老师到了现场后确实解决了问题。开始半年里,所有渔船全部亏本,而且不是亏一点点,因为根本捕不到鱼。因为那边 600 米深水,我们两艘渔船拖一顶网的对拖网具难以沉到海底,捕不到底层鱼,但海虾比较多,季老师曾在国内从事过虾拖网作业,又到韩国船上了解其生产情况,他就将西非对拖作业调整为拖虾作业。在公司领导的支持下,不仅作业调整进行得比较顺利,而且全部扭亏为盈。

接着,总公司领导再次与学校商量,询问学校如何进一步支持发展远洋渔业。为此,学校既有计划地派出崔建章、段润田等教师,还派出捕捞专业应届毕业生先后赴西非和拉美等地参与远洋渔业开发工作,后又在王尧耕老师的带领下，利用学校"浦苓号"实习船开发了远洋光诱鱿钓作业，有力地推动了全国远洋渔业的发展。

五、尽力为祖国水产事业开拓创新

（一）负责引进世界银行贷款

　　学校引进世界银行贷款是在 1982 年。当时负责人是骆肇尧先生，我协助他工作，后由我负责。世界银行贷款主要是农业部对学校的支持。当时农业部部长何康也是国家农委的副主任，解放初期他接管了我们学校，对我们学校比较熟悉，与我们老副院长黄亚成也很熟。从上海搬至厦门，再从厦门搬回上海，困难很多。尤其是从厦门搬回上海，有不少设备和图书都分给了厦门水院。机械、电子设备基本上都留在了厦门。在这种情况下，部里面的领导，包括何康部长，都积极支持学校尽快恢复。最典型的就是利用世界银行农业教育贷款，部里批给我们两期贷款，总金额是 450 万美元。与部里配套，给我们就是 450 万美元再加上 450 万人民币。我们盖教学用房的基建费都不算在内。

乐美龙（第二排右一）受华国锋接见

学校在利用世界银行农业教育贷款的过程中,当时各系有关老师是出了大力的。原在加工系的化学老教授王季襄,不仅尽力做好仪器设备的招标,还负责农业部所有农业院校的招标,包括选规格和型号、签订协议、进口验收等。

利用世界银行农业教育贷款的目的是非常明确的,一句话,要为本科生教学服务,不是为科研、为研究生服务。每一件仪器设备都要写明开设的实验,以及一年内使用的学时数。世界银行代表团来我们学校考察,由朱元鼎院长主持接待,他们感到相当满意。之后,他们审查我们的清单,觉得我们搞得很不错,使用时间也有,品牌型号都很清楚。开什么课程和怎么用都有,他们表示满意。世界银行对项目审计的核心问题是效益,是投入和产出的问题,不是查账,也不关心是否有贪污等。但据说对有的国家也要查账。

第一批贷款正式进来是1983年,1985年结束。

我们后来实验室的设备全部是新的。当初我向学生介绍,我们学校的设备是当时世界上最先进的一批,包括透射和扫描两台电子显微镜、航海捕捞模拟器等。过了十年,这批仪器还是最先进的。

当初世界银行贷款还有一个用途就是培养操作机器的技术人员。我们学校当年派出去不少教师参加培训进修。黄硕琳副校长就是派出去的。那批派出去的老师回国之后都成为了学校骨干。

(二) 参与组建远洋渔业船队

上述全国远洋渔业于1985年起步后,中国海洋渔业公司总经理由我校59届校友张延喜接任,后又任副部长。1986年初,他专程来学校商量,谈及发展远洋渔业存在问题,主要问题包括船长等职务船员的水平比较低,不懂外语,只会对拖作业,不适应西非生产环境等。尽管季星辉老师在那里发挥了很大作用,但他一个人担子也是蛮难挑的。为此,我们研究学校如何有计划地派出教师指导西非渔业生产,同时派出海洋捕捞专业应届毕业生随船实习,因本科毕业生必须完成毕业设计和通过答辩才能毕业,所以学校后又与农业部教育司、国家教委农林教育司协商,一致同意赴西非从事远洋渔业的海洋捕捞专业应届毕业生可由海上业务工作报告代替毕业设计。该报告一定要有比较实的东西，包括有渔场、资源、捕捞方法、相关生产管理等内容。这样，我们1986年派出了第一批学生，由段润田老师带队赴西非。

次年，学校决定派遣崔建章老师带队赴摩洛哥直接抓生产。摩洛哥基地基本是崔老师主持开创的。崔老师先后两次赴摩洛哥工作，为适应该海域的海况和渔业资源特点，他重新设计了作业方式。以后基本上每年都有老师和毕业生赴国外从事远洋渔业生产的项目。与此同时，我们校内捕捞专业的课程也进行了调整。第一，就是调整捕捞作业方式，不能老讲对拖，应按西非国家特点等调整课程内容，包括金枪鱼捕捞问题。第二，是强化外语教学。着重根据拟去的国家，分别加强英语、法语、西班牙语的口语能力，要听得懂，讲得出。第三，是加强动手能力，尤其是网具装配工艺等。我们出去的学生是相当辛苦的。因为当时在海上，所有的渔货都要运输船转运，生产船不靠岸，在船上有可能超过半年，要在修船时才可能回到港口。这对我们学生来讲确实得到了锻炼，不仅吃得起苦、动手能力强，而且到岸上做人创工作都不怕。

学校主要是考虑培养企事业所迫切需要的合格人才，从未向公司索取报酬。

（三）开创我国鱿钓事业

有关开创我国鱿钓事业，主要是当时日中友好协会的熊本县负责人北岗先生与学校非常友好。熊本县有一个县立的水产高等学校，是中专性质。这个学校通过北冈丰治先生和我们建立了关系，他们的校长也到我们学校来进行交流。当时个别人认为没有必要与日本水产中专学校来往。但我很明确，都是从事水产教育的，肯定各有特色。相互交流，取长补短，不应该因为自己是本科就看不起中专。所以我们非常欢迎他们，不管该校来何人，都认真接待。该校校长大野明多次来访后，提出他们学校要更新实习船，拟将现有的1300马力的实习船送给我们学校。该船航行仪器设备完整先进，可从事鱿鱼钓和鱿鱼流网两种作业。当时正在向县教育部门申请。后经县知事细川护熙（后曾任日本首相）批准，通过日本文部省和中国驻日使馆，将该船赠与我校，由我校赵长春副校长率团赴日接收。考虑到中方在上海有黄浦江，而对方是苓北町，为此将船名改为"浦苓号"。

该船移交给我校时，对方相当负责。考虑到我方对其机舱设施肯定不熟悉，无法操作，因此日方专门派该船原轮机长随船来上海指导一段时间后再回日本。

当时正好《中苏渔业协定》签订，协定允许中方渔船可进入日本海苏联专属经济区内作业。在该海域有相当丰富的鱿鱼资源。为此，当时由王尧耕老师负责，胡明育老师、陈新军老师等建议"浦苓号"赴日本海诱钓捕鱿鱼。经农业部和中国远洋渔业总公司同意，并由其资助一笔经费，决定只要钓上鱼，不管产量多少，都算试捕成功。事实上获得了较好产量。由此，总公司在学校开了动员大会，把总公司下属企业全部请来。当时舟山海洋渔业公司当即表示支持，并愿拿出四艘拖网渔船参加进一步试捕。其他公司尚在观望。这些船全部改装和装灯。拖网渔船改成鱿钓渔船工作量很大，需把拖网设备全部拆下，在船侧两舷安装日本引进的自动鱿鱼钓机，在前后桅杆之间装集鱼灯。该项工作全部由胡明育老师承担。

乐美龙（前排右四）参加两岸海洋渔业发展研讨会（1994年7月20—21日，摄于台北）

第二年，由王尧耕老师带队，带领"浦苓号"和舟山公司4艘渔船赴日本海继续试捕一个多月。结果，舟山公司所有改造费用全部收回。由此，其他公司也先后派船投产。在日本海作业受苏联、日本管辖限制，其捕捞对象是日本海鱿鱼，俗称白鱿鱼，其资源量也有限。根据资料，在西北太平洋公海里尚有一种巴达鱿鱼，俗称赤鱿鱼，资源量相对较大，分布在公海海域。由此，就由"浦苓号"带领有关公司渔船赴西北太平洋作业。鱿钓作业相当辛苦，不仅海上风浪大，而且都在晚上作业。如果渔获量较高时，白天也不好休息，要清理鱼货、装箱、下舱速冻，否则容易变质。

随着发展需要，有关公司都建造了一批新型鱿钓船，不仅扩大了西北太平洋作业海域，还先后向阿根廷、秘鲁等外海发展。阿根廷外海是滑鱿鱼，个体比西北太平洋的大，年产量有波动。后在秘鲁外海作业的鱿鱼个体可重达30—35公斤。这种鱿鱼口感差一点，略带酸味。

"浦苓号"现在报废了。我们学校在发展远洋鱿钓渔业方面确实发挥了重大作用，主要是王尧耕、胡明育、陈新军等老师付出了辛勤劳动。

发展远洋渔业确实有一定风险。不仅是承受大风大浪及保障海上安全，还涉及到外事和国际渔业管理问题。当时苏联在其管辖海域内管理很严。如渔船要求避风，经苏联有关部门同意后，一定要在其指定的经纬度位置抛锚，不能随便移动。避风时苏联还会派人上来检查，如果避风锚地风浪太大，需要调整锚地，也必须请示对方同意后，才能转移至新锚地，离锚地前也要报告。生产过程中每天中午12点要报告船位、当天产量、累计产量等，否则被其巡逻艇查到后将按其法规处理。

此外，在1993年9月曾发生一起我方渔船被俄罗斯巡逻艇扣押的事件。舟山渔业公司有一艘鱿钓船在西北太平洋作业时遇上大风，在日本北海道避风出港后向北航行，进入了属于俄罗斯管辖范围的北方四岛。按《联合国海洋法公约》规定，所有外国船舶均有权在任何沿海国专属经济区内航行，但是不能作业。当时对方小炮艇要舟山渔业公司鱿钓船停船检查。照道理说，船上有航海日志、渔捞日志，可以停船供对方检查，应该是没有问题的。但船长不懂，就向公司请示。公司的领导也不懂，就让船长往北逃。对方的小炮艇航速不及我们的船，追不上中方渔船。对方开炮警告停船,我船不理继续向北逃。这样,对方再开炮,把我方驾驶台顶打掉了,伤了一船员后我方只能停下,船和船员全部被押到库页岛港口。我们通过外交部进行交涉。当时正好江泽民同志即将访问俄罗斯,对方表示这是地方政府管辖问题,不影响中俄关系。到当年 11 月,才把船员全部放回来,后来再放船长,船被扣押。我当时正好在北京的部里面,我曾与农业部水产局和渔政局领导交换意见,说这个事情的要害是国内问题的延续,因长期以来国内渔政船的有关船长不懂海洋法基本知识。即使要逃跑,也应向南航行,进入日本领海则俄方也不敢扣押。为此,我们建议农业部要对远洋渔船船长等进行国际渔业管理的培训。

(四) 为发展远洋渔业,我建议设立两个培训机构

有关建立培训中心的经过是这样。1991 年,那时西非远洋渔业已经起步,开始时,因为作业方式不适应当地主客观条件,不是很稳定。后来,通过学校季星辉、崔建章等老师赴现场指导,扭转了亏本的局面,西非渔业获得了相对稳定的发展。另外,我国远洋鱿钓渔业也起步,并从日本海发展到北太平洋进行生产。当时正好农业部部长刘江去西非考察,发现海外船员在生产上的问题已解决,但对外工作方面仍存在很多问题,包括职务船员遵守国外渔业法规等基本素质方面表现较差。农业部水产局和渔政局两位局长曾与我商量,我就建议应设两个培训机构:一个是远洋渔业培训中心,专门培训远洋船员,包括职务船员证书、远洋渔业法规等的培训;另一个是渔政干部培训中心,专门对渔政干部在远洋渔业管理和法律方面进行培训。当时,他们对由学校承办建立远洋渔业培训中心表示没有问题,但对于渔政干部培训中心的地点是放在上海还是北京有不同的意见。若放在北京,就属于部里直接管理,若放在上海,部里的人还要从北京来上海培训,不方便。当时,我建议目前放在上海比较有利。因为有我们学校,又有东海区渔政局,可联合筹办。为了不影响今后在北京建立渔政干部培训中心,可以定名为"农业部渔政干部培训中心(上海)"。经农业部领导同意后,远洋渔业培训中心成立于 1990 年 6 月,渔政干部培训中心成立于 1993 年 3

月,并确定农业部远洋渔业培训中心主任由农业部水产局局长兼任,副主任由学校校长兼任。农业部渔政干部培训中心(上海)主任由农业部渔政局局长兼任,副主任由学校校长、东海区渔政局局长兼任。两个中心下设的办公室都设在我们学校内。办公室主任由海洋学院院长兼任。后来,渔政干部培训中心办公室迁至东海区渔政局,逐步脱离了学校。远洋渔业中心办公室一直在学校,除了培训在职的职务船员外,还培训准备出国的后备职务船员,培训时间为 4—6 个月,结业考试合格后分配到西非工作。后来随着远洋渔业的发展,培训任务越来越重,全国各地都来上海培训太不方便。我们培训中心任务就改为:一是培训中心继续组织有关培训,二是指导各地的渔业培训机构。由我们负责主编了捕捞、航海、轮机、电讯、外语、法规等六本培训统编教材,统一培训要求。

(五) 参与第一次全国水产专业教材统编,负责《渔具计算一般原理》

1960 年,第一次全国水产专业进行统编教材。1978 年又重编过。第三次是在 1985 年。

乐美龙(后排左一)受廖承志接见

　　第一次进行水产教材统编的印象还是很深的。因为我们有三个大专业:捕捞、养殖、加工,主要工作就都放在我们学校。那个时候水产部专门有个教研室。据说,编写统编教材是毛主席提出来的,由中央高等教育部与各部牵头。我校已划归水产部,由水产部教育司负责,并正式成立水产类教材编委会,主任委员是水产部副部长杨扶青。具体工作由我校党委书记胡友庭、副院长刘宠光负责。各个系都设有编写组,将老中青教师组织起来,分工合作。当时我已经正式上"捕捞"这门课程了,也参与编写工作。在这门课程编写时,苏联专家讲课已结束。大家曾就课程定名进行讨论,参加讨论的除了我校教师外,还有山东大学水产系的捕捞教师。最后一致同意定名为《渔具理论与捕鱼技术》,分成三分册:第一分册为《渔具计算一般原理》,由我负责编写;第二分册为《网渔具理论与捕捞技术》,由我和有关教师分工编写;第三分册为《特捕鱼技术》,如捕鲸等,主要由几位老教师负责。有关编写大纲都要在委员会里通过。第一分册内容主要包括网片阻力、纲索阳力、平板阻力、相似原理、模型试验、风洞试验、水槽试验等。第二分册以网渔具为主的,内容包括刺网、围网、拖网等渔具理论与捕鱼技术。刺网主要讲选择性,用概率论来叙述网目大小与鱼类大小关系,这部分内容比较新。围网主要讲下网沉降速度、网具收绞速度以及网材料关系等,还包括灯光集鱼装置、人工集鱼装置,现称为"FAD"。每一种网渔具前半部分讲理论,后半部分讲操作技术,包括渔场分布、作业注意事项、安全等。第三分册主编是我们教研组主任,最老的老先生张友声,他后为海洋渔业系系主任。他日本留学,当过船长,生产经验很丰富,外语水平也比较高。总体进行分工后,最后统稿时,涉及渔具理论部分的由我负责,涉及技术的是由张友声等几位老先生统稿。这也是水产高等院校办学以来,在捕捞方面第一本正式出版的统编教材。1978年在厦门,部里又组织进行了第二次统编教材的编写,主要是在原有的基础上进行修改和补充。1985年,在农业部领导下,进行第三次统编教材的编写。那个时候成立了教学指导委员会,水产方面我校是牵头单位,后来转由国家教委负责。

六、切实做好教书育人工作，为学生做出榜样

在学校，我觉得我的本分就是做好教书育人工作。我认为，如果自己本身是一位教师，后因工作需要担任某一领导职务，也应在完成领导工作的前提下，适当地承担一些教学或科研工作，这不仅可以让自己继续掌握有关学科的发展趋势，而且一旦从领导岗位退下后，还能继续进行教学或科研，更重要的是可以直接了解有关师生的情况和动向。否则，在当领导后，自己与有关师生间的距离会越来越远。如果完全脱离教学或科研，不是说不行，但总感到缺点什么东西。我当校长时原则上一年内争取上一门课，但学时数不宜太多。

此外，我对全新的、以往不熟悉的工作或任务，在通过学习和实践后入了门，然后能逐步踏实地完成，内心是感到十分高兴的。我对完成国际海洋法、中日渔业协定谈判等工作和开设有关的新课，确实感到很欣慰。2003 年起，我又为研究生开设"农（渔）业推广与管理"这一新课。该门课程由生命学院纪成林老师上，但 2002 年时纪老师突然病故。研究生部就与我商量，请我开该门课。我原以为"农业技术推广"涉及到具体生产技术，应请有关专业老师上比较合适。研究生部给了我一本季老师编的参考书和北京农业大学编的一本正式出版的教材。我看后发现两本资料内容有很大差别。为此，我首先要弄清农业技术推广专业的性质、设置农业技术推广课程的目的和要求，以及有关学校开设该课程的情况。我了解了该门课不是讲生产技术，而是以农业推广学原理中的传播、沟通、行为和行为改变等为基础，涉及到推广项目计划、财务、设备、档案等的管理，以及国内外法律法规等。对我比较有利的是，我从事过行政管理工作，对后半部分内容比较容易接受，但对农业推广学原理部分要重新学习。当时我也只能说试试看，好在离正式上课尚有约一年时间。为此，我首先尽可能地收集各农业院校的教材，编写教学大纲、讲义和讲稿。总的来说，是从不熟悉，到通过自学和吸收兄弟院校的经验而逐步改进和完善。关键是不能满足现状，要与时俱进、及时更新教学内容。记得约在 2006 年，农业部专门来我校召

开"农(渔)业推广与管理"课程教学大纲会议。我介绍了我校对该课程内容调整的依据和有关内容。与会老师都表示赞同。随着该推广专业招收全日制学生,相应的课程内容作了较大调整。除了新增国内外农业推广体系、推广方式和方法等内容外,还以 2012 年修订的《中华人民共和国农业推广法》为依据,考虑到有偿服务方面的农业推广必须签订合同的规定,新设了有关合同法、科技成果转化法等内容,以及争端解决中的仲裁、行政复议、行政诉讼和民事诉讼的基本内容。2013 年,该教材在进行全面修订后,正式付印出版。尽管这是我过去没有做过的事情,但如果想去做的话,只要认真对待,肯花力气,肯定可以做成功的。当然,如果自身一点基础都没有的话,可能有相当难度,需要有人指导。例如上述我在 20 世纪 70 年代开始接触海洋法和渔业协定谈判时一点基础都没有,需要有关专家的指导和领导的引导,但个人仍需虚心学习。关键是要下功夫。

我现在已经 80 多岁了,也没有什么座右铭。但我曾专门写了几句话。无非就是对自己要严格,对人家要宽容。对工作要认真、踏实。尤其作为老师,处处应注意为人师表。

我认为,做老师对学生要负责,这是最起码的。不管讲课也好,在学校做其他事也好,对学生来讲,首先一定要认真负责。对学生负责,不仅要认认真真把课备好,还要给学生一些启发性的东西,特别是一些具有发展趋势的内容。在教学方面,我经常查阅一些新资料,否则,老是用以前的内容来教课,弄得不好要误人子弟。其次,要为学生以后工作着想。帮助学生培养一定的基本工作思路和能力。这样也给学生们一个启发,即任何事物是不断在更新的。尽管今天老师讲授了新的内容,但更重要的是让学生们明天能自己去掌握新的发展趋势。所以,我每次讲课前都要对自己的讲稿进行修改,尽可能增补些新内容。如果没有新内容,至少在章节顺序上做一些必要的调整,使学生更容易理解和接受。这也是一个老师的责任。有些学生索取我的课件,我要他们在最后一节课上完后来索取。因为我经常调整部分讲课内容。

关于课堂教学,上课时,我一定要站着上课。虽然今年(2018 年)我已 86 岁了,但即使连上三节课,我仍站着讲课。有的老师和同学关心我，请我坐着讲课。我未接受。我认为站着讲课有如下优点：一是能掌握同学们的学习动态，尤其是大班上课，前排学生、后排学生都看得到；二是站着上课有精神，肢体活动起到辅助作用；三是对学生的尊重。好几年前，我曾向潘校长说起，我有一次从教学大楼路过，发现有一位老师在计算机前面坐着认真讲课，有男女同学各 5 位在听课，都坐在最后一排。10 位同学中有 5 位在看手机，2 位不知道在看什么材料，还有 3 位在打瞌睡。老师不闻不问的。如果是我上课我定要向学生指出，不允许这样来上课的。

还有一次，我在南汇校区上"渔业导论"大班课，有 500 个人左右，发生的一件事情给我印象还是蛮深的。上午上第一节课，个别学生把早点带到教室里吃，饮料、牛奶等都有。我一上课就不客气地讲，不允许把早点带进来吃，你要是吃，应在教室外吃好再进来。我说这是教室，不是食堂。我说："我对你很尊重，站着讲课，你也要对我很尊重。"这次讲了之后，以后再也没有发生过类似的事情。

还有一次，我亦是在南汇校区上课，最后一排有几位同学几乎一整节课都在低声交谈，突然这位女同学起身，从大教室后面大门出去。我在前面讲课立即叫住了那位女同学，问她要做什么，并明确指出这样对老师太不尊重了。以后再也没有发生过类似的事情。

我在军工路阶梯教室上课也闹过笑话。当时两节课连上的，中间不休息。有一位学生坐在最后一排，他进教室后就躺下来睡觉，直到下课才起来。为了不影响教学，上课时我没有叫他。下课时，他起身要走时，我叫住他，请他不要走，到前面来。他心中也有数，走到我面前，连声说老师对不起。我说："你怎么回事，整堂课不仅打瞌睡，还躺下来睡，我也照顾你的面子，没有当众指出，但你这样太不像话了。"他连说了三遍对不起。我认为这类问题虽是发生在学生身上，但关键是老师要认真、正确地对待，适当批评是必要的。

周应祺

周应祺，1943 年 1 月 19 日生，1964 年毕业于上海水产学院海洋渔业系工业化捕鱼专业，1979 年至 1982 年在英国白鱼局工业发展署电子研究室和动水槽实验室及阿伯丁海洋研究所任访问学者，从事渔具渔法和鱼类行为研究。

曾多次参与中白令海狭鳕资源养护和管理会议，参加中国智利双边会谈、中美海洋生物资源合作、中智渔业双边会谈、中美海洋生物资源协调会等国际会议，多次在世界渔业大会上作主题报告，为国际履约做出了突出的贡献。

从事水产高等教育 50 年，出版发表了 160 多篇学术论文和多部教材。研究领域涉及渔具力学、鱼类行为学、渔业管理和生态经济等。主编教育部面向 21 世纪教材《渔具力学》《渔业导论》和《应用鱼类行为学》等。曾主持研究项目"中国渔业科技中长期发展战略研究与规划编制""新世纪海洋渔业科学与技术本科教育复合性人才培养模式的研究与实践""中国远洋渔业发展战略"等。曾获国家教育成果一、二等奖，国家科技进步二、三等奖等。

融入世界，才能为祖国争取更多利益

周应祺

"甘当铺路石，发挥桥梁和窗口的作用"

一、勤奋好学，因缘际会，上世纪 50 年代进入上海水产学院学习

在 1959 年，家庭出身是非常重要的。学校将学生分成好多种类型，有可以推送重点大学的，有可以读普通高校的，有一些不给进学校的，甚至有内控的，分为好几档。我们班同学有那么两三个属于内控的，大学没有读，就到农村去劳动了。那是上世纪五十年代，不允许读了。那我呢，大概就是属于不可以进大学的。这是我后来才知道的。这可能有几个因素：第一个是我的伯伯（就是我父亲的哥哥）和伯母，他俩是地下党员。但后来两人失踪了，搞不清楚是否被杀害了，总之是下落不明。第二个是我的大姨（就是我母亲的姐姐），她丈夫是中国石油公司的工程师，很早就到中国台湾建厂去了。我大姨是产科医生，也跟着一起到中国台湾去了。再有就是我母亲的老家是安徽当涂，是大家族。我的外祖父很早就去世了，外婆 30 多岁就守了寡。据说家族里有一个人是国民党海军后勤部的总长。这些关系影响读大学。还有什么因素就连我自己也不知道了。直到 1979 年，我被第一批选拔出来到英国去留学进修，临行前我去看望我们中学的领导，一位离休老同志。直到这时我这才知道，是他当时写了推荐信给上海市教委，说这个学生

是很优秀的。这才使我的录取材料就位。但那时录取工作快结束了，问下来只有上海水产学院还没有录满，工业化捕鱼专业还有名额。这个材料可能送到了当时的党委书记那里，得到他点头认可，我就进来了。记得当时中学的党委书记甘老师来找我，问我："有一所学校，叫水产学院，你愿意去吗？你喜欢电子学、物理学，这个工业化捕鱼专业里有这些课程"。我回答："随便。"我父亲说了一句："哦，我知道，上海有一所水产学堂，是老学校了。"我当时非常随意，就是说，你叫我读什么都可以，没有想将来的职业怎么样，也没想过有什么出路或者艰苦不艰苦。就这样，我冲着数理化和电子技术来了，所以我的学号也很后面，是43号。但我还不是最后一个，后来又补了两个学生进来，是水上运动的特招生。

我读书早，因此比我同班同学小两三岁，想法单纯。另外一方面，我认为知识是有用的，任何课程都是有用的。我自己建立了一套学习方法，课前有预习，上课时绝对认真听讲，而且全部记录，课后对笔记进行整理标注。一段时间后，我会写一页纸的提纲，归纳出这一章里的诸多要点。那时，我记忆力也特别好，好到什么程度呢？考试的时候，老师的题目一出来，我脑子里马上就出现这是在我笔记本的第几页，什么位置，讲的什么内容，题目就做出来了。我记忆力非常强。在英国时，国外同事说我是 fax 和 copy machine，就是说看过一遍就都给记住了。说到学习成绩呢，我在五年当中，所有课程都是优秀，包括体育，包括政治课程，全优。这个全优也是无意当中得到的。我没有苛求自己一定要考成全班第一，而是认真对待每门课程，包括找参考资料进行补充学习。直到四年级的时候，我忽然发现自己的记分册中是全优嘛，当时挺高兴的。

说起阅读课外参考资料，是受到一篇文章的影响，就是中国科技大学的校长华罗庚教授在开学典礼上的讲话《锲而不舍，金石为开》，这句话成为我一生的座右铭。他说读书要"由薄到厚，再由厚到薄"，对一个问题要问为什么，找资料进行补充，深入了解，写笔记和心得，一页纸就变厚了，成为好几页，这是由薄到厚。而后对这些内容进行提炼、归纳、总结，做到由厚到薄。我遵照华教授的指导进行学习。大学五年中，我看了几十本参考书。如前面说的,老师上解析几何时,我在阅读苏步青教授写的《解析几何学》。物理学教到光学一章时,我找了光学专业的教科书《光学》上下两册来读。学微积分时,我读了《微分学》和《微分方程及应用》,我还买了斯米尔诺夫的《高等数学教程》整套书,等等。此外,我还定期地阅读一些期刊。可以说我基础打得扎实,知识面得到拓宽。

那时候党委推进教育改革,对学习成绩特别好的、有学习余力的人,提供更好的学习条件。所以,党委宣传部部长崔怀青老师来找我,问我:"你有什么要求吗?"我说:"我们系里面的资料室,只能老师进去,学生不能进去,资料室里有几本外文专业刊物,我能进去看吗?"他说:"好,批了,你可以到老师资料室里去看书,还包括图书馆里的英文资料和期刊。"那时候没有什么复印机,我就抄在笔记本上,在右边留一些空边,用来写翻译过来的中文。

外语教研室有一位老师,我还记得他叫沈毅,他当过英国货轮的大副,那时教我们专业英语。他问我需要学习什么,我讲就学英语打字吧。他就将英语教研室的一台台式打字机借给我,还给我一本打字的练习本。我就在宿舍里按部就班地一课一课打。后来我打字的速度是一分钟308个字符,速度蛮快的。我打字为什么比较快呢? 因为在中学时我就拉手风琴,手指灵活。

初中时,我就和学校小分队到街上去宣传总路线、参加大跃进,为唱歌跳舞伴奏。为什么学手风琴,这里面也有一个故事。因为在小学时,我喜欢唱歌,我父母送我的第一本歌本的扉页上写了一句话:用你的歌声去唤醒大众的迷梦。后来在中学要学乐器的时候,有吉他、小提琴等可供选择,他们说:"你去学手风琴吧,这个便于集体活动,大家唱歌你拉琴。"然后他们就从旧货店里买了十几块钱的小巴扬琴,一种纽扣型的手风琴。我学会后,就换大琴。从初中、高中,一直到大学,在文艺方面我是一直拉手风琴的。体育上,我在虹口中学搞田径和赛艇,我还是虹口区少体校的学员,每周都到虹口体育场训练铁人三项。到大学后我就进了学校的赛艇队。后来我还做了第三代赛艇队的队长,那时候有六十多名队员。宋佳坤教授是女子队队长,男子队队长是张发强,他后来任职于国家体育总局,我是总队队长。赛艇队队员的学习成绩都是好的。因为那时候的目标是要全面发展,包括学习成绩、文体、劳动能力等,进行多方位的培育。

我在这个工业捕鱼专业读了五年。五年期间的第一年,学校就让我们出海了。一年级读下来以后的暑假,也就是 1960 年的夏天,我就跟上海渔业公司的船出海了。我还记得那个船的船长姓屠,是屠船长。船是木壳对拖机轮,浅蓝灰色的船体。我当时晕船非常厉害。我发现,如果你的平衡器官越灵敏,你的反应就越厉害。如果你的耳朵不太好,甚至是聋子的话,就不晕船。我是怎么晕船呢?那时候学校已经买了"发愤""图强"两艘新船,靠在码头上,让同学老师去参观,我上去晃一晃就想吐了。结果那个船开航到吴淞口,就是兜一兜,还没到吴淞口我就吐了。当时,我坐公共汽车也吐。我是晕船晕车都很厉害。但我是个不服输的人,晕船再难受也从来不躺下的。而且我肯定是站在甲板上面,顶着风吹,一般是第二天就会好。所以,克服晕船也是对自己意志力的锻炼。有些同学、老师出海后就说晕船难受,比死都难受,出过一趟再也不愿意去了。拿我来说,只要不死人,反应再强烈,也可以抗过来。现在年纪大了,反应迟钝了,倒不太晕了,习惯了。

我第一次出海是两个星期,一个航次。那时候,渔业公司都是两周一航次。因为那时的船都是带冰的,没有冷冻机,是冰鲜船,鱼抓多了,船非得回来不可。但第一次出海是很精彩的,不仅是因为看到了大海,还因为抓到了许多鱼。我们在拖网作业的时候,后面的船就追上来跟我们说:"你们的网捕得鱼太多了,爆掉了,都浮起来了。"我们向船尾一看,我们的拖网不是在海底,而是都浮在水面上。不仅是囊网,前面身网都装满了近一米长的大鮸鱼(黄鱼的一种),这种鱼做熏鱼是非常好的。这么大的拖网全满了,结果大副跳到网上,站到网背面,把网衣剖开口子,将鱼取上来。平时我们拖网作业一网一百多箱,一箱大概是二十斤到三十斤吧。我们那一网是搞了一天时间,五六百箱都有了,鱼多得不得了。我第一次出海就碰到这么精彩的景象,这么多鱼,记忆深刻。

在五年期间我们不是经常出海,因为我们这个班级是党委试验田,教学计划和前面班级是不一样的。前面班级,63届、62届他们正好是1957年、1958年进校的,那时候进校后就上渔船,一上渔船就是一年。他们大量时间是上船的。到我们这个班级的时候,中央整顿教育秩序,加强基础教育,保证教学质量,所以就安排认识实习、专业实习和毕业设计实习等出海实习。像我们这样第一次出海就叫认识实习,就出去两个星期,知道出海的一些事,这些东西到现在都有用。

再谈谈教学改革。我认为,作为学生学习来说,听课和讲课最好的地方是教室,不是车间。车间里轰隆轰隆响,你怎么集中注意力呢?传授知识,讲得最清楚、最有条理、最专业的是老师,不是技术员,也不是科学家,也不是工人。尽管他们有丰富的知识,但是作为一种教育传授,老师是专业的,学校老师是教学的专家。所以从教学的角度讲,不要否定课堂教学,不要说什么教室里讲课不好,一定要搬到农村田地上、池塘边去讲。在二十世纪五六十年代,我们都经历过这些事。在船上讲课也讲过了,当时还请过渔业公司的技术员,上海海洋渔业公司网具组、资源组的技术员们来讲课。我还记得他的名字叫兰景祥,讲网具,确确实实讲得很丰富。他是山东大学毕业的,是老学长,在渔业公司工作多年,又爱动脑筋,擅于深入观察和分析问题,所以他讲得比我们学校老师还要好。当然,总的来讲,还是要服从教育规律的,专业分工嘛。

作为校党委试验田的重点措施之一,我们班级的数理化基础课都是按最高学时进行安排的,课本都是选最厚的课本,老师是教研室的主任,都是派最好的老师来给我们上的课。效果怎样,现在可以来进行评价。已经五十年过去了,你们应该去访问62届到65届的这些校友,这几个班级经历了不同的教育改革,现在他们工作一辈子都退休了。我们可以看一下,当时教育改革的成果,哪些做的是成功的。教育改革进行了三年五年的时候,效果如何你不好说。现在五十年了,教书育人,可以总结了。现在渔业界,包括研究所、学校、公司,都有我们的校友在,可以通过他们来分析基础教育的好处、实践教育的作用等。"开创号"的船长是我校校友。农业部渔业局的局长,东海所、渔机所等研究所的研究员和领导等也都是我校的校友。这些人是我们教育改革调查的对象，是我们学校的宝贵资源。但这些资源再过几年就年纪太大了，因为教育改革是要看一个时代的，说是五十年，实际上是六十年了。学校用什么教育产生什么样的结果，包括调查我们到西非去的师生。1985年，我们学校派了一大批师生到西非去，现在他们也快退休了。现在可以评价一下到西非去的三到五年这段时间对这些师生的作用，对学术生涯的影响、对业务能力的影响、对思维方式的影响等。他们当中有的人，比如像宋利明教授，都在总公司工作了很长时间。戴小杰在学校也当上教授了。他们可以回顾一下，这一生中哪些是他们觉得应该坚持的，哪些是可以改进的。因为我们正在建设远洋渔业学院，计划同学上船一年或两年，由企业公司人员担任指导。从办教育来讲，我有时候在问，到底出去多少时间是最佳的，是半年为好，还是三个月回来为好，还是放出去两年为好。研究的案例呢，就找前面的老校友，戴小杰也好，许柳雄也好，包括我们的许多学生、校友。

还有就是改行问题和专业对口问题。到西非去了，回来以后有的人就改行了，有的人在渔业界做事，有的做技术工作、行政管理、商业贸易、教学科研等。各种工作都必然面临改行问题，我觉得改行是非常正常的事。这涉及办大学的目的。

可以分析一下，教育该怎么搞，可以从自己身上来琢磨我们学校的教育改革往哪边走。现在有些提法是过去经历过的。例如，以项目为主体组织教学。我们那时候就是以产品为主线安排教学，把所有课综合起来，电子学、电工学、渔业与电子仪器课，把他们综合起来，围绕探鱼仪或定位仪，把他们怎么设计、怎样生产，一直到最后怎么使用都串起来讲解。我在电子教研室是待过一年的，还编写过《定位仪》这本教材，包括定位仪的基本原理，即数据算出来之后如何测定船位，就是利用双曲线。学校办工厂时，为了生产定位仪，我还到渔机所待过一年，学过换能器的原理和制作工艺。现在我可以进行评价分析，究竟怎样做效果更好，历史的经验值得注意。

我在读大学的时候，也提素质教育，那时候提的是全面发展。作为一个学生是蛮注意全面发展这一点的，就是学习成绩要好，文体活动也要积极参加，同学之间讲团队精神。我参加的是赛艇队，赛艇运动的最大特点就是非常强调集体性。这个集体性还不像打篮球，篮球运动如果少一个队员的话，照样可以打，八人的赛艇的话你一个人也不能少。如果下午四点钟下水，下午四点钟人员就全部准时到了，这是第一个集体性。第二个集体性就是赛艇在划的时候，桨手和桨手之间的动作必须高度协调，桨入水时间0.1秒都不能差。如果你的桨先下水的话，船就往你这一侧倾斜，船的方向会偏。如果人家的桨都出水，你的桨还没出水的话，船又会受影响。所以要求动作必须非常整齐。这是非常不容易的。有些同学体力强、耐力好，有些同学差一些，这就需要相互之间的体谅和照顾。相互协调，发力大小一致，这涉及技巧和感觉。队员间不能相互责怪，不能相互埋怨。有人体力不足而划桨慢了，就要大家一起慢。所以，通过赛艇这个运动培养出的集体性是不一样的，这个运动在深层次上培养了队员之间的相互尊重、相互关心。不像有些运动培养的就是个人英雄主义，通过把其他人打掉，我就能上去。赛艇运动是不一样的，这个运动里面的内涵是不一样的。我觉得这是一项在大学里很精彩的运动。

文娱活动方面，我刚刚说过了，我拉手风琴是为了集体活动。我拉手风琴拉到什么程度，就是学校文艺汇演，第一个节目一般是大合唱，我肯定是要担任伴奏的，一直到最后一个节目我还在台上。就是每一个节目，只要是唱，我肯定在上面作伴奏。有时候要背景音乐，就由我们乐队负责提供。但我从来没有独奏过。前几年，学校组织三高乐团，即高级知识分子、高级军官、高级工程师，到全国演出。我没有参加，一方面我没有独奏的水平，另一方面来讲，我就是给集体伴奏，如果你们合唱要伴奏，我非常乐意。

所以，五年的大学过程是学习的过程，也是培养人的思想方式的重要时段、建立人生观的重要时段。例如，你愿不愿意为集体做贡献？我想我这一点是愿意的，就是为他人服务、为集体服务、为人民服务，以服务为乐，以贡献为荣。我常讲，有个次序一定要排列好，即国家、集体、个人的关系，这个次序永远是国家第一，集体第二，个人第三，绝对不能倒过来。以个人为中心，把个人前途和发展放在最前面，我不是这种想法。但是现在社会上的说法可能有改变，不太一样。

二、留校任教，勇于探索，开拓创新谋发展

（一）最先开设了"渔具力学""鱼类行为学"等课程

我留校的经过是这样的，在一年级时我参加过海洋渔业系组建的数学教学改革小组，学校送我到复旦去进修一年，本来就有培养我当老师的意图。学生阶段上课时，我上课上得还挺不错。另外一方面就是我五年学习成绩全优，但在填报毕业去向志愿时，我就填了四个字："服从分配"。那时候，如果叫我去新疆的话我就去了，没想法的。服从分配就是要到组织分配的地方去。当时学校说要我留校当老师，对我来讲，没有太大震动，欣然接受。因为我母亲也是教师，我们家里兄弟姐妹中大多数是老师，当老师挺高兴的。

现在做老师做了五十年后，我感到非常荣幸。我有时候说，如果有来世的话，我还是当老师。为什么呢？拿一个很通俗的例子来说，你看，幼儿园的老师永远是年轻，对吧。在大学里面，我面对的永远是比我年纪轻的青年人，自己也变年轻了。如果我是到机关里去工作的话，面对的肯定都是比我年龄大的人，容易老。所以我讲，在学校当老师是非常幸运的。

另外，老师这个职业本身就要求你的品德是为人师表，要求你是无私奉献的。老师与学生的关系是很有意思的，老师是无私的，就像父母亲对待孩子一样的，你学生不愿意学，老师就生气，学生愿意学，老师就高兴，老师恨不得什么都告诉你。老师和老师之间就不一定，因为他们有利害冲突。老师和学生之间是无私的。有一次，我在学校里讲职业道德，我说每种行业都有它独特的职业道德，都有它的道德标准和规范。作为医生，就是治病救人。教师本身就是为人师表，对学生无私，这是作为老师的基本要求。所以，一个很自私的人，我相信他是当不好教师的角色的。

我留校时是留在工业捕鱼教研室，就是现在的捕捞组。乐校长当年是教研组的组长，我的毕业设计是乐校长指导的。乐校长是他们这一代人里最优秀的一位。他外语非常好，俄文非常好，还自学了英文。

他在交大进修过船舶原理，所以他的工科底子非常好。他又很努力，记性也特别好。他记性好到一张发票数字看过一遍后就记得。他上课时的数据向来是背出来的。我上课是拿稿子的，当然现在用PPT了，替代了看讲稿。有些人说，上课老师拿稿子不好。其实，我想都可以，我不反对。因为我的想法是，一些数据或系数你去查手册或资料好了，但是，有关的思路和方法，包括公式怎么推出来的，要搞清楚，要记得，要自己都会推。公式忘了怎么办，推一推，这公式就出来了。

从学科发展的角度讲起来，以乐校长为代表的第二代把苏联的一些教学内容翻译引进，然后成为我们自己的渔具理论原理。我是在乐校长这一代人的基础上，把欧美的一套拿过来再综合进去，把现代化的一套结合进去，按学科分类将名字改掉。原先的名字是"渔具理论与一般计算原理"，我想，按照学科内容分类，可以叫"渔具物理学"。但物理学太宽，就叫"渔具力学"，缩小一点。刚开始提出"渔具力学"时，还有一些争议，"渔具力学"不等于"渔具计算原理"，不能覆盖所有的计算问题。但是，我是从学科的角度讲，渔具的设计和使用涉及多种学科，其中力学和流体力学是渔具渔法学的重要基础。渔具力学是渔具渔法专业课的重要基础课程。我们提出的渔具力学概念为学科发展指出了方向。当初教材和论文中绝大部分是静力学部分，没有运动学，更没有动力学的内容。所以在编著面向21世纪教材《渔具力学》时，我们增补了渔具运动学。现在新编的《渔具力学》又补充了动力学部分和数字模型。从学科建设的角度来讲，我们是上了一个台阶。

我提出这个问题是在我们学校搬到厦门以后。1973年我到厦门，那时我是在电子工程系，参加双曲线定位仪的生产。后来回到捕捞教研室，我就提出来建设"渔具力学"。尽管那时候兄弟院校的一些老师不太理解，但是后来他们都用这个名字了，"渔具力学"就被大家接受了。所以从学科发展角度讲，这个名字是我第一个提出来的。

另外，还有一门我开设建立的新课，就是"鱼类行为学"。这门课出版了教材《应用鱼类行为学》。该课程的开设，从哲学角度讲是很有意思的。在我们所有的课程中，讲的是捕捞技术，是工具，像是一把枪，我们说这把枪有多好多好，花了大力气进行研究。当然，这是属于工程学范畴的。那么你的对象，鱼呢？我们了解得甚少。从水下录像资料发现，船开得再快，也抓不到这条鱼，鱼是游泳健将。或者说，船一开快，油耗就上去了。没有必要开这么快，如果用四分钟把鱼抓到可以节省燃油那就没有必要在两分钟之内把鱼抓到。国际学术界和产业界都提出要研究鱼类行为能力，研究鱼类对渔具的行为反应。但从学科上讲，鱼类行为学是一个大题目，是属于生物学科的。实际上，我要了解的是鱼类对渔具的反应，这该归到什么学科，哪个学院？由具有怎样背景知识的老师来研究？在我们学校里，研究鱼类行为的有三个部门，生命学院鱼类学里面有鱼类生态学。所谓鱼类生态学，就是讲鱼类的行为，什么雄鱼追雌鱼啊，筑巢啊，争夺领地啊。渔业资源教研室也研究鱼类行动，主要是鱼的大范围洄游，什么时候游到什么地方，和我们渔场学有点关系的，在什么地方产卵，到何处索饵。但是，鱼对渔具的行为反应没有人研究。比方说，我设计制作了一个渔具去捕捞这条鱼，这个鱼是逃掉呢，还是钻进来呢？当时没人说，也没人研究。为了研究这个问题，我到英国去取经。我到英国去是分两个行程，第一个行程是在英国的白鱼局工业发展署电子实验室和渔具动水槽。第二个行程是在著名的英国阿伯丁海洋实验室。

我大学毕业于1964年，当时根据全国统一安排，到农村去两年。我们就到上海郊区奉贤和崇明待了两年。第一年除了参加农业劳动外，还参加四清工作队，搞四清，反贪污、反腐败、划清阶级路线等。

我们去奉贤是在庄行公社华严大队，去崇明是在新开河公社。我们就住在最贫困的贫农家里，同吃同住同劳动。那时候王光美不是出了一个桃园经验嘛，我们是根据那个去的。我们在奉贤做了一年，在崇明也是一年。在这期间，我对农民的生活有了深入了解。我们当时以吃苦为光荣，在劳动中，我们挑稻插秧，开河挖泥，都是最强劳动力。现在已找不到那些地方了，全变了。我听说奉贤这边变成了一大片油菜地，是春天去拍照的地方了，找不到华严大队和庄行公社了。我的房东比我年纪大，可能已经过世了。崇明新开河是在崇明岛的中央位置，估计也变了。两年结束时是1966年，"文化大革命"开始了。

（二）关注高等教育发展规律，提出"高等教育走向学科综合的趋势"的理念

20世纪80年代开始，我开设了"鱼类行为学"，涉及生物学、工程学、流体力学等许多学科的内容，都是后来学习的。这学习能力是要靠基础知识的，数学基础、物理基础、理论力学基础。现在工作中需要很多的知识，学科面临的东西是在大学学习时老师没有教过的，那时候没有这些东西，主要是后来自己学的。所谓自学，最关键的、用的最多的是大学学习的基础知识。我学习的工业化捕鱼专业，开设了38门课，知识面较广，包括工程类、生物类、环境类等多种学科。但如果你问我哪门课对我收益最大，我会回答说是哲学课。因为哲学课教我如何思考、如何分析，辩证法很管用。当然，作为工科生，数学、物理等课程也是很重要的。有人说现在的年轻人好像不喜欢上自然辩证法这种课，这上升到理论课，可能会觉得枯燥，但一方面要看老师怎么教，是否提供丰富的案例进行教学分析实践，另一方面，作为学生，应该积极主动地进行实践应用，这样就会体会到哲学课的魅力。比如说，我总要求研究生们面对任何问题时都要问三个为什么，连问三个为什么后，你准回答不出来。这样就会发现自己有些问题还没有搞清楚，是值得研究的。同时，学会问问题，找出问题所在，也是重要的科研能力。比方讲，我们都是搞教学的，我问你，教育的规律是什么？再深入一点，高等教育的规律是什么？高等教育与普通教育的区别和共同规律是什么？对这些问题可以这样思考，即违反规律是要吃苦头的。可以从这点进行回顾分析，例如历史上有哪些做法吃过苦头的，由此破解高等教育的规律。我用这个问题问过许多校长，北京的、上海的，他们都被问住了。大家自嘲一番，"搞了一辈子社会主义，也不知道社会主义是什么"。大家都在讲按规律办事，好像是简单问题，但是，对规律不认识，怎么能办好高等教育呢？

关于高等教育规律我写过一篇文章，认为是下面几个，有些是它的特点，有些是它的内在规律。为什么要研究内在规律呢？因为高等教育不同于一般教育，我们讲教育，它有它的规律，高等教育是教育的一部分，具有共同点。但是，高等教育又不同于其他教育，和中学教育不一样。你去看中学教育，中学教育里的内容，数理化，基本上是经典的、稳定的。物理学教了几十年，还是这内容。高等教育并不是，我上的专业课年年在新增，年年在补充。我一边在搞科研，一边新的东西就进入教学内容了。社会科学更是如此，社会发展和变化很大，在高校的课堂教学中就会有所反映。高等教育就有内容变化这个特点。此外，高等教育培养的人是为将来，为四年以后，甚至为十年以后准备的，所以我绝不可能外面什么流行，就赶时髦。今年计算机热门了，我就办计算机专业，明年经济热门了，我就培养经济的人才。大学不该这样做。大学就是要为社会、为未来提供人才。记得复旦大学的杨校长说过："我们复旦大学没有专业不对口的。学物理学的人在美国搞股票，他也叫对口，为什么呢？他要用到概率理论，要用到学校学习的基础东西。"但我们学校培养学生经常面临不对口的问题，学捕捞专业的，只要不上船，就是不对口，只要不在渔业界，就叫不对口。这肯定是我们思想认识出问题了。

另外，我认为"高等教育一定是走向综合"的。我们学校叫水产学院的时候，外面还没有什么经济热潮，在经济专业并不吃香时，按产业发展的需要，我校就设立了"渔业经济"课程和专业。后来经过拓展，建立了渔业管理、渔业法规等专业和方向，还组建了经管学院。这不是赶风头，而是产业发展的需要，也是大学学科发展的需要。20世纪80年代初，黄硕琳老师要到英国去学习，他是学捕捞的，就到阿伯丁研究所，它是世界顶尖的研究所。他征求我的意见，说："我想学法律方面的专业。"我说："行啊，渔业是要管理的，你去学吧。"他到英国伦敦学院学习国际法，因为渔业管理需要法律，渔业上的法律和其他法律不一样。海洋法时代，渔业的法制管理更具特色。

另外一个例子是学校要进行素质教育，要开设人文和艺术类课程，学生要组织文艺社团，需要有人指导，怎么办呢，需要专业的艺术老师、人文老师。那么这些老师到我们学校以后，一个人是不够的，一定要有一个组，有一个教研室，哪怕只有两三个人。同时，他们也要发展，作为教师，也要考虑他们的前途和他们的学术发展。学校不仅要考虑学生的前途，更要考虑老师们的前途。我们现在有这么多优秀的教师，有的来自名牌大学,到我们学校里来,他们的前途在哪里?不管是谁,都会希望在他的学科领域里有提高和发展。除了与学校原有的学科专业结合和合作外,提高到一定程度后,他也会想设立专业。比方说英语老师,除了专业英语外,还会想建设英语专业。搞文学或艺术的老师,还会将文学和文艺的专业做大,逐步发展,等待机遇。如果有一个特别棒的音乐家来了,说不定我们学校艺术系就起来了。再去看看世界上的高等教育发展过程,以前美国和欧洲国家,包括前苏联,都有什么纺织学院、化工学院,在学校名字里带有专业或行业的名称。现在再去找,一个都没有了。美国明尼苏达大学前身是农学院,现在没有带专业名字了。前苏联有渔业学院,现在也改名了。所有的水产学院现在都改名为海洋大学了。这个现象反映了一个规律,即“高等学校一定走向综合”。“综合”这个特征就是在它的校名上面不带有任何专业名称。国内的大学,比如中国纺织大学,它已经拿到了“中国”这两个字,为什么还要放弃,要改成东华大学,其实它是因为想通了,要按高等教育规律办事。当然,这很不容易,很难。有一段时间它的生源也受影响,大家都笑话它。但是它就是抓住了高等教育规律。我们学校也是,改成海洋以后路子宽广了好多。但是这不是终结,迟早还得改。当然,要看是什么时候,可能很快,也可能还要几十年。

全球的大学中,海运、航海学院是特例,都改成海事大学。在校名上冠以专业的名称,美国也有海事大学,日本也有。为什么?因为现在的一条船很贵,价值上千万甚至几个亿美元,都装备了复杂的系统,而且在全球范围里运作。这样的资产和装备交给一位没有受过高等教育的船长是不行的。总的来讲,它是属于高级职业培训,要考证,所以他们实行半军事化管理,有统一的着装和制服。其他的大学,不是高级职业培训机构,在校名上就不带专业或行业的名称。所以,我就常思索,要把我们学校带到什么路上去,五年、十年后,或者二十年、三十年后,带到哪里去?办成高等职业培训的大学,还是办成一所综合性大学。

我们学校现在已经走上往综合性大学发展的道路了。以前没有博士点,20世纪90年代我们有了博士点,后来又有了博士流动站,我们是逐步建设的。我们在学科上的建设过程,我认为是走向综合的过程。

海洋很好,但是还要其他的。但需要注意,不是说你想搞什么就搞什么,这往往要看机遇,就是要有菩萨才有庙,菩萨走了庙就没了。大学里这一点特别的明显,复旦有了苏步青,就有数学系的强势,苏步青没了,苏步青的弟子不及他,情况就变了。就像我们学校一样的,朱元鼎、孟庆闻造就了我校的鱼类学成为全国第一,这就是上海水产大学的牌子。这两个人没有了,尽管后面还有搞鱼类学的,但没有主要人物了,影响力就不一样了。所以大学的人才之争真是要害,人来了,学科来了,名气就来了,人走了就都走了。所以国外大学的教授是不退休的,比如美国的大学教授就是不退休的。

我们学校引进了崔维成教授,开始深渊科学工程装备的研究。然而,崔教授是搞工程的,学校还没有一位深渊科学家专门来研究三千米下面的生物,抓上来的是鱼也好,虾也好,研究他们生理和基因等内容。从深渊的潜水器的设计上面,我们可以延伸出好多学科,包括通讯。在海洋里能不能搞无线通讯?要想距离达到几千米、上万米的话那就不容易了,声学编码通讯可以达到较大距离,但水声通讯难度大,不太好搞。

(二)“文革”期间,提出解决黄浦江苏州河的水发黑发臭问题的方案

在“文化大革命”开始之前,学校派了一个工作组代表党委到崇明,处理审批入党等事务。因为我在学生时期就提交过入党申请书,所以在 1966 年 4 月份,经支部大会通过和系总支批准,我成为一名中共党员。但这件事因受“文化大革命”冲击,党委瘫痪、档案管理混乱,就没有下文了。一直到 1985 年 5 月,我又重新写了入党申请书,再次被批准,整整迟了 20 年。但是,我这二十年还是按照党员的要求来做的。

从农村回到学校,学校里已经满是大字报了。一些给我们上课的优秀老教师都靠边站了,都被打成牛鬼蛇神,成为反动学术权威。很有意思的一件事情是,我回来后上班,上楼时遇到张义良老师下来,我就习惯性地向张老师鞠了一躬,说老师好,这可把他吓了一大跳。

过去我不擅长向公众讲话,很少发言。每次要发言,都要等到最后

一个,讲不了几句。当时老师们都知道我不太爱说话。我现在的说话能力都是后来练出来的。那是从英国回来后,要我到各个单位去介绍,公司、学校、研究所、水产局、学会等,我都去介绍。后来国家实行改革开放政策,包括世界银行贷款项目启动,大批外宾来了。每次外宾来访就要我做翻译,而且是"全能"翻译,各种专业都要翻。我们学校所有专业来外宾都是叫我去翻译的。翻译也练就了口才,你都要讲。再加上本来就想要当老师的,现在就会"夸夸其谈"了。

在"文革"中,我是刚毕业的学生,而且出去两年不在教研室,回到教研室已经是高潮了,大字报贴得满满的。我当时比较腼腆和内向,不张扬。再加上"家庭出身不好"的阴影笼罩着,又不是狂躁的那种人,低调也就是我的本性吧。我对老师一直挺尊重的,哪怕是在那种打倒状态下的老师,包括乐校长也被拉去游行。我们学校游街什么的我都不去看。我就是这样一个人,觉得这样不应该。到现在为止还是这样的想法。这批当红卫兵小将的同学,到现在也是六七十岁的人了,对自己当时在"文革"期间的所作所为有没有反思? 我觉得不用等待国家的解释,而是自己作为一个人,应该有对老师应有的尊重,应该有是非感、正义感。有的年轻人不懂,有些人还打人,有些人写大字报,做违心的事。对于这些事是要反思的,要自我检讨。有的人到现在不反思,甚至还津津乐道于"文革"中的风流倜傥。所以,对"文化大革命"的影响不可等闲视之。

在"文革"中,我家里是受到冲击的,被抄家批斗。为什么呢? 因为我父亲是得到过国家级嘉奖的,就变成反动学术权威了,造反的是他的学生。加上有家庭出身不好这样一个背景,知识分子家庭也不是红五类的,所以学校里有什么事情也轮不到我,出头的都是出身比较好的。但是,我也不是逍遥派,我天天来上班。我也没有出去串联,学生和年轻教师都跑光了,我还是天天去上班的。

那段时间里,我还做了一件有意义的事,就是与几个同学一起提出了解决黄浦江苏州河的水发黑发臭问题的方案。发起的同学叫杨家麟,是加工系的,非常聪明。他提了一个方案,在温藻浜河口建一座橡皮坝,黄浦江涨潮时,低坝就放干净的水进温藻浜河道,落潮的时候橡皮坝高位将水堵住。干净的水从上游中差浦注入到苏州河上游，加大上游清水流量，将污水顶替到黄浦江，利用潮汐现象，将污水排到长江并流出到东海。这个坝建在哪里，选址很重要。既要对水上交通影响最小，还要考虑到提高了水位后对附近的农业的影响，都要做出评价。同时还要对橡皮坝的抗风抗潮能力、百年未遇的水文气象等做出评估。我们学校提出这个方案的是五个同学和两位老师，我是其中一位。还有一位老师是丁雨仓，是水利学专业的。我们组成了一个上海水产学院的小组。当时对苏州河提出治理方案的还有同济大学、华东师范大学、三废管理局、华东水利勘测设计院，还有一个是太湖水利管理局。他们的方案中，有的建议建设管道将苏州河的污水抽出去，浇灌浦东的田地，或集中进行三废处理。这都要花费大量运行经费和能源。我校提出来的方案是利用自然潮汐的力量，消耗能源和资金少。简单来说，就是在苏州河上做一个橡皮坝，涨潮时进水，退潮时保持橡皮坝高位，不让它出去，让清水从上游进来。为了做这个事情，我们值班查天文历，查潮汐，观察到苏州河的污水团经过七次涨潮落潮才能出吴淞口。我们还实地勘察了坝水位提高后，对宝山地区的农业影响有多大。我们还去杨浦水厂参观污水是怎么处理的。我们还去查阅长江几百年来的水文资料、建立模型、计算百年不遇的高潮潮位等。在"文革"中，我们就干了这个事情。除了专业单位投标外，几个学校也投标，华师大也投标，经过专家领导的评标和答辩，我们学校的方案中标，当时是上海市马天水市长负责该项目的。

这件事情应该是1967年左右的事，"文革"开始后没多久我就参加了苏州河治理小组。我两年多没有闲着，做点公益的事情，而且还学了不少东西。在上海郊区跑测量，晚上在各支流水闸上值班测量水位，最后，我们上海水产学院的方案中标了，是战胜了当时太湖水利管理局、华东水利勘测院，也战胜了同济大学和华师大这几个组。我们的方案得到上海市政府的肯定。坝的位置是靠近吴淞口好，还是进去一点好，要考虑交通问题。建坝后，许多船不好行驶到上游去，故必须选择一个地点，对水上交通影响最小。而且一直保持高水位，会提高地下水的水位，可能造成稻田烂秧，对农业也有影响。我们还调查测量了每次涨潮有多少水量,这些水量要保持多少高程才能从上游压下来,从而顶托污水出苏州河。否则水量不够会影响清污效果。该项目搞了两三年的时间,后来因备战,考虑到橡皮坝可能被炸,项目就暂停没继续进行了。参加这一项目的同学中有我们海洋学院资源专业的一位同学。养殖系和加工系都有同学参加,组长是加工系的,叫杨嘉麟,现在是杭州计量学院教授。

(三) 自力更生,勇于创新,在实践中提高能力

这段时间后,"文革"比较平息一点,开始稳定了,学校就搬迁厦门了。学校是1972年搬迁到福建集美的,我迟去了一年。因为我在上海筹办电子工厂,生产大功率的低频晶体管和双曲线导航定位仪。因为我在考大学时,报清华大学就是报无线电工程技术专业的,对该项目很感兴趣,就参加了。做晶体管要求很高,单晶炉烧要高纯,99.99%的材料,水要去离子水。压制晶体管零件的模具需要自己制作,精度很高。但是承担这些任务的都是来自体育教研组、经管学院的老师。做去离子水的老师是体育教研组的许老师,他非常认真,做得非常好。我们生产的是国家急需的低频功放管,大功率的探鱼仪就需要。我参与生产线的工装,我在大学学过金属材料与工艺学,金工实习时学过车、铇、铣、磨和钳工,在这里都派上了用场。这个工厂在上海筹建试生产,而后整体搬到厦门,在那边继续生产。我还参加筹建了定位仪生产线,被派到渔机所学习一年。在渔机所,我和工人师傅一起绕变压器,制作相位环,听工程师讲电路图和定位原理,同时编写培训教材。

1972年春节前学校先遣队就搬了,我是1973年才到厦门的。到了厦门我就待在电子工程系,继续参加建设两个校办工厂。当时我的小孩才七个月大,何老师也调到学校工作,在厦门待了八年时间。

在厦门时,我曾给捕捞班的同学开过"捕捞测量仪器",是一门新课,内容包括测量误差来源、精度保证和评价方法、测量方案设计等。许多是实践中的体会和知识,当时因马面鲀资源非常好,拖网作业时,往往因渔获物太多而曳纲断裂、网具丢失,因此,我曾承担研制拖网使用的水下张力计的任务。研制过程中,我学习了波纹管等压力传感器、

水密技术、测量精度和记录方式、测量方案设计等，后来这些变成我们的教学内容，一门新的课就是这样开设出来的。

从1973年到1981年，我校在厦门办学八年时间，我少了两年，因为1979年底我到英国去了。在厦门的这段时间里，我跨了两个系，后来调回海渔系。我在海渔系带过毕业设计，筹建了声光电捕捞实验室（是和崔建章老师一起做的），还研究了电捕虾技术，研制了脉冲发生器和电极阵等。我在厦门鼓浪屿、烟台渤海湾、浙江舟山、湛江北部湾等进行试验，电脉冲惊虾装置能提高几倍产量。那时邓小平提出发展科技，科学的春天来了。1978年，福建省召开了第一次科学技术大会，组长崔老师作为代表参加了大会，得了一个科技奖。这个1978年获得福建省科技奖的"电脉冲惊虾仪及捕捞技术"是崔建章老师主持的。应该这样讲，开始时，崔建章老师是电工教研室的，后来到捕捞组，负责电路设计。我负责脉冲器和电极等构件的设计制造，都是自制的，充分发挥了废物利用的专长。

由于虾有伏地的习性，会将身体埋在沙下。捕捞时，网具从上面掠过，效率很低。采用惊虾链或加重下纲会增加阻力而加大耗油。所以采用电脉冲给以刺激，迫使虾跳起来，以便捕捞。但是，我们需要知道跳多大的幅度，以及拱几次才能使虾有效地暴露从而被捕捞。我们就用活虾在集美海滩上做试验。我们试验了各种频率的脉冲，不同的电压、不同的波形等。为什么讲是废物利用呢？因为电脉冲器线路是崔建章老师设计的，元器件有的买得到，有的买不到。例如电阻，要调电阻才能控制脉冲宽度，但该电阻要承受很大的电流。商店里没有这种电阻，那就发挥我的专长。我找了一根玻璃棒，将电炉的电阻丝绕到上面，压一片磷铜皮，制成大功率可变电阻器。脉冲发生器里面放什么呢？海里面捞起一塑料浮球，将它一剖为二，将整个仪器制成圆球形的，放到里面。那么怎么密封呢？这两个合拢的地方用螺丝钉敲住还不行，里面还要加密封圈。为了这个东西又查了很多资料，知道密封圈有好多种，有O型圈，有V型圈，有U型圈，有的是压力越大，它的密封性能越好，有的是绞紧了才密封。但是，有的太紧了，橡皮皱了，露出一点点缝，海水就进去了。还有电源问题。脉冲发生器需要大功率的电源。原来一种做法是从外面供电，脉冲发生器到海底，这根电缆就得从船上输送到海底，非常容易损坏。我就提出不用电缆，采用水下电池供电。但是，在作业时，电池可能翻转，在海里要翻来翻去。我们以前电池不像现在手机电池，以前是酸铅电池，就是用铅板做电极，硫酸是电解液，不能翻的，必须开口的孔朝上摆好，里面还产生气体，这种电池不适合。后来选用镍镉电池。此外，还遇到一个技术难点是电池的容量和寿命，能放多大电流，能放多少时间。比方说，这个适合手机的电池只能供手机用，容量小，输出功率小。如果手机的电池拿来做扩音器喇叭的电池是不行的。我们研究各种电池的性能，到上海电池厂去调查它的各种产品，回到学校，在实验室里拿电池来做，选电池，再做放电试验，最后成功解决各种问题。一套装备挂在网具上，一起投到海底进行作业，抓的鱼虾产量提高了三倍。而后我们就到湛江、北部湾去试验，在舟山出海试验，到烟台出海试验。所以你问我出海多少天，我就是这样子出海，有任务就出海去做。果然产量是提高的，回来就获奖了。

这个课题组的构成是很有意思的。一共四位成员，一位姓许的老师，他是捕捞组的，是我们学校的校友，负责出海捕捞试验。从四川调来一位专门搞电子线路的洪老师，负责控制电路设计。崔老师负责总体设计及脉冲功率部分。我负责电极阵的布置和电极的选用，虾的电参数测量，电池和压力开关的制作、密封技术和总装等。

有关动手能力的培养，我再讲一个事情。筹建晶体管生产线的时候，要开模具，包括夹具，这些东西都是我们自己做的。那时候我们学校金工厂有位八级钳工老师傅。那么车床水平最高的是谁呢？是现在已经退休的金正祥老师。我开车床的水平不及他，但是我钳工非常

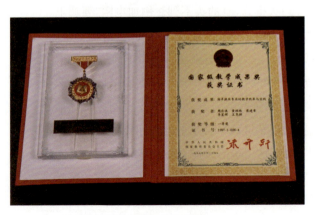

周应祺获得国家级教学成果奖

好。而且我车、铣、刨都会，包括电焊。现在来评价当时的教学质量和动手能力。动手能力的标志是什么？做学生的时候，常用拆装自行车来衡量，即将一部自行车拆开再装起来，全部拆开，洗干净、加好油，再装好，而且要这部自行车能轻快地骑。这就要求三个轴绝对平行，车轮的钢圈要调到滚圆。当时工科学生，尤其是机械专业的学生，就比这些。虽然是娱乐，但培养了动手能力。

我在渔机所学习研制换能器。换能器在震动时产生高频的声波，即超声波。还要研究怎么能够让声波定向性好、不发散等。这些理论在北大是一个专业，就叫换能器专业，要读五年。我找了一本书叫《超声工程》来阅读自学。所以从我的经历可以发现，不断地学习，自学能力是非常重要的。经过一定时间的积累，知识的综合性提高，知识面也拓宽了。

六年前，我建议学校开展机器鱼的研制和智能鱼的研发。为什么呢？因为它是知识综合的，不是哪一个老师单独可以搞的，物理教研室必须要找信息学院，信息学院肯定要找材料科学的老师，只有相互配合才能搞出东西来。我们这个学科的发展，就是讲综合。我一直就在讲，水产学科是

1997 年 12 月周应祺（左一）应联合国粮农组织 FAO 邀请参加在马来西来克隆波召开的专家咨询会

一个后发专业。你没有船，就没有远洋渔业，你没有电子仪器，也没有远洋渔业，要依赖别的专业的科技成果才能发展。因此，我们要善于将人家的东西拿过来应用。当然，这些科技成果是不会自动送上门的，因为社会资源不会主动过来的。搞基因科学的，是不会主动到水产大学来的，但我们学校自己一定要把基因用到生命科学来，这就是我们的学科特点。所以我们培养的学生，知识面要广，而且愿意思考、积极思考、善于思考。

谈到学科综合，会涉及到建立多学科的综合研究小组。前面讲到研究电捕虾的小组中有一位负责电子技术的洪老师，他到我们捕捞组来发挥了很大作用。但这样做合适不合适？对于这个问题，我在英国时请教了几位专家，我问这样做对不对，他们讲我这样做是不对的。在做一个课题的时候，应该邀请各种专家来参加，但是他们本人还是应该归属于电子教研室，不能调到捕捞教研室。如果调到捕捞教研室，他会为捕捞服务，但他的知识会用光了，不进步了。他应该待在他原来的学科组里面，在电子技术领域里可更上一层楼。所以从这个角度讲，每一个教研室还是要保持自己的学科，不要搞综合，但是学校要有综合平台。前一阵，我向校长建议，教研室的教学系统应随学院设立。学院还有一套系统，即以学科为基础的研究实验室，这个是供研究生工作使用的。但在学校层面要成立多学科交叉的平台，这个是学校发展的亮点。只要学科能够交叉，就能出新东西。生物和电子交叉起来，力学和社会科学结合起来，形成新的学科生长点。

问题是这个人在哪里？还有就是学校有没有这个激励机制能够使不同学科的老师走到一起去。现在不同学科的老师走不到一起去，他们都同意学科要交叉，但在具体工作中，又只盯住自己那一份，就做那一点东西。所以，培养具有学科综合能力的人才很重要。

(四) 积极创新，发明二次回风煤饼炉等装置

我是 1973 年到集美的，将七个月大的儿子也带到了集美，1978 年夏将两个小孩都带到了集美。那年夏天很热，家务都是我做的，我是家里的强劳力。买煤球要到集美镇，我是一担煤球，不管一百斤或两百斤重，我都从那个店里自己挑上来，一直挑到我住的五楼。我是一口气上去的，不用歇脚，我体力很好。我还自己做了个煤饼机，因为我会电焊，就截了一段无缝钢管，焊了一个手工煤饼机。从此我就帮老师做煤饼，在楼前的平台上做，晾干后，再将煤饼挑到老师家。在集美的时候，我还帮助他们改造炉子，因为烧的是煤球炉子，翻资料以后，我和同事做了一个叫"二次回风煤饼炉"，可以提高燃烧效率。因为传统的煤饼炉燃烧后并不是全部氧化的，有一部分一氧化碳没完全燃烧就散发掉了，

对空气是一种污染，也是一种浪费。因此，我们将煤饼炉芯做成夹层的，从侧边向上，到炉口再加一次新风（氧气）。这是从炼钢上面得到的启发，顶吹加氧，炉口加个顶盖，保证充分燃烧。从火焰的颜色判断，改造后的二次回风炉的炉口温度可以达到七百度。与一般煤球炉进行了烧开水比赛，二次回风炉又快又省，不仅烧得快，而且我们的煤饼烧的时间长。这样一来，我们就帮老师家里去改造煤饼炉，一家家地去改造。有人会问："这有专利吗？"我是没有申请专利，那时也没有专利的概念。

我们还发明了帆式空调。集美那个地方热得不得了。20 世纪 70 年代时，没有电风扇，更没有空调，怎么办？我们把窗户的铰链进行改造，将两扇窗合成一扇窗，像个帆一样，开得很大，把风给导进来。就是把两扇窗户连到一起去，变成单扇，单面风吹过来不就进来了嘛。此外，集美经常停水，白天没有水。我们就给老师家里装了一个大的缸，缸上面装了一套像抽水马桶那样的设备，到了晚上自动进水，白天从缸里放水使用。

我还采用车床用的低压电磁泵抽送热水，做了一个能够供热水的淋浴器。那时候在集美，为提高老师的生活水平，我们充分展现了创新能力，发挥了很高的才干。我们就像电影《金光大道》里面一样，我拉了一部装满煤球的大板车，两侧是不满十岁的小朋友在后面推。我们那个时候年纪轻嘛，就是这样子帮助同事的。在集美的这几年，生活得很有意思。

三、求学海外，那个年代的"学霸"与"海归"

（一）品学兼优，直接被保送到英国阿伯丁海洋研究所学习

我在集美呆了六年多，1979 年底出国了。那是 1978 年夏天的一天中午，总支书记张荫桥老师敲我家门，他说："现在我们国家改革开放，要派科技人员到西方学习科学技术，你要去吗？但要考试，只有五天时间准备。要考科技英语，包括'听说写'。"为了准备外语考试，我就把所有的家务全部停下来，专心复习英语。后来考试推迟了一周，多了点时间复习。

当学校老师知道我要考外语时，我记得好几位老师主动来帮忙，为我分析考题，提供辅导。一位外语教研组的黄老师，他教我们如何应对考试，如何做选择题。那时候没有托福，大家也不知道托福是什么东西，更没有 New Concept English，这些统统没有，只有英语九百句。"文革"刚刚过，教学秩序刚开始恢复，还没有完全恢复到正常，所以要学习英语时没有学习资料，完全靠这些老师的帮助。我自己是啃老本，因为我中学、大学的时候买了很多英语资料，包括《大学英语》《科技英语》这些英语教材，还有英语课外读物等。这些都没有丢，带到厦门了，我就找出来阅读复习。有几个老师我是要说一说的，一位是外语教研组黄志明老师，从考试答题方法到语法等多个方面，他给了我全面的帮助，还亲自送我们到考场。还有一位是胡鹤永老师，胡教授是造船系主任，"文革"前在挪威学习。"文革"了，他就提前回来了。他在挪威待了一年多时间。他说："我是你的留声机。"他一遍遍地朗读给我们听，提高我们的听力。当时一起学习的还有李思发老师。第三位就是林焕章老师，林教授去过美国，在海军待过，英语口语和书写都很棒。他建议我写几篇文章，题目是《我的家庭》《我的专业》，以及《我的经历》等，文章写好后，他就帮我改，改成容易上口的口语，让我读熟背熟。黄老师还建议："你就每天给我背个十遍二十遍的"，早上起来上厕所背一遍，晚上睡觉之前背一遍。不是要口试嘛，肯定会问到家里情况什么的，出国去学什么东西等。就是这样，我在许多老师的热心帮助下进行了准备。考试的那天，外语老师比我还紧张。考试是在厦大进行的，考笔试和听力，我抽签抽到一张 New Concept English 的外科手术。我考得不错，听力准确，口语流利。究其原因，不仅仅是短短十几天的突击复习，还因为我在中学时，就听过英语唱片《灵格风》，听说训练有一定基础，上大学时还常朗读英语课文。所以这完全是以前的积累，靠那五天时间准备是来不及的，时间是不够的，是靠中学的基础。考好后我就被录取了。我们学校还有很多老师去考的，就我和李思发两个人通过了。这是全国筛选的结果。之后才知道，整个水产系统里就考出三个人，另一位是北京渔业局的黄斌，他是我校校友。

当时参加考试的是全国水产系统，包括研究所及所有水产院校，参考的人很多，那是我们国家第一次举办这种考试。就像邓小平讲的，要向西方派科技人员去学习，不是派搞语言的，是去学科技的，要考试。而且这次考试选拔，不讲什么家庭出身，而是讲业务水平，讲英语水平。当时有人说"这个人政治条件没我好，怎么……"，都给打回来了，反映了改革开放的决心。

考取之后，除了自己做准备外，我又到上海外国语学院进行英语培训。原先安排是三个月，后来实际时间比较短，就一个多月时间，就通知我出国了。我是从集美走的。临行那天是在集美火车站上的车。那天的情景我记得非常清楚，好多老师来送行，都是自发的，没有组织的。有我自己系里的老师，还有社科部、外语组的老师，还有上海去的老师，很多很多人来送。他们就是觉得，我们是第一批被送到国外去学习科技的。全国科技大会刚刚开过，科技的春天来了。选拔人才不是像过去那样都是政治要求，只看家庭出身。大家都知道，李思发老师是非常用功的，我们当时都是工作努力认真，学习成绩优良的。老师自发来送行，是群众、普通教师对我们的期望，也是对改革开放政策的期望。火车从集美到上海，后来到北京。路上也遇到这种情况，我和李老师两人在火车上背英语单词，过来一位中年妇女，她问我们是干嘛的，我们讲我们是准备出国去学习的。她说："那好啊，我是某某科技出版社的，你们回来后把论文拿来，我给你们发表。"就这么一句话，印象特别深刻。她的这句话，在社会上是很重的。到了上海，在上海外国语学院出国人员培训部培训。过去我国的英语是英式英语，请的都是从英国或加拿大等英联邦来的老师，学语言也是派往英联邦国家。改革开放了，开始从美国请语言专家，教美式英语。上外从美国请来一位老师，是个女的，她拿了中美恢复邦交以后的 001 号签证，女老师叫 Maggie，教我们会话。

我们就在两套教学系统下学习，一方面是中国老师在教，另一方面是美国老师在教，后来学下来我发现，中国老师教的部分，我成绩不太好，而美国老师教的我全是 A，Double A，学得非常好。我就回顾评价这个外语学习究竟是怎么回事，我又思考了。中国老师呢，很简单，例如听写，他在上面读，你在底下听写，最后标出来我错了多少。还有就是站起来回答问题，挨个回答，等到你前面一位在回答问题时，自己还没有站起来回答的时候，我心脏就扑通扑通地跳，在问到我的时候早就懵掉了。除非你外语非常好，原来是受过训练的，而我们都没有。从选拔到去上海，我们没有任何培训，学业跟不上的。但是，美国老师的教学方法很宽松，她发现同学在会话时很紧张，就将同学带到上外附近的虹口公园，一路上向同学提问题，到公园了，会话课也上好了。她的教学方法使我发挥了我的特长，成绩都是优秀。后来我就想，这个语言学习要采用另外的路子，和学理工课程不一样的。我发现，对语言的使用能力，我比较强。但你要是叫我考托福，我肯定不怎么样。这是一段教育上事情的回顾。

就在上外培训到一个月的时候，通知来了。英国文化协会要对我们进行英语摸底考试，他们不要中国方参与组织考试，要自己组织。考场在上外。考场是这样安排的，租了三间房间，把边上两间房间锁掉，就用当中那间房间。窗户全部关起来，保证安静隔音。教室里面没有空调，只有电风扇。在考试之前，学校的老师跟我们说，今天考试是很神秘的，中方老师都不可以进去，考什么内容都不知道，怎样考也不知道。因此，老师要求我们考完后，赶快到他们办公室去，回忆考题是什么，了解我们都考了什么东西。现在知道了，那是戴维斯考试，类似于托福考试。我们进教室后，一人一副耳机，前面一本厚厚的书，考试按耳机中的指令进行。耳机里说翻过第一页，就开始翻过第一页。那时候就不知道这种考法，第一次啊，实在不知道或听不懂就蒙了，知道的就勾了，录音播完，也就考完了。考试后不多久，我就接到通知，说是合格了，可以出去了。那时候，美国、日本等国家都向中国开放，都欢迎中国留学生去。但是我们国家规定，两个超级大国不准去，不准去美国，不准去苏联。其中去日本的呼声最高，日本政府表示可以接纳许多人。但事实上日本动作最慢，程序也是较繁琐的。英国的工作非常有效，结果第一批留学生就到英国去了。我选了英国阿伯丁海洋研究所（Marine Lab，Aberdeen）。为什么呢？因为阿伯丁海洋研究所是世界上顶尖的研究所，它的渔业科学研究处于世界领先地位，就像进了哈佛大学一样。我到了阿伯丁海洋研究所，遇到了一位从美国来的专家。我问："你到这所里来干嘛？"他说："我到这海洋所待上三个月，将来只要我履历上有这些东西，就是金字招牌"。我想原来如此，这个研究所这么有名啊。一年工作学习下来，感到确实好，那个地方创新思想发展得非常好。

当时教育部通知我们准备出国，但有两个选择，坐火车或乘飞机去英国。因为已是十二月份快到年底了，学校也快放假了，时间比较宽松，故可以坐火车去。而且坐火车便宜，火车票一张一百美元。因为那时候中苏关系处于低潮，火车运行是处于维持状态，象征性地开来开去，基本上没有乘客，所以票价也很便宜，只要一百美元。坐飞机去很快，但当然贵一些。当时给我们选择，我就选择坐火车去，给国家省点钱。但坐火车时间长，要十一天。

这个十一天是北京到伦敦的十一天。我们一个团有六十几个人，这六十几个人中有沿途下车的，有的人去到匈牙利，有的人到比利时下车，最后大部分人来到英国。团长是部队里来的，学机械的，挂的是北京大学机械系。我是副团长，负责后勤。我们带了好多面包、香肠，是准备在火车上吃的。我们是在 1979 年 12 月 8 号离开北京的，这个时间我一直记得很清楚，那是一个天气很冷的日子。当时没有地方做西装，是在北京指定的店里专门做的西装；没有地方买皮带，也是在指定的商店里供应的皮带。所以说我们是好不容易才把东西搞齐了，也带了所有的日用品，连草纸都带了，有好几个大箱子。那时候箱子都是没有轮子的，都是硬扛的。有一个人买到一只有轮子的箱子，但还没上火车，就在北京站的高低不平的地砖路上将轮子拉掉了。

上了火车后，开了一天一夜到了边境城市二连。整个火车上就剩我们这六十几个中国人，其他人都下车了。到二连是半夜，不到一点的时候。我们将在二连出境，列车长与我们聊天时发现我们都没有带黄皮书。他问："你们有没有黄皮书？"我说："什么黄皮书？"他说那是不行的，要打预防针，在边境上要查的，是很麻烦。列车长马上电报前方二连，给我们准备好了，都填好了。为什么一定要有呢？因为那时候中苏关系很差，如果在这上面手续不全，就会被他们扣下来，扣下后再给你打针，还不知道是什么针。最怕的是把人扣下，我们是一个集体，一起行动，不能拉下一个人。再给你打一针，还不知道是什么针，这不倒霉了吗？所以就非常紧张。所以一到二连马上就补做了黄皮书。

二连站站长说："我们送了许多人到西面去，都是学语言的，你们是第一批到西方去学习科技的科学家。"半夜十二点多钟，那时下着大雪，站长带了所有工作人员两边列队，站好送我们走。当火车徐徐开动时，两边两排工作人员在大雪中挥手致意，12月9日半夜，感想连篇。

出境以后，蒙古警察就来了，上来检查护照、签证等。蒙古那边过了一天，有二十四个小时。经过乌兰巴托，到了蒙古和苏联的边界。苏联的大兵上来了，检查后，又花了一天，绕过贝加尔湖。之后用五天时间由西伯利亚大铁路到莫斯科。在莫斯科我们休息了两天，到列宁红场去看了列宁墓，上了列宁山。在莫斯科的中国领馆非常大，里面都可以划船的。可能当时中苏关系好时，就送了一个大领馆。据说是世界上最大的领馆，里面有招待所，有很多很多床位。使馆的炊事员说："你们东方往西走的人，都像饿狼一样，黄油涂了那么厚。西方往东方回去的人，都是吃一点点的。"我看到的确实是这样，我们在那儿饱餐了两天中餐。

在莫斯科待了两天后，再前往波兰华沙。华沙过了以后是到柏林。在柏林要下车换车，换东方快车。

在苏联境内的五天里，我们都是啃自带的面包和红肠。两天后，团长讲这样不行，餐车从来都不去吃有损中国留学生的形象。那怎么办呢？每次去两个人，到餐车去吃。吃之前要穿西装。但西装领带不会打呀，我说我教你们打领带。领带有几种打法，单结的、双结的。记得第一批派去吃的是两个东北人，是东北沈阳中科院的。吃好以后回来要汇报怎么吃的、怎样点菜、怎么付美元。我们那时候带的是美元，怎么给小费，都不会啊。从来没给过小费，都是新鲜事。回来汇报，大家取经。我就记得有位小青年回来讲，他看到菜单里有个"西伯利亚红菜汤"，是很大一碗，很浓的，就吃一个汤，还有面包，就够了。结果所有的中国留学生都是点西伯利亚红菜汤。其实这是一个开胃菜，后面还需要点主菜。结果大家都不点主菜。也不知道该怎么给小费，很有意思的。那时候苏联也不收小费，服务员都不敢收。根据建议，我们出去都带了小盒子的龙虎牌万金油，苏联人特别喜欢这个。我们就把万金油摆在桌子上。苏联那个时候也是社会主义国家，没有收小费的习惯，也不允许，所以他们也很谨慎的。我们是从来不会给小费的，所以也非常难。到底怎么给小费，总觉得是很难为情的一件事，纠结了半天。点菜我们也根本不懂菜单，那个人发现了西伯利亚红菜汤，结果六十几个人连续两三天过去就是这碗汤，汤一吃，面包一吃，主菜就不吃了，就走人了。实际上，是大家不舍得花美元。

我们到了东柏林下车。那时候柏林形势非常紧张，有柏林墙。要从东柏林过墙到西柏林，东柏林的人排了长队，都是年纪大的要到西柏林去。我们是大使馆的人陪着过关的。因为曾经有中国留学生带了肥皂粉，他们以为是毒品，翻箱检查，把所有的东西都翻出来检查，再装箱就装不下了。所以他们就关照我们，如果有人被叫住的话，其他行李就叫别的同事带走，自己留下个网线袋，装多余的东西，上了火车再说。那时候我们东西多，就将大衣外套等衣服都穿身上，上了火车有暖气，非常热，狼狈不堪。

然后就到阿姆斯特丹，火车上轮渡过英吉利海峡，由多文港上岸后使馆用车将我们接到伦敦。

我从来没出去过，这是第一次出国，第一次到欧洲，到了所谓的西方世界。在西欧这边，签证只要一个就够了，不像在波兰要签证，俄罗斯要签证。而且走在俄罗斯的那一段，特别紧张。因为中苏关系不好，就怕它出点子来弄我们。实际上，俄罗斯的反应是非常快的。在我们进入俄罗斯境内后，下一站马上就上来一个中国人，是长住苏联的山东人，他的儿子也在苏联，参加过苏联卫国战争。他儿子是那边的区委书记，讲山东口音的中国话，向我们中国学生讲了两天苏联多好多好。火车上还有几个是苏联的飞行员，飞到远东，乘车回莫斯科去的。火车上乘客很少。列车长说，这是专门派上来给我们中国留学生做思想工作的。

在 20 世纪 70 年代末，我们是往西方去，也不知道西方怎么样。都是新鲜事。到了英国伦敦，我们六十几个人都住在大使馆。那时候大使馆在伊林有一个招待所。当晚就宣布，我们到英国要进行为期三个月的外语培训，一部分人到英国的卡迪夫语言学校，还有一批人到伦敦。分组名单报下来后，唯独没有我和第一医学学院的一位研究生的名字。我们就去找使馆文化参赞，他说："你们两位英语考试优秀，直接就去工作，不需要学了，三个月的培训就不需要了，多点时间去工作。"
那时候我还蛮开心的，怎么会考了优秀啊？这件事情引起了我的思考：
一个就是我为什么在中国老师教的课的考试中不怎么优秀，都要开红
灯了，六十几分、七十分。而外国老师那边我得的成绩是优，英国文化
委员会组织的考试我得的也是优，为什么呢？现在回过来想，我们学习
语言的方式、方法或教学方法有问题。第二个就是那三个月没学是很
大的损失。英国文化委员会安排得非常好，不仅是学语言，而且去参观
了解英国社会。例如，去参观菜市场和超市，甚至进行家庭访问，参观
议会大楼、监狱，到法庭去听审判，促进对英国的了解。这三个月非常
有价值。此外，到大学学习的还有假期，有时间自由支配。我是到研究
所从事研究工作，没有假期，干了两年都没放过假，更不要说去旅游了。

后来快两年的时候，我正好有一个机会到法国南特去开会，是参加
海洋开发理事会的年会。到了大使馆，文化参赞一看，说："这样子吧，你
也没有休息过，就给你三天假期，在巴黎可以参观一下。"所以我在 1982
年到巴黎去逛了一逛，登上巴黎的埃菲尔铁塔，连续三天参观卢浮宫。

（二）刻苦钻研，研究成果获得国际同行认可

我在英国学习分两段时间，一段时间是在白鱼局。因为他们管理的

周应祺于 2006 年参加在西班牙马德里召开
的大西洋金枪鱼渔业国际管理组织召开的
科学家委员会会议

鱼类是鳕鱼和鲆鲽类等，鱼
肉是白的，所以叫白鱼局，
英文为 White Fish Authority
（WFA）。该局设立在英格
兰的渔业重镇哈尔市。白
鱼局除了进行行政管理、政
策制定和税收外，它还设有
一个工业发展部，是研究机
构，是为渔业发展进行科技
开发研究、提供技术支持和
培训的。这个工业发展部
的主任就相当于我们的渔

业局局长。这个主任后来到我们学校来过,协助建设捕捞航海模拟器实验室。他得过英国女王勋章。后来我查了资料才知道,英国的渔业科技是世界领先的。以前我一直以为是日本、俄罗斯和挪威最先进,但后来了解到渔业装备,包括重要的助渔导航仪器和渔船装备等,大多是英国开发研制的。例如,第一艘远洋加工拖网船是在阿伯丁建造的,第二艘、第三艘也是在阿伯丁建造的,而不是在德国。液压绞机是英国研制的,台卡导航仪也是英国发明的。电子渔捞海图是英国人做的,水下观察仪器和潜水撬进行网具测量和鱼类行为观察,也是英国阿伯丁海洋研究所研制的。还有,当时世界上最大的渔具试验动水槽也是建在英国。我后来发现,我们捕捞学上面最重要的几个大型装备,全是英国领先的,最顶级的东西全是他们研制的,不仅是机械化,而且具有很强的创新性。当时他们还设计了一辆长车厢式汽车,带了录像设备和仪器,到各个渔港去放录像,给渔民上课,进行科普教育。英国领先做了这些事,这是 20 世纪 70 年代,这些在欧洲、美国等地都还没有。所以这也是为什么当时的法国、美国都派科学家来英国学习。

进一步再分析,英国怎么会发展到这一步的? 它是个岛国,和日本一样,资源不丰富,但是科技方面为什么能走到世界前列? 在法国参加大西洋海洋开发理事会的会议时,我们所在的阿伯丁海洋研究所的研究内容和水平比法国和欧洲国家要超前两年,是站在世界最领先的位置。所以我们应该研究分析这个国家怎么会这么领先。此外,我们可以查下资料,在西方国家里面,老大是美国,老二不是德国也不是法国,而是英国,西班牙和意大利分别是第五和第六,英国一直排在前面的。英国是岛国,是资源不丰富的国家,但是在制度创新上,包括议会制度、宪法等方面的创新,在工业革命上都是领先的,在渔业科技上,也有很多创新。

另外,以前我还一直认为苏联的渔业科技很好。苏联确实是很先进的,因为它有巴拉诺夫和弗里德曼这两位大师,使它在渔具理论上领先世界。但是英国也非常发达,它邀请航空公司的总工程师、飞机设计师协助进行渔具流体力学性质的研究。阿伯丁海洋研究所拥有迪克森等著名的科学家。我很庆幸选了这个研究所。包括它的教育制度,包括它关注和研究的东西,idea就在你脑子里,回来可以派用处。

在白鱼局阶段,我做了两件有影响的事情:第一件事是关于电捕鱼项目。在出海试验遇到问题时,我通过模型试验,解决了问题。我承担了渔具模型试验的全部工作,独自测绘网具,设计制作模型网,包括电脉冲发生器、电极阵等。我通过动水槽试验,对网型进行改进,同时发现与鱼类行为有关的现象,使电捕鱼项目获得成功。第二件事就是我在白鱼局大型动水槽做系列测试,研究网衣的水动力学性质。我发现水槽存在内波的技术问题,引起他们重视,进行改进。这是两件比较大的事情。

工业发展部里有两个单位,第一个单位是电子实验室,研究电捕鱼技术。所以我到那边去搞电子,他们正好在研究,可以学习一下,和他们一起出海试验。第二个单位就是动水槽。当时这个水槽是世界上最大的水槽,有五米宽。我除了要了解动水槽的功能和用途外,还要了解英国为什么要建造这个水槽,怎样下决心的,有什么争论。因为我发现,有许多东西很先进,听介绍表面上看都是很好的,其实在建设过程中有好多争论,甚至建好以后,还会有这样那样的问题,只有了解这些事情,才算是深入了解了。所以出国访问时,如果不懂的话就是看热闹了,懂了才知道看门道。即使听到的介绍讲了许多优点,实际上还可能有好多经验教训。

到电子实验室是学习电捕鱼技术的,好在我在国内就研究过,容易参与。我发现他们在立题或开展研究前,都要先查专利。我就问了课题主持人几个问题,我问:"如果已有人研制出来了,你还研究吗?"他回答说:"如果已有人申请专利了,我就肯定不做了。"我问:"为什么?用专利你要付钱的对吧,我自己做好了呀。"他说不是的,他讲:"我有这点钱,就研制新的。如果人家已经有专利,我再做下去,我把时间、精力、金钱花费到重复的问题上,不值。"所以对于专利这个问题,我们的认识不足。对专利不尊重,就是对知识的不尊重。花钱买专利是节约时间精力,要将宝贵的精力花到刀口上,进行更有价值的创新。

电捕鱼出海试验时选了当地最好的船长,他的那顶网是抓鱼抓得最多的。然后我们将这套设备(电脉冲发生器)装上去。他那个网具下面本来是铁链条做的像地毯一样的东西,非常重,压在海底上才能把贴在海底的鲆鲽类鱼刮上来,所以耗油非常厉害。现在我们把这个铁链网全拆掉,装上电缆和电极阵,发出电脉冲,刺激鱼跳起来,提高捕捞效率,网具阻力减小,可节省燃料。

但第一天试验效果不好。大家就有争论了,有的说电参数不对,有的说电极布置不对,有的说网具不好。怎么办? 网具部分是我负责的,我就到码头上把网具全部丈量一遍,绘出网图。而后我就回实验室去,根据这个网具设计一顶模型网。模型网做好后的第二天,其他研究组人员和船长等来动水槽看试验,将我设计制作的模型网放到水槽里,观察是什么形状。一看就发现问题了,当时那个模型网的形态我现在还记得,下袖网网衣特别多,不是流线型的,而是呈低频率地扑动。我当时想,这个和鱼类行为学有关吧。按照力学的角度讲,网具最好呈流线型,但是下袖网网衣扑动是行为学问题,对鱼类起到惊吓驱赶作用。这反映了动水槽的优点,可以看得到动态的网具,还可以发现生物学问题。另外一方面,对英国人来讲,你这个中国人本事很大,在码头上就将网具已经丈量好了,绘制了网图。此外还自己设计模型网,制作了模型网,进行试验。他们那个地方就是专门训练船长的,调整改进网具是技术核心部门,是专家才掌握这些东西的。我初到那里,他们又没有训练过我,我就会。所以我做好以后,他们非常佩服,说我们中国的水产教育绝对是世界一流的。后来将网具改进后,再出海,试验成功。《渔业新闻》(Fishing News)报道节约燃料 35%,效果非常好了。制作网具等事情被传为美谈。

再说说第二件事情。我在电子实验室待了半年后,就到渔业训练中心的水槽实验室去进行研究工作。他们的主任是双硕士学位,数学硕士和力学硕士,尤其是数学特别好。他的一位助手是当地捕捞专业毕业的,可能是高职(Poly-technical college),不是本科生,我们叫高职,是三年制的。后来,他攻读了博士学位,担任 FAO 联合国粮农组织渔捞组的负责人。为了研究网衣的水动力学特性,我设计制作了圆锥网,测量不同冲角下的阻力系数、流态。他们放手让我做,做好以后,我就把所有的资料整理打印,发给他们一份。在报告里我提出了一个问题,我发现水槽的流体速度不稳定，有波动，存在内波。速度不均匀对水槽是非常致命的事情。动水的均匀性，包括过水断面上水速的均匀性，都是重要技术指标，直接影响测量的结果。为了这个事情，白鱼局开了一场很大的会议，还从日本请了两个流体力学的专家过来，他们自己本国的专家也来开会。那时候我已经离开白鱼局去北面的阿伯丁海洋研究所了。中国学者发现了重要问题，影响很大。所以这两件事情在英国的渔业界流传，是有影响的。

我离开白鱼局时开了一个告别酒会，所有的人都来祝贺。第一杯酒，由我买单，第二杯由客人自己承担。他们送了我一只小皮箱，上面有白鱼局工作人员的签名，其中有研究室主任、局长，还包括训练车的驾驶员等。

我在白鱼局的那段时间，不仅仅业务能力引人注目，而且我是第一个从中国大陆来的，英国人很好奇，想从我这里了解新中国。他们都邀请我到他们家去共度周末。在 20 世纪 80 年代初，英国人接触和看到的中国人都是从香港过去的，很少有从事科学研究和高等教育的。他们特别想了解新中国的情况。因此一到星期五下班的时候，他们就会邀请我到他们家过周末。我也非常乐意接受邀请。为什么呢？在出国前，曾经有位上海第一医学院公共卫生学的女老师告诉我："你不要在离开这个国家的时候，还不理解这个国家。你不要一天到晚做功课，一定要了解这个社会。"她讲这句话是很对的。所以，上至他们的局长、副局长，经理、副经理，下至驾驶员、室主任、技术员，都请我到他们家里去过周末。而且他们还邀请几位朋友一起来聊天。前面介绍过的胡鹤永教授，他到过挪威，有经验。他对我说，出国前要准备一些材料，外国人最关心的主要就是中国的西藏问题和中国台湾问题、中国为什么造原子弹、中国的妇女问题、中国的劳动保险和医疗制度、中国的民主选举制度、中国是什么社会主义等。实际上，到现在，他们仍然在问这几个问题。如果你是从大陆来的中国人，他们一定会问的。这一系列的社交活动锻炼了我的语言能力，也让我了解了英国人的思想以及他们对社会制度的想法。

(三)解决科研关键问题,被评价为阿伯丁海洋所最聪明的两人之一

第二年,即 1981 年,我到阿伯丁海洋研究所去了。哈尔是在英格兰,阿伯丁是在苏格兰,是重要的渔港和海上石油开采基地。我的导师是沃特尔博士。我讲我是来学习鱼类行为的。他问:"你为什么要学鱼类行为?"因为鱼类行为学属于生物学、生态学,是学生物的人研究的,而我是搞工科背景的。但是,从捕捞学来看,鱼是我手中的"枪",是渔具要打的目标,我必须知道它的行为能力和对渔具的行为反应,这样才能有效地捕捞和养护。我讲我有半年的时间。导师建议我先学习了解行为学里最重要的视觉行为或游泳能力。当时,他就从抽屉里挑了一堆文献,说:"这些你去看看,过一周后,你再告诉我你要做什么。"通过这件事,我发现,外国的专家教授,不光是英国人,他们对学生就是这么要求的,你要学什么,他全开放,提供各种资料给你。但是,你要在一个星期里把所有的资料全看了,提出你自己的想法,包括你要做什么以及相关思路。你提不出来,就没戏。所以,大学的外语能力,应该包括快速阅读能力,对重要的东西要能拎出来,并提出自己的想法和打算。这些能力在平时要有训练,快速阅读是训练出来的。另外,平时自己要有想法,那么看好以后,就可以说我要做什么以及为什么这么做。最后再听取导师的建议和意见。

我的导师是非常好的,他带过许多国家的学生,而且具有很强的学术活力,是国际著名科学家。我就跟他做了鱼类游泳能力的研究。后来,研究所私下的评价是,我们是阿伯丁海洋研究所最聪明的两个人。这里面有个小故事,有一天导师来找我,他们有一台引以为豪的水下潜水撬,可以携带摄像头到水下拍摄渔具作业状态和鱼类行为。在 20 世纪 80 年代初,摄像机还很少,非常昂贵,能在水下拍摄的更少。因为水下光线微弱,又不可以开灯,灯光会影响鱼类的行为,所以采用微光摄像技术。但是,海洋中的工作环境很恶劣,如果摄像头不慎向上对着海面,则亮度将达几千勒克斯,照度的巨大变化会造成摄像头里的感光板烧毁,因此需要高速的保护电路。这是花了很大的人力物力研制的,是他们自己研制的。那个潜水撬也非常有特点,是应用环流效应的原理

进行姿态控制的，即拖曳中的旋转圆柱体会产生侧向力，可以做到无水花、无噪声地控制潜水撬的深度和位置。但是使用中发现存在问题。当时设计的动力供应只能是一个马力，超载后就会跳闸。所以潜水撬潜到一定深度就下不去了，功率不够了。正巧负责设计的工程师度假去了，导师找到我说："你是学工的，想想解决的办法吧。"我就把原始图纸拿来，查找了参考资料。看了后我发现，原设计没有做到最优化，还有可以上升的空间。原设计是使 35 mm 的小直径圆柱体高速旋转，圆柱体旋转产生环流，像打乒乓球的弧圈形上旋球一样，球在转的情况下受到侧向力，轨迹会改变的，会往上飘。它也是利用这个原理控制潜水撬的上下左右移动。它没有采用螺旋桨，因为螺旋桨会有水花的。这个设计没有水花的，不会干扰鱼类行为，适合观察鱼类行为。经过分析，我发现，原设计在环流的水动力学曲线的工作点选择上不是最合理。虽然推力与速度有关，但怎么达到需要的速度是另外一个事情。我就通过计算分析，设计了一个 65mm 的大直径圆柱体，转速比较慢，但仍能达到需要的线速度。这样功率省了许多，阻力略大，如果用足功率的话，速度提升，侧推力更大，潜水撬可以潜得更深。经计算发现确实可行，我就立马出了一套机械加工图纸，即机械结构图、零件图，零件图上包括公差和加工要求，有间隙的公差都标好。我找到研究所机械加工厂的工程师，讨论加工要求。我和他说："我不知道英国是采用什么标准，我是按照国际标准，标注了紧配合、松配合、光洁度等加工要求。同时，为了进行对比试验，我的设计是拆卸式结构。在原有的基础上，再加套两个套子上去就可以了，通过齿轮链条传动。"整个分析计算设计，包括加工图纸，花了一个星期时间。他们加工制造一台新的潜水电视运载装置也花了一个星期时间。前后共两周。新机器做好后，工程师也休假回来了。他就带了这个机器去尼斯湖进行试验。尼斯湖水非常深，传说是有水怪的地方。

　　当时还有个小插曲。新的潜水撬做好了，要去做测试，但工会却罢工不干了。因为英国有规定，就是任何外国人不可以做有薪金的劳动或者义务劳动，也就是说，拿工资的工作会影响他们就业，不行。而义务劳动也影响就业机会，也不行。所以英国工会是不支持的。后来我导师找工会和研究所交涉了，交涉结果是试验照常进行。

那个机器安装好后，由工程师带到尼斯湖去试验。第二天，导师和我开车去尼斯湖，沿途风景很好。快到目的地的时候，就看到那位工程师从湖边老远地跑过来，双手举着，边跑边喊"成功了，成功了"。就是我改装的东西，一下潜水 300 多米，水下网具形状的照片清清楚楚地拍上来了，我们都非常高兴。

这个装备，我 1982 年在法国开 ICES（国际能源与可持续发展会议）时介绍过。一直到 1988 年，我参加在加拿大召开的世界渔业大会，一位工程师在大会上介绍了他们的产品——潜水撬。报告后，我的导师将他请了过来，说这个装备的原设计者在这里，是由我改进设计的。

周应祺在世界渔业大会上作主题报告

为此，英国 BBC 广播电视台还拍过一个系列片，叫《明日世界》（Tomorrow's World），介绍英国先进的科技。其中有一集是介绍这个潜水撬。其环流效应产生的推力效率很高，理论上讲是 12 倍，平时平板阻力是 1.2，环流效应的系数是 4π，就是 12 多一点，效率非常高的，去掉一些损失之后，也能达到 8 到 10 倍。故被 BBC《明日世界》栏目选中。拍摄地在北海，很冷很冷。海上风浪很大，潜水员穿了橡皮潜水衣下去。我也去了，非常冷，就喝咖啡取暖，喝的是 Special 咖啡，是加了威士忌的咖啡，很好喝。那时候喝太香了。

这件事情在阿伯丁和渔业界流传甚广，他们评价我和我的导师是海洋所里最聪明的两个人。在欧美渔业界都知道有一个中国的科学家，叫 Chinese Joe。在我离开阿伯丁海洋研究所回国时，所长特意请我去，他说："我看了你的经历和做的工作，今后只要你们学校推荐来的人我们都欢迎，你们的本科完全达到了研究生的水平。"他们对我学校评价很高。

（四）融入当地生活，了解社会，英语交流水平得到提升

我的英语正式开始学习不是在小学，是在初二。初一的时候，全部学俄语，所以我还背了 33 个俄语字母，还会唱首俄语歌。但是很幸运的是，在 1954 年我初二的时候，改学英语了。虹口中学的英语老师很好，教国际音标，注意发音。我喜欢读英语，买到一套唱片听英语，练习听力。到大学里就是学专业英语了，主要是阅读专业文献了。我的大学英语老师是在英国船上做过大副的沈毅老师，他给我一些专业资料，我就翻译成中文。这些笔记我都还在。这都是慢慢积累的。所以那次出国考试，尽管也就两三周准备时间，考下来以后，我的感觉就是吃老本，吃的是中学、大学里面的老本。一句话，机会是给有准备的人的。

到了英国，只能用英语交流了。连做梦也是英语的了。还有，到了英国我一直是一个人生活，住在英国人家里。后来，有一位厄瓜多尔来的留学生，带了家属，他租了一套大房子。我向他租了一个亭子间，我就住在那里边。所以和他平时讲的是英语。工作的时候是英语，周末要出去玩也是英语，到朋友家做客也是讲英语。

我去的城市，中国留学生很少，而且也难得碰到。口语就是这个时候练的，听力也是这个时候练的。语言这个东西是有时间性的。比方说，到了刚才我讲的那样的环境中，3 个月是一个台阶，6 个月是一个台阶，一年又是一个台阶。刚开始就是什么也听不懂，他们喝咖啡时，谈笑风生，我就像在"坐飞机"一样，云里雾里，不知道他们在讲什么，因为不知道他们谈的内容，他们谈得嘻嘻哈哈高兴得不得了，我可能半句话也听不懂。但是 3 个月下来之后，我开始听懂他们在讲什么了。到 6

个月下来又不一样，一年下来耳朵也灵了。比方说走在路上，两个老外走过，只要听到支言片语，我就知道他们在讲什么东西，甚至能辨别出口音，这是北欧来的，那是南欧来的。语言就是这样，语言就是靠实践练习。上海外国语学院那位拿 001 号签证的美国女老师，她告诉我说，小孩学外语为什么快？因为小孩很单纯，他不断重复，他可能"妈妈我要吃面包，妈妈我要吃面包"，重复地讲。而大人就不是了，"妈妈""我"是主语，"要吃"是谓语，"面包"是宾语。语法搞通了，那句话就不练了，结果还是不会讲。语言就是这样，就是一个很简单的道理——要语、要言、要反复练习。她的一个儿子，9 岁，在我们那边，一个月时间下来，"上海闲话会得刚了"（沪语：上海话会说了）。就这道理。所以外语这事情呢，是有环境的。所以说学英语脸皮要厚一点。

但另外一头，学语言要有想象力，要有猜的能力，叫"comprehensive"，就是说综合理解能力，这个也很重要的。就是有时候我并不是全听懂，但是我知道是在说什么，就过了。老外讲话也有口音的，有可能（老外）也没讲清楚，对吧，连蒙带猜地就这样过来了。要有语感。

但是，我自己感觉英语进步最大的时期还是回国以后。在国外是被潜移默化影响的。回国后的翻译工作对我促进很大。1982 年到 1985 年，学校实施世界银行贷款项目，改革开放后，各类代表团来访，我参与了其中绝大多数的翻译工作，而且是现场口译。练着练着，就练出来了。其中涉及各种词汇，包括生命（科学）和计算机等现代科学词汇。学校组团到美国访问，孟庆闻院长带队，团里包括陈坚、李元善老师等各种专业的人。一个团出去，要访问近十所大学，包括从生物到工程等各种专业。我既当翻译，又当联系人。这一次对我是一次大训练。后来，联合国粮农组织在我校办了六期培训班，引进渔业现代管理理念，包括生物学管理、经济学管理、法规管理和信息化管理。每期培训一到两周，六期的讲课全是由我担任口译。这里面专业的东西就多了，要中翻英、英翻中。

还有一次是英国阿伯丁海洋研究所送的一部录像片，内容是鱼类行为。我要将英文解释同步转录为中文，就是同声翻译。那时候我就戴了耳机听，边听边译。除了这次以外，同声翻译我还做过一次，是解放军部队的两位脑科学专家到英国伦敦去参加世界脑科学大会。他们带回来了一盒录像带，这盒录像带的名字叫"The World Unknown"（《未知世界》）。里面有 12 个小故事，涉及人体潜在功能。他们请我帮助翻译。我也是耳机一戴，翻成中文配音上去。这样做，锻炼了记忆力。同声翻译就是需要记忆力的。

如果问我学习英语最难的是什么，我觉得最难的不是"听"，也不是"说"，而是"写"。我记得出国前，集美的外语教研室主任原是中国驻巴基斯坦大使馆的文化参赞。他对我说过，对一种语言来说，会讲、会说、会听是"文盲"。只有会写，你才是真的掌握了这门语言。

所以，对我们来讲，如果我们这些人到国际组织去工作，从能力、从知识角度来讲，那是绝对没问题的，再复杂的事情都能处理好。但是，不擅长写。而那些菲律宾的小女孩都到国际组织当秘书，她会写。会开好，英文的纪要已写好了。我们就没写得那么快。日本人在国际谈判当中，发音很差，日本人讲英语不大好听的，但会写。所以在很多国际会议中，文件起草都有日本人参与撰写，而我们中国人没去参加。

我们学校不是要讲国际影响力嘛，要培养能走向国际的学生嘛，在语言学习上，写是最主要的。因为讲啊，听啊，你只要把英语电影多看几遍，听力就会上去了。在国外，手比划比划，到超市里都能买回需要的东西。但你写写看，尤其是要写出漂亮的文章那就更难了。

（五）探索研究，建言献策，甘当中外交往的窗口和铺路石

在加工新的潜水撬时，我问机械加工车间的工程师，在研究所的车间里有这么多精密仪器设备，平时都不用的，有没有浪费。是否可以向社会开放，搞服务创收。工程师告诉我，平时就不用，保持最好的状态，到时候就能拿出最高精度的东西来。平时搞创收，等到真的要用的时候，精度就不够了。

在阿伯丁海洋研究所我做了两件有影响的事，一件就是刚刚讲的改进了潜水器。另外，就是写了一篇有关鱼的游泳能力的文章，作为我学习的成果。导师的评语是"这是一篇很好的博士论文的开题报告"。

我当时不懂，如果当时申请读博士学位的话，也就读了。那篇文章是研究鱼类游泳能力的。我从工程力学的角度分析研究了鱼的游泳性质和模式，将鱼摆尾巴过程中产生的动力以及它做的功进行分析计算，涉及流体力学、生物物理学。分析研究发现，鱼的尾巴的推进效率特别高，高到我都不相信。就是我们平时讲的阻力，一般的物体在水中运动遇到阻力，阻力系数是 1.2，推力也是这样。但是，鱼的尾巴的推力系数特别高，高到 10 以上，我都怀疑是不是算错了，少算了一个重力加速度9.8，反复计算，结果没错。后来发现鱼的尾巴摆动时会形成漩涡，释放一个个环流，也就是环流效应，和刚刚讲的那个潜水器是同样的原理。在摆动过程中产生环流，环流产生推力，这个推力的效率特别高，就像我们飞机翅膀一样，机翼上面有环流以后会产生上升力，这么重的飞机都好上天，就是这个道理。这可以用茹柯夫斯基公式计算。我的这个发现是挺早的，在 1981 年就发现了这会有广阔的用途，例如我们的船舶推进。鱼的这条尾巴，绝对要开展深入的研究学习。所以我为什么在学校建议要做机器鱼，就是这个道理。真的做出来之后，很有学术价值和应用价值。如果作为潜水器的推进器，这个潜水器就是仿生的，可能噪声特别低，即使有噪声，也是仿生物声的。

还有一件事，也算是经验教训吧。当时我观察到鱼在游泳的时候，如果速度高到一定程度和游了一段时间后，游累了，鱼会改变游泳方式，采用尾巴快速摆动加速前进，然后停摆而滑翔，就是"加速—滑翔"模式。根据这个现象，我建了一个数学力学模型，就是加速和滑翔 KG 模型的微分方程组，算出它消耗的能量。然后根据这个能量，采用均匀速度，不是加速滑翔，算出游过同样这点距离要消耗多少能量，进行比较。分析计算表明，采用加速滑翔的办法是节能的，它可以节约 30％的能量，甚至可以节约 50％的能量。这就说明为什么自然界的动物这么做了，给我们带来了启发，创造运动物体的节能的模式。这是 1981年的研究成果。但是我将文章写好后给我导师去看，导师一看就笑笑，说他正好接到一篇文章，是一位荷兰的科学家投到杂志的论文，进入审稿程序了。那篇文章内容和我的几乎完全一样，但人家已经做了，已经投稿了，是审稿要发表了。我这里还是刚刚写好待修改。我只好把论文初稿放在抽屉里了。导师鼓励我，让我不要灰心，他说这说明我走在正确的道路上，路是对的，想法都一样，但是慢一步，人家先发表了。这个例子我一直记得，有好的东西，有想法的话，还要赶快抓紧研究，时间不等人。科学研究的差异也就是三个月、六个月、半年和一年。有时候我们问，我们与西方国家差多少，差距多大，我说我可以估算出来差多大。不是拍脑袋想的，要有指标进行比较。例如我们和欧洲一些国家相比，我就拿英国来讲，现在计算机从硬件角度来看，我们不比他们差，他们有的硬件我们也有。但是我们差什么呢？在 20 世纪 70 年代，英国、荷兰、挪威等研究所的船一出海，网具上就挂满了水下测量仪器，测量的网具和海洋环境的数据就收集到计算机里，因此他们积累了几十年的网具作业的实测数据。从这个数据库上整理出经验公式也好，模拟的数据也好，都非常有价值，为科学理论的发展提供了验证和基础。在这些数据库的基础上，他们研制了捕捞航海模拟器，用模拟器进行航海和捕捞作业训练，模拟各种事故，从而调整渔具，提高作业效率。但是，我们的渔船是不挂仪器的，我们的渔业调查船也是不挂仪器的或者只有少量的仪器，仪器是不齐全的。英国人在 20 世纪 70 年代、80 年代就做这件事了，而我们到了 20 世纪 90 年代才开始做，而且做得不多，也不够系统。那我们的差距就是那 30 年或 35 年。因为这个数据他是不会给我们的，他可以将一台仪器或机器卖给我们，这里面包含了数据库，但我们打不开。如果我们要买，就非常贵。所以科学研究中的一些基础的东西就得自己做。这个基础研究做了，才能上台阶，才能和人家比，否则就永远跟在人家屁股后面帮人家做加工的事。

回到我刚刚讲的潜水器，用的基础理论、基本原理是流体力学。是他们找到我，我做了，做成功了。导师和那个工程师都很高兴，我也非常高兴。当时做好了，要进行水下试验，工人没意见，工会有意见，工会要罢工一下的。英国就是这样子，这样一折腾，反而大家都知道了，广为流传。所以我在阿伯丁海洋研究所做了几件有影响的事，临走的时候，我向该研究所所长告别。他对我说："只要是你推荐来的，你们学校的学生和老师我都要"。要知道，阿伯丁海洋研究所的地位就像哈佛大学、牛津大学一样，是世界著名的顶尖研究所。所长的承诺是对我校教育质量的充分肯定。同时，他邀请我担任《渔业研究》(Fisheries Research)这本杂志的常委，就是编审委员会的常委。到现在我的名字还在上面。《渔业研究》是我们捕捞学、资源学的世界级顶尖学术刊物，我是编审委员会长期的委员，评审稿子。那位所长也是教授，是该杂志的主编。担任该项工作，使我受益匪浅，迫使我不断学习，使我即使回国了，也必须保持对国际科学研究前沿的学习和了解，也给了我及早了解国际研究动态的机会。

还有一次，1988年我到加拿大参加世界渔具大会，东道主是加拿大纪念大学。会后系主任写信给我，郑重邀请我到他们学校去工作。因为当时他们建立了世界上最大、最先进的动水槽，邀请我到他们那工作，第一封信中明确地邀请我和我夫人，第二封信就是邀请我父母亲一起过来。那是1989年初了，我回复说："我刚回国不久，工作离不开。"也就是不去了。我还要"铺路"哩。

二十多年过去了，我国还是没有渔业专用的动水槽。最近学校正在策划建座小的。我建议到加拿大纪念大学去看一看。因为作为一所已经拥有大型动水槽几十年了的大学，可以提供许多经验，例如如何管理的、如何运行的、经费怎么来的、怎么为渔民服务、怎么为教学服务等。我没带他们去英国水槽，英国水槽是政府建造和运行的，是面向渔民的。加拿大的水槽是承担教学任务的。去参观调研时，他们给了我一份资料，介绍他们水槽的性能，里面的参考文献大概就三四篇，其中一篇就是我写的。我在1988年世界渔具大会上发表了一篇有关拖网模型试验准则的比较研究文章，这成为他们模型试验的最主要的依据。我后来想想，当时他们邀请我去，就是要我去主持水槽的工作。我们依据的渔具模型试验理论与他们的不完全相同，处理流体力学的判据，如雷诺数、弗罗德数外，还有田内准则等，我还提出了线面积相似和占空比等，要更全面些。他们的水槽负责人法兰克博士是我在英国时的搭档，故请我到加拿大工作。到了2010年，这么多年后，我们又见面了，他在联合国粮农组织的工业化渔业处担任最高官员。我在这边的学校里从事教学工作。

那个电捕鱼项目的后续故事是这样的：过了蛮长一段时间以后，

几十年过去了，到了新世纪，我问 FTFB 组（渔具渔法与鱼类行为研究组）的成员有关电捕鱼技术的进展，有没有继续实行，毕竟能节能35％。他们回答是"没有"。没有的原因是什么？就是因为整个技术方案和装备是在我们进行科学试验的时候研制的，由科技人员进行操作。如果要推广应用到生产中，完全交给渔民去使用的话，就有问题了。例如，在网具起到船上的时候，因为海水是导电的，如果继续放电，会产生火花等，从劳动安全角度讲，从船舶安全角度讲，还有好多技术要求需完善，需要继续研究，一定要做到超级安全。再加上20世纪80年代能源问题有所缓和，刚开始能源紧张，后来不紧张了。所以电捕技术停滞了一段时间。但最近几年，也就是前年的时候，我在参加联合国专家会议时得知，现在欧洲大量推广这项技术，以正式商品形式生产附加电网的网具，都标准化了。很明显，目的就是节能，因为油价太高了。因为鱼、虾是贴在海底的，用电脉冲刺激它跳起来，大大减少能量消耗。他们的做法是在渔业法规监督下，在自觉遵守的基础上，这些装备必须是有许可证的厂家生产的，不得私自建造。渔业科技与渔业管理是配套的。而我们国家不同。在我出国之前，1978年我们电捕鱼技术就做成功了。但是，我们渔业法规上规定，电捕鱼是禁止的，所以是违法的，只有科学研究才可以用，该成果就搁置起来。一直到1983年到1984年的时候，浙江有一个企业家他想搞，他知道电捕虾的效果，他自己也做过试验。因此他就说服了农业部渔业局局长，同意浙江开放，让他们做电捕虾作业。当时我是项目评审专家，我讲该技术是先进的，关键是监督和管理，如果监督管理跟不上的话，事态就会无法控制，所以我不赞成全开放。结果，因种种原因，全开放了。开放以后，你知道中国的民情，不是说产量增加三倍，相应地就会将船减少三倍，在效率提高的情况下保护渔业资源。不是的，而是产量增加三倍，船也增加三倍，那就是增加了九倍。是啊，渔民和渔业公司是发财了，虾资源一下子就破坏了。后来，渔政局又重新提出能不能通过科技手段来侦查发现哪条船违规使用电捕虾设备。因为渔民太聪明了，他不要你厂家生产的，自己会土法制造，很粗糙，效率不高，蛮危险的，但是它抓得到鱼。一旦遇到渔政船检查，他就把电池往海里一扔，叫你什么都查不到，造成更大的污染。所以我们实际上渔业很多问题是管理跟不上，也没有什么量化管理。那么科学家讲话呢，说实在的，也是可听可不听的。执法不严格，我们在渔业上的问题挺多的。但话又说回来，在我国渔业发展过程当中，我们学校的任务一个是提供科技支持，一个是对渔业管理提出好的建议。至于对所提的建议，我们政府部门是否接受了，实施的程度如何，因条件和环境等原因，各有千秋。其中也有很成功的，我也见过做得很好的，那么也有一些是没有采用的。不管怎样，作为一个大学，要能够出思想，为政府决策提供有益的建议，这还是很重要的。

有一次，我的导师沃特尔博士应邀到上海、青岛等地讲学。走在校园的路上讲起过去指导的学生情况，哪个做的不错，哪个做的蛮好的，包括何平国教授都很有成效。但他说了一句话，他说："我看，是你做的最好"。我问他为什么。他有两个意思，一个是当时我担任副校长，主管教学的，讲学的工作很圆满，他看到周围同事对我非常支持。其次，就是我应该回来的，我在国外学得再好，不回来，有违初衷。他带过很多学生，包括泰国的，马来西亚的，有一些也是出来后就不回国了，他觉得可惜。所以老外也是很讲究爱国主义的，所以我也很欣慰，回来做事蛮好。

在这个问题上，还有一个故事：到英国伦敦的第一天，大使馆的文化参赞就对我们说了一席话，因为我们那时候是邓小平复出后第一批走出国门学习科技的人员，身份是访问学者，他很清楚地说："你们用不着去读博士学位，你们完全有资格指导博士生，但是你们是铺路石，是桥梁"。我牢记了后面这句话，当好铺路石和桥梁。这句话可能也引导了我后面几十年所做的事情，做铺路石，当好桥梁。就是要把国家、集体、个人的位置摆正了。

在英国学习的短短两年时间里，我给他们，包括欧洲的学术圈，留下了深刻的印象，他们称我为 Chinese Joe（中国周，谐音）。但我回来之后，确实是积极促进与英国建立合作关系。例如，英国政府代表团访问我国，访问前找到我，听取我的建议，包括该看什么，该怎样走。访问后，他们将访问报告也给我一份。其次，在我的建议下，英国文化委员会积极支持我们学校和英国的哈尔大学建立姐妹学院，形成合作关系。他们学校的校长和领导都到我校来访问过，很遗憾，我们学校没有回访，那时我们没有钱。后来才知道，委员会是专门拨有专款为两校交往提供资金的。另外，我还推荐了一批我国的学者，其中我校的就有六位，到英国学习。我就是个窗口、桥梁、铺路石。

我在英国两年多收获很大，但最大的收获是什么就难说了。有些东西回过头来看看，另有一番体会。有些收获是潜在的。尤其是随着我国改革开放的深化，对一些过去没有认识的东西，现在确有了新的体会。在当时不一定会认识到。

这里又有一个故事：一次我随科考船出海，到北海进行渔业资源调查，捕到许多绿线鳕。研究人员在测量各种参数后，将所有的鱼投入粉碎机里打碎，投到海里。我感到这是极大的浪费，就问："这些新鲜的渔获不便供船员消费，因为这是国家的科考船，拿了纳税人的钱在海上作业。但可不可以将这些鱼送给孤儿院？"得到的答复是不可以。其理由是，渔民已向政府交过税，政府有义务保护渔民的市场利益。对于这点我是回国十多年后，随着经济改革深入，才体会到。

现在有一些老师要到英国去旅游，我就建议他们得先做功课，到英国不是去看风景的，到英国是去看它的社会是怎样发展的，制度是怎么建设的，又是怎么强大的。这也是我的体会。美国经济实力强，科学研究的项目铺得很开，英国的经济实力差，不能什么都搞，就将有限的经费用在刀口上。所以我们可以去看看英国在关注什么。还有，我回过头来再一看，会发现一些有价值的事，就像我一上来没有发现英国渔业科技是世界领先的，一直认为领先的是日本，是挪威。直到现在，国内有许多人仍然认为渔业强国是日本啊，俄罗斯啊，觉得他们建立了庞大的船队，而英国船队没有那么大。而且在 20 世纪 80 年代后期，英国退出了远洋渔业。但是你从科技进步的角度去看，现代渔业上许多关键的装备是英国创造发明的。例如，代表现代捕捞技术集大成者的大型加工拖网船，第一艘直至第三艘，都是在阿伯丁建成下水的。英国还发明了台卡导航仪、液压绞机、电子海图、捕捞航海模拟器等工业化捕捞的关键设备。这就引起了我的深思，为什么英国这么强，为什么当时阿伯丁海洋研究所这么有创造性？我发现，他们在申请立项时，也讲究科研为生产服务，注重项目的应用前景。但是，在具体实施时，60% 到

80％的资金是用在基础研究上的，研究鱼的行为、力学问题，然后百分之二三十才是用于技术研究。对于技术性研究成果，他们又特别注意推广。20世纪70年代他们就有电视推广车，重视科普工作。这些都是回来后慢慢体会到的。

我们学校工业化捕鱼专业的课程有38门，除数学、物理学、机械工程等课程外，还包括电子学、生物学、气象学、海洋学、有机化学和无机化学等课程。此外还要做毕业设计或毕业论文，要进行答辩，是具有研究生水平的。

他们也非常欣赏我们学校去的人，应该讲，我们学校去的人都是非常优秀的。好多故事也传开来了。在美国工作的陈勇教授说："我们在国外都知道，你周老师是窗口。"我经常收到联合国的，包括美国海洋大气局转过来的一些信件。例如，印度的或是非洲的学生，他要想学渔业资源，NOAA（美国国家海洋和大气管理局）就讲与中国周联系。我成为一个窗口这也是有原因的，因为在20世纪80年代初，我国科技人员对外联系很少，我是最早出去参加国际活动的。当然，有些影响就是做出来的。

（六）留学未敢忘忧国，异乡常思报国恩

在英国，我丝毫没有想过要留在那里。从来没想过。因为我们这第一批人的背景不一样，"文革"过来的，经历了那么多的坎坷，因为改革开放，我们得到党与国家的信任并深负人民的重托，我们被迫切地派出去学习先进的科技，目的是为了建设祖国。而且这么做光经济代价就是12个人的产值。我牢牢记住，12个人工作一天的产值支持我们在外面一天，一直到我们回来。

我经常周五的时候受邀请到英国朋友家里去做客，晚餐之后英国朋友要到酒吧去。他问我："去酒吧吗？"那时，国内都认为酒吧不是好地方，我就说不去。他说："不，这是我们社交生活的一部分，你看看就知道了。"后来发现英国人是这样子的，平时白天工作，每逢星期二傍晚，约好几个朋友到某个酒吧去喝杯啤酒、聊聊天。到星期四傍晚，可能是几个打球的好朋友在另外一个酒吧里喝喝酒，聊聊天。日期稳定，

很有规律性的。在酒吧就是聊天。酒吧有各种各样的,有的非常热闹、非常吵,也有的非常安静。酒吧在英国是一个重要的社交场所。有一次,我在酒吧遇到一位潜水员,他是科学家潜水员,他说:"我的公司,只要下水一次15分钟,就支付我200英镑。"我们在英国的一个月生活费才150英镑。当时还有一个副总在,就提出说:"如果请你留下,你夫人也来,你留不留?"。他后来又补充说:"你父母亲一起过来,都留下,如何?"当时,我就向他说了一个故事,我说:"我到英国来一天是由我们国内12个工人的产值支持着的。"那时候我的工资是60块钱,60块钱合成英镑十几块钱。他们一听就傻眼了,差距是很大很大的。我说国家让我出来学习,我得回去。我还说:"中国人有个习惯,如果在一条马路上的住家都非常穷,住草房,而你一家住的是高楼,是很漂亮的房子的话,就会很难受,要富一起富。"我就讲这两个例子。这件事情过后,在1985年,因世界银行的项目,我又去英国,碰到一位老朋友,他是电子实验室的技术员。他就说:"我们都在讲你是真正的社会主义者。"我问:"为什么呢?"他说:"英国也说是搞社会主义,但英国的社会工党只管为自己的利益赚钱,搞的不是社会主义。你们是真正地想到大家共同富裕,想到国家。"

那时候我们是第一批出去的,都对自己施以很大的压力。不做出成绩来,就"无颜回家见家乡父老"。所以,大使馆官员来找我们,让我们星期六、星期天不要再看功课了,聚在一起休息休息、聊聊天。这在伦敦是可以的,因为中国留学生多。但在我们的城市就一两个中国人啊。好在我很幸运,常到老外家里去访问,也是一种休息吧。大部分时间还是在看资料。自己压力力是大的,有很大的使命感。在集美车站,有那么多老师给我送行。在大雪纷飞的寒冬,二连车站上送别的景象,历历在目,寄托的希望牢牢记在心中。两年时间一到,我就按时回来了。

那时候,20世纪80年代初,很少有人会滞留在外面打工的,没有人打工的。那时候也不开放。按照英国的法律规定,是不允许打工的。我们也从来没有想过要打工赚外快,时间都不够用。大家都非常努力。我们这批回来的人里面,有几个现在已经成为院士了。

我出去的时候是讲师。其实我出去的时候连讲师都没评,教学秩序都没有完全恢复，更没有进行职称评定，也没有所谓的助教，就是统称"教师"。出国前，学校党委开了个会，说以讲师身份出去，在人事处备案，回来以后再评。当我回来时，国内已经有讲师职称了。所以我就是讲师了。副教授我是之后评的。在哪年这我倒记不得了，这就要查查档案资料了。我评副教授和教授都蛮早了，还是蛮顺利地就过了。国外的教授非常厉害，货真价实。例如，北海石油平台出事故，倒了一个，BBC马上采访阿伯丁大学教授。那个教授真的是一套一套地分析和建议。他们是一直进行专题跟踪、专题研究的，是某方面的专家，非常专业。那么相比之下，我感到我们国家的教授中，有一部分专业程度不够高，而是熬年限，并不是某个领域当中独一无二的。英国的博士研究生体制是这样的，你攻读博士学位、做博士研究，在该领域的研究中你就应该是第一的，导师都没有做过或正在做，你做得深，这个点子是你想的，就是你博士创造的。攻读博士就是培养这种创造能力。所以博士必须创新，博士不会创新就不要当博士。所以获得博士学位后，再过几年就成为教授了，应该在某个领域里就是领头人，站在最前沿。在国外，名牌大学里面的教授不好当，真不好当。我们学校发展也面临这个问题，关键是教师队伍。这个队伍建设到什么程度、什么水准，靠什么制度和机制来建立，这都是值得思考的。所以，到英国最大的收获可能就是看到英国的管理。有一些理念，在当副校长、校长的时候，我就想到用这些东西。就是说，看到过与没有看到过是不一样的。所以，我们后来将有一年以上在国外访问经历的老师基本上全部聘用到我们学校的管理岗位上，除了一位食品学院的老师，他实在不愿意，其他的都用了。为什么？因为到国外经历过，看到过，有些想法就改变了，对我们学校的科研管理和教学管理是有好处的。以前我们用过一批老师，这些老师都很勤恳，但是他们的学历可能就是中专，没读过大学，在工厂是很好的技术人员，但到高等教育的管理岗位上就不适应了。所以你问我什么是最大的收获，很难一句话讲清楚，应该包括后来回过来想的这些事和体会。观察和思考是重要的。所以还是上医大林老师的那句话："当离开这个国家的时候，你不能还不了解这个国家"。这个了解是各方面的，不仅仅是工科的，而且有文科的。有技术方面的，也有理念上的、制度上的。

四、科学家要讲真理，更要维护国家海洋权益

（一）第一次参加罗马俱乐部发起的国际专家会议

我第一次参加的国际性专家会议还不是联合国组织的，是 1988 年的 8 月份，我到加拿大去参加的一个会议，最主要的发起人是罗马俱乐部。罗马俱乐部是一个非常有影响力的组织，它提出了现代社会的可持续发展战略问题，它的成员都是世界级的，包括大公司的总管、财团老总，以及政府里的大官员，像基辛格这一类的。我们开会的十几个人是配有保镖的。会议讨论的问题是渔业如何走可持续发展道路。国际上有许多这样的组织，这些人拥有雄厚的经济实力，有很高的社会地位，富有各种经验，他们会考虑人类社会的发展。他们找到我是因为我曾经为设在马耳他的国际海洋研究所举办的培训班上过课，他们需要了解中国发生了什么。

再之后我参加的国际会议就是联合国粮农组织（FAO）的会议，是在 1988 年 10 月。此外，我参加 FAO 的专家会议有十多次。像刚才所说的，会议讨论有关减少捕捞能力、保护海鸟和鲨鱼的文件、打击 IUU（"非法、不报告、不管制"）等，我还参加讨论减少兼捕还有捕捞能力如何量化等问题，许多是具体技术问题。

例如混捕和兼捕问题，即 bycatch。在捕捞过程当中，将一些你不需要捕的鱼捕上来了，这叫 bycatch，就是混捕进来。有关 bycatch 涉及的范围和定义，我按照中国渔业界的理解写了一个材料。没想到，专家们从文献中查到，涉及 bycatch 的定义有十多种，关注的内容也有差异。为此，我们先讨论在这些定义中，哪一个定义最准确，可以接受。结果讨论来讨论去，讨论了一天半，还是没法归纳到一起去。至于讨论减少 bycatch 的措施就遇到更多的问题。专家提议分几个层次来定义 bycatch 以及相应的措施。这个会议给我的启发就是，有些熟悉的事、众所周知的事，如果要给出确切的定义，却会讲不清楚。所以对问题需要深入探讨，多问几个为什么。举个我们熟悉的例子，比如"水产养殖

学"。在 95 周年校庆时，我校编著了《水产词典》，我是副主编，潘校长是主编。"水产养殖"这个词条大家都知道，农百科、英汉大词典里也都有相应的词条。但是，这次的词条是"水产养殖学"，我查了百科全书、农业百科全书，有"水产养殖"，有"捕捞"，就是没有"水产养殖学"，没有"捕捞学"。究其原因，农业大百科等编著的年代是 20 世纪 80 年代和 20 世纪 90 年代，那个时候，我们国家只看到生产，没有看到科学。所以条目里面只反映了生产活动，没有相应的学科的词条。然而，什么是"水产养殖学"的定义？作为一门学科，其主要的理论框架、知识点有哪些？学科发展的历史过程，不是讲产业发展的过程，而是说在学科发展的过程中有哪些阶段，每个阶段的代表性科学家是谁，代表性著作有哪些。这些问题提出来后，生命学院的老师也要花点时间总结。所以这个"学"字大有文章。又如，大家熟悉"捕捞"，但"捕捞学"的定义是什么？作为一门学科，它包括渔具学、渔法学、渔场学、渔具材料工艺学等。这个学科的支撑学科是什么，它的框架是怎样的？同样，在大百科全书中，只有词条"捕捞"，没有"捕捞学"。但是，在国家教育部的学科名单中，设有捕捞学的硕士学位和博士学位。由此可知，编著这本词典就有价值了，它反映了对学科建设的重视。但是，要写一条定义不是容易的事，只能用几十个字表达，不能长篇大论，要把一个概念浓缩成一行两行是很不容易的。

所以，我常告知研究生，做任何事情，一定要弄清楚它的定义、特点和规律。有许多事似乎很熟悉，但问到定义了，不见得答得出来。这样就促使自己去思考了，进行深入的分析。又如，结合所做的学生工作，我们可以问大学生的特点是什么？与中学生相比，有什么差异？大一与大四的学生相比，又有什么差异？他们的性格也好，知识需求也好，表现出什么特点，等等。可以提出一大堆问题来。对这些问题可以理一理，哪些是表面问题，哪些是阶段性的问题，哪些是深层次的关键性问题，通过深入分析研究，就可以把握客观规律，指导我们的工作。

（二）多方斡旋，代表中国科学家参与政府间的会议谈判

代表中国科学家参与政府间的双边会谈，我参加过我国与智利之

周应祺(右二)参与中国智利双边会谈

间的以及与美国之间的会谈，包括签订渔业协定，其余参加的都是多边会谈。与美国之间的会谈就是《中美渔业协定》要到期了，要续签，需要总结过去、展望未来，达成双方一致同意的条款，协定最终是在华盛顿到美国国务院去签的。在协商过程中，有些故事可以说。美国的一位海岸警卫队的司令，他私下向我表态，他说："我是接到了政府指令，要帮助中国加入到国际大家庭中来的。"这是在 1993 年 11 月，是在招待会上。我与美国海岸警卫队的司令聊天，一开始，司令就表态说："你们中国加入联合国时间不久，中国 1985 年才开始搞远洋渔业，对国际上这种组织之间的关系，有些规则不太了解，我们愿意帮助你们加入进来。"我听到这段话，我就觉得他讲的是实话，他是个军人，讲上级给他的指令是怎么怎么样的。我就将他介绍给我们法规处和大使馆的官员。他后来还安排我方官员去考察学习。其中还有个小插曲，他答应我方每年派三个人去，在美国的费用由他们承担。后来，在具体安排中，农业部问派四个人去是否可以吗，但对方迟迟没有回应。不知道是怎么回事，又来找到我，一了解，他说三个人在他职权范围之内，如果要去四个人，他要另打报告，等到明年国会开会增加预算才行。后来我方就派了三个人去。此外，我们还实施联合执法，推进中美渔业合作。

周应祺（左三）参与中智渔业双边会谈

谈到俄罗斯，过去中苏是好兄弟，作为科学家，我们之间也非常友好。但是，苏联解体以后，俄罗斯的实力不如以前了。但总的来讲，他们的地位还在，影响力很大，主要是因为他们开展了大量的渔业资源调查，有良好的研究基础，所以在科学家会议上有很大发言权。

另外就是日本和韩国。他们每年都派船进行渔业资源调查，基础工作做得好，所以也有相当大的发言权。总的来说，给我的感觉就是，一个国家如果没有科技作为后盾、作为支持的话，不论政治上面也好，经济谈判也好，也是一直无力的，是没有发言权的。你拿人家的数据进行分析，你也讲不响，说不定数据有问题呢？那么你讲了半天人家是要笑话你的。

在双边会谈中，我国和智利是又不一样的。我们和智利的关系很大程度上是政治上的关系。在南美国家中，智利对我国很友好，我们的人大代表与他们的议员互访。他们反复说："我们和中国是特殊的亲密关系。"所以他们要求我们中国在渔业上给予智利特殊支持。当然，这都是私下讲的。在双边会谈中，他们外交部长、渔业部长都出席并表示可以给中国特殊方便，但是，也希望我们给他们特殊支持。但是我们也要考虑到多边国家关系，我们给智利特殊以后，把其他的国家卖了也不行，所以这也挺难的。双边也好，多边也好，国家和国家之间的关系完全是利益关系。我可以坦白讲一句话，就是说，国家之间的关系，还不如我们同事之间、朋友之间、兄弟之间的关系。它就是利益，国家利益，没有别的话讲。为了国家利益，什么事都会做。所以在外交上就是利益平衡和争取利益最大化的矛盾，挺难处理的。

就我们学校来讲，需要专门的人才，要有专家长期参加，长期盯着这些问题，深入研究。所以对于会谈，我很难说哪一次特别怎么样，但是长时间积累了以后，我自己感觉到，有些问题可以相互参照。包括对方的成员、发言的风格，我都知道。因为每次开会这个人都来，时间长了，就知道他讲的话背后是什么意思。这个人大会讨论时讲的套话，究竟意味着什么，我可以体会出来。如果是新手，就不知道葫芦里卖的什么药。

我是科学家代表。但对于我们代表团来讲，因为我参与的时间比较长了，对新参与的年轻人来说，我把过去的情况、经验告诉他们一下，相当于政策顾问一样的。此外，我还是中国远洋渔业协会的总顾问。

（三）多次应邀参加联合国的专家会议，坚持可持续发展的理念

联合国那边，FAO多次邀请我去参加专题研讨会议，给我发出邀请的国家还包括澳大利亚、新西兰、挪威、美国、日本等。我除了参加专题讨论会，还参加专家咨询会议。参与这些活动，有助于了解国际渔业管理的动向。专家会议讨论的一些内容和提出的建议，将来都会成为各国政府要参照实施的方案。例如捕捞能力、bycatch、数据分类和质量等。他们邀请我参加的主要原因是因为我对中国的情况了解。我还参与渔业管理和政策制定的参谋、战略研究等工作。

所有这些会议都是对方出钱，可以这样讲，我出国七八十次，用学校的经费不超过五次。外方邀请我，就由他们提供经费，包括飞机票和旅馆的费用，我参加咨询也不要出场费。参加政府代表团是农业部出钱，不用学校的经费。学校出钱就是几次，有一次是我和王英华、郑卫

东，为了学校的教学和人事改革，我们到马里兰大学、威斯康星大学进行调查研究，是由学校承担经费。还有一次是到中国台湾，开展海峡两岸的水产高等教育的交流，那是 2000 年。

对于国际渔业管理组织的公约签订、管理措施协商等，在这种会议上，我作为科学家代表，我会介绍其他国际渔业组织管理的经验教训。比如说，北太（北太平洋和中白令海狭鳕渔业资源养护与管理）讨论了十多年，最后签约了，说是捕鱼国自愿停止捕捞，实际上是资源已经破坏了，连续

周应祺于 2007 年参加北太平洋《中白令海狭鳕渔业资源养护与管理公约》年会

几年什么也捕不到，鱼都已经被捕光了，还打肿脸充胖子说是自愿的。美国也很清楚，一年签不下来，用五年签下来就不错了，他们是有经验的。我当时问美国西北渔业服务中心的主任，他是美国代表团团长，我说："你期望多长时间签下来啊？"他说要讨论几年，这是他的经验。后来我才知道，这种国际间多边协商的事情都是慢慢来的。这个案例就是原来渔业资源是很好的，硬给拖，拖到最后啥都没了，才停下来。然而，从正式停下来到现在，又十多年过去了，渔业资源仍然没有恢复，什么都没有了，渔船也没有生计。这就是教训。所以在南太（南太平洋渔业管理）问题上，我就对我们代表团的团长说："为了我国的长远利益，要抓紧达成管理公约，不要拖。"如果为了企业现在的利益，把条约签订往后拖，自己船还无限制地捕捞，好像满足了现在渔业公司的利益，但最后北太就是前车之鉴，一旦没有了，资源衰竭了，十几年内就全部没有了，船队都不能生存。我看南太是在重演北太的事情。这话别人不好说，但我是科学家，又是顾问，所以有责任说。其他代表不一定知道，但中国代表必须心中有数。企业往往为了经济效益、为了赚钱，不讲资源保护这件事，往往只是嘴上讲得好听。我们提出利用生产船派遣科

学观察员收集资料，政府提供补贴，给他几百万。结果钱他拿了，仍只顾捕捞生产，科学资料也大打折扣，甚至不收集。我们学校和研究生都遇到过好几次。

对于我提的建议，我们国家政府是否接受，这就要看我们的局长了，当然还要考虑到具体情况和实施条件。我刚才说过，如果局长有保护资源的观念，有保护环境和生态系统的观念，提了他就会做。比如当时我传达 FAO 会议的要求，要求紧急实施国家行动计划，减少百分之三十的捕捞能力，杨坚局长马上就提出"海洋渔业零增长"。渔业局很聪明地解决了这一问题，通过控制捕捞强度来达到目的，同时又规避了短时间减少渔船的困难。但是，我们现在又几乎无限制地造船，远洋渔业这样搞法，不仅全世界都在骂我们，而且在渔业资源衰竭的情况下，我们还会受到经济上的损失。

（四）解决公海登临的主权问题，被美国称为里程碑式的建议

关于远洋渔业，我们国家从 1985 年起步，到现在已经是经过了好几代人了。在这之前我们对开展远洋渔业有许多争论，有一种观点认为远洋渔业就是搞殖民主义，是掠夺资源。改革开放后，这个观点被打破了我们才走出去。而另外一头认为，远洋渔业就是输出革命，后来这个也被驳斥了。发展远洋渔业就仅仅是生产活动，所以这个关系到远洋渔业的观念性问题解决了。

远洋渔业起步阶段有两个关键人物，一位是张延喜部长（那时是中水公司总经理），另一位是乐美龙校长。这两位在远洋渔业的发展战略和决策政策制定、实际操作等问题上都出了好主意。张总和乐校长关心人才队伍的问题，提出了远洋渔业一开始，我们水产大学就要结合上去，教师、学生要跟上去，要到生产第一线去培养。但是怎么培养就要摸摸看。直到现在，从目前角度来讲，都可以总结经验和教训，任何事情都不是十全十美的，但是他们起的是带头作用。现在我们拥有一批对远洋渔业很了解的专家教授。我们学校的教授与远洋渔业的企业关系非常密切，和政府关系非常密切。急企业之需，急政府所急。我们学校最主要的贡献是为我们国家的渔业发展或者远洋渔业发展提供了科

技支持。这个科技支持有一些硬的方面，就是科学技术，包括网具的改进、渔场的开发等，也包括软的方面，就是思想，即战略思想。我自己个人来讲，可能比较多的是一些对政策上的、思路上的一些好的建议。对远洋渔业发展的事情，1985年起步到现在，包括好几次规划的制定工作、好几个重要文件的起草，我们都参与了。

一个就是关于中美渔业管理合作问题，我提出利用美国海岸警卫队的船，携带我们中国的渔政官员进行海上巡逻管理。在公海水域，如果遇到是中国的渔船，挂中国国旗的话，由我们的官员登临检查。这解决了一个重要的问题，即解决了领土主权问题。因为大家都知道，渔船的甲板就是本国的领土，外国官员不能上来的，涉及主权问题。那么在国际海域的渔业管理中，我们的渔政船又不去，外国的官员又不能登临检查，如何保证国际公约的实施和监督呢？

我提这个建议的过程也很有趣：有一次我到美国国务院开会，我是科学家代表。第一天晚上，在退伍军人俱乐部召开招待会。我在和美国海洋警卫队的官员聊天。我国驻美国大使馆的官员问我："周教授，能不能帮我做下介绍？"我问怎么回事，他说："我们驻美大使馆的官员和美国各界人士关系非常好，唯独军方。"军方穿着军装制服，戴着奖牌，很严肃的，他们很少与军方人士接触。他看我和他们在聊，就让我介绍认识。我就向海洋警卫队的司令介绍了他。当时，我就讲了一件刚发生的事情，即他们抓了上海公司的船，说这艘船违规。我在议论这事，提出其中可能存在程序性误解，占有的资料信息不完整。后来我就向这个司令建议：第一，我们是不是可以派人到你们这边来，了解学习你们美国的管理程序，有共同语言，有助于提高管理的效率；第二，就是公海登临问题，我们的渔政船还不会跑到北太平洋中白令海这么远，而你美国海岸警卫队的船只是在整个北太平洋巡逻，是否可以让我们的官员上你的船。你就当这是公共运载装置，将我们带到公海，发现违规渔船或需要登临检查的中国渔船，我们中国官员就上去，检查的情况将向你汇报，信息共享。如果日本官员上去，也可以采用同样的程序。海岸警卫队司令当场表态，他表示同意并通过外交途径进行了妥善安排和落实。

后来我才知道，他们在报纸上说这个是里程碑式的建议，解决了公海登临与主权的矛盾问题，而且将这作为国际合作的范例。他们多次在渔业管理会议上播放了中美联合执法的录像。中国的渔政船及美国的海岸警卫队的船联合抓捕和登临检查违法的渔船，并打击 IUU。多年来，中美一直合作很好，而且先后派了十多位渔政高级官员到美国海岸警卫队的舰船和司令部参观实习。有一年，美国代表团到中国开会，特地到军工路校区，到我们校长办公室一起拍了张照，我和司令坐在椅子上，后面站了一大批军官，可惜照片没给我。

后来，我应邀到阿拉斯加大学讲学。西北渔业服务中心和渔政管理监督处的处长邀请我到他家吃饭，把司令也请来了。我们乘私人游艇到海上去钓鱼，钓到大马哈鱼后烤鱼吃。他现在也退休了。这是1993 年的事情。

(五) 坚守渔业资源养护和可持续发展，提供建议，参与《渔业资源养护与管理公约》的谈判

对渔业资源的养护和实现渔业可持续发展是科学家的重要任务，科学家应该提供科学的咨询建议，供政府参考。我参与的工作中比较重大的有：

起草《水生生物资源养护行动纲领》。该文件是我们国家国务院颁布的，它不是农业部颁发的，而是国务院颁布的行动纲领，因此所有部委都要执行这个文件。这个纲领的发起者是中国水产学会，但是主要发起和参与起草的人中有我一个，当然还有几位院士。该工作做了两三年时间，最后国务院批了。所以这份材料是个很重要的文件，有点像水生生物资源的宪法吧，所有部门都要执行的，这是一件比较大的事情。

此外，2008 年我与中水公司等撰写内参，对发展远洋渔业提出建议。这是后话。

我参与《中白令海狭鳕渔业资源养护与管理公约》的谈判的事情是在 1988 年。当时农业部组织了一个班子，这个班子全是年轻人，而且是个技术班子。我们就在北京准备策划了两个星期，预测各种方案，制定对策。推测波兰、美国、日本、俄罗斯等其他国家会提出什么方案，对

各种方案的利弊等都做了详细分析。我和詹秉义老师将测算做了一张表格。这些表格不能带出去，所有资料都不能带出去，要求做好后心里有数。然后我们到美国华盛顿或西雅图开会，还到过美国国务院去谈《中美渔业合作协定》。会议的主持国是挨着次序轮流的，这次到美国，下次在

周应祺（右一）参加中白令海狭鳕
资源养护和管理会议

韩国。这个公约我参加谈判了十多年。在公约签署生效后，进入正常管理后才不参加的。之后我转到筹建南太平洋渔业管理组织和相关的公约制定工作，其间还当过大会执行主席，主持会议的讨论。

1993 年 11 月，我出席在美国华盛顿召开的中白令海峡渔业资源养护会议，代表团成员里面有政府官员、科学家，还有一些企业家代表。我是从科学的角度参与报告讨论的，例如资源量是多少、对捕捞生产如何监管。大会还设立了科学家工作小组，由科学家工作组来评估渔业资源的状况，讨论许可捕捞量是多少，形成报告提交大会，然后由政府官员讨论如何实施科学家的建议以及如何执行管理条例。从这个程序中可以发现，如果我国的科学家不参加，那根据资源调查而提出的科学家建议很可能是对我们不利的。我是抱着这样一个态度：我是科学家，首先要讲真理，科学家是不能讲假话的，但是可以选择不讲。政府可以不采纳科学家工作组的建议，可以强调实施的具体困难。但是，作为中国的科学家应该考虑到自己国家的利益，为政府代表团着想。哪些是不对的或不合适的，哪些是可以做的，哪些应该实施保护资源的责任等，都要提出建议。比如，有一次在智利开会，智利代表团团长一上来就要求，各国的捕捞量都要减少百分之三十，要各国表态接受他们提出的条件，这对各捕捞国来说压力非常大。当时，我进行了分析，告诉我们的团长，因为他是第一次带团，我说我们应该沉住气，减下来最受不

了的是智利自己，它也是捕捞国，不能例外，对资源保护负有同样的责任。而且智利的捕捞量很大，减少百分之三十捕捞量，它不见得能做到。各国在此事上进行激烈的辩论，果然到了第三天，智利的态度一百八十度大转弯，反反复复讲了三十分钟，意思就是说智利渔业企业做不到。会议再讨论其他可行的办法。我所起的作用就是提供经验，还有依据数据做分析。另一个例子是我参与的《北太平洋狭鳕公约》的谈判，以后延续到南太平洋国际渔业管理组织的筹建和竹夹鱼的谈判。从1991年到2012年，前后二十年，这些谈判就是处理国家和国家之间的关系。在会议过程中以及会前会后，会有些个别接触，了解其他代表团对某一问题的看法，写一份参考要点，给政府部门或团长参考。有些东西不是在谈判桌面上的，而是个人在交流聊天后，了解其他代表团对问题的态度和打算。日本的想法、波兰的想法、捕鱼国的想法、沿岸国的想法都是不一样的。所以说谈判这件事情也是挺微妙的，要取得大家一致同意，要花费很大功夫，要充分发挥智慧。我们这边是团长挑大梁，北太平洋谈判时的团长是贾建三，后来他到联合国粮农组织任职，负责水产养殖。南太时的团长是刘小兵和赵丽玲。会前都要做充分准备和预案。

我参加了十几年的中白令海峡渔业资源养护会议，在2007年担任了第12次会议的主席，会议在北京召开，大会主席是我。公约签订后，又一次在上海开年会，我又担任了大会主席。做主席是挺累的，因为不知道各国在卖什么药，会提出什么问题，要掌握一些规律，要按国际惯例办事。应该讲主持会议还是顺利的，达到了预期目标。

在参加会议的过程中，给我留下深刻印象的是如何实施渔业可持续发展和开展负责任渔业。在渔业资源养护方面，应该真心把渔业资源养护做好，应该所有参与的国家都努力，包括日、韩、波、中等捕捞国以及俄罗斯、美国等沿海国都要负起责任。美国这个国家，科学家就是科学家，科学家是独立的。他们比较客观，资源好就是好，不好就是不好。其他的代表团就说不上来了。中国自己没有数据，没有开展系统的科学调查，资源评估时只能听俄罗斯或美国说的。但是，从战略发展来讲，从长远来说，建立国际渔业管理组织对我们是有利的，资源保护好了，养护好了，对我们中国有利。不能为了眼前的利益，无限制地捕捞，还是要尊重科学。

（六）参与筹建南太平洋渔业国际管理组织

筹建南太平洋渔业国际管理组织我是从头至尾都参加的。南太平洋是唯一一块没有国际渔业管理组织的地方，现在要做到全覆盖。我国有船队在南太平洋作业，都是现代化的大型拖网加工船还有鱿鱼钓船，所以我们在筹建一开始就要参与。在制定公约条款时要中国发表意见，这些条款必须符合或者不妨碍我们国家的利益，所以必须参与。但是，大多数的文件稿也是很官方、很成熟的，依据或参照了已实施的国际公约或文件，例如《联合国海洋法公约》。我们不好随意去改它，但是关键的东西必须提出来。例如，比较麻烦的事情是中国台湾问题。因为在任何国际场合必须坚持"一个中国"原则，联合国是不承认中国台湾地区作为一个独立的国家的。因此在国际组织中，包括联合国粮农组织，按理来说中国台湾地区是没有资格单独参加会议的。但是，中国台湾在远洋渔业中有很大的船队，有很大的产量和影响，必须接受监督管理。所以我们就找了个词，叫"渔业实体"（Fishing entity）。给了这样一个名字后，中国台湾作为渔业实体，而不是渔业国家参与活动，他们也愿意接受。在联合国中，我们是成员国，有表决权。中国台湾地区可以参与但没有表决权。这些事情是由国务院台办来处理的。

周应祺（左三）参加中美海洋生物资源合作会议

我的责任是提供技术上的建议，如渔业资源状况如何，以及对捕捞工具和作业方式怎样进行有效的监督。但我们现在的弱点是哪里呢？就是我们学校自己没有调查船，所以就没有第一手资料。国家也没有专用的远洋渔业调查船，而是用一些生产船做辅助性的调查。这些方面做的工作非常有限，所以就造成了我们在国际会议谈判时自己的第一手资料太少，话语权相对减弱，处于被动状态。通俗地讲，如果要想多抓点鱼，我们就应该自己多投入点，对渔业资源的数量和分布要了解，要有科技实力。前苏联向南太平洋派船调查了 400 多次，我们一次都没有。前苏联是将远洋渔业船队当作海军的延伸来建设的，可以说，远洋渔业得到了很大的补助。有一段时间，因为苏联解体，它的船队就不去了。普京上台后，又重返太平洋，重返南太。所以，发展远洋渔业对我们国家来讲也是国家战略，也涉及到国防安全。所以，国家要花大力气支持远洋渔业发展。但是，我们地方上往往是经济短视，看重从国家获得补贴，至于如何做到可持续发展，地方上却很少考虑。

学校如何在发展远洋渔业方面发挥作用和做贡献，我对我们的老师和学生说："你是科学家，这个一定要注意，讲话要有科学依据。"同样，在我们的科学研究文章中，不要强调太多国家利益和市场效益，而是要将科学研究的思路和成果讲清楚。我们的任务是把科学的事情做好，不要错位了。现在，有不少场合我们都错位了，政府官员自以为比科学家更了解科学，没有倾听科学家的意见；而科学家一上来就是讲国家利益，对科学研究的成果作出不客观的解释。我多次提醒后现在好多了，研究生论文报告的前言里讲得少了点，原来前言里讲得挺多的，什么远洋渔业的伟大战略等。

南太平洋国际渔业管理组织的成立它是有一个过程的，先是讨论协调该组织的公约、职能、管理的措施等。由于涉及到各方的利益，协商讨论了许多次。从 2006 年开始，每年开两次会议，但是要开多次科学家工作组、数据工作组的会议，直到 2011 年签订公约。结果又开了几次准备会议，最后 2015 年是公约签订后的第一次正式会议。

南太平洋国际渔业管理组织的筹建，前前后后有十年时间了。因为这个国际管理组织要求所有相关的国家都来参与，但是不同国家有不同的利益，有不同的意图。澳大利亚和新西兰希望他们可以在这个组织里发挥主导作用，希望有较大的发言权。他们是南太平洋大国，那么他们就出钱资助南太平洋岛国来参加会议，增加支持他们的票数。中国、韩国、日本等是远洋渔业国家，到南太平洋是来捕鱼的。捕鱼国要尊重当地的国家、鱼源国的利益和规定。但是，这不一定代表澳大利亚和新西兰的利益。这是一个矛盾。但澳大利亚和新西兰是南太平洋唯一对渔业资源进行有效养护和管理的国家，这在他们的国策里面是体现得较好的，他们是重视生态保护的国家。这个我在《渔业导论》中分析过，渔业局设在国家的什么部门、由什么部门管理，这是很有讲究的。大多数国家的渔业局设立在农业部里面。中国也好，英国也好，日本也好，许多国家是放在农业部里面的，那就说明"民以食为天"，保证市场供应是首要的目标。但美国不是的，它是把渔业局放在商业部里头。那就说明，美国是考虑把一美元往哪里投效益最高，它是这个目标。澳大利亚和新西兰也不是放在农业部里，他们是把渔业放在初级生产力部门里面，把渔业、森林和石油，还有水资源放在一起进行管理的，是把它作为自然资源、野生资源，作为全民共享的资源进行重点保护，这是国策的基点。三种不同的管理机构体制，反映了不同国家的战略重点。战略重点往往就决定了这个国家的言行。我是蛮看好澳大利

周应祺(左二)参加中美海洋生物资源协调会

亚和新西兰的,他们对渔业资源保护是做得很好的。发达国家发展了那么多年,现在要求保护渔业资源,实行可持续发展,这不是高调,而是客观发展的规律,是真做。而且他们的老百姓也很主动。每次我们开会的时候,那些国际和平组织和绿色组织都在会场外进行抗议,抗议日本、中国、韩国还在拼命捕鱼。我们也不太好受的,我们国家的远洋渔业船队,包括远洋船队的形象不太好。这也涉及到我们学校的老师,不要太看重在国际谈判中战胜了谁,重要的是坚持了什么理念和立场。

南太平洋国际组织是 2015 年正式签约成立的。谈了十年,多次修订。国际会议讲究一致同意,但是,往往是人家对文稿基本已同意了,然而某个国家的代表说他对某个词感觉不太舒服。因为这种会议一定是要协商一致的,没有多数和少数,只要有人反对就得改。这样又得妥协、协商,非常费时间。往往会议开到星期五下午,大家都要乘飞机回去了,会还没开完,最后报告还没出来。我们只能将行李带到会场,开完会就马上去机场。真的很累,比在家还累,飞机要飞三十几个小时。等到所有的文本通过之后,还要各个国家自己的议会通过,像我们中国就是人大通过。议会或中国人大不是月月开会的,等它通过,通过之后国家签字,还要满多少签字国才能正式生效。所以这个前后拖了几年。一旦生效了,还有执行过程,到底怎么执行? 不能仅仅由澳大利亚去执行,而且执行是要经费的,船舶巡逻执法是要花钱的,谁出钱,怎样交会费呢? 是按人头数,还是国民经济数,还是作业船舶数? 那些岛国说:"我们没有钱,我们不交。"他们是资源国,让你来捕捞就不错了。而且他们是岛国,经济不发达,较贫穷,需要其他国家去照顾他们。所以中国也是很难。以前中国是站在穷国的队伍里面,现在还没富起来就显富,那么这样一搞,正好全赖在我们的头上。真是冤大头。

在整个筹建谈判过程中以及正式会议中,政府代表团代表国家,我们前面有中华人民共和国国旗。此外,还设有一个科学家工作组,科学家工作组总是先开会的。还有就是数据工作组,它也是先开会的。数据工作组负责审查各个国家递交的数据,检查交齐与否并核实是否准确。这个工作组我们是派人参加的。紧接着,科学家对数据进行分析,用模型进行计算分析,包括今年资源情况如何,以及有多少鱼可供捕捞。报告初稿要各国科学家一起讨论的，取得一致意见也可以，也有不一致的。报告形成出来后交给大会。大会根据科学家的意见，讨论需要采取什么样的管理措施，规定许可捕捞量和配额。大会不能反对科学家的报告，因为科学家是有科学数据依据的。有一次有位政府官员说科学家的这个分析结论不对，科学家马上跳出来说："是你教我，还是我教你呀"，马上就训斥该政府官员。我是根据科学调查得来的东西，你凭什么出来指责。但是，政府代表可以诉苦，说实施有困难或者没有条件实施。例如，有一次，波兰代表团团长表示狭鳕资源是不好，但是波兰做不到停止捕捞，因为有五万人口依赖于该渔业，如果停下来，这五万家庭怎么办？所以，诉苦是可以的，你说执行不了也可以，但你不能说科学家的意见不对，必须尊重科学家的意见，就是这么个关系。

大家知道在渔业资源评估的过程中，也有偏高或偏低的，受许多因素影响。会得到怎样的结果，以及形成怎样的建议提交大会，对我中国的利益如何，这都是我们要考虑的事。所以，科学家要了解参与整个过程，如果都不参与这些工作，谈是也可以谈，但谈的时候两眼一抹黑，不知道会遇到什么样的问题。最主动的是自己国家要参与科学调查。开展渔业资源调查后，人家说没有，我说有，因为我找到了。有一次，在智利召开的 FAO 会议上，我做了一个报告，介绍我校对竹荚鱼做的 DNA 分析，得出这两条鱼是同一个物种，尽管数量不够，应该做几千条，但我们只做了几十条。但是我们做了，他们没有做，所以就考虑我们提出的分析意见。李刚老师是研究资源评估的，他采用国际上使用的模型进行了分析，大会就多次引用他的研究结果。人家都没做，就我们李刚做了，大家就引用他的。

有关我国渔业发展战略研究方面，对水产养殖的品种选择我提出过一些建议，例如，海参在中国和东南亚地区都被视为高档的补品，这种东西是很贵的。我提议要重视和发展海参的养殖，因为它符合几个特征：第一，它具有较高的经济价值，属于山珍海味；第二，它是全蛋白质，不含脂肪的，是高级的营养品；第三，也是最重要的一点，它是在食物链底层的，是过滤型的，吃水里的浮游生物。所以，从食物链来讲，它是消耗能量最低的；从经济上来讲，它是效益最高的。所以，我建议开展大规模养殖。海蜇就不一样了，海蜇价值就不如海参了。中国台湾一个院士，他搞白对虾养殖、基围虾养殖，都是大规模的养殖。虾也具有较高的经济价值，同时在食物链上处于较低的位置，也是消耗能量低的品种。这类节能的品种不是很多的。这方面，我提过建议多年了。但是，我们学校的老师在这方面的敏感度不高，没有人对此进行深入研究。中国海洋大学对海参养殖下了大功夫。此外，我还推荐把罗非鱼等杂食性、耗能低的品种作为大众鱼的选择对象。

还有，我很早就提出贝类净化问题。上海地区因毛蚶可能传染肝炎，不许在市场上对其进行出售。后来食品学院做了个专题研究，研究显示采用紫外线等手段可以将病毒消除，这是 20 世纪 90 年代的事。当时我就提出，在水产品上市之前，要有一个净化处理过程，尤其是贝类。这句话讲了，我们学校没有人动，结果东海所的副所长听到了，他拿到了几百万的科研经费。农业部下发给他经费就是要求贝类上市之前要做净化处理。处理技术并不难，主要是用清水淋洗，进行暂养，保证氧气供应，保证它活。实践表明，清水暂养三天后，贝类就干净了。现在这是很大的产业，农业部在北方设立一个点，在南方设立一个点，每一个点都投资几百万。我校没有抓住机会。

有关学术的敏感性问题，有一次我在交大做报告，讲好以后，交大的两个教授盯了我好几天，过来找我谈合作。但是同样的内容我在学校也讲了，但没人有反应，听过了就听过了。这就涉及学术的敏感性、思维的活跃性。所以，我们在进行师资训练时，敏感度和执行能力是非常重要的，光有敏感度还不行，还要有执行能力。如果将我们的师资队伍与复旦、交大的师资队伍相比较，就会发现这个问题。

还有机器鱼的设计和制作，包括智能鱼的设计研发。我校开展该项活动，从 2012 年开始算起，已六年多了，也参加过全国机器人的比赛。我们是机器鱼，是在水里的，获了大奖。机器鱼是机器人的一种，我校就要反映我们的特色。评委也就是看中了我校的特色。

五、学以致用，兢兢业业，报效国家和学校

（一）深思熟虑，向学校建议专业建设要有"四大件"

我回国后，向学校党委汇报，认为我们这个海洋渔业专业建设需要四大件：一是水下观察装置，就是观察鱼类行为的仪器设备；二是动水槽，用来进行渔具作业性能的观察研究和开展培训；三是捕捞航海模拟器；还有一个就是电视流动教学的车载实验室。当时党委同意用世界银行贷款进行立项，首先是建设动水槽。这都得到农业部同意了，也做立项招标准备工作了。但最后为什么没有做呢？主要是我们国家电不够。那时候电是开三天，停两天，电力是配额的，没有华东电力局的配额和批准是不行的。20 世纪 80 年代初的时候这个项目就搁置起来了。后来，改为实施捕捞航海模拟器项目。这台模拟器里面有很多的数据，是英国科学家在大量实验数据的基础上研制出来的，操作模拟器控制台就和在渔船上一样，逼真性都是经过检验的，我邀请我国的渔船船长来操作过，他对此评价很高。拖网测量仪器和水下观测设备是逐步建立起来的。现在我校已建有动水槽。

最有意思的就是那台宣传车，是用来普及推广科技的。可以将车子开到港口，开到渔村，给渔民放录像，教他们什么样的网具好，还可以介绍海洋学和气象知识，提高渔业资源保护的意识。我校是在世界银行贷款中立项购买的这辆车子。其他农林院校看到后，也在世界银行贷款项目中提出要购买这种农业推广宣传车。没想到，最后项目要实施时，国家正好开展打击不正之风运动，打击资产阶级自由化倾向，就把这种车子也归到禁止进口的一类里，项目就没有进行下去。直到现在，我国也还没有科技推广车，建设动水槽还是好累好累，已经拖了这么久，还是有人说不要做。其实这是渔业科技发展的关键性装备。回过头来看，好几个国家在渔业发展的关键时刻就不失时机地建了动水槽，促进了渔业科技发展。而我们落后的不仅仅是经济，落后的还有观念。

还有哪些是捕捞科技发展的关键？例如，英国在 20 世纪 70 年代

就研制了渔捞电子海图(King Fish Chart)。他们认为普通的海图是给水面船只用的,渔捞海图的重点是海底,用来研究海底有没有礁石、是什么底质、下面栖息地如何,以及鱼类的产卵场等。这些数据都是从渔船船长处收集来后再标到海图上的,然后将这个海图再提供给渔民。渔民可以根据这个专用的渔捞海图来判断渔场在哪里。现在的重点已发展到制作生态地图了,而我们还没有将生态图列入议程。可以看到,这些国家的科技发展超前我们多年。

最近查资料看到,英国议会在一百三十多年前就已经在讨论渔业资源问题了,涉及渔业资源的保护。文章抱怨,一百年过去了,渔业资源问题仍然存在。另一方面,从该资料可以看到,如果我们中国倒回一百三十几年前,正值大清王朝,大臣们会开会讨论渔业资源问题吗？进行历史的回顾,那就是五十年、一百年地去看英国这个国家它是怎么走过来的。所以对科技、对人才的尊重也好,包括对教育资源,比如剑桥大学和牛津大学的关系,他们是为什么分开的,这些故事就不说了,有很多值得思考的。

(二) 求实探索,参与组织了日本海鱿钓渔业渔场调查和钓捕技术研究

日本海鱿钓渔业渔场调查和钓捕技术研究的项目,获得了国家科技三等奖、农业部的一等奖,我主要是参与组织工作,包括调动学校里的各个专业的教师上船。不仅仅是海洋渔业系的老师,还包括计算机室的以及机械、电子专业的老师都上了"蒲苓号",参加鱿鱼钓的试捕工作。因为我们希望这些老师到钓船上可以找到自己研究的东西,这个工作是我做的。

鱿鱼钓探捕调查第一次出航是 1989 年,给他们的要求是钓到一条鱿鱼就是成功。因为当时不知道到哪里去钓,也不知道技术行不行,包括灯光的配置、钓钩的规格是否合适。那么钓了第一条鱼之后,又钓了十几条鱼,钓了几十斤鱼、一百斤鱼之后,大家是很高兴的。第二次出航就是渔业公司跟着船队去了,从一条船、两条船、四条船,后来到几百条船都去,形成庞大的作业船队。发展鱿鱼钓作业最重要的意义是促

使我国渔业生产结构产生革命性的变革。以前我们都是在沿海进行底层双拖。双拖就是那个网是在海底上扫过去的，对生态系统的破坏非常厉害，而且是两条船拖一顶网。几十年的过度捕捞导致沿海的渔业资源都被破坏掉了，近海渔场都荒漠化。我们学校的老师将这些拖网船改成鱿鱼钓船，到大洋深处去钓鱿鱼。鱿鱼是中上层鱼类，资源丰富，数量很多，而且采用钓钩作业，对海洋生态不产生破坏。这样的改变，使渔业公司在经济上赚了大钱，生态上又是友好的，所以这个可以讲是国际渔业史上通过科技促进渔业结构改革、发展生态友好作业的一个很好的案例。当时，学校给予全面支持，包括海洋气象学支持、灯具的设计、钓机的设计、海锚和钓钩的设计，还包括那个水产品怎么加工，学校的许多学科都上了。老师们有加工系的、电子教研室的、力学教研组的、搞机械的、搞船的，都参与进行船舶改装，而且老师们都跟船出海去了。我很遗憾，有一次准备上船时，我正好生病，发高烧，没有去成。本来我要与他们一起出海的，准备研究水下放声对鱿鱼的影响。鱿鱼钓成功地进行生产后，学校的相关学科获得了发展，包括陈新军专门研究鱿鱼的渔场分布、气候变动和渔业资源状况。我们还带领舟山渔业公司去日本海生产。我们手把手去教他们的船员，我也去的。在码头上，我们教当地船员钓钩该怎么连接、灯具如何配置、海锚怎么叠放等。所以鱿鱼钓是产学研相结合的成功典范，获得了农业部科技进步一等奖。为什么在科技部拿三等奖呢？原因是当初在科学研究上是刚起步，我们只是把日本人的技术拿过来模仿，将生产组织搞成了。实际上科学研究没有现在那么深，然而，科技进步奖的重点是从科学技术的角度讲的，并不是讲多少生产量的，也不是评你有多么辛苦，所以国家级是三等奖。当然，这还与申报技术有些关系，如果申报的好可能获国家二等奖。那么三等奖就三等奖吧，也和那些评委有关系。评委里没有我们水产专业的，都是农业的，他们不了解海洋渔业的学科特点。后来，我参加到评委里去了，那么至少可以为渔业科学讲讲话。例如，对渔业和水产养殖的区别，有许多专家不明白。一讲渔业，想到的就是水产养殖。其实不是这回事情，两者不一样。甚至他们现在将一些养殖的围栏设施叫"围网"，连论文里也是讲养殖的围网。然而，按照国家标准以及农百科的定义，围网是一种捕捞工具，是将鱼群围起来，有这个动态过程才叫围网。他们这个其实叫网围，网就围在那里。为什么会出现这样的问题，因为作者不是搞水产的，是农业大学的，有些概念不太清楚。在专家组里我就起到介绍水产专业和有关学科的作用。后来我担任水产学科组组长。

（三）出谋划策，从专业角度为国家发展海洋渔业事业贡献智慧

我还参与了渔业规划方面的工作。我参与制定了《远洋渔业发展规划》，比如最近一次是"十二五"规划的时候，我应邀做大会主题报告。我就提出一个问题：远洋渔业发展趋势如何？在1985年我国远洋渔业起步的时候，我们认为以前日本人是远洋渔业的主力，后来轮到我们中国人了。那过了五年、十年，或者在不久的将来，是不是应该中国人退出，轮到印度人或者是墨西哥人了，是不是这种情况？从形势分析下来看，不是这么回事情，没有出现轮换更替的情况。老牌的远洋渔业国家，包括欧盟的荷兰、挪威都没有要退出的迹象，而是相反地对我国采取挤压政策。而墨西哥和巴西等国想跻身远洋渔业未获成功。

我还提了一个问题，即远洋渔业的核心竞争力是什么？目前的竞争，对我们中国来讲，是对资源的掌控、对渔业资源时空分布的了解和把握，包括能不能获得渔权、能不能掌握渔业资源的获取技术等。在《渔业发展战略研究报告》中提出有关"资源第一"的观念对我们国家远洋渔业发展有着重要的指导作用。

2008年，中水公司老总邀请我和一位国务院参事室的专家，我们三个人起草了一个报告，叫《我国远洋渔业产业建设论析》。起草工作前后花了两年时间，写好后作为内参由国务院参事室的那位专家直接送到每位总理的办公桌上去。文章最后建议，"远洋渔业不仅是我国'走出去'战略的重要领域，而且是属于资源性、战略性产业，发展远洋渔业是我国经济整体发展和人民生活水平日益提升的客观需要，应当列入国民经济发展的重要产业。积极利用国际渔业资源是国家利益所在，我国政府应当加大对远洋渔业的扶持力度，出台相应的政策和措施，尽快提高远洋渔业的产业整体水平和国际竞争力，提高经济效益和

社会效益，为建设小康社会作出新贡献。"

这之后才有我国召开十八大时宣布要大力发展远洋渔业。我们这份文件是内参性质的，供中央领导参考。

但是在那个文件里面，明确建议对当时的远洋渔业船队和企业进行整顿提高，淘汰不合格的企业和船舶，使高水平的水平更高，提高履行国际公约的能力。如上海渔业公司、中水渔业公司，这些企业要发展得更强大。这符合现代渔业发展的规律。但是，最后出文件的时候，就一句话，叫"大力发展远洋渔业"。这一来，相当于全国总动员，各个省就一哄而上，拼命造船。叫他们不要造，因为渔业资源已经衰竭，但他们根本不听。青岛开咨询会，它要造十条船，请我当专家组组长，我表示反对盲目发展，坚决不同意造。结果呢，它造了一百条。我说你船到哪里去啊？

这就是我们国家的渔业问题所在。科学家根据科学研究的结果，根据事实和数据，已经提出非常务实的、很客观的建议。但是，地方上片面地为了它的地方利益，就违背科学规律，不考虑生态和环境保护的问题，中央也管不住。

我作为学校的老师、科学家、远洋渔业协会的顾问，给国家政府部门提过一些重要的建议。例如，1998 年 10 月，我应邀到罗马 FAO 总部去开会。这是一个政府和科学家的混编会议，政府官员将听取科学家对渔业资源养护和渔业管理方面的建议，讨论实施的可行性。建议是科学家通过科学研究得出的，政府官员将讨论可行性如何。开一次政府和科学家的混编会议，就是为了沟通一下。有时候这个会议不开，就直接开了政府会议，将科学家的意见直接拿到政府会议上，由各国政府代表表态。那次会议有许多份重要文件要讨论，我是大会副主席。在这些文件中，包括保护鲨鱼、保护海鸟、打击非法捕鱼活动等内容，还有减少捕捞努力量、紧急减少捕捞能力的呼吁等四个重要文件，还通过了国际行动计划并呼吁各国制定国家行动计划。此外，会议还讨论了渔业补贴问题，欧盟与其他国家对此有较大的分歧和争论。会后，我向北京汇报，说会议要求紧急减少 30% 的捕捞能力，即船舶数量或总功率减少 30%。捕捞能力，又叫 fishing capacity，是一个国家或地区潜在的捕捞力量。这是国际会议通过的，要求各个国家都要减少。至于捕捞能力怎么计量，我们开展了研究。关于捕捞能力的计量成为当时我的硕士研究生郑奕老师的硕士论文题目。他采用美国教授提出的工业统计中的方法，进行量化计算。根据郑奕老师的研究成果，我国减少30％的渔船后仍然可以保证捕捞产量。从另一方面看，这说明我国在渔船上过度投资30％。我写了份报告，递交给了当时农业部渔业局的副局长王衍亮。这个研究报告是我国学术领域首次采用PTP和DEA方法量化评价潜在的捕捞能力。后来，我国政府出台了一个"海洋捕捞零增长"的政策，这是北京做出的非常有智慧的决定。因为要我中国减少30％的渔船很难，数量上减少很难，减少功率也很难。但是减少捕捞能力的目的是什么，是为了减少对资源的压力，我就来个海洋捕捞零增长，不增加对渔业资源的压力，可以吧。至于怎么做到是另外一回事情。出台这个政策后，国外反响非常好，都说中国太聪明了。这就充分证明这个政策是很对的。有意思的是，国内的反响就不同了，很多人认为是在做数字游戏，是吹牛。后来，在全国水产学会上我就说了，应该充分肯定海洋渔业零增长的做法。执行过程中，确实存在下面会有谎报、假报。但是重要的是，我国政府正式表态，向渔业界表明，鱼抓得多不是好事情，而是提倡"少抓、不抓是好事情"。这个意见，作为政策导向，是向我们所有的管理干部，包括渔民和消费者传达的信息。这是很重要的一个概念转变。在大会上，我说我是做渔业发展战略研究的，海洋渔业零增长的政策是积极的、正确的。目前渔业界公认我们上海水产大学，现在叫上海海洋大学，是在这方面做了许多工作的。后来陆陆续续地，水科院也建立了战略研究所，东海所也建立了战略研究室，因为他们看到需要有人做这项工作。这需要多学科的综合，包括经济、法律、技术等，从多方面研究渔业产业链的发展。

又如，休闲渔业是"十二五"期间的热点。各省市都积极发展休闲渔业，以适应我国建设小康社会的需要。我连续四年到全国性休闲渔业大会上做大会主题报告。又如，有一次是在江苏省水产学会年会上，我做了主题报告，介绍了国内外休闲渔业的状况以及相关的经济分析和管理政策。我讲完后，打了一张幻灯片出来，是一张在围捕最后阶段,许多鱼跳起来的照片。我就问:"你们从这张照片上能看出什么东西吗?"大家看了半天。这是一张用巨网捕捞养殖的大花鲢的照片。照片拍的是围捕的最后阶段,许多花鲢跳起来了,有些跳得非常高,场面非常惊心动魄。我说:"这些鱼你们可以卖钱,做鱼头汤。但是,我的做法是事先发个公告,几月几日下午几点,在什么地方进行巨网捕捞,欢迎摄影爱好者前来拍摄照片,第一排的一百块钱一张票,第二排的五十块钱一张票。"结果,会场里正好有位中国台湾来的老板,他高叫起来:"周老师啊,你这句话值千金啊!"现在千岛湖真是这样干的。这就是水产养殖的文化附加值。从产业链的角度看,不仅要注重生产技术上的改进,还要发挥产业链的整体效益。

我提的另外一个建议,渔业局至今没有采纳。我建议每根钓竿要收资源费或者要交游钓税。这是应该做的,钓鱼者享用的是野生渔业资源,这属于公共资源,为国家所有。个人钓捕野生渔业资源是公共资源为个人所利用,就应该提交资源养护费或税费。这是管理的重要措施,是由资源的特性决定的。钱不用多,收十块钱就可以了,但这表示政府管起来了,表示个人利用公共资源付了代价了。在国际上收取资源费是惯例。而现在,我国对游钓渔业实质上没有实行管理。

(四) 做好战略研究,提出创新思想,服务国家建设

我再举个例子,在进行渔业发展战略研究时,必须关心整个国际和国内渔业走向,因此,自己要知道经济学的规律,还要了解法律及其可执行性、可操作性,这个就比较复杂了。农业部委托我做过一项工作,就是在制定规划前,先要做战略研究,就是要摸清底牌,即中长期的(渔业)科技发展战略研究。在这项研究工作里,我比较得意的是提出了一个创新思想,针对我国的水产养殖产业,我把鱼分成四大类,根据他们的经济特性和生物学特征进行分类管理。这些鱼分别叫大众鱼、创汇鱼、小康鱼、节能鱼、观赏鱼等。为什么这样分呢?我是进行过长期的调查研究的。就以上海为例,在20世纪80年代中期,上海市曾做过水产品消费的预测,对300户家庭进行了调查。调查发现,老百姓中百

分之七八十吃的是白鲢鱼和花鲢鱼，经济较好的家庭或有老人和小孩的家庭，则消费青鱼和草鱼，至于名贵的鲑鱼和螃蟹是很少有人吃的，往往是亲戚朋友来，才消费的。过了十年、二十年以后，到了新世纪，水产局的统计表明，上海市水产品消费的结构还是这个样子，变化不大。青鱼、草鱼的量有所增加，还增加了加州鲈和罗非鱼。我将广大老百姓日常消费的水产品叫"大众鱼"，或者叫"当家鱼"，是我国水产养殖数量最大的品种。政府应该大力支持和投入科研经费来保证这种鱼的质量和安全，提高科技水平以及与环境的协调性。

另外，经济价值高的鱼，包括主要是为了出口创汇的鱼，例如金枪鱼、鲷鱼，都是非常昂贵的。许多企业要想搞，要国家给以支持和低息贷款。对这类"创汇鱼"，我提出不要向国家讨钱，应该向银行借钱，走市场经济的路。要知道，如果越是大公司大企业，越是给他们钱，而对大众化的、老百姓普遍消费的鱼类，因利润薄而支持力度小，这就不对了。故我提出，国家是代表广大老百姓利益的，不是只为少数人服务的。在规划中，对大众鱼要给以充分重视和经费支持。对于以经济效益为目的的鱼类，例如为了创汇的鱼，应该走市场经济道路。此外，我们还考虑到建设小康社会，老百姓的消费需求也会逐步提高的，亲戚朋友来了的时候买条鲈鱼或者买条鲑鱼、买几只大闸蟹等。对于这些经济价值相对比较高的小康鱼品种，政府应该有条件地予以资助研究。

还有就是"节能鱼"。有位专家在评价我国的水产养殖时，认为国外水产养殖先进，理由是国外养殖对象是吃荤的，味道好，经济价值比较高。但是，我从生态系统的观念、从节能角度讲，吃小鱼的鱼（像金枪鱼）和吃鱼粉的鱼（像大马哈鱼），从能耗系数来讲是非常高的。在我们提交的《渔业发展战略研究报告》里，我积极推荐杂食性的大花鲢和罗非鱼，还有白对虾和海参。虾和海参是处于食物链底端的，消耗能源少，富含蛋白质，无脂肪，是经济价值高的优势品种。我国将海参作为主要养殖品种会大有前途。

我们在规划中提出的四种鱼，经过王武教授的提炼又升华了，他建议建设四大生产体系：当家产品生产体系"当家鱼"，稳住市场供应，为国民提供廉价鱼、大众鱼；小康产品生产体系"小康鱼"，满足国民日益增长的需要；专用产品生产体系"创汇鱼"，以水产品加工带动创汇渔业的发展；休闲产品生产体系"文化鱼"，提高生活质量，满足国民精神生活要求。这是以生态系统概念进行分类管理，提出政府应该支持哪些，科研人员重点要研究哪些，以及企业要关注什么。我在北京做报告时，就谈了以上观点，研究所的几个青年人就到我这里说："老师呀，我听了你这个报告以后，知道以后我应该研究什么了。"

我们学校重点搞螃蟹养殖，对此，我又赞成，又不赞成。从学科上看，这涉及生殖生理和内分泌、遗传学、水化学和养殖技术等学科。但从国民经济的角度，螃蟹不是天天吃的，毕竟很贵，属于小康鱼，过去很多是公费消费的。大学的研究应该将重点放到老百姓天天吃的水产品上，大力提高质量。当然，通过科技发展，能大幅度地降低养螃蟹的成本，保证质量，降低价格，会受到广大老百姓的欢迎。

在大会上，我说："我有三个梦想，一是我到中国的任何地方吃到的鱼都是安全的；二是我希望我在任何地方得到的数据资料都是真实的；三是我希望我们国家的渔业资源停止滑坡。"这话是 2000 年我在北京讲的，很遗憾，十几年过去了，改进不大。

应该这样说，中央一直非常关注资源和生态问题，关注环境问题，为此做了很大的努力。各级政府对资源、环境、生态的理解和关注越来越深入，这是毫无疑问的。但是，具体的措施和政策又往往取决于具体的办事人员和部门领导，各个局长的认识不一样，关注的重点也大不一样。农业部渔业局局长杨坚是我们校友，是我的学生。他在任期内采取的措施和提出的政策，都与国际渔业管理负责任捕捞的概念相吻合。他花了三年的时间，调查了我们国家所有船舶的数量、功率和许可证问题。他把底盘摸清，制定了减少渔船数量的计划，提出海洋捕捞零增长的政策。所以总的来讲，这些做法是能够使我们国家渔业健康发展的。然而，后来换了渔业主管，渔船数量恶性膨胀，渔业资源遭到严重破坏，使我们在国际上的声誉下降。所以，一把手对渔业的规律和特性的认识是很重要的。

（五）顺势而为，积极响应国家发展远洋渔业的需要，开设专业课程

我在 20 世纪 80 年代开设了课程"渔业导论"。起因是当时的校长办公室的主任汪老师向我提出："周老师，你能不能开一门课，这门课就是给那些没有渔业知识、不懂水产知识，但又要到我们渔业部门当管理者的人上的课。"我说："好呀，开设渔业导论。"渔业导论这门课，不是水产通论，也不是渔业专业技术课的缩写版，而是把渔业的基本规律、特点讲清楚，重点放在如何实现渔业可持续发展、如何贯彻生态系统为指导的理念上。课程的内容还包括什么是负责任渔业以及政府的职责是什么。这门课是干部培训的重要内容。

当年为了向西非渔船队派遣我校的师生，我专门调整了教学计划，加强外语培训。外语分为两种，一种是英语，另一种是西班牙语或者法语，最后根据非洲合作方使用的语言选择了西班牙语。我们请了西班牙语老师上课，学校后期还引进了专门的西班牙语老师。英语这一块就是加强专业英语，由我负责编写专业教材，涉及渔具工艺、渔具渔法等。我正好在英国学习过，拿了给英国渔民进行科普教育的材料，加上网具操作的技术用语和对话，编了些东西供同学操练。同时，我们学校于 1985 年引进了捕捞航海模拟器，组织学生在模拟器上操作，内容包括航海驾驶避碰、拖网作业和鱼群侦察技术等。

给这些将要赴西非工作的学生我开设了四门课。那时我一周上四门课，16 学时，还有模拟器操作训练，还增加了网具工艺实习课。

这些学生出去之后，他们的生活费、保险费都是由我负责办理的。他们到西非去，万一出现了事故，或断手，或断脚趾，或弄伤眼睛，都要通过保险来解决的，否则后期处理很麻烦。这些都是由学校负责做的，企业不管的。当时崔建章是系主任，我是系副主任。崔建章老师亲自到西非去处理各种事项。所以我们去西非的同学都说崔老师是老母鸡，是保护他们的，有什么事情找崔建章老师。在技术上扬名的是季星辉老师，他到哪艘船去，哪艘船产量就会提高。所以从学校的角度讲，几百名学生到西非，能够安好地回国是与崔建章老师的努力分不开的。因为有的船长仅仅把学生当劳动力使用，而学生身体又没有渔民好，在渔船上的处境会差些。但是有外国人的时候，学生会讲外语，成为船长的喉舌。但没有外国人的时候，又被另眼相待。船上实行工分制，如果做不到标准，就没钱的，所以学生在船上是很辛劳的。有同学写信给我，说在船上没有什么好说，船员开口就是钞票，闭口就是女人，乱七八糟。在这样的环境中生活，是非常难受的。据我所知，赴西非的同学在精神上面所能得到的支持来自崔建章老师。我刚才说了，乐美龙老师负责总的设计，前方技术方面有季星辉老师、杨德康老师，还有一批老师，组成一支队伍。我在学校里，有学生出去的，我和他们保持联系。还有他们回来了，找工作就业的，我为他们提供咨询。例如，有位同学回来说："周老师，扬州在招聘人，我去可以吧？"我当时说："当然可以呀，没有人说你非得搞渔业不可。"没想到过了十年、二十年之后，他成了一个大企业家，开设了两个工厂，每年税就要交几百万。他说："就是周老师您一句话，我下决心做，才有今天的成功。"当时我的想法是，学生从国外回来，有涉外管理的经验，对国外有所了解，而且具有良好的语言能力，扬州需要这样的人才，为什么不去呢？回来的同学中，有几位表现好的，我就推荐他们留校做老师，包括宋利明、张勇等。张勇参与中水公司的金枪鱼延绳钓渔业的初建工作时，手被钓线割破，都看到骨头了，还坚持工作。戴小杰老师回国时因为怕行李托运可能会丢，他就抱了一书包的笔记本回来。去西非的老师和学生有许多故事，可歌可泣。

那时我是教研室主任和实验室主任。一批老师参加西非实践后回国，教研室计划开设一批新课，以适应我国远洋渔业发展的需要。当时定了一条规矩：任何老师都可以开设新课，对内容先不做规定，而且同样的课可以由两位或更多老师开设，内容老师自定，侧重面可以不同。比如"国际渔业"，当时王尧耕老师开了国际渔业，季星辉老师也开了国际渔业，都叫国际渔业。一个偏重资源分布和所在区域的经济情况，属地理经济学的；一个偏重国际渔业的贸易关系和制度。还有王维权老师也开设了国际渔业，三位老师开这门课。经过两年教学实践后，教研室集体讨论，确定了这门课的大纲、具体内容安排，讨论时考虑用人单位的反映和学生的反映。因为老师的想法不一定相同，有分歧。这样通过实践后，开出一门新课会比较成熟。所以，随着我国远洋渔业的发展，捕捞教研室开设了一批新课。在这之前，教研室仅仅开设了"渔具渔法学"和"渔场学"，再有一门"渔具材料与工艺学"。南美回来的老师王维权提出，船上渔获物的处理对提高质量很重要，直接影响经济效益，在教学中应该有反映。我赞成和支持开设"渔船渔获物处理"。在国外讲渔业是指"捕捞"加上"船上保鲜"，就是将鱼从海里捕捞起来送到消费者手里，这个过程叫 fishery。渔获的保鲜包括在船上的保鲜以及在码头和运输中的保鲜。对保鲜的要求各个国家的规定都不一样，所以这是一门很实用的课，反映了质量保证体系，弥补了捕捞只关心多捕鱼而忽视鱼品质量问题的缺陷。然而，质量恰恰是远洋渔业最为关注的事。这些是我在做教研室主任的时候进行的课程建设。

我为赴西非的同学编写了《捕捞专业英语》，内容有网具工艺和渔具操作，还专门编写了口语对话。我在捕捞航海模拟器上专门编设了过苏伊士运河、直布罗陀海峡的船舶操纵练习，还编设了水平声纳的使用和鱼群侦察的练习等。我后来还参与编写出版了渔船船员用的英语教科书，以及船员考试用的辅导材料。为了本科班和研究生的教学，我编写了《渔具力学》，是面向 21 世纪的教材，还编著了《海洋渔业文献阅读》，是给英语专业使用的，后给研究生用。我还开设了一些课程，编写了教材，例如《声光电在渔业方面的应用》《渔业测试仪器》《定位仪》等，这些课程是在厦门时开设的。后来，经过多年的科学研究以及十几年的教学实践，我在 2010 年出版了《渔业导论》，2011 年出版了《应用鱼类行为学》。

我在写《应用鱼类行为学》一书时花了很多的时间，对这本书我自己还是满意的。我偏重实验设计，因为我看过很多鱼类行为的书，其中很多书就是资料的堆积，例如，只介绍鱼眼睛能够看多远、看多少米，但没有介绍是如何获得这些数据的。对于高等教育来说，大学生应该学的，关键是设计了怎样的实验。例如，鱼对声音的行为反应，或是鱼喜欢什么音乐，这些实验是如何设计的。如何证明鱼能看见目标物，或对颜色有辨别能力？我的课程偏重讲这些。这本书出版后，好多农业大学的博士生来信给我，说解决了他们的大问题。因为农业大学现在也在研究这些，包括鱼类的群体模型。鱼群存在一种自组织现象，有好多内容是值得我们人类社会参考的，这里面还有很多新的东西有待探索。

（六）殚精竭虑，为国家海洋事业单位制定发展规划出谋献策

我后期做得比较多的是发展战略和政策研究。比如，最近做的是浙江省委托中国工程院制定的"十二五"规划，重点是海洋发展规划。因为浙江省看到江苏省请工程院做了规划以后，被国务院批准了。国务院一批就升级为国家规划，不仅仅是一个省的规划，上一个档次了。所以，浙江省拿重金请中国工程院来制定浙江省的海洋发展规划。工程院组织了八十几位院士，分成十几个小组，我也有幸被邀请参加工作。我们是农业渔业组，我是副组长。组长是农业的院士。我到浙江省进行考察以后，就提出"舟山新区建设"，将浙江海洋发展的重点集中在舟山新区。我办公室有一大套研究报告和资料，其中有一本讲的是远洋渔业的建设。报告中，我强调了人才队伍问题，就是想要搞好可持续发展必须要人才，这给浙江海洋大学带来了非常好的发展机会。因为这是一份国家级的规划。现在，对浙江海洋大学的投入大量增加，土地、资金、人才大量集中。另外，浙大、北大等也往那边聚焦。刚开始时，浙江省的规划初稿是打算在整个浙江沿海搞港口、搞圈地，大量围海造地。那个思路是绝对不行的。专家团的团长是钱振英，原水利部的部长。她是想在浙江海岛上建设核电站，搞两个核电站，这个方案原来已经基本批准了。哪知道日本核电站出毛病了，使她的方案搁浅了。搞来搞去回过头来还是渔业有前途，就建立了远洋渔业基地。所以，我们对这件事情应该起了很大作用，将远洋渔业基地选到舟山地区。

还有一件事情就是上海水产集团公司。上海水产集团公司在鱿鱼钓的项目开展上是吃了亏的，有深刻的教训。1988 年，各大渔业公司和一些民营企业在我校开会，讨论决定是否参加探捕，就是到日本海去钓鱿鱼。会议开了一周，介绍了各种技术问题，最后一天是各公司报名是否参加探捕。大家没有搞过，所以风险很大，许多公司都打退堂鼓了。上海渔业公司的经理打电话给我，说："周老师啊，我们算来算去，

好多因素不利，没有把握，上海渔业公司不参加了。"最后就是舟山渔业公司一条船，跟我们学校的实习船"蒲苓号"走的，上海没参加。结果没想到，鱿鱼钓闯出这么大的产业，发展到在北太平洋四百艘船作业的规模，而且远至阿根廷外海作业。上海水产集团总结经验教训，深刻检讨了没有重视产学研结合的教训，他们表示今后一定要改，而且是真改。集团成立了一个专家组，这个专家组成立以后，凡是公司有重大事项和项目，都要经过专家组的讨论和听取专家组的意见，我担任组长。他们每搞一个项目，不管是收购项目，还是发展计划项目，都要听取专家组的建议。专家组里面有各种专家，搞经济、法规的，研究造船、渔具渔法的，包括我是研究渔业发展战略的。专家组的意见归纳好以后，供公司决策层参考，同意还是不同意，采用还是不采用，由他们董事会决定。

其中还有一件事情，有一段时间，上海各单位都在制定"十二五"发展规划，而上海市政府叫上海水产集团制定三年工作计划。集团的领导着急了，因为其他大单位、国营单位，政府都是要求他们制定三到五年或者十年的发展战略与规划，那说明该企业还要干下去，要发展。而叫上海水产集团制定三年工作计划，就意味着是要它关并拆了。所以上海公司的董事长蛮紧张的。在专家组的会议上，我就给他出了个主意，我说："你打个报告，说你这个企业是资源型企业，你是把国外的渔业资源弄回来的。渔业资源就相当于土地、水等自然资源。对你这个资源型企业的考核，不应仅仅考核你的经济效益，而应该考核你对国际渔业资源的掌控能力。就是你到非洲去，能不能入渔，能不能拿到那个鱼，有本事拿到，这里面就包括技术、许可证，包括和当地的关系，还有海外基地建设等非经济考核指标。"这样一来，上海市政府改变态度了，同意它是资源型企业。尽管这个企业非常小，比不过绿地集团，绿地集团经济总量比它大几十倍。但是该企业有特点。回过头来，政府就将上海水产集团列为上海市国管企业。当然，在上海市政府管的国营企业里面，它是最小的一个，拿进来了，而且一下子给它几个亿的资金，支持它发展远洋渔业，而且成为上市公司。

我又向公司建议，要争取多运鱼回国，供应给老百姓吃。尽管这样做，公司的利润要低一些，但要明确，我国发展远洋渔业不是为了美元，现在国家不急需美元，而是为了使我国获得更多的资源，这是符合资源战略的，这是远洋渔业的重要功能之一。此外，我还建议公司积极把握机遇，建立海外渔业基地。近十多年来，对企业的发展，包括对政府的发展政策战略方面，我还是提了很多有价值的建议的。

（七）深谋远虑，为国家和学校的海洋渔业高等教育发挥了重要的作用

我为我们国家和学校在渔业高等教育中建立广泛的国际交流合作做了一些工作，对于这些，我一上来就说，我甘愿做铺路石，发挥桥梁和窗口的作用。这个桥梁作用，包括当时把英国的几个学校介绍过来，以及推荐了好几位老师到英国去学习。前面讲过，我们学校组团访问美国是 1985 年。到美国去的时候，我是担任行程设计、联系和翻译的工作，精心选择了一批学校。因为那时候不知道美国哪些学校值得访问，对他们的教育制度也不了解。那时候还没有网络，只能从各种印刷的资料上和很少的学校课程介绍资料上去查。查哪些学校和我们学校有关的，查好以后再查到某个教授，他是做哪方面的研究，包括他的论文，我都查出来。查出来之后做好一份资料，与美国接待单位商定考察行程，并且通知美方学校我们来访的意图。这次访问非常成功。到了以后，到达了什么程度呢，我们每到一所学校，他们的教授就排好队与我们交流。这位几点几分来，那位几点几分来，美国人是非常认真的。我就担任各种专业的翻译。

最后到了加州大学，他们的外事处主任带我去看了一个房间。大门一开，房间里全都是中国送的礼品。他说："你们国家来过五十几个代表团，送我的礼品都在这房间里面。"我一看，大块屏风，什么景泰蓝的，好多好多。而我们学校就送了我们的论文影印本和我们学校校门的一张 24 寸彩色照片。该外事主任说："你们国家，就你们这个团和还有一个团，两个团，是真正在搞学术交流。其他团都是商务考察玩玩的，礼品送得很大。"所以我们 1985 年的那次考察，影响是很大的。在西雅图的华盛顿大学、东面的罗德岛大学，都当场签署了派遣留学生的协议，做出具体安排。到各个大学，我们都介绍了我们开展的科学研究

情况，提供的是我们的论文，尤其是孟院长的论文。美国政府 NOAA 也非常重视。美国那时刚刚开始有计算机网络，在迈阿密那边建立了遥感数据中心。它在华盛顿展示数据传过来后，显示出海水的温度和深度的等值线图，同时展现一条鱼的运动轨迹，在海洋里怎么走的。结果显示，鱼不是按常理随温度而运动的，而是沿等深线洄游。我们做这些事情要到 1995 年，差了十几年时间。我回来后，一直提议我们应该搞遥感。访问中国台湾海洋大学时，我们看到李国添教授，他也是搞捕捞的，现在也是转向搞渔业遥感。当时的海渔系打了三次报告要建设遥感实验室，校领导讨论三次都没有通过。因为学校的经费非常紧，搞遥感要钱，要有较大的投入。后来，学校尽力安排了十万，也可能是二十万，作为启动资金特批给海洋学院，要他们自己通过研究项目获得后续的支持。结果海洋学院经过艰苦的努力，搞起来了。现在的渔业遥感已成为我校的一个亮点，成为现代科技融合到渔业科技和渔业生产管理的典范。因为遥感（RS）、地理信息系统（GIS）、鱼的分布和所有船舶动态（GPS）和渔船监控系统（MCS），合称 4S 系统，这些数据都汇集到一起，再结合海洋况动力学模型（FVCOM），将鱼类洄游和分布、预警和渔场预测都搞起来了，提供信息，直接为生产服务。陈新军教授的队伍搞得很红火。我作为校长，同时也是这方面的专家，就大力推荐。现在看，这个钱非常值得花。我们成为全国高校里面最早引进卫星地面站的学校。几位遥感和海洋方面的院士都积极地与我校合作，给我们以指导和支持。为什么呢？因为他们也看到其中大有前途。

此外，我们还与韩国、日本的水产海洋类高校组织了三国四校的青年教师交流平台，为青年学者提供国际交流的机会。包括日本东京海洋大学、韩国釜庆大学和丽水大学等。

新世纪以来，我又促进我校与欧盟的几所大学组织建立了"中欧渔业高等教育合作交流平台"。包括比利时的肯特大学、荷兰的瓦格宁根大学和挪威科技大学。由于我是教育部水产学科组的组长，就组织国内从事水产高等教育的大学进行双边交流合作，相互派遣留学生、合作进行科学研究等，发挥了桥梁作用。

2000 年，我组织了海峡两岸水产教育的交流活动——面向 21 世纪教育改革和水产教育研讨会，我任代表团团长和会议副主席。

六、传播国际渔业管理理念，使中国渔业管理与国际接轨

（一）肩负重任，多次担任大型学术活动的主席

我曾经多次担任大型学术活动的主席，这个是工作需要。1993年，我担任在俄罗斯海参崴召开的鄂霍次克海峡鳕渔业资源讨论会的主席。其他还包括：在北京召开的中国水产学会年会上担任主席；担任 1995 年在北京召开的亚洲水产学会的年会以及 FAO 召开的渔具选择性专家讨论会两次会议的主席；2002 年，担任世界养殖大会国际指导委员会科技委员会主席；2006 年，担任在波兰召开的中白令海狭鳕渔业资源养护与管理年会的副主席；还有一次是担任北太平洋中白令海狭鳕渔业资源管理和养护大会主席，是在中国召开的，这都是农业部指定的。叫我担任大会主席的原因，是因为大学校长兼专家的身份比较中性，此外，还因为我对情况了解，尤其是国际会议和专业知识。我在罗马 FAO 总部担任渔业大会副主席，也是这些原因。担任主席的工作当然要做些准备，要考虑好会议怎样开。总的来说，这些会议是程序性会议，它不会出现争论或争吵什么的，就是谁讲话、谁发言之类的事，安排好就行了。包括我们国家科委主任宋健出席开幕式致辞。国家领导人走后的学术报告就是我的事了，我做大会主题报告。

那个北太的国际会议是国家之间的协调会议，那个会议相对来讲也比较好开。为什么呢？公约已经签了，一切按程序办事，包括会议所要研究讨论的问题。另一方面，中白令海的狭鳕资源已经衰落，资源没有了，捕捞活动也停止了。所以，科学家讨论的结果是来年可捕量（AHL）为零，许可捕捞量（TAC）也为零。科学家的报告拿到政府代表团会议上，没有异议，一致同意。会议很顺利，所以这会是比较好开，没有争论，没有吵架。我这个主席也好当。如果是公约协商初期刚开始的时候，会议的气氛真是紧张激烈，我们都是抢话筒的。这边是捕鱼国，包括日本、韩国、中国和波兰，另一边是俄罗斯和美国，还有一批非政府组织旁听。捕鱼国将话筒拿到手后，就洋洋洒洒地发言两个小时。

因为在国际会议上，不好打断别人的发言。两个小时讲好以后，第二个人接过来又是讲两个小时，那今天会议就结束了，时间拖掉了。他们就是采用这种消耗时间的手段。那个时候当会议主席就难了。所以讲，国际会议各种各样，非常有意思。

在罗马参加联合国粮农组织召开的专家咨询协调会议时，我被推荐当副主席。那次会议通过了四个重要文件。会议上是有争论的，争论的是关于渔业补贴问题。争论说渔业补贴有好的补贴，也有坏的补贴，有绿色补贴和红色补贴。当然，包括要不要补贴，都要进行争论。因为欧盟是提供大量的补贴的，尤其是造船，通过造船来拉动经济。但是从渔业资源养护的角度来讲，这个补贴加大了捕捞强度，不利于渔业资源的养护。中国也是给了大量补贴的，所以外界也指责中国。在这个时候，我是主席，我又是中国来的科学家，这个发言就要注意了。我从概念上讲，好的补贴和坏的补贴的衡量标准是什么，哪些是可行的、是有必要的，或者哪些是目前还不可避免要提供的、涉及民生的。不能一概而论，不能一刀切。

当主席比较难的地方是语言和精力上的要求。做主席要全神贯注，集中思想和精力，听懂人家讲的每句话，这就很难。因为有些时候不一定都听懂了。还有一个是时差问题。飞了十几个小时，今天到，明天开会，尤其是下午，正好是北京时间半夜最困的时候，眼睛都睁不开，还得瞪着眼睛。等到开到第四天、第五天，稍微适应一点了，就要回来了。真的，很累很累，不要以为开那个会好搞。所以要我讲最印象深刻的事，那就是"太疲劳"。

（二）在国际学术大会上作主题报告，到国外大学和学术机构讲学

应美洲水产学会和世界渔业大会筹委会邀请，我于 2004 年参加在加拿大温哥华召开的世界渔业大会，并在大会上作主题报告。报告题目是《在生态和资源保护的前题下，还能从捕捞业获得什么利益？》（Can we get more fish or benefits from fishing?）。报告阐述了在关注生态系统和渔业资源养护的条件下，如何提高渔业产业链的效益以及选择性捕捞技术、水产品加工的精细利用和休闲渔业的发展前景等。

我到国外大学或者学术机构讲学,一般是讲两个星期。比如国际海洋学院,它是在马耳他,位于地中海。它组织了一个讲学班,国际讲学班,这次国际讲学班在我们中国北京举办期间,就把我请去讲课。后来它又在厦门组织了一次。两次讲下来学生反映很好。因为讲习班请的是中国专家,好多人是按照中国教学法上课,读讲稿,外国的学员不适应。我准备了投影片、图和表格,那时没有 PPT。我先提出问题,而后解释我国是怎样解决的,介绍经验教训,是启发讨论式的。学员们觉得我这讲得挺好的。所以,后来国际海洋研究所、罗马俱乐部等在加拿大开会,讨论海洋的未来,就把我请去了,让我作为中国专家参与讨论。应该这样看,我是大学老师,讲课应该是我的专长。当然,给老外讲课,就得采用老外习惯的讲学方法,对吧?

1996 年到阿拉斯加大学讲学是因为美国政府希望阿拉斯加大学在北太平洋地区的渔业管理中发挥重大作用。它是少数民族地区,是政府特殊支持的,有专门的资金资助,这是其一。其次是阿拉斯加大学的院长泰勒教授正好想设立这样一个课程,就是"国际渔业管理"。在国际渔业管理课程里面,他要求介绍中国的渔业管理,因为中国是个大国。他就找到我了,找到我是因为我在北京开北太平洋渔业会议时,他是美国政府代表团的成员,他就请我去。

我去的时候正好是我们的寒假,春节前一个星期。所以那年的春节我是在阿拉斯加大学过的。冬天下大雪,那雪是几英尺深,一个大皮靴踩下去就齐膝盖了,所有汽车轮胎上都绑了铁链条防滑。我讲的那个课程叫 F400,就是 fish400 的课程,是泰勒教授设计和主持的课程,是为研究生办的。课程要求我介绍中国的渔业、制度、管理、科技等,是全程录像的。我主要是介绍中国的渔业管理的历史和一些经验教训。两个星期,每天有课。去之前,我是做好准备的。这是我第一次正式在外国大学里给研究生上课。在那时候还没有 PowerPoint,资料的积累没现在这么多。如果现在再叫我去,给他讲两个月也没问题的。给国外的研究生讲课,我还要适应他们的习惯,即学生喜欢提问。在课堂上、在下课后,学生都会提出各种问题。上课当然用英文讲。那次是我第一次这么上课,不同于做学术报告,需要全面地准备,包括参考资料、图片等,还有摄像机全程录像。对我来说,上课被录像也是第一次。不像现在,通过多年的积累和磨练,现在如果是要我去讲课,例如渔业导论,或者刚才所聊到的一些事情,变成课程的话,那别说讲一两个星期,讲一个月都可以的。还有许多在国际学术会议上做的报告,都是讲课的基础材料。特别是现在,有了 PowerPoint,就更容易了。那时候我们还没有 PPT,我都是用投影片,用复印机制作的透明胶片,用投影机投影的。

还有一件有趣的事,就是快到最后了,他们的大学校长和渔业学院院长请我吃饭,因为是讲完课了嘛,算是告别会。结果吃到最后,他们俩悄悄地在叽里咕噜商量,原来这顿饭是他们俩 AA 制,我听到了,讲我也来 AA 制,他们就说:"不,你是我们的客人"。他们两个人请我吃饭,还要用 AA 制。结果是一位付款,另一位说到星期一划账给他。按照中国人的说法,来而不往非礼也,接着我就回请渔业学院院长泰勒教授,他请我了,我也得请他吃饭。我找了一家吃螃蟹的餐馆,阿拉斯加大螃蟹,又叫雪场蟹(king crab),很有名的。它是每位 50 美元,尽管吃,随便吃多少个。进门后,那个院长就说今天在餐馆打工的女服务员是他的学生,因此今天的小费他来,他就将小费包了。那么吃螃蟹,得来点酒,我说:"你点酒,我请你喝"。这不,院长坚持酒钱他付,小费他给,那行。雪场蟹非常大,我吃了第一个,就没有胃口吃第二个了。所谓尽管吃,也就是一个就够了。打动我的事是,他看到他的学生在打工,非常高兴。学生看到我们去吃,她也非常高兴,没有觉得难为情。体现了劳动光荣、自力更生。

我到学术机构讲学是这样的,我在阿拉斯加大学讲课之前,先在美国西雅图停留了一下。西雅图有一个叫 Northwest Fisheries Service Center 的机构,就是西北渔业管理局,同时也是研究所。我到他们所里做了个学术报告,介绍我们中国的渔业科技研究动态,包括渔具选择性等,是专业的,给他们介绍一下。

还有一次是我 1985 年 5 月第一次到美国。那是我们学校的一个教育代表团,由孟庆闻院长带队,访问美国的有关院校。在那个过程当中,我也做了几个报告,有对学校的情况和中国开展的渔业研究一般情况的介绍，另外也有专业的内容。例如，介绍了当时我正在研究的渔具力学数学模型以及在计算机上进行网衣对称剪裁计算，对口与他们的教授面谈，反响很好。

我还多次担任国际海洋博览会的专业翻译，但第一次是哪一年还真不记得啦，是在上海，国际海洋博览会是每四年举办一次。博览会包括海洋装备、船舶装备，这博览会里面不仅仅涉及到渔业，还涉及到许多海洋工程等。我有一次为运油船的装备做翻译。这艘船是运输船，专门是运油的。该公司的专长是泵，他们的泵可以把船底舱里面最后一滴油给抽掉。我给他们去做翻译，就要学习新东西，了解新的技术。在那段时间里，我做的主要是专业翻译，更多的是学校举办培训班或国外专家来访时担任翻译。后来我担任行政工作，工作忙了，翻译工作也就比较少了。担任翻译工作，对我来讲也是个学习机会，尤其是专业知识有所拓展。许多专业词汇我都要准备，有好多东西就临时学、临时强记，对一些东西，必须把原理搞清楚，才能翻译得当。

还有几次外事活动是在韩国。韩国水产局请我去，作为他们的博览会的开幕式嘉宾，接待规格非常高。他们向我解释，说："在韩国，大学校长的地位就是将军级。"如果他们的大学校长到中国来访问的话，是驻华大使馆官员要来拜见校长，而不是校长去大使馆见人家。他们韩国对大学校长是非常非常尊重的。所以，包括那个釜庆大学等，认为从中国请来了大学校长，都感到莫大的光荣。后来这位水产局局长当市长了。他通过博览会等活动将水产业做成了釜山市的名片，所以他也高升了。例如，博览会上有渔业的摄影展览，有生鱼片的艺术造型比赛。我还当了评比委员。从生鱼片的艺术造型、刀工、色彩等进行评比。会上还有做世界上最长的寿司，创吉尼斯纪录。会上展出了人工渔礁、大型养殖网箱等各种韩国的产品。釜庆大学和信息技术学院等与我校建立了合作办学的关系，每年送一批韩国学生到我校学习。我校张教授到他们那里讲学。

我还多次为农业部渔业局做专业翻译。在20世纪80年代初，专门搞专业外语的人不多。我是最早出国学习回来的，那是在1982年。往后面去的话，都要到1987年和1989年才有人回来，而且后来更多的人都没回来。所以实际上真正出国学习水产渔业回来的人不多。基于这样的情况，作为政府部门也好，作为单位也好，就邀请我参加。合作还是蛮愉快的。当时的小青年和普通工作人员，现在已经都是处长、局长了。当时他们和我之间的关系，也就是一个是学生，一个是老师。我将自己在英国学习时的经验、参与国际渔业事务的经验告诉他们。其中有一位在工作多年后，再到我这里来读了博士学位。

这与我校的老师到西非工作一样。像许柳雄、张敏等这一批人，是和渔业公司现在的老总"在一个战壕里战斗过"、一起工作过的，所以现在具有共同语言，建立了相互信赖的良好关系。

（三）六次组织现代渔业管理的国际培训

我在现代渔业管理方面的贡献是对联合国粮农组织的训练班进行组织和管理。在20世纪80年代中期，通过六次训练班，使得我们国家渔业管理的理念与国际接轨了。以前我们渔业管理就是讲生物学管理，后来引进了资源生物经济学与渔业经济学的概念，然后，就是法律管理。我就不全讲了，所有六次的培训教材一大堆，全部由我校的老师翻译成中文。这样做的结果是，我们现在的渔业资源养护也好，现代渔业管理理念也好，都是从这个培训班传递过来的。兄弟院校也是用我们的材料。我们国家政府管理也跟上去了。我在参加联合国专家会议时讲过，我们中国从渔业管理角度讲，所有其他国家做的各种方法，采用的各种措施，我们都用过，都实践过。有些成功的，也有些是不成功的，其实我们中国做了很多。在渔业管理和资源养护方面，我们学校起着传播者的作用，把国外最先进的理念拿过来传播，持续地指导，起着很大作用。在北京召开世界养殖大会时，作主题报告的外国专家就说"中国是水产养殖的摇篮"。相比之下，可以这样讲，有关我们中国先进的渔业管理理念，我们学校是引导者，是摇篮。所以讲，我们学校在渔业管理制度建设等方面起到了重要作用。

（四）兼任国际组织的工作

我于1995年担任亚洲水产学会年会的大会主席，后任亚洲水产学会的常务理事，连任到 2009 年。我还担任世界渔业大会国际指导委员会成员。

从 1982 年起，我担任国际学术刊物《渔业研究》的编审委员会委员；2000 年起担任国际学术刊物《鱼类环境生态学》的编审委员会委员。

博士生导师 黄硕琳教授
Tutor of Doctoral Students, Professor Huang Shoulin

黄硕琳

黄硕琳，1954年9月4日生，福建南安人，中共党员，上海海洋大学原副校长、教授、博士生导师。

1982年1月，上海水产学院海洋捕捞专业毕业后留校任教，历任教研室副主任、工程技术学院院长、科研处处长。

1993年起，享受国务院政府特殊津贴。

1996年，被评为农业部有突出贡献的中青年专家。兼任中国水产学会副理事长，中国海洋法学会副会长，上海市海洋湖沼学会副理事长，上海市渔业经济研究会会长，亚洲水产学会理事，太平洋区域经济研究会副会长。

2004年，参加了美国水产学会会议。

2011年，参加了亚洲海洋与水产大学校长论坛。参与了北太平洋金枪鱼科学委员会旗鱼工作组会议。见证了《联合国海洋法公约》的开放签署，并参加了公约签署30周年纪念会议。

长期从事海洋法与国内外渔业法规、政策以及渔政管理等的教学与科研工作，多次作为中国政府代表团的成员参加双边和多边渔业谈判。主编全国统编教材《海洋法与渔业法规》。出版著作、发表论文多篇（册）。作为第二完成人完成的海洋渔业专业的教学改革与实践项目于1997年分别获上海市教学成果奖一等奖、国家级教学成果奖一等奖。曾被评为上海市新长征突击手、上海高校优秀青年教师、上海市回国留学人员先进个人等。

凡是涉及海洋生物资源保护方面的法律，上海海洋大学有责任做到最好

黄硕琳

"中日谈判我觉得还是比较成功的"

一、上山下乡中的 800 多个知青只有我一个考上大学

我是 1966 年小学一毕业就进入了初中。1966 年 5 月，"文化大革命"开始，结果我刚上初中就停课了。接着是闹革命、大串联。我那时候还小，串联的时候挤不过人家年龄大的同学，挤不上火车，结果我串联只串到福州，没能串到其他地方去。1969 年复课闹革命，名义上我已是初中毕业。接着我进入高中，1972 年高中毕业。然后我就参加上山下乡了。

由于"文化大革命"的原因，实际上我们在中学阶段并没有学到多少东西，主要还是靠自己。我家里有兄弟姐妹 6 个，一年生一个。你可以想象当时我父母为了供我们读书要付出多大的努力。还好我父母都是干部，也都是共产党员，他们对我们的教育就是，不管怎样，国家号召什么，党号召什么，我们都要去做。当时我们 6 个兄弟姐妹有 5 个上山下乡，而且每个人都是在不同的地方。

我在家里是老二，上面有个姐姐比我大一岁，她从小学开始就一直和我同班，上山下乡她就在我隔壁大队。1976 年出了一个新的知青政策，一个家庭有 3 个以上子女上山下乡的，可以照顾 1 个回城。我们家有 5 个人上山下乡，可以有 1 个照顾名额。我姐比我大一岁，我是长

子,福建重男轻女思想还是比较严重的。但现在走的地方多了,我倒觉得福建重男轻女不是最严重的,还有比这更严重的。甚至国外一些地方也有严重的重男轻女思想。我在跟意大利同学交流的过程中就发现他们也是重男轻女,也都想要个儿子。刚才说到的这个照顾名额,我父亲的意思是给我。我告诉他:"我是男孩,我在农村里面不管怎样,都可以凭我的努力闯出来,我姐就不一样,一个女孩子在农村很不容易。"最后,我就把这个照顾名额让给了我姐。当时很多干部对我父亲说:"你怎么搞的,怎么照顾女孩子,女孩子出嫁以后就是别人家的了。"我父亲解释说:"这是我儿子自己的选择。"也正是因为我姐回城了,1977 年高考时我还在农村,于是我就有了更大的动力,拼了命也要考出来,结果一考就考出来了。后来我的弟弟妹妹也都考了出来。我们兄弟姐妹几个都是从农村知青队伍当中考出来的。

"文化大革命"期间上山下乡的那段日子,对我们来说是一种磨练。我们在生产队里可以得到体力上的锻炼,对身体很有好处。我们从小就没干过农活,一开始就要去跟生产队的农民学着做,确实是一种磨练。农忙的时候,早上四点钟就要起来,待在田里一直要干到晚上八九点钟才回来。农闲的时候,我们就组织上山去开荒山。那时候生活确实很艰苦。但我现在感觉那时候吃过的苦,会使得我以后即使再碰到一些艰难困苦,也会觉得那算不上什么。从人生磨练的角度来说,这是我的一笔财富。

我上山下乡的时候,有两个中学同班同学,他们是被送到上海读书的工农兵学员,暑假期间他们回来看我。他们戴着草帽,穿着皮鞋,骑着自行车到田里来看我。暑假正好是福建插秧的时候,那天我正在田里跟生产队的农民一起插秧。看见了他们,我就和他们回知青宿舍聊了一会。他们走了以后,生产队的农民就问这两人是谁,我说是中学同班同学。他们就七嘴八舌地对我说:"你真没用,看你这书读的,到现在还跟我们一样,人家是穿着皮鞋,戴着草帽,而你这全身上下都是泥水。"晚上收工回到宿舍,我心里就想:我们上山下乡也不知道今后的出路在哪里,但我可以自己发奋学习。此后,我在工余时间就多读点书,反复学习物理、数学、语文这些学科。当时根本不知道今后是不是会恢复高考。令人意想不到的是，1977年恢复了高考！我当时待在大山里，不知道恢复高考的消息。等我出到大山外面得到恢复高考的消息时，距离高考只有一个多月的时间了。我赶快报名，抓紧复习。那时也没有老师辅导，只能自己复习。白天上工，晚上复习。虽然"文革"期间上了几年初中和高中，但实际上我没学到多少知识。不过由于自己平时注意积累，结果我的高考成绩还算不错，四门课总分考了有280多分，这在当年高考中算是高分了。

我平时的积累就来源于当时在农村看的书。有些书是我们中学发的书。而文学方面，由于我喜欢看些小说，于是就订了《人民文学》杂志，没有想到这本杂志在高考中帮了我很大的忙。1977年高考的出题，是由各个省自己出的。福建省语文科目考题只出了两道题，一道是写关于王进喜的一篇文章的读后感，这篇文章在《人民文学》杂志上发表过，我是全篇看过的。同期的文学杂志还发表了好几篇读后感，这些读后感我也都看过。他们的角度、观点，我当时都还记得，一看到这个题目我就高兴了。第二道题是默写毛主席诗词《蝶恋花·答李淑一》，我当时没有背过，但有一首唱《蝶恋花·答李淑一》的歌，我恰巧会唱这首歌，哼着哼着就默写出来了。这个得益于我平时的积累。另外有一道15分的物理题，我先是做对的，但检查后觉得不对，就又改了，回来以后就懊悔了。但四门课仍然有280多分。那时候我们没有考外语。中学的时候，我就很喜欢数学，喜欢三角、几何，所以我高考报考的全都是数学系，都是福建省内的，我填报的是厦大数学系、福大数学系和福建师大数学系。当时只能报3个志愿，结果我1个志愿都没考上，因为我的数学成绩达不到他们的要求。我那时不知道有这所水产类的高校，但我服从组织安排，上了厦门水产学院捕捞专业。虽然我当时根本就不知道这个专业是干什么的，但接到录取通知时我还是很高兴的。或许这就是我跟水产的缘分吧。

毛主席说知识青年到农村去是很有必要的，但真正去了以后才发现生活很艰苦，大家都在思考今后的出路在哪里。当时只要有一个招工名额，哪怕是学徒工，大家也都会尽力争取。那一届我们大队有800多个知青参加高考，只有我一个考上大学。我的一个中学女同学考上了中专。整个大队也只有这么两个人,确实很不容易。

在农村生活了 6 年后,我于 1978 年 4 月进入厦门水产学院。

进入大学后我发现,自己的知识基础跟人家差得很远。比如说英语,我一个单词都不知道,因为中学没学过。大一的时候我曾经跟同学诉苦,说什么时候我能用英语从 1 数到 20,就很知足了。我之前上学从来没考试不及格过,但是大学的第一堂英语考试,我就弄了一个不及格。这对我打击很大!因为我对英语一窍不通。为此我发誓,一定要把英语学好。当时我们的英语老师也不是专业的英语老师,而是从教俄语改过来教英语的,那时英语老师还是比较缺乏的。我们的教材是学校自己编的专业教材,就是翻译捕鱼(fishing)、渔船(fishing vessel)这些专业词汇。自己基础差怎么办?我每天把教过的课文全部背下来,还要能写下来。那时候考试和现在考试不一样,有很多题目是从课文上摘抄下来的,从中去掉一个一个单词让考生填空。我背下来后做填空题就很容易。所以在第一次考试不及格后,第二次考试我就拿到98 分高分了。英语老师很高兴,说我们班同学进步很大。但我心里有数,当时我是靠背下来的,因为我觉得英语太重要了。

我们 77 级那批学生学习都很努力。特别是在第一论文阶段,当时我们有专用教室,晚上整个教室灯火通明,大家都不肯睡觉,一直写到凌晨三四点钟才回宿舍躺一会,早上又赶来教室继续写。那时候所有人学习都很认真,做论文都是全力以赴。我们都是上山下乡年代在社会上待过的人,全国累计有积压了十年的大量考生,而我们是好不容易从这一大批人里面考上来的学生,因此大家都很珍惜这个学习机会。我也很珍惜时间,每一门课都认认真真去学。还有就是在课堂上跟老师积极讨论,例如理论力学课程,有很多数学推导之类的东西,讨论很热烈。我们当中有老高三的同学,他们的数学基础很好。所谓的老高三,就是 1966 年高三毕业的学生。他们初中、高中都读了 3 年,总共 6 年多时间,读得很完整。所以他们跟老师讨论的时候,老师就发现这些学生基础比我好。我们当时的学习氛围很好,大家互相促进,对学习很有帮助。这批学生中有很多人现在都已是一些单位的领导,包括东海所所长、中国海警东海分局副局长,还有我们许柳雄老师。

我在厦门水产学院读了 2 年。1979 年，学校部分专业从厦门搬迁到了上海。像电子、机械这些专业就留在厦门，捕捞、养殖、加工专业都搬迁到了上海。由于我们这届同学表现都很不错，很多老师都认为应该留下一批学生。当时学校师资力量也确实是青黄不接，所以就留了一批人在学校任教。我们班 33 个同学，有 6 个留校任教。这 6 个人现在只剩下我和许老师了。朱老师是后面调进来的。

二、伦敦政治经济学院学习法律的第一个中国人

留校以后，我们有一个很好的机会，就是联合国粮农组织给了我们学校一笔贷款，要学校派青年教师出国留学。学校就马上从留校任教的老师里面挑英语比较好的青年教师送出去。我是留校任教的老师里面英语不太好的。当时进校的时候，人家英语都很好，我是一个单词都不懂。我的英语确实是稍差了点，所以被选派出去留学也是比较后面的。他们都是 1984 年、1985 年出国的，我是 1986 年才出国的。选派出去有个入学考试，是用英国的考题，有点像雅思。录取分数线是 140 分，我考了 144 分。然后我就被送到北京留学院外语培训中心学习了 8 个月。在这 8 个月中，我确实是很认真地去学，不管白天晚上都在学习。晚上有听音室，那时候用磁带，每个磁带都有一个小的故事，然后有相应的考卷，听完之后就答考卷。每天晚上我都听 1—2 个小故事，听到答卷完全正确为止。我很努力，当时的老师都是英国老师，他们对我的评价挺高，觉得我是靠着努力一步一步很快就跟上来了。8 个月训练完以后，我的英语成绩、听力水平都在很大程度上有了提高。

但是即便经过这样严格的训练，后来我到英国伦敦政治经济学院读海洋法和政策制定时，以我当时的英语基础，听起课来还是比登天还难。英国老师上课是从来不做板书的，来了就讲法律条文之类的，讲完课就走，不会留下来为学生答疑。授课老师有一名助手，有问题可以去问助手。以我当时的英语状况，要准备问题都要准备一段时间。于是我每天根据当天上课内容找书来看，看完以后就写要问的问题。我在伦敦政治经济学院学习海洋法学得蛮艰苦的，感到特别吃力。一是因

为我的英语水平不够,二是因为我根本就没有学过海洋法,之前的专业课程全部是捕捞、渔场之类的。但是我坚持每天写一篇文章,因为据我了解,他们的考试形式就像硕士考试那样,一个上午考一门,一门课出7道题目,自行选择4道考题,每一道题目写一篇文章。那是什么情况? 就是从进考场拿到题目开始就必须一直写,一道题目必须写满4页纸,4道题目总共要用英文写满16页纸才能通过考试。我当时很担心考不过,于是每天自己模拟做一道,然后请老师的助手帮忙改。最后老师在我的练习本中写道,"你这不仅仅是一种学习,我看你是一种斗争"("not only study,struggle")。最后考试通过了,我很开心。我那些同班同学说:"像你这种人是绝对不会不通过的。"但还是有人不通过,有像来自朝鲜、菲律宾的同学就没有通过。十二三个同学,有两三个没有通过。在后来的谈判会议上,我之所以能胜任谈判工作,就是那时候打下的基础,因为我对海洋法的基本原则印象很深。

我在英国伦敦政治经济学院学习了两年,中途没回过国。说实在的,那也是没办法的事,一个是经济上的原因,一个是通讯条件的原因。我女儿现在在加拿大,我们想和她见见面聊聊天,用微信视频就行。我们那时候都是靠写信和家里联系,一封信来回就是一个月。加上学习压力确实很大,就像那位老师说的,"you are not study, you are struggle"。当时我们到中国驻英国大使馆的时候,刚开始几天没找到房子,就住在教育局。教育局的人就对我们说:"有的人承受不了压力,就从驻英使馆楼上跳下来自杀了。"被英国警方遣送回国的也有。为什么被遣送回去? 这个事情真的很好笑。我们国内的人喜欢炒菜,英国的菜是从来不炒的。英国的菜就是放到水里煮一煮,英语叫 boiling,然后捞出来,你要吃的时候撒点盐或胡椒粉,那真有点像喂猪似的。我们有两个留学生,租的是一个英国老太太的房子。这个英国老太太是没结过婚的老处女,脾气很怪。当时租房子的时候老太太就告诉他们,不能在房子里炒菜,不能开油锅之类的,订好条款后他们就交了押金。有一次老太太出去旅游,他们看到老太太不在,就想着炒几个菜吃吧。一炒菜就有油烟,摸窗帘能看出来,老太太回来一看就知道了,于是就把他们赶走了,押金也不退,老太太说那点押金是要用来洗窗帘的。当时国内的工资是很低的，我刚留校的时候工资只有 60 块不到。而相比之下，英国的消费就很高了，那笔押金肯定有上千英镑。押金扣了不还，我们那两个学生就写恐吓信，信里说你如果不还我们会怎么怎么样。结果那老太太就把信交给了警察。警察就和使馆说："你们这两个学生赶快送回去吧，不送回去肯定是要上法庭了。"使馆只好把他们送回国内。

那时候我们的学习压力确实很大。我自己的英语不太好，要听全英文的课程，旁边又没有一个是中国人，所以感觉压力特别大。在伦敦政治经济学院学习法律的时候，我是那里的第一个中国人。后来，1994年和 1995 年我到英国剑桥大学国际法研究中心学习国际法的时候，我又是那里面的第一个中国人，从来没有中国人在那里面学习过。所以说，压力是很大的。我那时候钱很少，不敢打长途电话，只能靠写信，一个月一封信。有时候出问题通信断掉了，家里很担心我在这边出了什么事。我每次接到家里来信，那一整天的心情就感觉很不错。如果很久没收到家里来信，就会情绪低落。但学业总算完成了，我觉得特别高兴！

当时联合国给我们的学习费用是足够的，但我们国家选派留学生是两个人的费用派了三个人出去留学，这样每个人的费用就会相应减少，以致经费很紧张。当时我住在伦敦三区一位华侨的家里。这位华侨自己开了一家饭店，平时在饭店做事，他生怕自己的两个上初中的小孩在家里没人照看，需要一个比较老实本分的中国留学生帮忙，他请求中国驻英使馆帮忙介绍一个人。使馆的人跟我说让我去面试一下。那时我是比较强壮，也比较老实。这边房租也相对便宜一些，但是地铁路费比较贵。因为伦敦政治经济学院在一区，我住在三区，所以来回路费很贵。

从英国留学回来以后，英语还要用起来才行。怎么用？就是经常跟外国人打交道，经常参加学术会议。我记得 1988 年回来之后，我就马上担任捕 85 班的班主任，这个班正好是大三的时候我接手了班主任。1990 年，FAO 在我们这边有个培训班，是对全国渔政干部的培训班，需要人做翻译。但是正规外语学校毕业出来的翻译对渔业不了解，专业方面的东西我们翻译的就比他们好。我受邀前去做翻译，这种翻译对我的英语能力以及使之与专业结合起来很有好处。为什么回来以后英语不会忘掉，就因为经常用到。记得刚回来的时候，是从英国伦敦回到北京，住在北京宾馆，打电话时一拿起话筒就说英文，已经习惯了，我已经忘记了中文。但是回到国内又习惯讲中文，结果英文又忘了。所以还是要不断练习才行。

我能成为一名专家，主要得益于当时的学习、训练以及后来不断地实践。我觉得每个人都应该有自己的主攻方向，主动看准一个方向，不断充实自己的经历。我当时跟学校提出要去英国学习海洋法。那时我们学校只有乐美龙老师是到联合国去学习的，很多人说问我怎么去搞这么难的东西。学校人事处有一个专门与留学生联系的部门，到了英国我就跟他们写信，说："放心，国家派我出来，我毕业后肯定回去，这是我的承诺。"所以我一毕业就回到我们学校，就是上海水产大学，现在是上海海洋大学。当时我们派出去学习的有40多个老师，包括77级、78级、79级，这3届学生共派出去了40多个年轻的教师，但回来的不超过10个。我和许老师、生命学院的骆宏达老师以及张相国老师，都是派出去的。可以这样说，如果那个时候派出去的老师都回来的话，我们学校的教学水平肯定就不一样了。

很多派出去的留学生，有些在国外学术界也做到了教授级别。像生命学院有个林俊达，厦大毕业后分配到我们学校水产生命学院，那时候叫养殖系，他跟我们同一届。他留在国外没回来，在美国佛罗里达大学做教授。我做副校长的时候特聘他为教授，我亲自颁证书。颁好证书请他发言，他说："我和黄校长站在这里一比，就可以看出资本主义和社会主义哪一个更好了。"我比较胖，身体看起来也蛮好的；他很瘦，满头白发。他说他的样子就是资本主义不好的象征，黄校长的样子就体现了社会主义的优越性。当然这只是句玩笑话。但是很遗憾，林老师2015年就去世了，是肝癌，换肝以后没多久就去世了。那时候我们学校派出去的人如果都回来，我们学校绝对不是像现在的样子，也就是说，在很多学科领域我们是可以做到更好的，可惜的是很多人不回来了。我们班有一位同学叫陆赤，原来也是我们海渔系的，他也回来了。回到自己国家不一定就比国外差。有一次在夏威夷参加世界渔业大会，碰到一个当时也是和我们一起留学的，是海渔系渔业资源专业78级的同学，他也没回来，在美国的大学工作。那时候大家碰面，他什么都不是，就在实验室工作，也不是教授，连老婆都还没有。大家一起聊天，我说 77 届和 78 届只差半年，大家都像同学一样。那个同学就说："我也不知道自己留在美国干什么，你看人家现在是校长、教授，而自己还什么都不是。"当时我就觉得，我出去代表的是国家，去谈判代表的还是国家，我座位的前面就是 China，我代表自己的国家，人家尊重我，因为我是中国的教授。如果留在国外，代表的是什么？什么都不是！所以我一点都不后悔回国，我觉得我的选择是对的。

我为什么要去学海洋法和政策制定，主要是我觉得这方面很重要。当年乐先生只是在全校开了一个讲座，我就觉得自己在这方面是可以做的。于是我就自己去联系留学，结果被人家录取了。然后我告诉学校我被录取了，乐先生当时就很支持，说学校应该支持。我看到这个发展方向用处特别大，特别是在发展我们的渔业方面用处很大。回来以后，我就一直在教海洋法、渔业法规这些专业课程。

三、学以致用，为维护国家海洋权益参与多方国际会谈

（一）以专家身份参加罗马谈判，妥善处理中国台湾问题

我最早出去参加谈判是在 1992 年和 1993 年，连续去了五趟罗马。这个谈判内容当时叫做公海渔船挂船旗，它叫做 reflating，就是重复挂船旗，为这个问题进行的一个公海谈判。最早是去开了一个公海渔业磋商会，然后说在这方面要制定一个公约。现在这个公约叫做《促进公海渔船遵守国际渔业资源养护措施协定》，在国际上是一个有法律约束力的公约。1992 年的时候就有机会出国，还是很稀罕的。而且我是接连出去，每隔几个月就去一次。当年出去的代表团就三个人，我、外交部一个商秘和农业部一个科员。到谈判桌上主谈的还是我和外交部的人，因为他是外交官。但他们对渔业不太熟悉，我就作为主谈代表。这种谈判很累，因为英文不是我们的母语，如果用中文谈判，那我觉得一点问题都没有。但用英文谈判，我们就要很仔细。谈判桌上是很认真的，一个"or"和一个"and"，在这句里面是用"or"还是用"and"，有时候就是讨论一天也讨论不下来的，所以会觉得很累。我们每一次谈判内

容都要汇报给外交部,包括谈判的主要目的是什么,以及我们的高案是什么,中案是什么,低案又是什么,都要汇报。获得外交部授权后,我们就按照这个预先定好的高、中、低案进行谈判。当然,我们会尽量往高案走,实在不行才退到低案,这个外交部都有授权,在谈判桌上我们自己要掌握好。

中日谈判时的高中低方案,都是我们先写出来,然后大家再一起讨论,政府方面也派人参与,最后以政府的名义或者是农业部的名义向日方提出来。所以,专家的观点和政府的要求是不会有冲突的。但是谈判的时候,外方代表团经常会提出质疑,这个时候就由我们专家顾问组的专家来跟他们谈,角色是不会有冲突的。最后拿出的决策方案都是以政府的名义,而不是以我们个人的名义。当年的中日、中韩谈判,我们都是跟乐校长一起参与的,乐先生参加过联合国海洋大会,在谈判方面很有经验。

我们碰到问题最大的一次谈判是在九几年的时候,我们在公海的远洋渔业还不多,而中国台湾地区的渔船很多。在谈判过程中,美国、加拿大这些国家强烈要求把中国台湾地区包括进协定里面去。我们当时得到的授权是不能涉及到中国台湾地区。其他国家就主张中国台湾地区渔船有多少多少,如果公海挂船旗协定不包括中国台湾地区,那这个协定的意义就减少了。要知道,他们的政府也是有授权给他们的,就是一定要把中国台湾地区包括进去。而我们的授权是,中国台湾地区如果进去,就涉及到政治问题,所以不能涉及到中国台湾问题,就是不行。好多国家,主要还是美国、加拿大,一定要把中国台湾地区放进去。我在发言中表示,"我们是抱着很大的诚意来参加谈判的,我国政府抱着很大的诚意来参加公海渔船挂旗协定谈判,但是你们刻意要把中国台湾问题涉及进来,那么对不起,我们只能退出谈判。"我明确跟他们说:"我们得到的授权是不能涉及中国台湾地区,如果一定要把中国台湾地区包括进来,那我们就只好退出谈判。"当时我们站起来真的要退出。旁边一些像阿根廷等发展中国家的代表就发言,表示如果中国不参加,而中国的渔船又是世界上最多的,那么订这个公约就没有任何意义了。这一下就把问题反过来了,很多国家说如果中国退出去,那他们还坐在这谈什么呀。国际公约就是这样，你参加谈判，签字了，批准了，你就要受它制约。如果我没有参加谈判，我退出了，我就不受制约。我们的渔船数量是当时全世界最多的，虽然不是都在公海上，但就整个数量而言，我们有发展公海渔业的巨大潜力。最后形势翻转回来，就我们不能走，他们也不能把中国台湾地区包括进去。谈判一结束，我们那位同声传译在我们要谈判的时候来找我们，说这个谈判涉及的专业知识太难，问我们能不能直接用英语说。我们说可以，于是就用英语谈。最后，把中国台湾问题化解了，中国台湾地区是以捕鱼实体的身份参加公约的。这个公约现在是《国际渔业行为守则》的一部分，具有法律约束力。一散会，这位同传就上来跟我握手，说："哎呦！太好了太好了，以前我们在谈判桌上从来都是受人欺负的，从来没有像今天这样扬眉吐气。"他感到，正因为我们强硬的态度，人家不得不妥协，他觉得太解气了。所以接连说"你们太好了，太好了"。我觉得，这类谈判，一方面我们在谈判桌上要有谈判技巧，另一方面也要靠国家实力支撑。我们的渔船数量那么多，在渔业方面我们有举足轻重的地位。我们现在的渔业产量占全世界产量的三分之一左右，如果中国不包括在内，世界渔业就大打折扣了。特别是养殖领域，我们占了三分之二，在渔业方面我们中国的实力是很强的。

由于 FAO 总部在罗马，因此几次有关公海渔船谈判的会议都是在罗马召开的。说实在的，我们的渔船当时距离国际标准还差一点，于是我们就想把谈判时间拖延一下，晚一点去。我这人到一个地方不喜欢玩，到罗马我都没出去过。最后一次谈判的时候，他们想尽快达成协议，我就不同意。我说我来罗马这么多次了，一次都没看过罗马风光，你们现在又要急着让我们走了。这种谈判是国家利益的较量，妥协或不妥协，要有技巧。

我参加罗马谈判是以专家的身份参加的，农业部有一个渔业专家组，我是专家组成员，我参加谈判是农业部推荐的。

(二) 参加中日和中韩的协定谈判，成功划定暂定措施水域

除了参加 1992 年和 1993 年的罗马谈判，我还参加了中日、中韩协

定谈判。中日、中韩协定谈判,我们学校就是我和乐校长参加,当时乐校长已经退居二线了。从 1996 年开始一直到 2000 年左右,我们参加的中日谈判比较多,中韩的相对少一些。主要是因为乐先生很有经验,他对渔业很熟悉,外交部负责谈判的处长如果有一些问题,就会来请教我们,他就说:"我们接触过很多专家,感觉乐先生最有经验。"中日谈判我觉得还是比较成功的。

中日谈判我参加较多,一次在东京,一次在我们国家。日本每次给我们安排的饭店叫 new otani,中文叫新大谷,座落在日本东京市中心,是很高级的一个饭店。每次住的房间基本都一样。外交部说:"你们在房间里不能谈论涉及任何与谈判有关的东西。"日本有一辆车,类似我们 Costa 这样的车,在这个车上也不能谈。要谈在什么地方,一个是到使馆去谈,使馆有个密封的会议室。如果不去使馆,就是开车到公园里去,找个僻静的地方。其他时候只能用写的。为什么要这样?就是怕窃听什么的。我们住的地方经常是同一个饭店,而且经常是同一个房间,这里面肯定有奥妙。朝鲜我没去过,听外交部的人说的一件事情很好笑,他们到朝鲜去谈判,在入住的房间里说吃得很不好,还在房间里面骂,说朝鲜的伙食怎么怎么样,结果第二天伙食就好了。

我觉得中日谈判比较成功,主要体现在怎么划定区域上。中日协定里有一个"暂定措施水域",就是在海洋里划出一个区域,五年之内我们和日本联合共管这个区域。这个区域其实就是今后划界涉及到的争议区域。我觉得它比较成功,一个是因为在这个区域里我们的渔船相对比较多,日本的渔船比较少,我们每年进入这个区域作业的渔船很多。第二就是《中日渔业协定》很成功地把中国台湾问题规避掉了。我们规定了 27 度线,在 27 度以南就涉及到中国台湾和钓鱼岛的问题。当时中日双方都把这个问题规避掉了。怎么规定?就是 27 度线以南维持原状。所以《中日渔业协定》对我们国家的影响并不大,因为我们很多在暂定措施水域作业的渔船,原本就是在那里面作业的,而且我们进去的渔船要比日本多得多。中日每年开渔委会都要商量每个国家要进入里面的船只数量以及怎么进行管理。再说,我们每年都有进入日本专属经济区作业的渔船,根据这个协定,日本是要发放许可证给我们的，我们进入日本专属经济区作业的渔船比日本进入我们专属经济区作业的渔船多得多。相比之下，《中日渔业协定》相对来说还是执行得比较成功的。中日和中韩谈判是同时进行的，中日、中韩、日韩，三个角都在谈，因此三方都很在意另外两方谈得怎么样。我们每次跟日本谈的时候他们就会问我们跟韩国谈得怎么样了，总想了解这方面的情况。我们跟韩国谈的时候，他们也问我们跟日本谈得怎么样。我们就会问他们日韩之间谈得怎么样啦，也想掌握这方面的情况。因为大家都想多了解情况，知己知彼，才能够为自己争取主动。中韩现在为什么矛盾比较大，因为靠近韩国沿岸的水域，过去是我们作业的渔船比较多，像马海峡、济州岛，都是我们作业渔船比较多的水域。山东这一带的很多渔船都喜欢去那边作业。黄海暂定措施水域里面的渔业资源相对于韩国沿岸水域的资源来说对韩国没那么重要，因此韩国加强管理。我们很多渔船想偷偷进去捕鱼，跟韩国海警的冲突较多。我们的很多渔民不理解，说："我们世世代代在这里作业，为什么现在不让我们去了？你们签订的条约就是卖国。"外交部谈判代表团曾经到黄渤海区去调研，渔民就说："你们怎么只要两百海里，怎么不要四百海里啊，四百海里全是我们的。"但这个是国际上的大趋势，涉及到海域的这种情况，我们既然签了协定，签了《联合国海洋法公约》，就要按照公约来行事。所以，中日协定的执行还是很好的，很成功地把中国台湾问题和钓鱼岛问题给规避了。

北太平洋金枪鱼科学委员会旗鱼工作组会议在我校召开(前排中间为黄硕琳)

关于暂定措施水域,协定的有效期是五年,五年以后双方再约定推迟五年。在暂定措施水域旁边还有个过渡水域,过渡水域就是五年,五年以后就是属于日本的专属经济区。现在还没有达成划界。我们的主张是自然延伸原则,而日本主张的是等距离线原则,就是中间线原则。我们认为中间线原则不适合用在东海上面,根据自然延伸原则,我们自然延伸可以到冲绳海沟这一带。现在的暂定措施水域,主要就是位于争议水域中间这一带。包括《联合国海洋法公约》规定,现在这种协定不影响最后的划界结果。划界是很难的,海上专属经济区划界现在还没有达成,到底是依据自然延伸原则还是别的原则,现在都还在谈判之中。

中日谈判来来回回到底谈了多少次已经记不清了,反正就是从1996 年谈到 2000 年,总之次数很多。前面有些谈判我没参加。影响谈判的主要还是政府的取向问题,如果当时跟我们谈判的日本政府是现在的安倍内阁,那他肯定更强势,有些条款他们是不会同意的。政府的取向很重要,如果两国友好协商,那可能大家会互相妥协,你让一步,我也让一步。谈判总是各个国家都站在本国利益的立场上进行的,但谈判的时候如一味抱着这一思想,那大家就不要谈判了。只能说,在可能的情况下,争取最大的利益。不行的话,我退,退到我的底线,你不能超越底线。任何谈判都是相互妥协的结果。

《联合国海洋法公约》开放签署 30 周年纪念会议

现在很多人对中韩谈判有意见，对于《中韩渔业协定》在网上也有很多意见。上次有个《南方周末》的记者要采访我，我说："你们要采访，先把题目给我，然后我把我的观点写成稿子给你们。"因为他们想借这个话题进行炒作，他们会说中韩谈判怎么怎么卖国。我就要把实际情况客观地告诉记者。世界是在变化的，曾经建立的专属经济区，不能说过去是我们的，现在就也是我们的，不能完全这么说。不是说我们现在放弃这个渔场就是卖国，我们签的就是卖国的协定，不能这么说。这是国际上专属经济区制度建立的结果。在谈判过程当中，我觉得我们可以利用这方面的知识为国家谈判做一定的工作。后来包括划界，以及参加 125 课题，我们主要是从渔业资源的分布上说清楚如果这样划界我们国家会损失多少，那样划界我们国家会损失多少，为国家谈判提供决策依据。

（三）参加中越谈判，深入研究南海问题，维护国家主权

南海问题我没有参加谈判。我们跟越南在北部湾的划界有一个《北部湾渔业协定》，这是我们跟周边国家在领海里面唯一一个划好界的，即北部湾划界。当时这个谈判我们是有意要做一些让步的，因为考虑到跟越南的关系，这个划界只是北部湾的一小段划界。但南海更复杂，南沙群岛、西沙群岛、中沙群岛这些区域涉及到跟许多国家的关系，现在我们只是在一些学术会议上与别人争论，没有参加到具体的谈判，这主要是外交部的事，涉及到跟东盟国家的关系。这里面主要是海底石油气问题，渔业资源部分占的比例相对来说要小一些，但也是很重要的一部分。很多人都知道菲律宾提起的仲裁，最近六七月份仲裁庭可能会裁决，这个裁决很大程度上对我们国家是不利的。因为这个仲裁是有后台的，有人操纵的，是在有人授意的情况下进行的仲裁。我们国家就是不参与、不承认、不接受。有很多人认为，中国怎么可以这样子。但这在国际上是有先例的，比如美国跟尼加拉瓜的一个仲裁，美国也是不接受的。我们很明确，我们国家早在 2006 年就发表了一个涉及国家主权的声明，说陆地主权和海洋划界我们是不参与、不承认仲裁的，我们是把这类问题排除在外的。没有一个国家会把涉及到国家主权的问

题去交给仲裁,没有这样的先例。国际海洋法庭庭长是日本人,是安倍手下一个他很亲信的法官。由他来组成国际仲裁法庭,而 5 个仲裁员里面又有 4 个是他指定的,所以这明显就是很有问题的。再加上他们以 2005 年 10 月 29 日对程序性问题做出的一个裁决为依据,菲律宾对此提出了 15 个问题,现在就起诉我们 15 条,大概一半对一半,就是菲律宾觉得它有管辖权的,或者在实体问题上有管辖权。但是对我们来说,这明显是涉及到国家陆地主权和海洋划界问题,是不能通过仲裁庭来解决的。但是菲律宾方面坚持认为这个仲裁不涉及海洋划界和岛屿主权问题。我写过一篇文章,说古代有一个故事,公孙龙提出"白马非马"命题,叫诡辩论。我在文章里说,仲裁庭认为这个争议不涉及到海域主权和海洋划界,它的逻辑就是"白马非马"。白马是不是马,当然是马了。公孙龙认为白马非马。现在这个仲裁庭就有点利用法律技术词汇来规避问题的意思,说它有管辖权。明眼人一看就知道这肯定涉及主权问题。譬如说,它产生的领海是属于谁的,首先要看这个岛礁是谁的,如果不判断岛礁是谁的,又怎么能判定领海是谁的? 再者说,如果像菲律宾所说,南沙群岛基本没有能产生领海专属经济区的岛屿,那中国台湾的马英九就直接到太平岛上去了,马先生说我在太平岛上开记者招待会,说明这是我的岛屿。中国台湾地区的国际法学会还专门出了一个文件交给仲裁庭。所以说,国际仲裁庭以 2005 年 10 月 29 号作出的程序性问题仲裁裁决为依据,以及它的整个逻辑,都表明其肯定是偏袒菲律宾的。这里面涉及到很多渔业问题,像第八条和第九条,都涉及到渔业上的问题,还涉及到环保问题。他们就是想打着仲裁的旗号来否定我们的主权。

四、一辈子研究海洋法,是同行认可的顶尖专家

在中国,凡是涉及到海洋生物资源保护方面的法律制度的研究,上海海洋大学的专业水平是最高的。我们在这方面做了大量工作,在中国海洋法学界是得到公认的。国内法律制度研究的同行有很多是搞法律或者国际关系的,但他们对鱼类、渔业、捕捞等专业性的知识根本就

不了解,要去研究这些专业知识肯定是困难重重。因此,如果有涉及到这方面的课题,他们就主动来联系我,说他们这边有一个课题,里面涉及到的渔业部分是不是由我们来做。也就是说,大家还是很认可我们这方面的工作的。2015 年成立的一个海法研究方阵,全国有八家理事单位参加,其中 7 家是 211、985 的学校,只有我们上海海洋大学两者皆不是。当时他们请我去北京参加成立大会,我刚好身体不舒服,就请唐议老师去。唐议老师感觉底气很不足,他觉得其他几所都是 211 高校,就我们一家不是。那位国际海洋法庭的高法官就对他说:"在渔业、国际渔业资源保护、海洋法律这些领域,你们上海海洋大学是最好的。"所以说,我们学校要有我们自己的特色,要不然我们怎么去跟别的学校比。人家都是北大法学院、清华大学法学院、中国政法大学国际法学院、武汉大学法学院、中山大学法学院、中国海洋大学法学院等,个个都是 211 大学的法学院,就我们不是,但现在我们就是有底气挤在这里面。我现在是第三届中国海洋法协会副会长。2016 年 6 月 17 日,中国海洋法学会与三沙市联合在西沙召开一个研讨会,会议规模很小,只有20 个人。研讨文章中的渔业方面部分就交给我来完成。参加研讨会的都是来自清华大学法学院、中国政法大学法学院、西南政法大学法学院等知名法学院的专家。但我感觉,我在这里面不输给他们任何一个人。连续好几届海洋法学会的年会,最后做总结的都是我,说明大家对我们学校在这方面还是比较认可的。

怎样才能成为专家? 一方面要抓住一个方向,不能今天研究这个,明天研究那个,总是变来变去,一定要紧紧抓住一个问题做深入研究。海洋法里

黄硕琳(右一)于 2004 年参加美国水产学会会议

面涉及的问题很多,我也只是在生物资源保护方面做了深入研究。上次在海南开了一个南海争议的会议,我是第一个发言的,是作主报告。我主要还是从渔业的角度去分析,不能太宽泛。比如说石油领域,人家中石油搞法律的肯定比我们清楚得多。第二个方面,就是自己一定要用功,不能"三天打鱼,两天晒网"。像我在学校只要不出差,基本上都到办公室,包括周末,甚至从大年初一一直到初五、初六,我都会去办公室。考虑问题、写东西,或者看专业的东西,都要把时间利用好。别人把这些时间用去旅游或逛街,我就把时间花在办公室,看些文章,了解别人的观点,自己做一些研究、写一些文章。常年累月下来,自己积累的知识就很多。有人说,做领导的一般作报告的稿子都不是自己写的,但我从来都是自己写。我做 PPT 都是自己做的,有一些课题是别人做的,我会自己再检查修改一下,但是我自己组织的课题都是我自己亲手写。自己要做的学术活动,全都是自己在做。所以要成为某一方面的专家,一定要努力,还有就是一定要谦虚。我们现在有些年轻一点的学者,包括我自己带的博士生,稍微有一点成绩就逢人便说,觉得自己在这方面小有名气了。我觉得这太可笑了,这样下去肯定不行。我可以肯定地说,这点成绩仅仅只是入门。

我出国以前当班主任的时候,也曾经发生过一些紧急的事情。当时我们捕 77 班刚从厦门搬到上海。那时候学生都很用功,食堂到晚上9 点左右都还有夜宵供应,很多同学都会去买夜宵。有一天晚上,我们班有几个上海的同学也去买夜宵。资 79 班的学生没有到厦门去,所以就留在了上海,那天晚上他们像地头蛇一样插队买夜宵。我们班同学就和资 79 班的同学吵了起来,双方还动手打起来了。我们班有一个比较机灵的上海同学跑回来叫我,我们班就倾巢而出。我们班有 30 几个人,资 79 班只有 20 几个人,这一架打得挺激烈。我年纪相对来说比较大,就没出去参加打群架。这事闹到团委,团委第二天在广播里批评了我们班。我们班的班长和团支书跑到团委去评理,没想到把团委书记也弄哭了。打架事件后,我留校担任资 79 班的班主任。领导带我去资79 班的教室介绍说,"这是你们新来的班主任。"资 79 班班长问我:"老师你是哪个学校毕业的?"我说我是本校毕业的。我很快就在班上建立了威信。毕业分配时有一个福建的同学，让他去湛江他吵着不去，一直吵着要换地方。有一天，他到军工路中心教学大楼三楼办公室来找我，还带了一瓶农药，吵得没结果，他拿起农药就喝，喝得口吐白沫。我赶紧背起他往楼下跑，叫车把他送到了杨浦中心医院。好几个同学去帮忙压着他灌肠，他一直说难受，医生说："知道难受你下次还敢喝吗？"事情发生之后，他们说要修改分配方案，我说："分配方案绝对不能改，再改，还是有人喝，喝了再改，喝的人肯定更多。"即便他喝了农药，方案肯定还是没办法改，他后来还是去了。资79班学生到现在也差不多快到退休年龄了。

出国回来以后我还带过捕85，给捕86上过课。主要讲海洋法、渔业法，还辅导毕业论文。资85有一名同学现在在天津一个集团公司做董事长，他的毕业论文就是我辅导的。

1992年，我被破格晋升为副教授。我要评正教授时，耽误了一年。1995年报正教授，在学校里是通过了。当时正教授评定由农业部批，评审专家大多来自其他学校。大连水产学校有两位专家说："我们学校77级的连副教授都还没评上，你们就要来评正教授，不行。"结果就拉下来一年。我正式评上正教授是在1997年1月，到现在已经有20年了。

黄硕琳（左二）于2011年在菲律宾参加亚洲海洋与水产大学校长论坛

五、身肩数职，兢兢业业，提升学校学科影响力

在教学方面，我在当院长的时候申报过国家级教学成果一等奖。我们学校到目前为止，国家级教学成果一等奖就这么一个。这篇稿子从起草到答辩都由我负责，并于 1996 年获得上海市市级奖，1997 年获得国家级奖。

我现在有许多头衔，要保证学术不受影响是很难的事。之前要求上报兼职情况，我算了一下，竟有 20 多个。社会兼职之类现在都还有好多，包括亚洲水产学会理事长，这是很烦的事。每天打开邮箱，一串英文 E-mail 就过来了。大到亚洲水产学会每三年一次的论坛，小到打印机需要采购是否批准、签字等问题，这些事情真的是太烦了。我还是中国海洋学会副会长，也是上海渔业经济研究院的会长、上海水产学会的副理事长。原来还是中国水产学会的副理事长，后来潘校长去当了，我就变成了常务理事长。我还是上海海洋湖沼学会的副理事长、《水产学报》的主编、《上海海洋大学学报》的副主编、英语期刊"aquacultural and fishery"的主编。还有好多职务，多到我自己都搞不清楚。我觉得这些工作不是我个人的事情，是代表学校参与的，我们学校如果不参与，很可能就没有发言权。我担任亚洲水产协会理事长，不仅一分钱没有，来回路费还得自己报销，哪位理事过世了我还得捐钱，而且一捐就是几百美元。又比如我担任的上海渔业经济研究会会长，也是什么报酬都没有。我原来还是大学科技园的董事长，后来学校说我是现任的副校长不能做，我就把这个董事长给卸掉了，转给曹校长去做。曹校长今年已经 70 岁了，他也不能再做了。后来经过学校研究，说他们在任的人不能做，我现在倒是可以再做，于是就又把我请去做董事长。做了董事长，银行动不动就给我打电话，说我们这个账户要改，一会儿他们来电话说要我的身份证办什么事情，这种烦琐的事情很多。我觉得最主要还是对不起我的学生，给学生指导的时间不多。我跟学生们强调，"有问题自己要主动来找我，因为你已经是研究生了，我有空就跟你一起讨论。"当然，懂得抓紧学习的学生会经常来，特别是有的博士生会经

常来跟我讨论，这样肯定能保证他按时毕业。不经常主动来的，很可能就拖延毕业了，拖个10年都有可能。我觉得自己首先要把主要本职工作做好，我做副校长，那么副校长的本职工作就要优先做。哪个学院来找我说他们有个科研项目要谈，人家要求校领导出面，我基本上都是有求必应。有时候真的是很忙，人家就是不理解。每次开行政会我老是挨批评，说我出差的时间比在学校的时间还要长。我说："不是我想出去，实在是这些事情要求我出去。"我也不想在飞机上飞来飞去，有时候一延误就是七八个小时。有时候一个晚上都在机场，我也不想做，但是我主要的工作就在这。上次亚洲水产学会还要我再接着做理事长，我说太麻烦了，我现在主要就是想做海洋法和海洋生物资源保护方面的学术研究上的事。在国际渔业管理方面会涉及到生态保护、渔业法规等事项，因为我是理事会会长，要先把相关事项规划好，然后授权给秘书处去执行。如果我只是副会长，那么希望我做什么，我尽量做好就行了。但是我保证每年都会参加协会主办的活动。还有中国水产协会，他们对我们学校很满意，每年要求我们学校参会的研究生数量至少要占到青年学术论坛的三分之一。但是做这些事情需要对时间进行合理分配，比如说，我把周末、节假日和寒暑假时间都利用上，从来不去旅游。我现在一般早上6点就从家里出发了。前些天有个本科生毕业典礼，公告上说7点到12点封校门，不让进。我6点到了，门卫封住说："对不起，不让进。"我说："你们公告上说7点到12点封校门，我现在是6点，为什么不能进呢？"他说是领导交待的。我说："你们领导也不可能说不让进，你看公告是7点到12点，我现在是6点。"他只好放我进去了。我做事情一般都喜欢赶早。我做副校长的时候，校办同事来跟我说好多领导春节都有事情，我就说："那都由我来值班吧，反正我都在办公室，有什么问题我可以处理。"

我最近在编大百科，有关海洋法的，也就是大百科的水产卷，我是副主编，唐院士是主编。涉及渔业管理方法的词条大概有五百条。这里面不单是渔业管理，还有渔业经济、渔业信息、渔业法规，四个方向大概有五百条词条。我是整个水产卷的副主编，也是渔业管理、渔业法规的主编，渔业管理、渔业法规是我自己在写，已经写了二十几条，平均每条一千字左右。经我审核的有将近一百条，每条都要亲自审核。有的词条写得好，审核要花的时间就少，有的写得不好，一条可能要花一个上午的时间去修改。我们的大百科是权威性的，所以审核很严格，必须是副教授以上的人才有资格参加编写。所以

黄硕琳于 1999 年出席 FAO—IUU 海鸟鲨鱼会议

有很多内容我们就不能采用。如果我的学生去参与，可能就没资格写。当时我请了外面很多人去写，回来之后我看都不能用，我只好自己一条一条地修改，比自己写的时间还长。做这项工作得查很多资料。比如说，如果这边的提法和那边的提法有出入，就必须核实原因，需要查很多资料，这也是很大一部分工作，去年我的多个周末和整个寒假都扑在这个事情上面。好在我现在不干副校长了，行政工作少一些，能省出很多时间来。但是如果要写一篇学术文章，比如说受邀请作一个学术报告，那么至少要花半个月时间去思考和写作。最近我这边有两篇要写的文章，一篇是我到西沙去开会，我们要制定关于在西沙渔业方面怎样维护权益的相关文件，要求我代表中国海洋法协会发言，写这一篇文章花了我好长时间。2016 年 6 月底，厦门大学南海研究院邀请我去参加一个东欧的研讨会，指定要我写一篇有关半闭海的国际实践的文章，我现在还在思考的过程中。这个会议 6 月 30 号召开，主办方支付来回路费。如果我不去参加这个会议，我们在这个领域的法律部分就欠缺了，去参加会议就要花费很多的时间和精力。我明天要到西沙参加会议，正好我的腰有点问题，会很艰苦。我要早上四点多就从这边出发，机场安检要提前三个小时。正点的话，十一点到海口。从海口乘两个小时的车到文昌，从文昌再乘十二个小时的船到西沙。去一趟西沙真是不容易，个人的身份证号、年龄、职务、学术背景等身份信息都要报。经过

边防部门批准之后，上岛还要检查生活用品。厦门大学南海研究院的傅崐成教授，在海洋法领域大名鼎鼎，但他就不能去，因为他来自中国台湾。参加这类会议就是要付出很多，要写出一篇高质量的文章，就要思考很多，即使躺在床上也要思考。一旦有好的念头和想法，就要马上写下来，经过慢慢积累，才能写出一篇好文章来。我感觉做学术工作挺难的，做好这些事情要付出巨大的努力。

对于创新，我感觉国家和学校提倡创新是很有必要的。但创新不是光提一提就可以，必须要有一系列的配套制度。所谓的创新，就是在别人没有的基础上，你要有新的想法。这就需要有一个很宽厚的氛围，要给人有足够的时间去思考如何创新，这很重要。创新离不开科学精神，要有科学的基础才能创新，学术基础很重要。在我们国家，建立起适合创新的体制也很重要，要在制度上为创新提供保障。单单在字面上提创新是没有意义的。例如科研创新，领导人经常说我们国家如果不创新，就会落后于别人，光靠学习别人的经验是不行的，只有创新了，我们国家才能实现跨越式发展，从而走在别人前面。但我认为，创新要有氛围，要有制度保障。我的批评不一定正确。但以我们现在的管理模式，要创新根本就是不可能的事情。现在什么事情都要用一把尺子来量，不能逾越现有的规矩，这怎么叫创新，这是墨守陈规。要创新就必须跨越。所以谈创新，在目前这种情况下是不可能的。我认为，一个民族如果没有创新，就会永远落后于别人。李克强总理在北大考察时也曾经谈到这个问题。但是我们在制度上并没有真正落实。我们学校也是一样，做一点什么事情就害怕承担责任，没有一点担当精神。创新是什么，所谓创新就是你们放手去做，出了事情我来担着，出成绩归你们，这样就会形成很好的创新氛围。那天我们请校外的人来参加学生答辩，突然在经费的问题上卡住，不能用于吃饭，搞得很尴尬，这怎么能创新。按照我们现在的制度，像我们出国参加会议，规定来回最多五天。去年我去参加一个会议，会还没开完就得往回赶。所以我说，创新不是嘴巴上提一提那么简单，要有相应的配套制度，包括给科研人员的利益分配。如果取得科研创新成果，是不是可以有相应的回报？但现在不行，现在要是拿利益回报就要被当成贪污贿赂抓起来。

　　在我刚担任科研处处长的时候，全校科研经费只有一百多万，到2001年变为三千万。我们现在的制度环境谈什么创新？创新要靠制度环境，也要靠大家努力，缺一不可。我在剑桥大学国际化研究中心做访问学者时，就没怎么开会，工作很自由。大家聚在一起的时候就是早上和下午分别有半小时的 tea break，tea break 就是大家喝点咖啡或茶，相互交流各自最近的工作，那边的工作氛围特别轻松。我到日本名古屋大学做客座教授时，校长第一天见到我就跟我签合同，列出我需要完成哪些任务、学校将提供给我什么条件、每个月多少工资、工资发放时间是什么、学校提供多少科研经费、我要为校方产出多少科研成果，其他就没有了，开会都没有。后来我转到名古屋大学的国际开发课，如果到办公室就签到一下，要出去参加学术会议就写一下。所以别人有很多时间用于学术研究，我们现在每天都有开不完的各类会议。

　　我家里的饭菜都是我烧的，我女儿也爱吃我做的饭，要是我不在家，我夫人就不烧饭了。在军工路时，都是我接送孩子上学。

黄硕琳（右五）于2002年参加上海水产大学和济州大学学生学习交流会

六、诲人不倦，为人师表，是学生的良师益友

对于我们来说，就是要抓紧时间努力工作，努力做学问。有些人很聪明，但聪明的人不一定能有成就，因为他不够努力。读书一定要勤奋，勤奋的人往往是日积月累才能厚积薄发。这两点最重要。另外有一点，就是在学术研究上一定要抓住一个方向进行深入研究。我经常跟博士生讲，做一个课题方向，选题要像打井似的深入下去，一眼看不到底，人家就会说你的研究确实很深入；如果做课题像挖池塘一样，令人一眼就看到里面有什么东西，即便挖得再大，人家也会说你的研究不行，深度不够。这三点想法不一定对，但确是我个人总结出来的一些经验。

怎样才能带好学生？我的体会是，一方面讲课要尽量生动一些；另一方面，在审查学生的方案和综述文章大纲的时候，老师的想法要尽可能让学生接受。过去我带学生，会邀请学生到我家去，我亲自烧饭给他们吃。过去学生比较少，现在学生比较多，去年一次就毕业了 5 名学生。现在就得看学生自己了，这是我一直都很强调的，本科和高中生不一样，要很自觉地学习才能学好。研究生跟本科生又不一样，自己要知道自己想要什么，要自己掌握好研究方向，要知道自己的兴趣是什么，然后带着自己的想法来跟我讨论。研究生如果自己没有想法，叫我帮忙去做，我觉得这样不好，研究生应该要拿出自己的东西来。我在英国读研究生的时候，导师根本就不管我们，一切都要靠自己，有问题就要自己主动去找他。我们还要自己找资料，自己去外面联系。甚至可以说，我们的毕业论文做的是什么内容导师都不知道。我觉得在这种研究训练里，个人要发挥自己的主观能动作用，毕竟是研究生。博士生更是这样，更要有自己的想法。作为一个博士生如果整天都不来问我，我也不会去找他，因为在我看来他根本就不想学好。学生要带着自己的思考经常来问我，那么我会和他一起探讨。现在我有个别学生基本上看不到人影，一个叫林娜的学生有时还会来问我一些问题。

对于我那些即将走上工作岗位的学生，我想说的是，社会要远比学

校复杂。学校老师不管怎样都是为了学生好,大部分老师都是以学生成长为出发点的,无论怎样要求或怎样责骂,都是为了学生。但是到了社会上就不一样了,可能你今天因为某一句话得罪了某一个人,之后就会经常被穿小鞋,你马上就会感觉到社会的复杂性。有很多学生和老师,走出社会之后又回到学校,感觉还是学校好。要记住,社会很复杂,做人做事都要小心。还有就是,走出去肯定会有很多不顺的事情,希望你们不顺的时候要挺过来,挺得过来就什么事都能过去,挺不过来就会颓废下去了,挺过来就好了。遇到什么事情,退一步就会海阔天空。人要有信念,要有做人的底线。做人,心要宽一点,无论你做得怎么样,总有人说你这个做得不好,那个做得不好。我们没有办法管住别人,只能走自己的路。我知道学校里有很多人在背后说我坏话,甚至我有的学生也在背后骂我,但是该怎么做还得怎么做,我不会去斤斤计较。心中开阔一点,凡事大度一点,看透这个世界,就没有什么想不开的。大度一点,开阔一点,这是我很希望我的学生能做到的。我有个博士生,人很聪明,但就是发展不好,为什么?因为他太斤斤计较了。上次远洋渔业专业的张中帅来找我,他说出海的经历很不愉快,难受死了。我让他把不愉快的事放开,回来就要好好做。他说他有很多委屈,我说:"现在受点委屈可能会成为你今后的一笔人生财富,心理上要放开。"这个说起来容易,真正要做到并不容易。有人在背后说你的坏话,或者无中生有,或者挑拨是非,自己听到了自然就会很气愤。但有时候想想,再伟大的人都免不了被人说坏话,何况我们常人。我很崇拜邓小平,咱们中国原来很贫穷落后,他的改革开放政策使中国经济得到巨大发展,没有邓小平就不可能有现在所取得的成就。但现在骂邓小平的人也有,包括给我治病的一名医生,一边治病一边听他骂。我心里在想,如果没有邓小平,你都不一定能在医院当医生,而且你现在还能自己创业。但我不会跟他理论这些道理。现在社会上各式各样的人都有,我希望大家要做好自己,把心胸放开,不要生闷气,生闷气是因为别人的过错而惩罚自己。有些观点是我个人的观点,我在学校也是有什么话说什么话,绝不搞人前一套背后一套,只要心胸坦荡,我会知无不言。就像刚才提到的创新制度,我觉得现在的环境不利于创新,这是我真诚的想法。

　　我的身体现在谁也帮不上忙，只有医生能帮上忙。医生给我忠告，我原来喜欢游泳，医生让我现在什么锻炼都不要做，要先恢复起来再说。医生让我工作也暂时不要做了，躺在床上休息就好了，我说："要我不工作那是不可能的事，我要更抓紧时间工作才是。"

许柳雄

许柳雄,1956 年 8 月 26 日生,浙江玉环人,中共党员,捕捞学教授,博士生导师。

1982 年,上海水产学院海洋渔业系毕业后留校任教,历任海洋渔业系工程实验室副主任、工程技术学院海洋渔业科学与技术系系主任、海洋学院副院长、海洋科学学院院长。

2000 年起,享受国务院政府特殊津贴。

2009 年 11 月 20 日,出席了印度洋金枪鱼委员会第 12 次科学分委员会会议;多次参加金枪鱼委员会会议和中国与塞拉里昂的双边会谈。

长期从事渔具渔法、金枪鱼渔业技术等方面的教学与科研工作,主要讲授渔具力学、渔具理论与设计、渔具物理学、专业外语等本科生、硕士生和博士生课程。主编或参编《渔具理论与设计学》《世界大洋性渔业概况》《世界金枪鱼渔业渔获物物种原色图鉴》《渔具力学》《海洋渔业技术学》《渔具渔法选择性》等教材或专业参考书。承担国家"863"、农业部"948"、农业部公海渔业资源探捕等科研项目 20 余项。2001 年被评为上海市教育系统优秀共产党员。2007 年获上海市育才奖。

有生产一线的数据积累，才能
争取更多的配额

许柳雄

"我多次参加金枪鱼区域渔业管理组织召开的会议"

一、调剂志愿让我进了厦门水产学院

我于1975年7月高中毕业后回到生产大队，成为一名民办教师。1977年下半年，听说可以高考了，在县中学当老师的四哥叫我去他家里住，并联系了一位姓童的物理老师辅导我复习功课。考场上我感觉考得不怎么好，填报志愿的时候也不知道报什么学校、什么专业比较合适。当时大学就填报了舟山水产学院养殖专业，中专报了湖北邮电学校。录取通知来的时候，我才知道自己被厦门水产学院录取了，专业是海洋捕捞。那时候没几个人能考上大学，镇里还贴了个红榜，大家也就都知道了谁考上了大学。

之所以要报养殖专业，是因为当时家里觉得这个专业还可以，以后工作会在海边，于是就报了。至于我怎么会被厦门水产学院录取，也是后来到学校才了解到的。有一次碰到学校的胡谟逮老师，他告诉我是他到浙江招生时把我招进来的。那时，海洋捕捞这个专业是要出海的，对家庭背景、思想政治方面都有要求。他们一看我家是贫农，身体条件又好，就直接招进了厦门水产学院。志愿是调剂的，因为当时高考时服从分配是必须要填的。进校后，同学一交流，才知道大部分同学的第一志愿都没有报这个专业，可能是因为名称不太好听，而且还要出海。

对于调剂志愿我当时也没什么想法，认为只要能上大学就行。至于上的是什么专业，自己也确实不懂。那个时候上了大学，工作就基本上有保证了，还有就是工作单位和专业基本上是对口的，只要好好读书，工作就能保证，因为是包分配的。当时能想到的就是，这个专业可能会比较艰苦。在新生入学教育中，当时海渔系副主任任为公老师告诉我们，海洋捕捞专业的学生要上知天文、下知地理，样样都得学、都得懂，难度可比拟造原子弹，并说我们的未来是要登上南极洲，开发三大洋的。当时我听了也觉得很有意思，感觉这个专业还不错。当然，现在这些目标都一一实现了。海洋捕捞专业涉及的课程很广泛，除渔具渔法、渔具材料工艺、渔具力学等专业课外，高等数学、复变函数与场论、普通物理、电子电工、理论力学、机械制图、天文航海、地文航海、船艺、气象学、海洋学、鱼类学、外语、计算机语言等都要学。1979 年，上海水产学院在军工路复校，我们班 33 位同学于 1980 年 12 月从厦门搬回上海。1982 年 1 月，我从上海水产学院毕业并留校工作。

二、开拓视野，增长见识，谈谈我在英美留学的经历

我留校后任助教，按当时学校的规定，我是没有资格上课的。我也没有什么所谓的规划，主要是跟专业老教师学习，听老师的课、学习如何教学、协助老师带实习等。毕业工作没几年，学校获得了第二期世界银行农业教育贷款 150 万美元。这笔贷款，除了按规定买设备之外，还有一部分用来培养教师。我们学校就利用这笔资金，分批送了几十个人到国外学习。我是 1985 年 9 月被选派到美国罗德岛大学读研究生的。到 1988 年回国，我共在美国待了两年半，学的专业叫渔业科学。大概 1991 年左右，学校接到国家教委关于从留学归国人员中选派人员出国进修的文件，我又有幸被学校推荐，1991 年到北京语言学院（现北京语言大学）培训了 3 个月。1992 年 9 月到 1993 年 10 月，我到英国阿伯丁海洋研究所进修。当时，阿伯丁海洋研究所在鱼类行为和渔具选择性研究方面在欧洲乃至世界上都是很有名的。

在美国和英国的留学和学习，对我影响相当大。整个视野开阔了，

也了解了国外的一些真实情况。如果不出去的话，就不了解外面的世界。初到美国，我感到最震惊的就是事实和想象中的完全不一样，生活水平与国内相比完全不是一个档次。首先是高速公路宽敞，公路上车子很多，学校的停车场、街道两侧到处都是车，好多学生也是开车来上课的；其次就是物资丰富，国内当时好多东西是要凭票购买的，而美国人进超市购物是推着购物车进去的，就像我们现在在国内看到的一样，出来是满满一车的东西。

美国没有海洋捕捞专业，包括罗德岛大学也没有这个专业。因此，就海洋渔业专业的学术水平来说，美国教授当时的水平不怎么样。从海洋渔业专业角度来说，当时日本和俄罗斯的学术水平是最高的，欧洲一些国家的研究所也做的不错。我联系的导师 Conrad Recksick 博士是该校渔业养殖病理系的一位副教授。美国导师培养学生是不给现成课题的，他会先问你对什么方面感兴趣，还要写一个报告说明为什么要选它。这相当于是双向选择，学生参考导师手上的项目选择自己想研究的方向，导师也会根据学生感兴趣的方向，设法在经费上给予安排和支持。我的导师结合我的情况，为我确定了拖网渔具选择性作为研究方向。后来在海上做试验时，他也经常和我一道出海，收集数据。美国大学实行学分制，选修课程没有硬性要求，学生可以根据自己的情况选择搭配。课程要求由教师确定，基础性质的课的成绩基本上是综合期中测试成绩和期末考试成绩确定，专业性质的课程还要求有实验报告或课程报告。研究生专业课基本上是没有现成教材的，课后需要阅读老师布置的参考资料（论文报告等）。上课时学生可以带咖啡或点心进教室，可以提前离开课堂，教师一般不管，只要不影响大家。因为有时学生选修的课程在时间上是连续的，中间没有间隔，学生只能根据自己情况确定。我的导师告诉我："别人会，你也会，不算什么。但如果人家不会，你会，那你就行了！"因此，我选修了轻潜（SCUBA Diving），感受到水下生物世界的奇妙，并且帮助美国同学潜水观察鱼类行为和收集数据。我在英国进修的单位是阿伯丁海洋研究所，位于苏格兰。刚到苏格兰时，根本听不懂当地人讲的话，我听蒙了！也怪我自己，出去前没有好好准备。原来苏格兰语（Scottish）和英语的差别很大，比如尼斯湖,苏格兰语不叫 Lake Ness,而是叫 Loch Ness。赴苏格兰尼斯湖进行渔具性能测试又是我一次难忘的经历,湖边有尼斯湖怪博物馆,还见到一个青年人在一辆房车旁,架着望远镜和相机,希望有朝一日幸运降临,能拍摄到尼斯湖怪。阿伯丁海洋研究所的实验室人员需要根据试验要求准备所有的材料和设备,驾车送到试验地点,并要确保现场测试期间仪器设备能正常工作。该实验室人员告诉我,他们的压力很大。另外,所里研究人员需要用车时,需要自己到办公室登记,然后领取车钥匙自己去停车库开车。而 1993 年,我国国内单位的汽车司机是专职的,实验室人员哪还要管设备的运送。

1987 年底,我硕士毕业后也面临两种选择。我的想法比较简单,只要有学位攻读就继续读,没有学位攻读就回国。我的导师也对我说:"柳雄,你看许多外国留学生毕业后都在美国找到工作,但他们都 poor。"当时,系主任崔建章老师也给我来信,说学校缺少教师。我在国外能够深切体会到那种爱国情怀,既然国家、学校培养了我,回国为学校工作是理所当然的,我这个朴素的想法一直没变。但刚回来那段时间,碰到关心我的人,问的最多的是:"你为什么回来?"

1988 年 3 月回校后,我开始为外专业上一些专业性不是很强的课,同时参与教研室老师的科研活动,并担任海洋捕捞 88 级的班主任。当时的目标比较明确,就是学习如何把课上好。

三、参加日本海鱿钓探捕,开始远洋渔业经历,西非工作经历惊心动魄

(一) 日本海探捕鱿鱼

1988 年,王尧耕老师赴日本海前苏联水域探捕鱿鱼的建议获得中国水产总公司领导的支持,学校十分重视这次调查试捕工作,乐美龙校长亲自过问。学院马上组建了一个日本海鱿钓渔业探捕小组,利用日本熊本水产学校送给学校的"浦苓号"实习船赴日本海苏联管辖海域进行试捕。根据周应祺院长的建议,去探捕鱿鱼要多学科相结合,不单单是搞捕捞,还应该把机械、电子、自动化等方面的研究人员吸纳进来,一

方面鱿鱼钓机需要自己设计，另一方面涉及到海上探捕资源，还涉及渔船改装等。因此，探捕小组大概有 20 余人，成员基本上都是我们学院的人，包括渔船设计改装的胡明埮老师、鱿鱼钓机自动控制的倪国来老师、鱿鱼钓机设计的胡文伟老师、航海的倪文广老师、捕捞的任为公老师、海洋学的唐玉顺老师等。安排给我的任务是鱿鱼钓捕技术，就是研究测定吸引鱿鱼的灯光强度、钓钩胴体颜色、船舷两侧钓机布置等和鱿鱼钓捕效率的关系，同时负责拍摄记录鱿钓作业过程，作为以后光诱钓鱿鱼技术的培训材料。稳定渔船漂移速度和方向的海锚设计则由王维权老师负责。第一次日本海鱿鱼钓探捕是 1989 年 7 月 25 日从复兴岛上海渔业公司码头出发的，我还记得 8 月 1 日建军节我们是在海上过的。出航之前，乐美龙校长专门作了一次动员，指出这次试捕调查的重要意义，他要求大家确保安全，抓紧试捕，调查柔鱼渔场和资源状况。1989 年的第一年探捕时间约一个月，大概钓了 6 吨左右鱿鱼，产量不算太好，但学校觉得钓到鱼就算成功了，因为这一方面说明俄罗斯水域是有鱿鱼的，另一方面证明灯光钓鱿鱼这种作业方式是可行的。就这样，第二年、第三年我又接着出海，就是说，1989 年到 1991 年连续三个

许柳雄(前排左一)于 2009 年 11 月 20 日出席印度洋金枪鱼委员会
第 12 次科学分委员会会议

暑假我都是在海上过的，在探捕小组中，我出海的次数算是比较多的。

灯光钓鱿鱼当时对我们来说是一种全新的捕捞方式。因此，"浦苓号"到达渔场后晚上开灯并开动钓机时，大家都很兴奋，等待第一条鱼的到来。当第一条鱿鱼喷着"墨水"，发出"咝咝"之声上升时，我们的船员师傅就激动地大喊："钓到鱿鱼了！钓到鱿鱼了！"尽管鱿鱼一上来仍喷着水，使靠得比较近的几位，身上多处被喷上"墨汁"，但大家都不介意，仍然兴奋地喊着："来了！又来了"！第一晚产量不太好，工作不忙，我们当中就有人试着用手钓钓鱿鱼，结果不久就钓到了鱿鱼，这样又吸引我们中的一些人去加入手钓鱿鱼的队伍。随着喷着墨水的鱿鱼被拉到甲板，气氛又一次达到高潮。有时，一个手钓钓钩能同时钓到两条鱿鱼！

不久，我们收到台风预告，台风正向北朝我们移动，渔场风浪开始增大，船长决定到俄罗斯海参崴附近的纳霍德卡港去避风。出航前，探捕小组已经做好预案，包括进港呼叫。当时我带着季星辉老师给去西非参加远洋渔业的同学培训用的专业外语教材，我按照课本，做好进港呼叫准备。第一次进港呼叫，没有经验，心里没底，很早就叫了，大概叫了半个小时，一个回应都没有。尽管心里纳闷，但还是每隔一定时间呼叫一次。等到船靠得很近了，才听到港口方的回应，对方回应说知道了，叫我到达 x 号浮筒后再和他联系！我当时觉得苏联港口管理系统这么厉害，十分感慨。

参加第一次日本海钓鱿鱼的老师还包括蒋传参、林文平和当时还是研究生的戴小杰等。虽然第一个航次的鱿鱼产量不是很多，但最起码我们已经知道光诱钓鱿鱼的方法和有关技术，所以学校对整个探捕工作是肯定的。实际上，这是中国远洋鱿钓渔业的开端。首次探捕鱿鱼结束回港后不久，学校就在军工路召开了日本海光诱钓鱿鱼探捕总结大会，国内有关渔业企业均派员参加，他们在会上都表示将派船参加第二年的探捕。但可能是由于没有适合日本海鱿钓作业的船型或其他方面的原因，第二年和第三年去日本海探捕鱿鱼的，只有中国水产总公司下属的舟渔公司。舟渔公司 1999 年派了 2 艘船，2000 年派了 3 艘船，和"浦苓号"一起赴日本海探捕。可以这么说，中国远洋鱿钓渔业是我们学校在中国水产总公司的支持下开发的,我们学校和舟渔公司是中国远洋鱿钓渔业的开创者,为中国鱿钓渔业的发展做出了重要贡献。

许柳雄(中间)参加金枪鱼委员会

1992年,因为赴英国阿伯丁海洋研究所访问进修,我离开了鱿钓探捕小组。自此,我就没有再参与后来我校组织开展的北太平洋及其他洋区的鱿钓渔场和资源探捕的有关活动。1998年我从西非回来后,研究方向转向金枪鱼围网渔业和南极磷虾渔业。

(二) 西非远洋渔业

1993年11月,我从英国阿伯丁海洋研究所进修访问结束后回到教研室,继续从事教学工作,并接替崔京南老师任海洋捕捞91级的班主任。捕91级同学毕业后不久,我又启程赴西非中水驻塞拉里昂代表处工作。

去西非的原因也比较简单。当时季星辉老师于1994年底从西非回来。我们两家是邻居,师生关系又比较好。我听他讲了好多西非那边的事,包括他如何进行渔具改革,以及开发西非渔场的过程,他还说中水对西非渔场开发比较重视。他说:"小许,我们是搞捕捞研究的,你肯定要到海上第一线去，我给你推荐一个地方吧。"我想想也对，我们国家远洋渔业 1985 年起步，到 1995 年快十年了。学校很重视远洋渔业，社会各方也关注我国远洋渔业的发展。从专业来讲，远洋渔业的前景可能比较好，但是我们一定要去了解情况。家里也支持，于是我就同意去了。因为什么？受几个因素影响，第一个是在国外的时候，我知道西方人特别讲究个人的经历和阅历，当然学历也讲究。如果你什么场面都经历了，什么都见识过了，给人的感觉就会不一样的。第二个是搞捕捞专业的，不管你的专业理论到底有多高多强，如果解决不了实际问题，也肯定没用，关键看解决实际问题的能力。还有一个原因，就是当时的想法也简单，我到美国了解了第一世界，到英国了解了第二世界，还应该去看看第三世界到底是怎样的。再则，去西非工作的待遇也是原因之一，虽然不是第一位的。季老师推荐我去中水驻塞拉里昂代表处，他说塞拉环境不错，风浪也不大，这几年生产不错，收入也不错，他和塞拉代表处周仙标代表认识，只要他推荐，周仙标代表一定会接受的。

许柳雄(左一)陪同张延喜副部长与中水驻塞拉里昂代表处同志合影

　　我是 1995 年 10 月去塞拉里昂的。根据中水的安排，我和国内去塞拉的船员一起，从北京出发，在巴黎转机到达塞拉里昂弗里敦。塞拉很落后，弗里敦龙吉国际机场很小，候机楼是一排平房，很像当时国内乡镇的车站。机场在一个岛上，到弗里敦要摆渡。我一下飞机，就感到一阵热浪。刚出机场，就听到有人在问："哪位是许柳雄老师？"原来是我们学校在代表处工作的许四杰，他特意开车来接我。他当时在塞拉代表处工作，见到这次国内来塞拉的人员名单上有我的名字，就特意出来接我。这是他第二期在塞拉工作，当时是代表处代表助理，协助管理当地船员的工作。在遥远的西非见到熟人，我特别高兴。后来我们在一起工作了近两年时间，期间经历了塞拉政变时期的岁月。我生活上得到他的许多照顾，在生产船上时经常收到他托工作船捎来的一些水果什么的，到代表处后我被安排和他住在一起。他当时的单位不在学校，但谁能想到，我们从 2001 年到 2013 年在海洋学院搭档工作了12 年！

我在塞拉主要从事技术和船队现场管理方面的工作。到达代表处后，根据周仙标代表的安排，我先到 712 船工作，当时和我上同一条船的还有大连海洋学院的青年教师任玉清。在生产船熟悉一段时间后，我被安排担任船队海上副指挥，指挥是中国海大的任一平老师。1997年春节过后不久，任老师因病回国，我就接替他担任船队海上指挥的工作，一直到我 1998 年 3 月回国。我在塞拉里昂主要是负责几个事情，其中一个是渔场的协调安排，但实际上船长比我们水平要高，毕竟他们在那边干了很多年了，对整个塞拉里昂渔场很熟悉，所以有的时候我们还要向他们请教。有的船长做事是很有心的，特别是我发现舟山的一个叫陈宽恩的船长，他有一本笔记本，记录着哪一天在什么地方碰到一个好的渔汛，什么流水，什么潮水，包括水深和温度，他都记下来，记得很详细，甚至包括拖网的航迹。有的时候问他渔场怎么构成，什么潮水，什么地方怎么调动，他都跟我讲。他说："塞拉渔场拖虾，水深很重要。拖虾一条线（等深线），有时两条船并排拖，一条船拖到很多虾，而另一条船却只拖到几斤虾，距离就差这么一点点。"我了解之后，也能说出在什么地方怎么调度。船队有一个频道是公共频道，每天到点会报告产量或交流情况，交流的内容主要是在什么位置有什么情况等。另外,基本上每条船和我还有一个单独联系的约定频道,如果船长需要和我单独交流,或者想问我什么事,他都会讲"许老师,我们转个频道吧"。然后,他会和我讲渔场的情况或需要我帮助解决的问题等,有时也会提醒讲"xx船报的产量是以前的,它早已转移到其他地方了",或者"他们都劝你不要去了"。因为有时候船长当天抓得好,他是不通报的,第二天再报或第三天再报。对于船长来说,高产渔船信息是最高机密。因此,不透露渔场信息这可能是船长的通病,中国船长和外国船长都是这样,甚至兄弟之间也不会讲实话的。如果他在一个地方产量很好,你问他鱼是在哪里抓的,他可能会说是在隔壁抓的,等到他要离开这个渔场了,才会把产量情况报出来。只有到他把船上的渔获物全部转到海丰船(运输船)后,才会让我们知道生产的真实情况。因此,船长报产信息是否真实要靠自己判断,有的船长在最后几天会把以前没有报的都报出来,会让人觉得他这个地方产量很高,但是实际也可能是比较差的。有的新船长没有经验,一听到高产信息就去了,结果有时船开到那个位置才发现一条船都没有。因此,我需要通过跟船上的人交朋友,这样才能把塞拉利昂的事情摸清楚,我才好指挥调动。

作为船队海上指挥,我是代表处经理(代表)派驻渔场的现场代表和海上与代表处之间的联系人,拥有渔需物资的分配和调拨权,以及渔船在海上或进港扒载渔获物的秩序安排等的决定权,这些对船长来说,往往是很重要的,他们都希望安排在生产不好的时候,为此,一些聪明的船长还会编出各种理由。在塞拉渔场,好多渔需物资,比如说网具、网片、绳索等,都是比较紧张的,每位船长都希望船上备足物资。有的船可能已经备了好多物资,但还会向我要。工作中,我是比较注意物资分配和渔获物扒载次序安排上的公正和公平的。当船长提出需要补充物资,如 x 吋卸扣多少,要多少钢丝绳,要什么规格的网片等,只要工作船上有,我都会给的。当然,难免因为和有些船长关系比较好,他找我要我肯定要给他,尽管我知道他船上已经不少了。还有就是塞拉许多船比较旧,经常碰到船体漏水之类的问题,需要急救维修。我们接到此类信息后,基本上能及时把维修人员送过去,把水泵送上去,有时需要安排潜水员下水协助工作。还有,在代表处安排船员回国休假,以及船员职务变动时，如二副提升到大副、大副提升到船长等，周仙标代表有时会征求我的意见，因此船长也经常通过约定频道向我反映情况，希望我向代表处汇报他们的诉求和意见。在塞拉工作两年多，经历难忘。我工作上基本是比较顺利和愉快的，这有许多原因，中水其他代表处可能没有。一是周仙标代表对我很信任，生活上得到关照，经常安排让我回代表处住几天；二是整个代表处管理人员基本上是国内几个海洋或水产高校的大学毕业生，共同语言多；三是船队中舟山的船长船员占多数。加上海上指挥还有一些权力，自己行事处事的方式又被认可，因此就会发现船上面，包括整个渔场都听我指挥了。在西非那边的经历还是很丰富的。除上面提到的正常性工作外，我还经历了渔船搁浅处理、塞拉政变期间被尼日利亚海军舰艇押送到利比里亚首都西非维护部队宪兵司令部监狱关押、安全护送中国驻塞拉里昂大使一行从塞拉里昂弗里敦到几内亚首都科纳克里等事件，不到西非，恐怕一辈子都不会遇到这些事情。尽管 20 多年了，这些经历还是历历在目，很难忘记。

到塞拉的第一件事就是给船员送葬。到塞拉利昂的第一天，从机场到代表处的路上，许四杰就告诉我，工作船小 18 二管轮陈真泉生病昏迷已经好几天了。他是湛江人，是"打摆子"去世的。有点像迷信一样的，他开始可能就是迷糊，在医院里面一直没苏醒，临死前坚持要见到周先标代表，见到他回来才闭上眼。周代表在国外开中水公司的代表会议，我那天晚上和周先标是一同回来的。我们到达代表处时，就见大家在为陈二管轮的葬礼做准备，第二天我和大家一起给他做花圈。因为我当时有一台傻瓜照相机，我就负责出殡那天给他拍照片，当时死者遗体有点肿了，大家心里好像也挺怕的，还好现场的人很多，他们说："许老师你放心地拍，到时候寄回去给他家人。"我们当时拍照时觉得已经靠得很近了，但还是听到有人说："许老师，再靠近一些。"我是第一次做这种事，那时心里还是有点发毛。他是按照当地习俗火葬的，整个过程都是当地黑人船员完成的，我们都在现场，但我离木柴堆较远。塞拉也有好几个中国船员在外面去世的，我们到清明的时候经常去墓地给他们烧纸钱。

为使搁浅渔船脱险，我主动乘小艇登岸了解情况。塞拉渔场以捕虾为主，采用的是双支架拖网方式，左右舷各安装一根钢管支架，连接一顶拖网，俗称"臂架拖网"。塞拉船长的说法是"拖虾一条线"，讲的是要沿等深线拖网。塞拉南部渔场在捕捞桃红虾季节时渔场离岸很近，但水流比较急。1995年年底的一天晚上，72渔船在97区搁浅，后来了解到是因为晚上值班的大副太劳累了，可能在打盹，就导致渔船搁浅在沙滩上。代表处立即安排两艘在附近生产的渔船去营救，尝试用钢索把船拖下来，但由于潮水不够大，没有成功。如果不在大潮之前把这艘船拖出来，以后可能就再也没有机会了。周仙标代表十分着急，他安排715和716这两艘塞拉马力最大的渔船出海，亲自组织指挥对搁浅渔船的营救工作，务必在这次大潮之前把船拉出来。这时，渔船搁浅已经6—7天了，当时船员已经好几天没有开饭了，但船长知道，船搁浅他有责任，所以一直叫大家要坚持，要克服困难。我们见72躺在沙滩上，沙滩上有很多人。用钢索拖曳搁浅渔船需要船上配合，需要有人上船了解船上的具体情况，包括船员的生活和情绪。97区沿岸是一片沙滩，拍岸的涌浪远看不大，但能量很大，特别是当我们的工作船靠近时，就感到涌浪挺大的。当时，我就向周代表提出，"你需要在这里指挥，我学过潜水，会游泳，我到72去。"我和一名当地船员是乘工作小艇靠岸的，我们穿上救生衣分别坐在小艇两侧，脚朝外。按照我们事先讲好的，我们数"一二三"然后同时离开小艇入海，以免小艇侧翻。一离开小艇，我就顺着涌浪拼命朝岸边游去，当涌浪往回抽时，我手碰到海滩，就手脚并用，使劲麻利地往海滩上爬，以免被下一个涌浪卷回到海里，因为这样就有大麻烦了，有可能再也上不了岸了。当我爬到沙滩再往后看时，刚才的小艇不见了。转过身来往海滩方向看，见小艇已经被涌浪冲到沙滩上，底朝天搁着。事后想想，还是蛮危险的。后来，周仙标代表告诉我，当时他从望远镜中见到小艇翻了，见不到我了，心想这下可完了！上岸后，见到海滩上有一群当地人，手里拿着大桶小桶，甚至脸盆之类的器具，坐在沙滩上。原来他们主要是想来看看船上有什么可以拿的。同时，我见到有当地的独木舟在从搁浅的船上搬运鱼。我先去看望杨船长以及船员，同时与先前到达这里的两名在船上工作的观察员去拜见当地的部族酋长，他当时也在海滩上维持秩序。当时，为了防止渔船被抢劫,代表处通过有关渠道联系当地部族酋长,请他们帮助维持秩序,到时会给他们一定的酬谢。观察员见到酋长,双膝下跪,轻吻酋长的脚趾,表示对他的感谢。这可能是当地的习俗,表示对酋长的尊敬,我是第一次见到。上船后,我见到渔船靠海一侧中部的舷墙已经全部没有了,随着一阵阵涌浪拍打船体,发出"崩! 崩!"的冲击声,船体在抖动,晚上根本无法入睡。我向周仙标代表报告了船上的情况。随着潮水的上涨,我感到渔船有点晃动的样子,就建议把船上的柴油放掉。坐在沙滩上观望的当地人,见状马上一哄而上,到船边来接柴油,秩序马上就乱了。我就告诉当地观察员,让他们排好队,一个一个来接,每个人都有的。柴油是用油管往外抽的,有一定的压力,往当地人头顶的器具中灌,弄得他脸上和眼睛上都是柴油,他们哪里顾得上这些。感觉到船有点要浮起来的样子,我就通知周代表,可以拉船了。随着715和716渔船同时开足马力,搁浅渔船慢慢往外移动,72脱险了。我回国后从来不和家里说这些在西非遇到的危险的事。但有一次,我女儿偶然在网上看到周仙标爱人刘雅丹老师的《恋海情结》一书,其中在"风风雨雨塞拉利昂"一节中记录了这一过程,并赞扬了我的表现。当然文字上比我上面说的还要夸大一些。我女儿看了很吃惊,马上喊她妈,说:"我爸在西非还有这样的事情!"同时,她又问我:"是真的吗?"当得知是有这么一回事时,我在她的心目中的形象可能又高大一些了,我感到蛮得意的。

还有就是遇上政变。塞拉利昂政局不稳定,我们经常在广播里听到新闻,说昨天晚上又政变了,老总统跑了,带着家属和钱走了,到哪个国家避难去了。不过这种事一般对我们没什么影响。但1997年5月25日科罗马上校发动的那次政变就不同了。他发动政变推翻了卡巴政府,把"革命联合阵线"请进了首都弗里敦,大肆烧杀抢掠。政变部队当晚在首都弗里敦实行宵禁,并包围了总统府,卡巴总统流亡几内亚,科罗马上校自己宣布就任总统。说是总统,实际他的军衔就是一名上校。1997年的那次政变遭到国际社会的普遍谴责,对代表处以及海上生产的影响也特别大,生产船好几次遭到抢劫,船员被打。当时我们的工作船离弗里敦比较近,也有几条渔船在附近拖网生产,如果政局比较稳定，平时这一带就比较安全。政变第二天，我们就听到岸上炮击的声音，见到三军司令部有时冒出白烟。中午前，我们见一艘一艘游艇从弗里敦出来，朝我们的生产渔船开过来。当靠近代表处一条正在拖网作业的渔船时，游艇上的叛军叫停船，船长张家宝也是一条汉子，见状也不停船。游艇速度很快，而渔船因为在拖网，速度慢，跑是跑不了的。张船长依仗着船大，不停船。结果叛军开枪，不巧把驾驶室的配电板给打穿了，渔船马上动弹不得，叛军上来就打人，虽然没打死人，但是当时叛军很恼火，抢走了值钱的东西和现金。没过几天，另一艘江苏公司船长所在的船在南面渔场也被抢了。实际上，当地有些贫民生活过不下去了，也会像强盗一样拿着枪之类的东西抢劫。但他们基本上是只抢东西不打人，除非有人反抗，否则他们一般拿了东西就走了。

在外面工作，我对家里一直都是报喜不报忧的。在西非两年多，有时也是蛮艰苦的，特别是塞拉发生政变后，但我信里是从来不提的，包括在利比里亚首都蒙罗维亚监狱的经历。这一件事，我回国后很长一段时间也没有告诉家里。

1997年政变之后，联合国通过一个决议，对塞拉利昂军政府实施制裁和禁运，西非维和部队对塞拉利昂军政府进行海陆空立体封锁。政变对我们的影响还是比较大的，当时我们有一艘船在弗里敦船厂修得差不多了，但是没有完全修好，政变后船还在船坞上，代表处维修人员无法上班，当地船厂的工人也不来上班了，那条船就一直在船坞上，到后来政局稳定后才下坞，生产就这样被耽误了。还好，由于雇佣了当地海军守护，渔船上的设备和机械没有遭受损坏。

中水是一家在当地很有影响的企业，在当地叫 Okeky 公司，合作代理是李莲·里斯克，我们都称她为"玛达姆"（"Madam"），在当地比较有影响力。代表处就在塞拉利昂海军司令部对面，中水和塞拉渔业部以及海军关系都不错，与中国驻塞拉使馆的关系也比较好。平时，海军司令也经常来代表处代表办公室坐坐。海军司令部很小，当时他们的很多炮艇都是中国送的。这些炮艇经常出海巡逻检查渔业，抓违规渔船，渔民常常开玩笑说："我们国家为什么要送他们炮艇？现在好了，他们是用中国炮艇来抓中国的渔船。"我们的船有时候虽然违规了一点，但是由于关系还不错，处罚一般是比较轻的。有的时候，我们也会事先获得一些信息，代表处就会通知渔船，让大家远离不允许生产的地方。政变期间，我们的船队仍然坚持在外面生产，没停下来，我们工作船就在海上半年多时间没有靠岸，渔船的蔬菜食物等供给受较大影响，有时还会受到海盗的袭击。因此船上也时有抱怨，认为应该撤离到其他国家生产。有一次，我们请中水吴湘峰总经理通过单边带向代表处所有船员慰问一下。吴湘峰总经理首先向我们在塞拉政变期间克服困难坚持生产表示感谢，并就船队为什么不撤离塞拉做了说明。他说："陆地受政变影响，但海上生产还是安全的。船不生产没地方去，不生产的话对公司来说损失较大，那么只能够维持下去，希望大家克服困难。"

关于安全护送我国驻塞拉大使一行到几内亚这件事。1994年也门南北打仗时，中水渔船曾成功参与了撤侨，事件通过新闻报道后，社会上都知道我国远洋渔船在非常时候能发挥这个作用。代表处与使馆的关系较好，人员常有来往，代表处也经常给使馆送点自己捕捞的水产品。那段时间，塞拉政局是不太稳定的，使馆人员就经常和中水代表处的人开玩笑说："以后万一发生政变就要靠你们了，到时候要坐你们的渔船走，比较安全。"想不到，这句平常的玩笑在1997年塞拉政变后成为现实。1997年5月政变之后，军政府把反政府武装"革命联合阵线"请进了首都弗里敦，大肆烧杀抢掠，遭到国际社会的谴责。鉴于当时的形势，我国政府决定撤离在塞拉工作的中国公司员工和侨民，这个任务就落到中水塞拉代表处身上。代表处根据使馆要求，组织调度生产渔船进弗里敦，把中国公司的员工和侨民，包括香港同胞，安全转移到了几内亚。我以为许四杰那时也会随着渔船撤离。但第二天，我在单边带中仍然听到他的声音，知道他还在代表处，当时我就急了，我就问他："小许你怎么还不走？"心里的确为他担心。他告诉我，这个时候代表处不能没有我们的人，我们中国人不能走，因为我们一走，人家就把代表处抢光了。后来得知，代表处李伟代表当时根据中水拉斯办的要求召集会议，要求代表处的共产党员都留下，保护代表处。他们通过有关渠道购买了枪支，雇佣了保安，和当地员工一道保护代表处。据说他们后来还参与了保护使馆的工作，真的是蛮紧张的。其实，许四杰在1997

许柳雄(左二)陪同张延喜副部长与塞拉里昂农业部部长会谈

年年初就已到工作期，当初是计划按时回国的。由于李伟代表刚到塞拉不久，对情况不熟，因此做他工作，希望他再继续干几个月。政变之前，许四杰回国机票都买好了，突然碰到政变，不得已又推迟了几天。第二次是撤离我们的大使及使馆人员一行，包括中水塞拉代表处的李伟代表和许四杰、杨光辉等留守人员，时间大概是 1997 年 6 月初，第一次撤侨后的一个星期左右。我们根据代表处的指令，随工作船 718 进弗里敦，将瞿大使及保卫使馆的我国海军陆战队士兵一行共二十几个人安全送到几内亚首都科纳克里。记得瞿大使刚出弗里敦口不久，就晕船了，我们就扶他到船员的床铺上休息。他从未尝到晕船的滋味，估计这次乘渔船撤离的经历，他这一生都不会忘记的。其实，塞拉政变后，各国都在撤。当时，我们就看到一艘像航母一样大的美国军舰，据说是两栖攻击舰，开到弗里敦门口的沙滩外面停着。它也是来撤离西方国家的侨民的。1998 年的时候中美关系还是不错的，当时使馆一等秘书还有个侥幸的想法，他觉得两国关系比较好，军舰又很大，使馆人员是不是可以上美国船走。但他去联系时，得到美方的答复是他们没有收到上面的有关通知，等于是被委婉地拒绝了。所以最后一条路还是坐渔船。

许四杰在几内亚科纳克里离船上岸前，把自己的一把五四式手枪交给我，叫我放好，并让我保重，注意安全。杨光辉则留在工作船上。大使一行从几内亚上岸后，二十余杆枪都没有带走，留在了工作船上。当时，我向李伟代表汇报，问海军留下的枪怎么办，他说："许老师，把枪扔掉吧！"我说："知道了。"答应是这样答应的，但我觉得在当时的情况下，这些家伙很有用的，不能扔掉，扔掉太可惜了，以后还可以自卫用。我就和杨光辉等商量，要把枪留下来。为了把枪放好，我叫维修工老袁他们在机舱间专门做了一只铁皮箱。为了安全，箱子上了两把锁，钥匙分别由两人分开保管。我自己则把许四杰给的那把五四式手枪放在房间内，我把弹夹放在抽屉里，枪放在床头，紧急情况下作为自卫的武器。我后来离开塞拉回国时，又把它交给接替我的李文浩，这是后话。中水驻塞拉代表处因成功组织撤侨获得我国外交部和农业部嘉奖。2000年，我作为学校赴西非考察团成员访问中水驻塞内加尔和冈比亚代表处时，曾收到塞拉代表处李伟代表通过中水塞内加尔代表处转给我和许四杰的奖金，每人800美元，表示对我们在塞拉工作的肯定。几年前的事情，已经淡化了，但李伟代表还记得我们，我当时还是蛮感激他的。

船上有了真家伙，大家那个时候胆子也大了许多。工作船小18上的总轮机长以及轮机维修人员主要是来自湛江渔业公司的。他们说自己以前是基干民兵，而且接受过专门训练，打枪很准。后来有一次真的要用到他们了，结果出了洋相。有一天晚上十点钟固定时间通话时，有一位船长说："许老师，我们刚才看到715这条船附近有几条当地小船，它现在灯灭了，联系不到了，好像朝弗里敦方向走了。"那个时候我们有两条工作船，718和719，都是退下来的非生产船。得到报告后，我们两条船就马上朝弗里敦方向开，当时我所在的718船雷达不好，看不清楚，而719船其他设备不好，雷达是好的，所以我们两条船就一起往那边开，719负责搜索。不久，719船告诉我们发现有两条船，就是大船旁边还有条小船，然后我们就跟上去，并尽量朝被抢劫船的岸边一侧开，以便挡住小船去岸边走的路。同时，大家从铁皮箱中把家伙拿出来，三四个人拿着枪在船头和船尾，找个有遮挡的地方呆着。快到弗里敦口，发现715船的灯亮了，见到小船离开了715，快速往弗里敦方向开，我们的船就拦住小船的去路，几个人拿着枪就在他们前面等着。小船开得很快，夜黑又看不见。听到719说："小船就在你们的左前方"，之后就听到一阵枪声，也见到一条火光，但发现小船很快就从我们的船头过去了。后来一问，有的人连扳机的保险都没打开，还有的弹夹没配上去（有两种型号，弹夹不一样），太紧张了！只放了一枪，也没打到人。这样也好，真打死了也挺麻烦的。后来，当地人就知道我们船上是有枪的，一些想靠近我们生产船要点什么的小船，见到我们时，老远就会跑了。事后，我们就开玩笑说，平时吹牛说打枪都很厉害，到关键时候一个都打不出来。

另一次经历是，我主动提出和海丰824孙德强船长登上尼日利亚军舰沟通，结果被扣留，并被带到利比里亚首都蒙罗维亚西非维护部队宪兵司令部监狱关押，到宪兵司令部接受审讯。后经公司代理等各方周旋，安全获释，海丰千吨燃油没有任何损失。事情的经过是这样的。塞拉政变期间，海上捕鱼生产仍在进行。海丰运输船基本上一个月左右来塞拉渔场一次，转载渔获物并给渔船加油和进行物资补给。有一次，海丰824凌晨到达塞拉渔场，天亮之前给一艘渔船加了油。当准备给第二艘渔船加油时，孙德强船长发现一艘军舰开了过来，就在对讲机中问我怎么办。我说："孙船长，那你就起锚走吧。"但船起锚后刚要往外走，就见军舰向海丰的右前方开了两炮！我见状，马上告诉孙船长停船。同时，我所在的工作船也向海丰靠。军舰先靠上海丰，我见几十个拿着枪的军人上了海丰船。工作船靠海丰后，我听见军舰上当兵的正对海丰喊："叫你们船长和翻译带上有关文件，去军舰见我们的船长。"我就和那个当兵的说："我是这个渔场的海上指挥，是负责这个渔场的，我和你们一起去。"那个当兵的就说："好啊！那你就一起来吧！"就这样，我、孙船长，还有翻译小余三人一起上了军舰，跟着当兵的一直到军舰的驾驶室。一进驾驶室，我就见到有三张椅子放在那里，当兵的就叫我们分别坐在椅子上，并告诉我们说我们三人被拘留了。我听后，马上摘下对讲机要和工作船联系，但那个当兵的马上阻止我，告诉我不能通话联系。随后，一个军官过来，说他是这艘军舰的牧师（相当于我国军舰上的政委），问我们这条大船在这里干什么。我就和他说："我们是CNFC（中国水产总公司的）的，这条运输船是我们公司的，是给这个渔场的渔船加油。"他就说："这是不允许的，你们公司应该知道！但这不是你们的事，你们公司的领导会派人来解决的。"一会儿，海丰船政委在那边叫，说当兵的要他们起锚开船，我就和孙船长说，现在只能听他们的。这位牧师把我们三人带到他的房间，把他的套间腾出来，让我们住。然后，军舰就往外开。我就问他："把我们带到哪里去？"他就说："送你们到司令部去，很快就会到，你们公司的领导会派人解决的。"就这样，海丰跟着军舰一直往外开。当时，我见到工作船还在我们后面跟着，我就通过当兵的让海丰船转告跟在后面的工作船，让他们不要跟了。我想，这么大的事，中水总公司领导一定会派人协调解决的。另一方面，说实在的，我们当时真的不知道他们要把我们带到哪里去。

这条军舰是尼日利亚海军登陆舰，尼日利亚和我国比较友好。特别是这位牧师，他告诉我曾经接受过中国海军在潜艇方面的培训，只不过后来由于种种原因，他们海军没有发展潜艇部队，因此他的潜艇兵也就没有当成。他领着我们参观了军舰，并告诉我们如果我们需要的话，他们军舰上的厨师会做中餐。当时，孙船长觉得委屈，另外可能觉得责任重大，向对方提出不吃饭了。我当时就劝他不要这样，西非维和部队是正规军，军舰上当兵的对我们也比较友好，所以应该没有什么生命危险，相信公司会处理好这件事的。

第二天下午，军舰到达一个港口。我问那位牧师这是什么地方。他告诉我这是蒙罗维亚港，利比里亚的首都。不久就来了一条小艇把我们接走。下小艇前，我见牧师和小艇上一位像是当官的说了什么。我们在小艇上也不说话。上岸后，我们上了一辆军用吉普车，车上有两位当兵的。当兵的全副武装，比较严肃，感觉上气氛有点紧张。车子大约开了一个多小时，到达一座平房前面，那个当官的叫我们下车，然后他就乘车走了。房子门口有当兵的站岗，我们三人就在外面的空地上活动活动身子，并走走看看，这时也没有人出来管我们。我们当时不知道，我们被押送到了西非维护部队宪兵司令部的监狱。大概过了半个多小时，那位当官的乘吉普车回来了。他见到我们还在外面，面露怒色，对站岗的士兵说："他们这几个人怎么还在外面不进去？"他马上吩咐当兵的送我们到房子里去。当兵的叫我们把鞋脱掉，把皮带解掉，并交给他们。我才意识到，我们要被关进去了。我就和当兵的说："我们是中国人，是 CNFC 在塞拉里昂的 Okeky 公司的，我们三人中，一位是船长，一位是翻译，我是大学的副教授"，并把我们来到这里的经过说了一下。我和他们说："我们上交皮带没有问题，但鞋就没有必要脱了，我们是不会跑的，你们放心好了。"我们三人进房间后，外面通过一个小窗子往里送草席，一人一条。房间比较大，里面有好多因犯事或违规被抓进来的当地人，我们找了一块空的角落铺好席子，三人坐在一起。房间里没有灯，蚊子较多，那一夜谁都没有睡好，我还比较好一些，孙船长和小余说他们根本睡不着。

我这次和孙船长他们一起上尼日利亚军舰，当时的想法比较简单，就是去和他们交涉的。碰到这种事，按照西非的习惯，把情况说明清楚，到时破费打点一下，一般情况下问题基本上都能得到解决。所以，我们三人上军舰时，身上既没有携带护照等身份证明，也没有带一分钱。尼日利亚军舰上的那位牧师曾告诉我，我们可以找利比里亚使馆。他哪里知道，当时利比里亚和我国台湾地区有外交关系，和中国大陆是断交的。第二天早上，我们没有钱买吃的。幸好，站岗的是几内亚士兵，比较同情我们，他给我们每人买了一个鸡蛋和一个香蕉作为早餐。大概到 10 点左右，代理玛达姆来了，并带了好多盒装食物。玛达姆通过交涉，以她的名义担保，把我们三人转到一个宾馆。条件是，我们只能在宾馆待着，不能到其他地方去，每天要去宪兵司令部报到，随叫随到。第三天，玛达姆告诉我们，司令部要给我们安排一次审讯，当时有十几个军人在场，有当官的，也有拍照的。记得他们向我们问了三个问题：一是我们几个人的身份；二是塞拉军事政变后，联合国已经通过决议，对军政府实行制裁和封锁，中国作为联合国常任理事国，签过字的，我们是否知道；三是我们的一条船上面有好多油桶，是否是给军政府送燃油。我一一作了解答和说明。特别是第三个问题，中间又有一个故事。就是，我们有一条渔船，船长是从尼日利亚转过来的，对塞拉渔场情况不熟，有一次从香蕉岛北面渔场转到南面渔场时，在香蕉岛水道中搁浅了。当时，代表处购置了许多空的柴油桶，并特制了两个浮桶，想利用浮力帮助渔船脱险。因此，有一段时间，我们工作船后面拖着浮桶，后甲板堆放着油桶，不料被西非维和部队怀疑为是在给军政府送燃料。我说的这一情况，他们基本认可。然后告诉我们，他们会把审讯情况向上面汇报的，我们每天仍然必须要到这里报到，等待通知。其间，玛达姆了解到，西非维和部队的一位加纳副司令，其父亲曾在玛达姆父亲家干过活，因此通过他的关系从中周旋，使问题得以解决。我们在蒙罗维亚一共住了一个多星期，获准回到海丰 824，并随船安全回到弗里敦。整个过程中，没有财产损失。总的来说，是有惊无险。

在塞拉期间还有一件事，虽然是小事，但我一直记得。真是世界之大，无奇不有。对于塞拉里昂当地人来说，渔业观察员的工作是一件美差，因为工资不低，一日三餐能够保证，且回港后可以带些鱼干或水产品回家。因此如果在政府部门没有背景的话，往往轮不到做这个工作。因此，经常能碰到一些业务不熟悉的人到船上当观察员。有一次，我到渔船上了解情况，见到一位年龄蛮大的观察员，我和他聊了一会后，让他给我看一下他记录的渔船位置，发现他填的有几个船位是陆地上的，我就马上告诉他。他也很诚恳，就立即改正，并表示了歉意，告诉我他是第一次当观察员。这时，我就和旁边的船长说："这个观察员很笨，把船位记到陆地上去了。"结果让我大吃一惊的是，他马上说："I am not Ben"。后来我得知，克里奥语的"Ben"和我们汉语的"笨"的发声和意思都是一样的，显得十分的尴尬，我只得狡辩说我刚才说的"Ben"不是他说的"Ben"，意思是不同的。我很少指责别人，所以这件事记得特别牢。

四、接手远洋渔业履约团队建设，维护我国渔业权益

我是 1998 年 3 月从西非回来的。回来后不久，周应祺校长有一次碰到我时对我说："小许，你回来正好，我们刚好接到一个任务。今后我

们国家要发展金枪鱼渔业，好多金枪鱼管理组织我们都要加入了，渔业局要求我们派老师去参加这些组织的会议。"我问他渔业局对我们有什么要求，他说渔业局对我们的要求也比较简单，因为加入这些组织后，作为成员，有些会议一定要参加的，这是每一个成员的义务。另外，按照这些组织的程序，如果缺席的话，万一他们通过了什么决议，可能会对我们国家不利。所以一定要派人参加，去交流一下，把情况带回来，向渔业局汇报。后来我们知道，这个工作本来不是我们学校的，当时是中国海洋大学的任务。中国海洋大学有个搞资源的老师，当时到科威特工作去了，就没人接替他了。渔业局领导就问周校长："上海水产大学是否有人能够接受这项工作？"周校长说："我们没有问题，学校有几位年轻老师刚从西非回来，有的就是参加中水金枪鱼延绳钓生产的，了解专业和生产实践，英语也可以。"就这样，1998 年 6 月，学校就成立了全国金枪鱼渔业工作组，周校长任组长，成员有我、戴小杰和宋利明等。1999 年，我们就开始承担这项国际远洋渔业履约任务。当年，周校长出席在墨西哥召开的"FAO 捕捞能力计量专家咨询会议"，宋利明先后出席了在夏威夷召开的"第二次北太平洋金枪鱼临时科学委员会"和"第二次中西太平洋高度洄游鱼类种群养护和管理高层多边会议"，我参加了在塞舌尔召开的"印度洋金枪鱼委员会第一次热带金枪鱼工作组会"，戴小杰赴西班牙参加"养护大西洋金枪鱼国际委员会研究和统计常设委员会会议"。自那时开始，我们就一直承担农业部渔业局下达的这项工作。当时，我们把这项任务叫"参加国际会议"，到 2012 年，我们叫"参加国际事务"。"远洋渔业国际履约"好像是陈勇老师在 2014 年前后提出的，这个名称更贴切，有高度，也叫得响。后来，马上就成立了远洋渔业国际履约中心。随着我国加入的区域渔业管理组织数量的增加、履约内容的拓展以及履约要求的提高，我们现已形成一支由 30 多位专业背景不同的成员组成的远洋渔业履约队伍，承担七个区域内渔业管理组织的履约任务，较好地维护了我国远洋渔业权益和企业利益，得到渔业主管部门和企业的肯定，在国内外高校中独树一帜。

ICCAT（养护大西洋金枪鱼国际委员会）我们国家是 1996 年加入

许柳雄所带领的到日本海进行鱿钓作业的学生

的，是我国第一个加入的区域金枪鱼渔业管理组织。然后，我们又加入了印度洋金枪鱼委员会、中西部太平洋渔业委员会和东太平洋金枪鱼委员会。目前，一共有 5 个金枪鱼渔业管理组织，我们已经加入了 4 个，还有一个南方蓝鳍金枪鱼委员会我们还没有加入。我回来的时候大西洋金枪鱼委员会已经加入了，印度洋金枪鱼委员会还在加入过程中（1998 年 10 月 14 日成为正式成员）。2001 年以前，我们学校一直是农业部部属院校，和农业部门关系密切；还有就是我们原校长乐美龙教授曾被借调到农业部，还曾经当过农业部国际处副处长。他在上世纪七十年代就参加了联合国第三次海洋法公约谈判；上世纪八九十年代，周应祺校长就已是农业部渔业局渔业方面的专家，经常代表农业部参加渔业方面的谈判或 FAO 渔业委员会专家咨询会议，如参加《北太平洋中白令海狭鳕渔业资源养护和管理国际公约》的协商和组织筹建以及参加"中白令海狭鳕渔业科学家观察员工作会议"；黄硕琳副校长1988 年下半年英国留学回国后，也经常被农业部渔业局邀请，参加多边或双边渔业谈判以及"FAO 公海渔业技术磋商会议"和《促进公海渔船遵守国际养护和管理措施的协定》谈判等和渔业有关的国际会议。加上我们学校师生参加远洋渔业实践在国内产生的影响等，这些都是农业部渔业局放心地把任务交给我们的原因。刘小兵处长告诉我，当时他还是小年轻，刚开始参加国际会议，常和周校长和黄校长一起开会，比较熟。他说，那时候无论是周应祺校长还是黄硕琳教授，都比他有经验，他学了不少东西。所以，他是非常支持我们学校承担这项工作的。周校长说，当时他觉得承担这项工作很有意义，又是我们的特色，把这个事情接下来，这对于我们整个学院的专业学科发展将有好处。另外，我和宋利明、戴小杰等都已回来，我们有这个力量做。的确，周校长当时是很有远见的，如果没有这项工作，就没有现在这支远洋渔业履约团队。包括双一流学科，如果没这个项目，我估计也搞不成。

我第一次参加金枪鱼渔业谈判是在 1999 年 9 月 1 日至 4 日，是和当时渔业局国际合作处的潘鹏一起去的，参加的是"印度洋金枪鱼委员会第一次热带工作组会议"，会议在塞舌尔共和国首都维多利亚国际会议中心召开。当时我们还没有开展金枪鱼渔业方面的研究，甚至渔船上的生产数据也掌握得很少，因为没有要求企业上报数据。因此第一次去参加会议可以说什么东西都没有，反正就是抱着看看会议是什么样一个情况的心态，回来作个汇报。那次会议主要是评估大眼金枪鱼、黄鳍金枪鱼、鲣鱼等主要热带金枪鱼的资源状况，然后根据资源评估结果向科学分委员会建议是否要采取养护和管理措施，或采取什么样的措施，供科学分委员会审议，决定是否要提交给 IOTC 委员会会议审议。那次会议后，有点知道是怎么回事了，感觉到资源评估很关键。我本科是海洋捕捞专业的，虽然渔业资源评估这门课也学过，当时詹秉义老师采用的是自己编写的讲义《渔业资源评估》，他当时是根据 FAO 最新资料编写的，内容在当时来说应该是比较新的。但是，当我阅读会议上提交的资源评估报告时，发现这些报告使用的模型和我在十七八年前学过的有很大差别，复杂多了！许多模型我是第一次见到，基本上是似懂非懂，或者说只是一知半解。因此，讨论时只能听其他人的发言，就觉得压力大了，我们在渔业资源评估方面和国际水平的差距太大了。会议结束后，我就把会议材料和有关报告全部带回，回来后去找詹秉义老师，请他帮助解读。詹老师那时候已经退休，住得离学校远，不常来学校，加上我原来不是渔业资源这个专业的，渔业资源评估是选修的，当时学得也不怎么样，因此觉得效果不大。当时，我就感觉到，我们这样年纪的人，已经学不会了，一定要培养年轻人。

1999年，我们承担农业部渔业局这项任务时，农业部渔业局称我们团队是"渔业局金枪鱼工作组"。2000年年底，当时的远洋处信德利处长来学校调研时，对技术组的工作给予了充分肯定，并说我们是"渔业局唯一的金枪鱼工作组"。他要求我们派员参加国际会议，按要求向国际组织提供生产统计数据，为渔业局金枪鱼渔业决策提供科学依据，同时为企业服务。我们听后都很兴奋。2001年，中国渔业协会远洋渔业分会成立了金枪鱼工作组，组长和副组长基本上都来自于金枪鱼渔业企业，第一届组长是广东远洋渔业公司的黄富雄经理，我们作为该工作组下的技术组，称为"远洋渔业分会金枪鱼技术组"。协会重视我们技术组的工作，每次召开金枪鱼工作组组长会议，都通知我们参加。每年的金枪鱼工作组会议日程，都安排有金枪鱼技术组的工作报告。

我从1999年第一次参加区域金枪鱼渔业履约会议开始，基本上是以印度洋的会议为主，2000年和2001年也参加过大西洋金枪鱼委员会的会议。中西太平洋渔业委员会成立之前，我也参加了该组织在夏威夷、澳大利亚、巴布亚新几内亚和印度尼西亚巴厘岛召开的筹备会议。该委员会自2004年成立之后到2015年的十多年间，我都没参加过该组织的会议。2015年后，我又能有时间关注中西太平洋金枪鱼渔业了，就开始参加该组织的有关会议。我对印度洋金枪鱼渔业相对熟悉一些，参加过的印度洋金枪鱼委员会的履约会议包括工作组会议、科学分委会会议、执法分委会会议、委员会大会，几个级别的不同层次的会议我基本上都涉及到了，也曾被推荐为科委会副主席（2003年6月）。

2004年，周校长从领导岗位上退下后，回到学院工作。在2006年之前，我主要是参加金枪鱼渔业管理组织和南部太平洋渔业组织等五个组织的会议。但那时人手不多，在很长一段时间里，金枪鱼渔业国际会议就是我和周校长、戴小杰、宋利明4个人，宋利明负责大西洋，戴小杰负责太平洋，我主要是印度洋，这种状况大概持续了有4到5年时间。南太平洋渔业管理组织会议以邹晓荣老师为主，会议重要时，周应祺教授也参加。后来，李纲也加入，并逐步接手负责该组织的履约谈判。北太平洋渔业委员会成立较晚，主要是管理秋刀鱼和鱿钓渔业的。这个组织的会议我一直没参加过，主要是田思泉、花传祥等去参加履约会议，他们的工作很出色。这几年，远洋渔业履约谈判工作一直得到陈勇老师的支持，他帮助我们策划策略和进行团队构建，他自己也参加一些重要的履约谈判会议，并根据情况安排研究生加入中国代表团。因此，有些洋区，譬如北太平洋渔业委员会，我们履约团队的能力相对比较强，在资源评估方面比较有优势。

但当时去参加会议，不像现在每次会议都去两三个人，基本上都是一个人参会。原因就是一开始几年经费少，当时一年就十来万块钱，不够用，所以基本上一次就去一个人，而且每个洋区的管理组织会议只安排那些重要的会议，也就是那些对我们的渔业影响比较大的会议，比如印度洋的热带金枪鱼会议和科学分委员会会议、大西洋金枪鱼委员会的研究与统计常设委员会会议等，其他会议就基本上不参加，委员会年度大会我们没有派人参加。

远洋渔业国际履约实际上就是检查我们对国际组织通过的养护和管理措施的遵守情况，包括很多内容，如是否按要求提交生产统计数据；渔获物体长频率数据、观察员的覆盖率是否达到规定的最低要求；渔船生产是否规范，如是否按要求采取措施防止或减少海鸟、海龟的兼捕，释放濒危保护动物等；当然，还包括是否开展科学研究、是否派科学家参加有关会议等。各金枪鱼区域渔业管理组织基本上都有一个专门的分委员会，叫做执法分委员会（Compliance Committee），或者叫合规分委员会。在执法分委员会会议上，每个成员国都要根据国际组织提供的统一格式要求，填写上一年度执行决议的情况，如观察员覆盖率是否达到5%的最低要求，提交观察员报告情况，是否在规定的时间内提交数据观察员计划、渔捞日志、船舶监测系统 VMS 等。哪些完成了，哪些还未完成，会议主席会作点评，他们会对照养护措施逐栏查看，如果哪一项完成了就给你打个√，没完成就打个×，并按照遵守、部分遵守、不遵守和不适用等情况给出一个总分数。对于未完成的，会议主席会问未完成的原因。在履约会之前，如发现渔船被指控涉嫌非法捕捞生产的，那情况就严重了。因为一旦证据坐实，这些渔船就要被列入到IUU捕捞渔船名单，船旗国就被列入IUU捕捞国家。这时，被指控涉嫌IUU捕捞渔船的船旗国的代表就有义务在会上解释、说明，据理力争，为涉嫌IUU的渔船辩护，避免被列入IUU渔船黑名单。每次会议完成之后，会有一封反馈信交给代表团团长，信中会指明哪些没有完成，带回去交给渔业主管部门，并要求在指定时间内说明不遵守的原因，以及将采取的改进措施。就是我们通常所说的整改措施，实际上是差不多的东西。因此，国际履约需要各方共同努力，当然我们学校承担的工作很重要。因为国际组织规定，提出管理措施和通过管理措施，都要根据最佳科学。

2003年后，我从周校长那里接过了组织安排教师参加远洋渔业国际履约谈判的工作。培养一支参加国际渔业谈判的履约队伍，说起来简单，其实并非易事。像刘小兵处长讲的，去参加国际会议谈判，一定要具备最基本的素质，第一个要听得懂外语，如果听不懂，不知道人家讲什么东西，也就没法回答。听懂之后，还要能回答，能够表达自己的观点。为什么？因为有的时候我们作国家报告需要现场答辩。当然，如果要是觉得有些方面不好讲，我们可以说"我们会后再沟通"，这样也行。但是如果一直这样说的话，就不太好了。并且我们要听懂其他人讲什么东西，这样才能讲自己赞成还是不赞成他的意见。还有自己的专业知识一定要过硬，就像我们专业学习，不能说我对于资源评估提不出东西来，老师讲了半天，讲了好多时间，至少自己应该记得一半。我提了一句，人家回答我，下文我就不知道怎么讲了，这也不行。这时候还要有自信，就像小兵处长，他清楚自己讲的每一句话，所以底气很足。对于别人讲的话，我们得知道他要讲什么东西，他是正说还是反说，是肯定还是否定，背后有什么含义，必须要明白。我们还要和各个代表团团长建立关系，因为只有团长才有决定权，影响力大。我们要培养这个能力，要具备这些素质，可能不是每个人都能做到的。培养一支能够完全胜任任务和完成使命的远洋渔业履约队伍需要较长时间。

从2004年开始，我开始考虑借助外力培养人才。一是选派年轻教师赴国外高校进修学习。当年碰到一个机遇，张继平老师把他的大学

同班同学，美国缅因大学的国际著名渔业资源评估专家陈勇教授介绍
给了我。陈勇老师听了我们学院的介绍后，表示愿意帮助我们，我们就
聘请了陈勇老师为我们学校的特聘教授。就这样，我利用上海市捕捞
学重点建设专项以及后来的高原高峰学科等专项经费，有计划地派遣
年轻教师到缅因大学攻读学位、进行合作研究或访问学习。陈勇老师
非常给力，有时还利用自己的科研项目，培养我们学院的一些年轻教师
到缅因大学进行合作研究。十多年来，陈勇教授结合我校专业特点，为
我校培养了一批资源评估、渔业生态环境、栖息地模型、渔业管理方面
的年轻教师，如田思泉教授、朱江峰教授、李纲副教授、官文江副教授和
王学昉博士、汪金涛博士等，其中多位教师已经被推荐担任区域渔业管
理组织分委员会副主席、工作组主席，并已在国际渔业多边谈判中起到
顶梁柱的作用。田思泉老师目前是我国北太平洋渔业委员会（NPFC）
科学事务首席科学家，负责我国在 NPFC 的科学谈判事务，曾担任
NPFC 第一届财务与行政分委会副主席。因为在参会期间表现突出，
他多次受到农业部渔业局的书面表扬。此外，利用捕捞学重点学科建
设经费资助选派的年轻教师中还有唐建业教授和朱国平教授。唐建业
是本校培养的博士，研究海洋法和渔业法规，他 2006 年通过了国家公
费留学资格的考试，但出国学习需要等待国家教育部通知，也就是说要
在后面排队，排队等国家教育部说轮到了再去。考虑到专业比较小，学
校名气不大，被优先考虑的可能性低，唐老师比较着急，就来找我。他
说："许老师，我不知道什么时候才能轮到，留学单位我已经联系好了，
你是否能够支持我。"我说："没问题，培养人才是重点学科应该做的，你
去吧，希望学成后早点回来，学院需要人才。"我利用捕捞学重点学科建
设经费，资助唐老师在 2008 年到荷兰乌特勒支大学荷兰海洋法研究所
进修学习了一年。他告诉我，这一年进修学习机会使他的科研视野、专
业知识水平都得到了一个质的提升，为他后来的教学和科研打下了坚
实的基础。他现在是皮尤海洋学者，是我国极地渔业国际谈判的主要
科学家。他撰写的政策建议报告多次被外交部和农业部等业务主管部
门录用或采纳。朱国平教授也是本校培养的博士，专业是捕捞学，研究
方向是渔业生物学，也是一位肯努力钻研的年轻教师，曾担任金枪鱼渔

业观察员。2009 年,他开始加入到我负责的南极海洋生物资源开发课题组,于 2009 年和 2010 年捕捞季节随我国船队首次赴南极试捕磷虾,在此期间他担任课题组海上副总指挥兼首席观察员。当时参加金枪鱼渔业研究的教师不少,我就对他说:"你要另外打开一个新领域。"他将南极渔业生态学和生物学作为重点研究方向,2010 年底他向我提出,希望有机会到美国大学学习进修,我赞同他的想法。于是,他联系了美国欧道明大学,并在 2012 年至 2013 年在该校访问学习一年。他通过自己的努力开辟了一个新领域,他相当不容易。因为不像其他年轻老师,前面没有人带着他们。2018 年,他被推荐为 CCAMLR 科学分委会副主席。

二是选派履约团队成员到有关国际组织秘书处工作。这项工作和当时担任农业部渔业局国际合作处处长的刘小兵博士的支持是分不开的。他告诉我,中国政府对几个区域金枪鱼渔业管理组织均有一笔赞助费,这笔费用可用于培养中国年轻科学家。同时,宋利明和戴小杰等团队主要成员都提出,希望有机会到有关国际组织进行合作研究,以便提升自己的外语水平,同时熟悉国际组织的运作机制,并认识和结交这些组织中的科学家,多认识朋友,有利于履约谈判。我们利用这个渠道分别选派了履约团队中的宋利明教授、戴小杰教授和朱江峰教授到东太平洋金枪鱼委员会秘书处工作。后来,学院还利用学科建设专项经费选派杨晓明老师到中西部太平洋渔业委员会秘书处工作。通过学习,他们不但熟悉了相关区域渔业管理组织的管理流程、管理方法和数据处理方法等,还和这些组织秘书处的有关科学家建立了良好的关系,为后来的合作交流打下了良好的基础。

三是通过传帮带,让有经验的老师带年轻人出去开会,发现和培养好的苗子,充实队伍。2006 年后,学院有了重点学科建设经费的支持,再加上农业部渔业局的专项参会经费,经费方面比较充裕了。我就开始利用这笔钱,支持年轻人参加国际会议。当时我告诉戴小杰,我说:"你看看哪个人合适,你带过去,带去看看,看看是否合适。要求不能太高,第一次肯定不行,那两次、三次行不行? 主要看看这个老师他自己的感觉如何,他如果觉得行,有兴趣,他就会投入进去了,我们会继续支持他。但如果去了两次以后没反应，那你告诉我，我下次不给你派了。"
就这样，前后经历了好几年，现在我们算下来，去过的共有二十几个人。
实际上当时有好多人去过，有捕捞专业的、渔业资源的、生物的、数学
的、海洋法律的、遥感的，其中有教师，也有实验室人员。他们参加会议
后各种感觉都有，有的说很感兴趣，希望下次还有机会参加；也有的说，
从早到晚，一连好几天就是会议，参加这种会议好累；也有的觉得参加
这种会议付出多，但获得少，参加不参加无所谓；也有的虽然有发展潜
力，但由于家庭和其他工作安排的原因，无法继续参加。培养一个人真
是不容易。

我们还聘请国际远洋渔业谈判专家加盟。2015 年初，在我得知原
渔业局国际合作处处长刘小兵博士提前退休的消息后，就向陈新军院
长建议，聘请他为我们学校远洋渔业履约中心的客座教授，加强履约团
队的力量。刘小兵博士退休前担任渔业局国际合作处处长 13 年，具有
近 20 余年的国际多边渔业谈判的经历，对负责任和可持续渔业的相关
规定有深入了解，参与了自 1992 年以来的重要国际渔业管理措施的制
定工作，与重要资源国和市场国的主管官员建立了良好的工作关系。
他 2004 年至 2014 年连续 10 年任中国代表团团长出席中西部太平洋
渔业委员会的年会，担任该委员会副主席 4 年，担任委员会财政分委会
联合主席 2 年。他经历了我国金枪鱼渔业起步到发展的整个过程，与
渔业企业关系密切，了解金枪鱼渔业发展动态和信息。他熟悉国际规
定，能较好地预判远洋渔业管理动向，能了解主要远洋金枪鱼渔业国家
和资源国的立场和诉求，能用英语流利准确地表达中方的立场和观点，
在区域金枪鱼渔业组织中具有良好的人脉和影响力。多数情况下，他
能化解不利因素，变被动为主动，维护了我国远洋渔业企业的利益，构
筑了维护我国远洋渔业权益的最后一道坚强的防线。最近几年，我有
幸和小兵博士参加了几次履约谈判，体会了他的谈判策略和艺术，感受
到他在维护我国渔业权益方面的贡献。譬如在马绍尔召开的第 14 次
TCC 会议上，我国企业的一些渔船被岛国观察员指控，说在作业过程
中存在"违规"情况，如果会议审议时我国代表团的解释不被会议接受，
有关渔船就要被列入"IUU 渔船草案名单"，因此负责在会上解释问题

的协会同志觉得压力特别大，认为无法解套，晚上睡不着觉。在审议该议题的前一天晚上，远洋渔业协会的李延向代表团成员说明了这一问题，小兵博士听取了整个情况的介绍后，马上说："这个问题好办，因为有关规则中对这个问题没有明确规定，最多把有关事件列入待调查状态，我们继续调查核实。"我马上和有关岛国的代表团团长沟通，同时和有关远洋捕鱼国家的代表团团长打招呼。果然，第二天审议这一问题时，当我们代表团作了解释发言后，主要岛国代表团团长马上发言支持，问题就这样顺利地解决了。"真是化腐朽为神奇"，这是李延事后对小兵处长解决此事的评价。刘小兵处长经常告诉我们，参加多边谈判，什么时候发言、发言的长短、发言的语气都是有讲究的，要恰到好处，有时还需要点幽默，调节一下气氛。当然，最后的目标是要维护我们的权益，实现预案的目标，该霸道的时候要霸道。2017 年在库克群岛召开的第 13 次中西太平洋科学分委会会议上，针对个别岛国代表质疑中国为什么老是发言，不同意他们的提案，小兵博士当场据理反驳，大声质问对方是否遵守委员会协商一致的共识，他向对方表示充分表达我们的观点和立场是我们作为一个成员国的权利，并说"我参加会议这么多年，还第一次遇到不让成员发表意见的"，会议气氛顿时凝固，对方哑口无言。这是我见到他比较霸气的一次发言。他说："你必须熟悉规则，能够利用规则达到我们的目的，无论如何，要有这样的气概，反正我讲得都是对的，要有这样的底气。"这几年，在刘小兵博士的指导下，参与履约谈判的团队成员的谈判策略、发言技巧等都有明显改善。现在，小兵处长是我们金枪鱼履约谈判的主要成员之一。

陈勇老师是对远洋渔业履约团队建设有重要贡献的另一位特聘教授，他是带领团队从学术层面和科学层面提升了履约谈判的话语权的。陈勇老师是美国缅因大学终生教授，是国际水产领域权威刊物《加拿大渔业与水产科学学报》的副主编，具有美、加、澳等国有关大学和研究所的工作经历，主要从事鱼类的种群动态、渔业资源评估和管理以及种群与环境因子间相互关系的研究，在国际同行中享有很高声誉。他被我校特聘为教授以来，十分用心和投入，为我校渔业资源评估、渔业资源管理、渔业生态学等领域培养人才，田思泉、朱江峰、李纲、官文江、王学昉等现有的远洋渔业履约谈判资源方面的年轻团队骨干基本上都是陈勇老师培养出来的。他还根据自己的经历和谈判经验，建议我们构建一个由海洋生物学、海洋生态学、渔业资源学、捕捞学和渔业管理等不同专业背景的青年老师组成的金枪鱼履约工作小组，并结合国际履约谈判会议特点，为我们梳理了参会专业问题一览，并安排专门时间，就履约谈判会议期间如何提问、发言和回答问题等进行了讲解。他还对一些专业性较强的管理理论和方法，如"捕捞控制规则"和"管理策略评估"以及"参考点"的确定原则进行了专题讲解。他还建议我们要提前有针对性地梳理会议关注的有关议题，他给出席会议的人员布置任务，要求每人准备相应的研究报告，提交给区域渔业组织作为会议的工作报告或信息报告，以展示我们的科研工作，扩大代表团的科研影响力。他建议参会人员根据会议报告和议题，分头负责准备提问的问题，特别是要关注主要金枪鱼资源的结论是否科学合理，是否经得起检验。我是 2017 年邀请陈勇老师出席金枪鱼国际履约谈判会议的，参加的是在库克群岛召开的第 13 次中西太平洋渔业委员会科学分委会会议，那次我们有 6 人参会，团长是戴小杰，成员包括陈勇、刘小兵、朱江峰、汪金涛和我，这可能是我们自参与履约谈判会议以来，阵容最强大的一次，主要目的是想让陈勇老师了解会议情况，更好地培养队伍。在这次会议上，由于陈勇老师和小兵处长的加入，中国代表团发言次数明显增加，并且发言内容许多是有深度的资源评估方面的专业问题，明显感到整个会议的气氛转了，以往由欧美和澳新等发达国家的科学家唱主角的局面变了，陈勇老师指出了报告中存在的问题，有些还是专业上要求的规定动作，如不确定性检验、风险分析等，报告人知道这次遇到真正的行家了，只能推脱说是因为时间太紧了。由于历史原因，中西太平洋渔业委员会的有关科学研究和资源评估工作大部分是由南太平洋委员会（SPC）一家承包的，外面人员基本上插不上手。SPC 靠这些工作养了一批科学家，他们凭借语言优势和资源国的背景，经常为自身的利益服务。但这一次，他们遇到高手了，表现出几分尴尬。用中西太平洋渔业委员会秘书处执行秘书韩国科学家 S.K 的话说，"这次陈勇教授的表现给东方人长了脸面"，他为此感到高兴。此后，我又邀请陈勇老师参加了印度洋和大西洋金枪鱼委员会的有关重要会议，以便于更好地培养团队。

就这样，我们通过各种途径和方方面面的机会培养出一批人，但就现在的要求来说，还不够，特别是金枪鱼这块。现在和我们远洋渔业有关系的渔业组织有七八个，其中六个组织的会议都是我们学校一个单位派员参加的，就是说从这些国际组织的科学分委会会议到下面的工作组会议都是我们学校的老师参加的。南极海洋生物养护委员会，就是 CCAMLR 会议，它的渔业专家是由黄海所来牵头的，但我们学校的唐建业老师和朱国平老师一直参与。唐建业老师给外交部和农业部写了不少参会提案，发挥了很大作用，无论是外交部还是农业农村部，都希望唐建业老师能够参加会议，譬如今年的 CCAMLR 年会，我在上报参会名单时，唐老师告诉我他有一门课调不过来，去不了，我当时就没有给报，但把这事给陈院长说了。后来我知道，作为代表团牵头单位的外交部知道后，点名要唐老师去，说有几个参会提案是唐老师写的，到时在会上发言，特别当接受其他代表团质询时，如果唐老师不参会，其他人代替不了。朱国平老师这次当上了 CCAMLR 科学分委员会的副主席，相当不容易。李纲现在是南太平洋区域渔业管理组织鱿鱼工作组主席。我校教师在区域渔业管理组织中的地位和作用明显提高。但现在面临的问题就是，参加金枪鱼国际履约谈判的这个任务十分艰巨，主要是独当一面的人员太少。戴小杰老师已经属于老一辈了，朱江峰老师刚发挥作用，但他现在是科技处副处长，在时间和精力上就难以保证了。虽然已有一些年轻教师开始冒出，能开始在国际渔业谈判中独当一面了，但区域金枪鱼渔业管理组织现在有四个组织，即大西洋、印度洋、中西太平洋和东太平洋金枪鱼委员会，明后年可能还要加入南方蓝鳍金枪鱼委员会，如果加入就是五个金枪鱼渔业管理组织了。一个组织起码需要一个独当一面的人，那就需要 5 个人了，我们现在人手还不够，任务很艰巨。

现在，和我们远洋渔业关系比较大的区域渔业管理组织有八个，其中有六个组织的科学分委员会及其下的工作组会议都是由我们学校牵头参加的，包括四个金枪鱼渔业组织，还有北太平洋渔业委员会和南太平洋渔业管理组织的科委会会议。此外，我们还派员参加南极海洋生物养护委员会和南部印度洋渔业委员会有关会议。CCAMLR 科学委员会会议以黄海所为主，但我们要参加。南部印度洋渔业委员会，我们还没有正式加入，目前只是作为观察员参加会议，这个组织主要管理金枪鱼之外的底层鱼类。参加这个组织会议由东海所牵头，我们学校现在主要是方舟老师、余为老师他们参加。如果今后我们国家加入南方蓝鳍金枪鱼委员会，参加科学委员会会议很可能还是由我们牵头，那么这样我们就变成七个牵头、两个参加，如果我们全部国际会议都参加的话，最起码要有几十号人。一些国际组织的会议特别多，如印度洋金枪鱼委员会，一年要安排七八次会议，如果每次会议去两个人，一个组织一年就要安排 15 到 16 人次参会。因此，我们在金枪鱼国际履约的人员安排上的压力还是很大的，履约团队的能力建设需要进一步加强，需要得到学校在政策和编制方面的支持。

参加国际渔业履约谈判是一桩苦差事。在一般人看来，出国开会、出国考察或出国旅游都是一回事，都是出国，看到校园网有关的参会新闻报道，座位前有一个"CHINA"的牌子，有时还有一面小的五星红旗，觉得参加国际履约谈判是一件风光的事。的确，这是一项光荣的使命，但也是一项艰苦的任务。实际上，只有承担任务的老师，特别是代表团团长，才能体会身上的压力，感受到其中的酸甜苦辣。一是参会人员必须要熟悉自己国家的渔业情况，包括有多少船作业、大概的生产海域范围、有多少产量、渔获物种类、观察员派遣情况、渔捞日志、船舶监测设施、有没有科学研究、国家远洋渔业政策等，心里要有个数，一旦会上有人提出问题，最好能够当场回答。参加会议一般还需准备有关报告，如科学分委会会议要提交国家报告（National report）或任务报告（分 TASKI 和 TASKII），这是规定动作，是根据要求的格式完成的，内容包括每个成员上一年度在所在洋区的金枪鱼渔业的方方面面情况。现在回过头去看，当时的国家报告很简单，没有多少内容，没有数据，最多就是一个产量数据，现在的国家报告内容较以前多了。当时我们在中西太平洋和印度洋的金枪鱼延绳钓船基本上都是国内渔船改装的非专业的小船，超低温渔船数量少。如果参加工作组会议，则需要提交研究报告或信息报告等。无论参加哪一类履约谈判会议，都需要认真阅读几十篇会议报告，就像专家审阅送审论文一样，要设法从专业的角度发现问题，以便在会上提出。对于一些报告的结论，还要考虑其对渔业管理可能的影响。就是说，根据这个结论提出的科学建议是否对我国渔业产生影响，以及影响的程度多大等。我们现有履约团队的成员基本上都是兼职的，平时都要按照学校的考核要求承担教学工作量。

参会劳累是因为会议时间长、时差和长途往返奔波。一个会议一般安排 3 到 5 天，经常是两个会议安排在一起，因此，7 到 10 天的会议是常有的事。会议大多在国际组织总部所在地召开。目前，除北太平洋渔业委员会总部在日本，离我们较近外，我们参加的其他区域渔业管理国际组织的总部都离我们很远，大西洋金枪鱼委员会总部在西班牙马德里、美洲间热带金枪鱼委员会总部在美国加利福尼亚圣地哥、中西部太平洋渔业委员会总部在密克罗尼西亚波纳佩、印度洋金枪鱼委员会总部在塞舌尔维多利亚、南太平洋区域渔业管理组织总部在新西兰惠灵顿但会议经常在南美国家召开、南极海洋生物养护委员会总部在澳大利亚塔斯马尼亚霍巴特。时差小的是 4 到 5 个小时，长的有 10 多小时，往返乘坐的往往是红眼航班。尤其是南太平洋区域渔业管理组织会议经常在智利、厄瓜多尔等南美国家召开，路上要转机几次，在飞机上要 20 多个小时。凌晨到达，早上参加会议。这种会议没有人接送也没有人招待，参会人员根据组织公布的会议日程和会议地点预订航班、宾馆。会议期间，自己解决吃饭问题。中午买个盒饭，晚上看资料用方便面充饥是常有的事。会议开始是有时间的，但会议结束时间是很难确定的。和国内会议完全不同，会议结束前，会议总结报告一定要经大家审议并获得一致通过。这往往是争论最激烈、时间最难控制的阶段，因为一旦报告通过后，就不能再更改了，所以各个代表团都会非常认真地审议，有时为了一个词，即用哪个词最合适，往往会一来一往地花半个小时或个把小时来争论。一般规定的会议时间是下午五点或五点半结束的，但最后一天，讨论通过会议报告时拖到七八点钟是常有的事，有时甚至拖到凌晨才结束。因此，会议一结束就马上往机场赶是常有的事。

参会待遇标准低也一定程度上增加了参会谈判人员的体力负担。当初参加国际会议碰到的困难之一是住宿标准低，那时的生活及公杂费一天是 30 多美元，对于国内的工资水平来说，应该说不算少了，但相对于国外的生活水准来说，是比较低的。30 美元是什么概念？就是差不多够用。按照正常用餐水平，在宾馆吃饭可能一顿饭要花 20 多美元，然后晚上再吃一点，整个补贴就差不多了。因此，我们能省就省一点，尽量看看哪个地方消费最便宜，买点快餐等。所以出国前，通常行李箱中需要备足方便面和饼干。虽然宾馆住宿是实报实销的，但会议宾馆标准高，我们住不起，只能找一些价格比较便宜的小宾馆或偏僻一些的宾馆入住。因此，会议期间早出晚归，休闲时间比较少，非常劳累。当时我们很羡慕中国台湾地区的代表，我们大家住在一起，他们一天补贴大概是 185 到 200 美元，在我们看来这个钱不得了。他们出国开会实行包干制，因此一般也不住高档宾馆，这样省下的费用就归自己了。参加会议的前几年，曾两人一个房间，虽然我们也知道，在老外眼里，两个男的住一个房间是有点怪怪的。记得我第一次去塞舌尔参加会议时，就是选择一个较大的房间，两个人一起住的。那时是农业部渔业局出的钱，我们按照预算领了钱，从住宿中节约一点，买点当地小礼品或点心，回国后送送人。自从我国调整出国待遇标准后，现在出去开会的待遇提高很多了，住宿标准基本上和国际接轨。现在我们一般宾馆都住得起，基本上不会超出标准，我们在外也感觉很有面子，不用住到离会议地点很远的地方。入住会议宾馆，可以休息得好一些，中午也有时间休息一会，也有更多时间阅读会议材料，效率比原来高了。现在的情况倒过来了，很多时候是别人羡慕我们。记得 2015 年的时候，我和朱江峰老师去韩国开会，开始入住会议宾馆乐天宾馆，明显感到其他国家的代表对我们另眼相看了。当然，我们住了几天后还是在附近找了一个价格低一些的宾馆。

参加这些会议的作用是多方面的。作用可以从资源评估角度去看，也可以从政治上考虑。印度洋金枪鱼委员会是联合国粮农组织（FAO）下属的一个政府间组织，我国台湾地区的参会人员是以应邀专家身份参加的。记得 1999 年第一次去印度洋开会时，我就很注意报告中涉及中国台湾的名称是否规范，即应是"Taiwan, province of China"或"Taiwan, China"。当时南非刚刚和中国建交，南非科学家在会议报告中和发言时称中国台湾为"Republic of China"。实际上，这名南非科学家也没有别的意思，并不是故意的，只是以前习惯了，一下子改不过来。会后我就马上提醒他，他马上说："对不起，对不起，以后一定改过来。"我同时也和秘书处沟通，把报告中的用词改过来。2003 年 7 月，在澳大利亚昆士兰 Mooloolaba 召开的中西太平洋金枪鱼和旗鱼常设委员会会议上，也曾涉及我国台湾代表团名称的讨论，当时中国台湾地区的与会人员提出修改"Chinese Taipei"的称呼，我就表示反对，指出"Chinese Taipei"是采用国际奥林匹克运动会的称呼，双方都是接受的。中国作为一个大国，在国际上是有影响力的。记得就在上面提到的那次在澳大利亚昆士兰 Mooloolaba 召开的中西太平洋渔业委员会筹备会上，中国台湾地区代表孙志陆老师过来和我说："许老师，有的时候你要帮我说的，你说的话和我说的话份量不一样"，意思是中国台湾的地位和大陆的地位是没法相比的。我们讲话人家会买账，中国台湾的代表讲话别人可能就不买账了。

国际渔业管理组织规定，通过养护和管理措施要根据最佳科学原则，就是说要有科学依据。在履约谈判中的话语权，数据是关键。我们发展金枪鱼渔业相对起步较晚，当时也没有重视渔业生产数据报告。因此，我们 1999 年去参加履约会议时，能够报告的数据不多。而我国台湾地区在上世纪五十年代就开始发展金枪鱼渔业，尤其在印度洋的作业船数最多，已经有几十年的生产数据了。科学家从科学角度出发，需要拿到数据对资源进行评估，他们不关心两岸的关系，只关心如何获得需要的数据。所以在较长一段时间里，IOTC 的一些科学家在会上都会提出，要求我国台湾地区提供金枪鱼生产数据。而中国台湾也知道他们手中有数据优势，经常会提出一些不切实际的要求。到现在为止，IOTC 在利用历史产量数据评估大眼金枪鱼资源状况时，仍然还是利用我国台湾地区、日本、韩国三家捕捞船队的历史数据，对有关参数进行对比并做调整。我们提出希望参加，但因为我们没有数据，所以未被接纳。

按国际组织要求收集渔业数据，需要方方面面的支持，对数据重要性的认识需要一个过程。对于技术组来说，我们在第一次参加国际履约谈判后，就认识到数据的重要性，认识到数据是我们争取话语权的关键之一。在 2000 年，我和戴小杰就向当时的远洋渔业分会金枪鱼工作组提出，要求企业提交生产数据，但遗憾的时，受到了分会负责人的批评和工作组轮值组长的质疑，他们认为我们技术组应该多做一些支撑企业渔业生产的技术工作，比如提供渔场预报、进行生产预测等，而不应要求企业提交数据，增加他们的负担。这种局面在若干年后才得到改善，收集数据的重要性得到各方认可。2001 年开始，技术组结合科研项目，派遣观察员收集渔获物生物学数据，因此，我们是 2001 年在区域金枪鱼渔业组织中宣布开始尝试观察员计划的。2003 年，根据周校长的意见，我和戴小杰起草了《中国金枪鱼渔业科学观察员守则以及管理规定》并提交渔业局远洋处。2008 年，农业部办公厅专门发文，要求所有金枪鱼延绳钓渔船填写《渔捞日志》，远洋渔业企业须在 3 月 31 日前，把上一年度的《渔捞日志》寄送金枪鱼技术组。这从制度上为金枪鱼渔业数据库的建设打下了基础。2009 年，渔业局国际合作处刘小兵处长通过农业部渔业管理项目中的多边协定执行和公海渔业管理，为我们争取到一笔每年 90 多万的专项经费，这笔经费的支持使金枪鱼渔业科学观察员计划能够执行，同时还开展了渔获物港口取样工作，进一步增加了数据收集的渠道。2016 年，农业部渔业渔政管理局发布了《远洋渔业国家观察员管理实施细则》，同时大幅增加了经费支持力度，改革观察员遴选、培训和选派的机制，观察员面向社会招收，使我国金枪鱼渔业观察员的覆盖率明显得到提高，数据收集质量也有了提高。

2014 年，农业部委托我们学校进行数据研究，数据都在我们学校这边，可能其他国家或者中国台湾地区都会来我们这里查阅数据。他们知道金枪鱼延绳钓是怎么回事，知道在什么地方作业，也知道是什么渔场，这个时候有好处，就是企业家糊弄不了他们。企业有的时候报的数据填错了，我们会发现。不是说他们没有数据，而是说企业不太重视，还有就是我们发现他们不是现场记录，一年的数据有可能是他们拍脑袋一下就填好的,特别马虎,我们学校在这方面叫规范数据方面。为什么要审核数据?我们现在都开会,其实开会归结起来只有一项任务,实际上就是履约。履约的内容是比较多的,从大的方面来说,要看养护管理措施,中国有没有做到,这是整个履约过程中要递交的一个比较大的数据。这也是我们目前需要做的工作,规定每条船一个月上报一次数据。企业将数据呈报给远洋渔业协会,协会把这个数据全部转到我们学校。

现在学校数据中心的数据都在我们这里。上一年的《渔捞日志》也全部要交我们这边。由我们去审核这些数据,然后再把这些数据录入到数据库里面去进行分析,我们根据国际组织的要求作情报分类。我们把统计数据发给远洋处或者远洋渔业协会。我们不能代表他们,按照规定应该由他们再发过去给国际组织。但技术上是我们把关。例如,从正规来说,我们去开会,境外放一幅中国国旗,但实际上也不能说我们代表国家,我们只能代表渔业团体,年会上政府代表会代表国家说正儿八经的话,那么我们类似科技部的职能。一个代表团的组成是分档次的,代表团团长是领导,下面就是副团长,再下面是顾问,还有专家,分好几种,一般我们相当于顾问的角色。如果是派一个科学代表团,那就是由我们负责。

2018年,在曼谷召开的印度洋金枪鱼委员会第15次执法委员会上,我们的履约总分为96分,在各缔约方中是最高的,远高出欧盟和日本等发达远洋渔业国家。这个成绩是各方努力的结果,也包括我校金枪鱼技术组成员在数据收集、分析报告、观察员计划的执行、港口取样计划以及参加履约会议等方面的辛勤付出。2018年10月,中国远洋渔业协会黄宝善会长在舟山召开的远洋渔业理事会会议上曾对我校在国际渔业履约方面的工作表示肯定。

我从1995年去西非塞拉里昂工作,至今已经20多年了。这20多年间,国家社会经济快速发展,中国人的地位发生了很大的变化。可在20多年前,情况并不如此。记得我在塞拉里昂工作期间,1997年和1998年初曾先后两次去佛得角船厂修船。佛得角在大西洋中部,是一个小岛国,东距非洲大陆450多公里,历史上曾是葡萄牙的一部分。因此，许多当地人对葡萄牙是有感情的，他们在交谈中流露出对我们要收回澳门表示不理解，认为中国这么大，还要澳门这小地方干什么。当然，主要原因还是嫌中国穷，担忧澳门回归中国后的前景。有一次，我们在海滩上散步，一群小孩就对着我们喊"CHINA，No money"，那是1997 年的事。在西非的商店里或饭店内，服务员先笑着问我们是否是日本人，然后问我们是否是韩国人，当我们告诉他我们是中国人时，有时会见到对方脸上的变化。还有就是 1999 年我第一次去塞舌尔参加热带金枪鱼工作组会议，进会议室找到"CHINA"台牌坐下后发现，围着桌子一圈坐着的有近 30 人，大部分人都拿出手提电脑，开始接线。只有我们中国代表团、印度代表团，还有好像泰国代表团的参会代表拿出的是笔记本，而不是笔记本电脑。见到那些来自发达国家的代表一个个把电脑打开，我们觉得很羡慕，只要看一下是否有手提电脑，就知道他是来自发展中国家还是发达国家。当时买一台电脑要七八千块，那时候八千块相当于现在好几万块钱。那时，如果办公室有一台台式电脑就很不错了。随着国家社会经济的快速发展，我国参加国际履约谈判的待遇标准有了很大的提高，当初那种为住宿和一日三餐担忧的日子已经成为历史了。

2018 年 10 月，我们"捕七七"班同学刚刚为纪念入学 40 周年而相聚临港。40 年，转眼间就过去了。我们这一代人都有一段特殊的经历，都是改革开放的受益者。从我个人来说，首先得感谢胡谟遂老师把我招到当时的厦门水产学院，感谢学校在我毕业后把我留下来工作，并送我到国外留学和进修，扩大了我的专业理论知识。记得我 1985 年去美国的机票 1000 多美元，按当时的汇率折合人民币 5000 多元，光机票就相当于我六七年的工资。国家发展远洋的政策使我有了直接参与远洋渔业实践的机会，从日本海鱿钓渔场资源探捕到西非远洋渔业经历以及远洋渔业履约谈判，近 30 年的实践充实了我的经历，扩大了我的阅历，是一生难得的财富。由于参与远洋渔业和国际履约，我先后去过 30 多个国家和地区，领略了不同国家多彩的文化。去过美国、英国、法国等发达国家，对于好多人来说很平常。但是去过非洲国家的人可能不会太多，而到过太平洋岛国密克罗尼西亚、库克、马绍尔以及大西洋岛国佛得角、印度洋岛国塞舌尔、法属留尼汪和马达加斯加的人，恐怕更少，因为一般人是不会去或没有机会去这些地方的。在国内和平年代，在国外经历过战争、碰见过海盗，还蹲过西非维护部队宪兵司令部监狱，这样的人甚少。

当然，因为远洋渔业，我出差在外时间多，家里无法照顾，也留有遗憾，感到歉疚。2002年2月，我在巴布亚新几内亚参加中西太平洋渔业委员会筹备会议结束后刚回到北京机场，就接到我爱人电话，说我母亲她老人家已经去世了。我是刚回老家和她过完春节的，想不到这是最后一次见到她，心里不是滋味。我爱人说她已回老家代我为她送行，家里的几位兄长已经把所有事情都办好了。

六、谈判促进学校学科发展，思考履约团队后续发展

履约团队的路子今后应该怎么走？我们希望得到学校层面的支持。我们要发展专业的队伍，在一个学院里面做这件事情，确实难度比较大。队伍建设需要经费，按照学校现有的考核制度，没有这么多工资，这方面难度比较大。现在每个人都负责一门课，如果人员不在学校，这七八个人的课怎么办？是不是有其他方法来支撑，肯定需要配备人员。如果说我们不去参与履约，那么有可能其他地方就拉他去。如果说没有能力去做，又不愿放手，那倒是比较尴尬，所以一定要做好。要把人才培养好，机制上面还要及时跟进。

有的时候陈勇老师以及孙志陆老师他们讨论，说看看下面的研究生有没有好的苗子。一方面要有好的苗子，另一方面要他自己愿意做。现在的问题是，有好的苗子，培养好了，但他自己觉得好像搞履约没什么希望，考核这么严，工资也不高，按照他这水平，到外面可能待遇更好。这样可能要允许个别人才有点差异化。我们不妨参考一下日本的做法。据说日本代表团成员基本上都是日本国内的精英，会被送去美国名牌大学读博士，然后还允许跨专业学习，如他本科学海洋渔业，出去不一定就学海洋渔业，可以学经济学、金融学等。拿到学位之后，下

一步再派他到其他地方，如可以去日本驻美国大使馆锻炼几年，这样他的语言综合能力、谈判能力就很强了，回来后他马上就能派上用场，跟团长出去参加会议，过几年就能当团长了。我们中国现在的经济实力条件也可以这么做的，就看培养的对象自己有没有兴趣，能不能把它当成一项事业来做。现在我们担心的是，经过物色比较，发现一个人的专业很强，但如果他没有心思去做，和人家去竞争还是不行的。还有就是平时性格内向的人也不行，像我们这种个性都不行，需要喜欢争强的，一旦涉及到国家利益，就要敢于争一争，但争要讲技巧，既要争，但是又不要把脸皮撕破，脸皮撕破就难看了，场面上要维持，让对方既知道你不舒服，但又要让人家看起来好像没有争吵一样。参加谈判对我们学科发展还是有作用的。我们现在特别想新开几门课，这已经是我第二次提出来了，其中一门课叫"远洋渔业管理实践课程"。学校有学历要求，但我可以把它作为任选课、特色课，使它成为一个比较好的锻炼机会。我们学院的莫老师参加国际会议经常会专门进行录音，录音的内容就涉及到大家唇枪舌剑的情景，以及各国代表富有特色的语言风格，这些都是在以往课堂上接触不到的真实场景，是很国际化、很前沿的知识。现在这个事情唐建业老师在负责。还有像朱国平老师，他就专门看了不少有关南极磷虾的管理介绍，以及我们有的老师会把参加国际会议的体会经历在课堂上面跟大家分享，我估计这样对同学们是有帮助的。还有国际商业及渔业管理的前沿知识，像金枪鱼组织就有最前沿的渔业管理知识，对系统掌握远洋渔业的未来发展趋势会有很好的效果。我们评估过中国海大的课程，这些是他们所没有的。

我们学院培养人才的状况现在好一点，从 2010 年到 2013 年的数据比较中可以看出，我们学院出国深造、参加国际会议的比例是最高的，其他学院可能没这么多。这些年学院的整体英语水平、专业水平也提高了，对培养一批人才也有帮助。从大的背景来说，这也反映了我们国家这些年改革开放的成就。

刘小兵

刘小兵，1963 年 7 月 15 日生，博士，教授，中国远洋渔业协会顾问，原农业部渔业渔政管理局国际合作处处长。长期致力于为我国争取远洋渔业权益，协助有关金枪鱼渔业管理的对外谈判、履约工作，拥有丰富的远洋渔业管理经验。研究方向为国际渔业管理。

1984 年 7 月至 1986 年 8 月，在宁夏回族自治区水产技术推广站、农牧厅工作，任技术员和职员。

1986 年 8 月至 1992 年 2 月，在农业部水产项目办公室工作，从事政府间国际组织援助中国渔业项目的管理工作，任项目官员。

1992 年 3 月至 2014 年 12 月，在农业部渔业局（现渔业渔政管理局）国际合作处工作，从事涉外渔业管理、合作和对外交涉、谈判工作。历任官员、副调研员、副处长、处长（2001 年至 2014 年）。

2015 年 1 月至今，上海海洋大学外聘教授，中国远洋渔业协会顾问。为本科生和研究生做讲座报告，参加国际会议教师谈判策略指导，协助有关金枪鱼渔业管理的对外谈判、履约工作。

自 1992 年以来，一直在农业部渔业局（现农业农村部渔业渔政管理局）国际合作处工作。其中，2001 年至 2014 年任国际合作处处长，见证了中国公海渔业发展的整个过程，尤其是中国大洋性金枪鱼渔业的发展历程。多年来，以中国代表团团长身份参加国际多边渔业管理谈判，积极领导并组织中国参加了四个金枪鱼区域渔业管理组织的缔约谈判，为争取我国金枪鱼资源的捕捞配额和渔业权益做出了重大贡献，同时积累了丰富的国际渔业谈判经验。

为维护国家海洋权益需字斟句酌，但也要讲究方法策略

刘小兵

"履约谈判虽苦，但在国际会议中能争取更多金枪鱼配额，再苦也值了。"

一、结缘远洋渔业，我一干就是二十二年

我是 1984 年从大连水产学院毕业的，毕业以后就被分配到了老家宁夏，在那边的水产技术推广站工作了两年。1984 年，咱们中国面临着吃鱼难的问题，对于吃鱼难，有两个解决方案：第一个是搞商品化，即搞商品经济，第二个就是发展远洋渔业。那个时候，咱们中国政府向国际组织申请援助，世界粮食计划署给了中国一个援助项目，当时北京项目办缺人，就让我去帮忙，所以我 1986 年就去北京工作了。到了1992 年，第一届世界联合国环境与发展大会召开，大会要求开始管理整个公海的渔业，因为《联合国海洋法公约》从 1982 年开始生效以后，随着国际渔业资源的争夺越来越激烈，没有一个全球性的有约束力的国际文件来管控整个国际公海的海洋秩序。所以那时候，我们渔业局感觉到缺人了，所以叫我过去帮忙。

我从 1992 年开始在这个岗位上工作，一干就是二十二年。我从2001 年开始就当处长了，一直干到 2014 年年底退休，退休这三年我还是依然在第一线，帮助大家做好金枪鱼组织的谈判工作。我为什么想讲金枪鱼呢？因为世界上 200 多个国家中有 80 多个国家都在参与金枪鱼渔业，而且这些国家都是沿海渔业国家，每年产量能有个六七百万

吨。这里边有几个品种的价值比较高，比如蓝鳍金枪鱼。蓝鳍金枪鱼分布在大西洋，它的产值每年要 10 亿美元了，量比较大，所以参与的人很多，从二战以后，就逐渐开始形成了多个国际渔业组织。1969 年，国际上根据《养护大西洋公约》成立了一个养护大西洋管理组织来管理大西洋金枪鱼渔业。到了 1996 年，在联合国粮农组织的帮助下，国际上又成立了印度洋金枪鱼委员会。到 2004 年，中西部太平洋金枪鱼委员会正式成立。这四个金枪鱼组织就把国际上主要的金枪鱼资源都管理起来了。从 1993 年到 1995 年，联合国每年在纽约召开为期五周的会议，商量制定了一个关于跨界鱼类和高等洄游鱼类种群的协定。那么这些区域渔业管理组织的目标是什么呢？具体的管控措施都有什么呢？金枪鱼对咱们学校来说又有什么好处呢？学校在中国要变成双一流，肯定得是独一份儿，那么研究公海渔业资源，包括金枪鱼资源，只有我们上海海洋大学，这就属于独一份儿。

当时这个《联合国鱼类种群协定》已经形成并生效了，中国政府已经签字了。从道义上讲，我们应该遵守这个协定的有关内容。但从法律上讲，中国并不受约束。为什么呢？因为我们没有批准这个协定。《联合国鱼类种群协定》中有一条规定，在一个区域组织生产，必须要跟这个区域组织合作，或者要遵守这个区域规则，不遵守这个区域规则就不能生产。基于这个规定，从 1996 年起，中国派代表团参加了这个会议，代表团回来了以后，正式报国务院批准了这个协定，那么中国从 1996 年开始就成为成员了。加入进去以后，就涉及到中国台湾地区的名称问题，中国台湾地区从上世纪 60 年代起就一直在大西洋一带活动，一直做到观察员。我当时就问中国台湾地区代表为什么不加入这个组织，中国台湾方面说，加入还要交会费，所以不加入。这给我们国家创造了一个什么条件呢？我们去了以后我国就是成员了。成为成员国后，我们就要求开团长会议，要求把"台湾"改成"中国台湾"。到了 1997 年，大会就把名称正式改了。这样的话，就消除了这个组织里边可能出现一中一台或者两个中国的问题。

从金枪鱼这个角度来讲，咱们中国是从 1987 年开始搞金枪鱼渔业的。从 1987 年到 1994 年的这段时间，我们国内转移出去的船达到了

500 艘，集中在帕劳、印度尼西亚和马绍尔群岛。船多了以后，我们的船的确是艰辛了一点，因为上面没厕所。船一靠港就引起了当地岛民的很多不满，引发了争执。再加上这种船型是生产冰鲜的，就是生产冰鲜产品，严重地依赖空运，因为要运到日本去，所以受市场价格波动很大。有些产品运进来了，靠港了，如果没船没飞机，那就得臭了，所以到1994 年的时候有将近 500 艘船，但到了 1995 年就只剩下了 70 艘。

中国当时真有这个愿望，就是把金枪鱼搞起来。但是由于很多方面的因素，比如说 1994 年日本的水产厅次长叫岛一雄，这个人呢，到了中国台湾地区去访问，公开地呼吁中国台湾地区、日本和韩国联合起来遏制中国大陆发展金枪鱼渔业。当时日本不允许它的超低温金枪鱼渔船进口到中国来。因为当时我们解决不了建造渔船所需的超低温设备和技术。到了 1994 年，中水公司从韩国手里边买了四艘巴拿马籍的旧的二手超低温金枪鱼渔船，1995 年我们就开始生产金枪鱼了。

刘小兵(左一)参加大西洋金枪鱼委员会会议

二、从"不友好"到"合作""双赢"，我的中日金枪鱼谈判历程

首先，1987 年到 1999 年是中国金枪鱼渔业从无到有、逐渐发展的一段时间。在此期间，日本采取了对华不友好的遏制政策。

从 1987 年开始,中国开始发展金枪鱼渔业。当时的作业方式仅为冰鲜延绳钓船,作业海域仅集中在南太平洋岛国的专属经济区内。到 1994 年,这一渔业发展到了顶峰,作业渔船达到 500 多艘,产量 14000 多吨。这引起了日本的高度关注。我们当时的想法是与日本建立金枪鱼渔业的合作关系,并由时任渔业局局长的卓友瞻先生在 1994 年于北京召开的两国渔业高级别会议上(中国为农业部渔业局局长,日本为农林水产省水产厅长官)向日方提出了"在金枪鱼渔业上,中日之间应当考虑国际分工的问题"。但日本方面没有回应。1994 年,时任日本农林水产省水产厅次长的岛一雄先生访问中国台湾地区时,呼吁中国台湾地区、韩国和日本联合起来共同阻止中国大陆金枪鱼渔业的发展。岛一雄先生的这番讲话引起了中国大陆的不满。1995 年,卓友瞻先生在纽约参加联合国"关于跨界和高度洄游鱼类种群养护和管理大会",他在会上介绍了中国发展远洋渔业的情况,并特别指出"中国发展远洋渔业,将严格遵守有关渔业的国际法规,并充分注意保护海洋生态环境,在平等互利、合理利用可利用资源的基础上,开展同有关国家、地区的渔业友好合作,共同发展渔业经济,决不会损害别国利益。一些人对中国发展远洋渔业存有疑虑和偏见,这是没有根据的。中国渔业的发展道路,既符合中国国情,也符合世界渔业的发展方向"。这段话回应了遏制中国金枪鱼渔业发展的不友好言论。

在具体行动上,日本禁止向中国出口二手金枪鱼渔船,特别是大型超低温金枪鱼渔船。由于冰鲜金枪鱼渔船的产品受航运、港口补给等诸多因素影响,加上当时中国的金枪鱼渔船绝大多数船体很差,产量不高,从 1995 年开始,中国在南太平洋上的金枪鱼渔业出现了大滑坡,派出的渔船数量急剧下降。

1993 年,中国水产总公司从韩国购买的两艘大型超低温渔船开始在大西洋公海从事金枪鱼生产。1995 年,我国金枪鱼渔船开始在印度洋公海从事金枪鱼生产。1996 年和 1998 年,中国分别加入了管理大西洋和印度洋金枪鱼渔业的"养护大西洋金枪鱼国际委员会"(ICCAT)和"印度洋金枪鱼委员会"(IOTC)。1996 年,中国在 ICCAT 注册了大型超低温渔船 4 艘,1998 年增至 14 艘,1999 年增至 27 艘。1999 年,中国在三大洋的金枪鱼产量为 25479 吨，超过了 1994 年的历史最高水平。

其次，2000 年至 2001 年是中日关于金枪鱼渔业争论最为激烈的时期，也为其后的"双赢"合作奠定了基础。

由于冰鲜金枪鱼渔船作业范围小、安全性能相对较差等原因，中国希望改造其金枪鱼船队的结构，增加大型超低温渔船的数量，但由于日本的限制，我们无法从日本进口此类船舶。于是，中国的企业开始从其他国家购买二手的日本或中国台湾地区制造的此类渔船，并开始建造新船。调整结构的过程正好与国际打击非法、不报告和不管制（IUU）捕鱼同期发生。1999 年，ICCAT 在区域金枪鱼管理组织中率先通过了 IUU 渔船的名单。2000 年，中国在 ICCAT 注册的大型超低温渔船共有 60 艘，其中一些渔船曾经从事过非法捕鱼。日本一些渔民和有关人士对中国大量引进有非法捕鱼历史的渔船表示了高度的关注和不满，要求日本政府在 2000 年的 ICCAT 会议上提出限制中国的决议，要求中国不再进口 IUU 渔船并向日本交出已注册的旧船予以销毁。

刘小兵（右三）拜会中西部太平洋渔业委员会秘书处

2000 年 11 月 13 日至 19 日，养护大西洋金枪鱼国际委员会（ICCAT）第 12 次特别会议在摩洛哥召开。由于中国 1999 年在大西洋海域的大目金枪鱼产量达到 7300 多吨，日本代表团把限制中国在大西洋从事金枪鱼作业的渔船数和产量作为参加这个会议的最高目标，要求将中国的大目金枪鱼产量限制在 2000 吨，作业渔船限制在 14 艘。此外，美国、加拿大也给中国施压。我当时就强调，"我们中国作为发展中国家，有发展公海渔业的权利，打击非法捕鱼是当务之急，但我们愿意讨论有关限制产量的措施，并愿共同承担资源养护的责任，将中国在大西洋作业渔船数限定在 60 艘以内，2001 年产量低于 1999 年的水平。但考虑到社会经济因素，绝不接受日本提出的限定指标"。经过会下多次磋商，日、美代表团将产量让步到 4000 吨。在会议的最后辩论中，中国代表团表示 4000 吨限额无法满足船队的基本需求，不能接受。但鉴于养护措施建议中还包括要求其他缔约方今后将其产量限定在 1991 年或 1992 年的水平，以及具体限定菲律宾和中国台湾地区今后的捕捞产量和渔船数等其他限定内容，中国不阻止该建议的通过，但不参加协商一致通过该建议案的程序，对该建议的最后态度由中国政府决定。会议在中国作出保留的情况下通过了日、美联合提出的"在 2001 年将中国在大西洋水域的大目金枪鱼产量限制在 4000 吨"的建议案。会后，中国按照《建立大西洋金枪鱼国际组织公约》所赋予的反对权对这一建议提出反对，自主确定配额为 7300 吨。

关于引进二手渔船的中日之争也发生在联合国粮农组织内。2000 年 10 月，在罗马召开了"打击非法捕鱼国际行动计划"技术磋商会议。日本代表团在会上要求各国不得给有违规记录的渔船入籍或发放捕鱼许可证。我们则提出，"应当在资源许可的情况下允许有关国家适当购入一些旧船，现行国际法没有不允许有关国家接纳有违规记录的渔船的规定，打击非法捕鱼国际行动计划不应为有关国家设立新的国际法义务，如会议文件包括日本的建议，中国将阻止该行动计划的通过"。最终，会议没有接受日本的建议。2001 年，联合国粮农组织渔业委员会议上决定，"船旗国应避免有违规历史的渔船悬挂其船旗，除非渔船的所有权已发生了变化并且新船主能提供足够证据证明原先的船主或经营者已与该船无法律、利益和经济关系并不再控制该渔船；或船旗国在考虑到所有有关实际情况之后，确定允许该渔船挂旗将不会导致IUU 捕捞。"

2000 年 12 月，在塞舌尔召开的 IOTC 年会上，中日代表团就限制中国在印度洋的作业渔船数和大目金枪鱼产量进行了激烈的争论。日本提出的有关决议草案没有被会议接受。

2001年2月12日，日本派出以水产厅审议官弓削志郎为首的代表团与中国渔业局李副局长为团长的代表团在北京举行了会谈。日方访问的目的是劝说中国接受ICCAT通过的限制中国的决议，不要接受IUU渔船。我方则表示，中国有权利对ICCAT通过的决议提出反对，并认为由于日本限制向中国出口金枪鱼渔船，我方在没有其他渠道的情况下，只能通过购买二手渔船发展金枪鱼渔业，但在引进数量上有严格限制。双方会谈气氛不好，中方也没有按照中日渔业代表团互访的惯例设宴招待日方代表团。

2001年2月和3月，日本有关渔民团体向中国驻日本大使馆和在日本出席金枪鱼管理会议的中国代表团递交了近千名渔民代表签字的抗议信，要求中国停止进口二手渔船。

2001年3月26日，中日双方在东京举行了第二次会谈。本次会谈的级别为处级（以后的会谈均为处级）。此时，日方已经收到ICCAT秘书处分发的中国对大目金枪鱼决议提出反对的信函。日方认为，中国目前的政策鼓励了IUU船主在中国台湾地区和中国大陆继续新造渔船并在中国注册，中国公司实际上并没有切断与IUU船主的经济和法律关系。日方希望中国能修改继续允许IUU渔船在中国入籍的政策，如果中国能修改这项政策，将会大大改善两国在金枪鱼问题上的合作关系。对此，我方认为，根据日本的统计资料，日本每年进口IUU产品达5万吨之多，是日本的资金鼓励了IUU渔业活动。关于切断与原船主关系问题，我说："日本销毁IUU渔船的计划需要三年的时间，中国渔业公司切断与原船主关系也应有计划和执行的过程。联合国粮农组织要求各国在三年内自愿实施打击IUU的国家行动计划，中国将据此考虑自己的时间表。"日本认为，中国错误地使用了反对权利。日本不能接受在其他国家限制产量时，中国无限度地利用IUU渔船发展金枪鱼渔业。日方希望中方撤回反对。日方表示，由于中方提出反对"养护大西洋金枪鱼国际组织"的建议时正值日本水产厅决定其行政命令之时，时机不好，中方也未事先向日方通报，日方不得已在其制订的水产厅的行政命令中包括了要求日本进口商不要进口现在中国挂旗的原 IUU(非法捕鱼)渔船的渔获,但通过本次磋商,中方向日本传达了"令人鼓舞"的信息。我们中国代表团提出,中国对使用反对权利非常慎重,但由于大目金枪鱼的建议对中国作了歧视性的规定,中国不得不对此项建议提出反对,不存在错误使用权利的问题。关于时机问题,我们则指出,由于日方的原因,当时没有预先通报的气氛。对日本指导性的行政命令,中国对此项歧视性贸易措施严重关注,并指出日方的做法违背了联合国粮农组织刚刚通过的"打击 IUU 渔业活动的国际行动计划"的规定,即"应避免采取单方面的贸易措施,有关贸易措施应通过多边集体做出"。若日本坚持此种错误做法,则中日在金枪鱼问题上就没有了合作基础和气氛,此一事项应由两国的贸易部门来谈。日方表示,如果日方通过磋商认为中国是在以负责任的方式管理船队,此项命令还存在修改的可能。例如,中国渔船在向日本出口渔货时附上中国渔业局颁发的捕鱼许可证复印件,则货物可以出口到日本。

本次会谈后,参加会议的代表团及时建议中国渔业局考虑暂行停止进口二手超低温金枪鱼钓船(此时中国共有引进和新建的大型超低温渔船 81 艘投入了生产,另有已批准引进和建造的 17 艘渔船未投入生产),明确要求中国公司在三年内切断与原船主的经济和法律关系并加强金枪鱼船队管理。该建议获得了批准。2001 年 3 月,中国渔业局通知有关地方渔业主管部门暂停进口二手超低温金枪鱼钓船。

2001 年 4 月 17 日至 18 日,中日金枪鱼问题第三次磋商在北京举行。在本次会议上,日本提出了"改进金枪鱼渔业管理合作计划"。中方通报了加强船队管理的做法和设想,双方的民间机构也正式开始讨论有关今后合作的问题。

2001 年 6 月 12 日,中日金枪鱼问题第四次磋商在北京举行。日本于会上提出,中国应将大型超低温渔船限定在现有水平。我们反复强调不可能接受此项要求,并表示如日方坚持此项内容,中国将不可能派团赴日本参加原定 7 月初在日本召开的第五次磋商。日方表示,其可不坚持要求中国限定大型超低温渔船这一先决条件,但中国的发展应当适度,有关的发展计划应当与资源状况相协调。中国初步同意按原计划在 2001 年 7 月初派团赴日，参加最后一次事务级磋商。双方谈判代表对合作文件（《中日改善金枪鱼渔业管理合作措施》）的内容交换了意见，包括在文件中体现中国拥有的大型超低温渔船数和"中国将采取措施，通过与有关海域资源状况以及中国受约束的区域管理措施相一致的计划适度发展"的表述。会上，中国代表团向日方通报了中国已经规劝指导企业不再购买二手渔船，并在形式上暂停审批二手渔船的入籍申请。日方表示，非常欢迎中方采取这一积极步骤。2001 年 7 月 24 日，ICCAT 通过的对四个国家（中美洲三国和柬埔寨）的大目金枪鱼进口禁令开始生效，日本担心又有新一轮 IUU 渔船会转移到中国，中方作出的这一决定对遏止 IUU 有积极作用。双方还讨论了中国企业加入"促进负责任渔业组织"（OPRT）的问题。中国代表团还要求日本停止针对中国金枪鱼产品的不买指导政策，指出中方难以在这种气氛下与日方讨论有关合作事宜。

2001 年 6 月 22 日，日本方面来函提出了"中日关于改善金枪鱼渔业管理合作安排"建议，在中国渔业管理部门内部引起了分歧。由于内部意见不能统一，当天中方回复日方，中国方面需要时间进行广泛的国内磋商，并形成中方的反建议，难以出席原定于 7 月 2 日至 5 日在东京召开的双边磋商。一旦完成国内磋商，中方将通知日方并商定下次会议的日期。

经过国内磋商，2001 年 7 月 31 日，中方致函日方，通知了以下事项：（1）双边合作的范围应仅限于大西洋；（2）仅交换双方在大西洋作业渔船名单；（3）在 ICCAT 通过了有关具体执法安排后，双方再讨论如何具体配合执行；（4）鉴于双方政府部门在合作问题上还未形成一致意见，企业合作没有基础，如中日举行下次磋商，双方企业暂不参加；（5）暂不考虑中国企业加入 OPRT 的问题；（6）不同意在双边文件中提及中国的现有船主切断了与曾从事 IUU 渔业活动的原船主的财务联系。

日本方面在收到中方的意见后反应强烈，表示绝不能接受"中方推翻前几次磋商成果的做法，不能同意中日金枪鱼合作仅限于大西洋的建议"。

2001 年 7 月，中国四家公司在大西洋捕捞的 2000 多吨大目金枪鱼产品在日本销售受阻（共 20 艘渔船的产品）。日本按照其"不买指导"，要求其进口商提供所代理渔船的旧国籍证书，如果该船原船名在 IUU 名单中，则列为不买对象。在产品销售受阻的交涉中，双方商定，中日关于金枪鱼问题第五次磋商于 2001 年 8 月 27 日至 31 日在东京举行。

在第五次磋商中，中方继续坚持不与日方制订双边合作安排文件，但提出以信函方式记载中方可以承诺的内容，并确定中日金枪鱼合作的方式。日方同意以互换信函的方式来确立今后的磋商办法，对于中国拥有的 98 艘大型超低温渔船表示认可，但要求中国切实做到这 98 艘船的生产经营与从事过非法捕鱼（IUU）的前船主没有关系，并由中国渔业主管部门向渔船出具证明，在此基础上，日方将不把中国一些渔船列入不买对象。会谈中，日方坚持要求中国承诺将大型超低温渔船暂时冻结在 98 艘，经中国代表反复说明情况并强烈反对后，日方同意可不要求中方在信上对此做出说明，但坚持在其致中国的信中要求中国减船或至少维持现有渔船。关于切断与 IUU 船主关系问题，我们承诺开展调查，并表示，如调查结果表明中国有关企业正在和前 IUU 船主合作，中国渔业管理部门将要求其在合理的时间内切断关系。如其在合理的时间内不切断关系，我方将会采取措施，不能允许前 IUU 船主败坏中国的声誉。

刘小兵（左二）参加印度洋金枪鱼委员会第 21 次年会

根据第五次磋商的结果,中方于 2001 年 11 月 2 日致函日方,确认了以下事项:(1)双方将定期(至少每年两次)就金枪鱼渔业有关问题举行磋商,内容包括为保证金枪鱼渔业的可持续健康发展而进行的合作、渔业控制和限制 IUU 的对应措施。在今后两年中,双方的磋商可能较为频繁。(2)双方将交换注册的超低温金枪鱼延绳钓渔船名单,并定期更新名单和将变化通知对方。名单中包括船名、船主姓名和地址、船舶总吨位、造船的日期与地点。信函中还介绍了中国在管理金枪鱼船队方面开展的工作和中国关于金枪鱼渔业的有关立场。

在中日关于金枪鱼渔业问题的争论中,双方均表达了推动企业间合作的愿望。从 2002 年开始,双方企业积极探讨合作方式并取得了成果。日本将中国大连渔港作为其金枪鱼船队的补给港并计划使用中国渔业劳工和通过无偿援助项目方式共同开发中国金枪鱼消费市场。有关超低温渔船转让方面的合作也在探讨中。2003 年 4 月 4 日,中国渔业协会远洋分会与 OPRT 签署了加入该组织的协议以及与日本金枪鱼协会合作的协议。

最后,我国取得了建造超低温金枪鱼渔船的技术突破,迫使日本放弃了不向我国出口超低温金枪鱼渔船的限制,但中国渔业主管机构也同时承诺控制超低温金枪鱼船数量。

我国在 2003 年制定了建造超低温金枪鱼渔船的计划。随着新造渔船的投产,日本表示不能接受我国新造渔船向日本出口金枪鱼产品。为此,双方经过一年四轮谈判,中国农业部渔业局代局长李健华于 2005 年致信日本农林水产省水产厅弓削志郎次长,通报在未来五年内,中国将把大型超低温金枪鱼渔船总数控制在 113 艘以内(引进的有 OPRT 份额的渔船除外)。中国在现有的 105 艘大型超低温金枪鱼渔船的基础上增加了 8 艘渔船,并已按印度洋金枪鱼委员会(IOTC)的相关决议,报废了相应的金枪鱼冰鲜渔船 38 艘。中方考虑到日方的关切,已对授权签署有关金枪鱼产地证书的机构进行了调整,从 2005 年起,已改由中国农业部渔业局的相关处签署。我方希望此举将有助于改善中国的金枪鱼产地证书签署工作。

三、履约谈判，在国际会议中积极争取金枪鱼配额

我国是 2004 年加入太平洋组织的，但是我国的金枪鱼配额从 1996 年到现在一直没有增加。我们现在谈判的大目金枪鱼配额是以 2004 年为基数的，因为 2004 年是产量最高的年份。2008 年，金枪鱼养护协会通过养护措施时，要求任何其他的船队把产量控制在 2001 年和 2002 年的平均水平，只有中国和美国是把产量控制在 2004 年的水平上的。

为什么中国例外呢？因为当时的会议主席是原澳大利亚农业部的副部长，叫格来凯尔。委员会 2004 年成立的时候，他就当主席了，我是副主席，我们两个搭档了四年。2003 年，我们中国主办了联合国第一次水产养殖分委员会的会议。因为格来凯尔对养殖方面比较熟悉，我们就推荐由他来当这个在中国召开的水产养殖分委员会的主席。当时 77 国集团反对，但最后也没强硬过我们，我们还是让他当主席了，从这个角度来看，我们私交还是不错的。在会上，因为大部分渔业资源都不好，所以大会要求延绳钓的这些船队必须得减产，每个国家每年减产 10％，当时我们中国只有 9400 吨，每年减 10％，那么三年后我们就只剩 6000 吨了，这个肯定对我们的船队是不利的，而且当时我们也从日本引进了很多船。

这时候我就去找格来凯尔，我说："别的国家我们管不了，能不能对中国有个例外。"他说："那你给我个理由。"我说："理由是我们的船有好多是在太平洋的岛国进行生产的，你可以把它叫做以岛国渔港为基地的船队，这些船的产量归属需要经过研究。但是在产量归属没有得出结论之前，中国的捕捞限额维持不变。"因为我也知道这个产量的归属问题是双方要讨论的。2008 年，我们就商量了一下这个归属问题，中国除外，这样我们的基数年就变成了 2004 年，也就是我们产量最高的一年。

别国每年减产 10％，我们中国是个例外。会议结束后第二天就有国家来找我们，跟我们商量产量归属的问题。我说我们还没有做好准备，我们还在统计历史产量。到了 2011 年，也没人提这个归属的事了。

同时，我们觉得这样长期例外肯定也不行。我就跟战老师讲，我们是不是在原来的数据统计方面有些遗漏。经过这些考虑，我们就开始挖掘历史上的数据。通过挖掘，我们发现有一个重叠海域，这里的产量当年没报到中西部太平洋来。什么叫重叠海域呢？就是南纬4°到东经150°至130°的海域是东西太平洋重叠的海域。2004年，我们在那边肯定是有产量的。当时这个产量没算进来，只报了东太平洋的产量了，没报那儿的。我们中国当时就内部商量，我们要在国际上树立一个好的形象，我们在重叠海域的渔船要遵守中西部太平洋的规则，因为它这边的船位监控是委员会的船位监控，是第三方独立监控的。那么我们必须得接受登临检查，而且它禁捕的鲨鱼物种类也多。所以说我们在这个海域的产量还是报到东太平洋去了。

通过挖掘历史数据，我们发现真的有2000吨鱼没报到中央海域。南太平洋共同委员会有专门负责这些数据统计的，他们也认可这个事。到了2012年，南太平洋共同委员会在讨论配额的时候，多边的规则没有讨论下来，最后只能维持原状。中国因为改善了对历史数据的统计，把这个捕捞限额从9400多吨控制到11000多吨。这样的话，我们2012年就按照这个11000多吨来生产了。到了2013年大会讨论的时候，我们用的是已经改善过的历史数据，这样实际上我们的捕捞限额是增加了2000多吨。2013年讨论这个金枪鱼管理措施的时候，我们就表示同意，中国可以不例外了。

到了2014年，我们要削减到9000多吨，2015年和2016年我们要减到8000多吨，2017年只能到7000多吨，因为它是按着每年10％减产的嘛。我们这时候就和日本商谈，我说："日方若想通过这个措施，就必须在东太平洋再转让配额给我们。"那么日本就问转让多少，我说我们最多减3000多吨，你怎么也得再追加转让3000多吨。日本代表公元先生同意说："我回去给你写一封信，信上达成共识，日方在东太平洋向中方每年转让3000吨配额，追加转让3000吨，共6000吨配额。我不写日期，落款写我，但是那个有效期我不写。"通过日本的转让，我们又多了3000吨配额，我们想如果我们维持在2017年的7000吨水平，加上日本转让的3000吨，那么我们还有10000多吨。

后来，我就想着和日本商量，能不能把这个配额固化在中国的名下。2016年4月，我退休后专门去日本跟他们商量。谈判官叫太田先生，他觉得没问题，说6000多吨至少一半可以归到中国的名下。结果在会上，日本认可当年公元次长给我们写的信，那封信里面只有落款，没有写转让的有效期，日本人认为这个有效期是永久的。这个是认可的，那6000多吨是肯定了。但是，对把配额放在中方的名下，日本国内有不同的意见，没有协商确定下来。所以到现在还是在继续转让。

为什么日本国内有不同意见呢？日本方面对这些年我们在日本的东边大量增加渔船，以及对我们捕秋刀鱼、金花鱼、鲐鱼和用灯光围网、用三角弧网捕鱼的意见极大。他们判断目前中国渔业部门的做法是不可预测的，说中国渔船规模"噌"一下就上去了。日方说："这个配额转让要看你们表现得好不好，要是不好，我就不给你们了。"所以说，这个转让配额我们一时半会儿拿不下来。但是2015年北太洋的一个委员会已经成立了，中国从负责任的角度来讲，已经提出了规模冻结，把秋刀鱼和金枪鱼的围网船和鲐鱼的规模都冻结了。另外，中国也单方面宣布，要求我们所有的渔船远离日本东部的主要禁渔区。

刘小兵（左一）参加中西部太平洋渔业委员会年会

日本为什么反对这个金枪鱼围网船呢？因为围网船用的是集鱼器。茫茫大海中只要有椰子壳，或者人为放置的浮标或其他一些东西，只要上面有阴凉，鱼就藏在下面了，或者是一条大鲸鱼，或者是一个虎鲸，或者是一个鲸鲨，因为有阴凉嘛，小鱼就跟在下面了。太平洋的大目金枪鱼在小的时候和鲣鱼混在一起，小黄鳍金枪鱼和小大目金枪鱼都和这个鲣鱼混在一起。但是鲣鱼经得起捕捞啊，鲣鱼当年就可以性成熟，当年就可以产卵了。但金枪鱼小的时候跟着这些鱼混在一起，如果用这个集鱼器一捞，就把包括幼鱼在内的所有的金枪鱼都一网打尽了。所以说日方一直想限制。2014 年，日方规定三个月内禁止使用这种围网的作业船捕鱼，同时禁止使用这种"FAD"的集鱼器。集鱼器有很多定义，包括漂浮的椰子壳、漂浮的竹子，凡是有阴凉的都不行，都不能下网。船上有百分之百的观察员，共 500 个人，他们盯得很仔细，因为中国渔船好多违规被罚的金额都是天价数字。

还有澳大利亚和新西兰。2004 年，太平洋的这些金枪鱼渔业组织刚成立，刚成立前几年渔业资源状况不确定，所以 2004 年来不及做养护管理措施。一个组织的成立，它首先要建章立制，包括渔船怎么注册、渔船怎么标识、船位检测系统怎么弄，它都要有这些管理方面的规定。到了 2005 年，金枪鱼渔业组织只是设定了北太平洋的长鳍金枪鱼配额，要求渔业产量限制在 2005 年当前的水平上。澳大利亚、新西兰又提出来，南纬 20°以南应该也限制在当前水平。因为当时我们实在是无法判断这个措施对我们的影响，我们只是同意实施 2006 年这一年的时间。实行了一年以后，澳大利亚和新西兰又提出能不能永久实施。现在我们就没办法了，我们所有新造的船的作业海域只是赤道到南纬 20°之间。因为南纬 20°以南有措施限制了。

到了 2014 年，随着金枪鱼资源下降，中西部太平洋国家一直在争论，谁应该为资源下降承担更多的责任。因为我们渔船更多的是用的延绳钓作业，所以我们坚持认为是使用围网的太平洋岛国应该承担更多的责任，他们得三个月禁用围网上的集鱼器。2017 年各国开会讨论的时候，要求延绳钓这块恢复到 2015 年的水平，那我们的配额就可以涨到 8000 来吨。因为我们从一开始就把 8000 吨定成了我们的底线，没有达到这个底线我们不能同意这块的措施。那么经过讨论，会议就决定围网作业船的休渔期是三个月。因为说句老实话，我们中国也有围网，多休一个月给我们围网船造成的损失也很大。对于大目金枪鱼，我们同意恢复到 2015 年的水平，日本就同意再转让 500 吨配额给我们。这样的话，我们就增加了 1700 吨配额，那边的 3000 吨配额还继续转让，加上我们这边多加的 1700 吨，加在一起，我们在太平洋的配额有17000 吨。

但黄鳍金枪鱼一直没有实行配额制度，因为我们一直不同意。2008 年，我们也犯了个小错误，总结下来，原因是由于谈判比较密集，我们只关注了大目金枪鱼，没有关注黄鳍金枪鱼，结果一不留神，回国后发现在通过的文件里面写了　条，说"延绳钓捕捞的黄鳍金枪鱼控制在 2001 年到 2004 年的平均水平"。到了 2010 年，别国开始审查，说我们 5000 多吨黄鳍产量超配额了。后来我解释说："我们中国的配额采用的是 2004 年的水平，而不是 2001 年到 2004 年的平均水平。"如果采用平均水平，我们只有 2000 吨。这些国家都说："不行，没有这么解释的。"我说："肯定是这么解释的，要不然一般都会写着'average'，会议文件里没有写。还有一点，黄鳍金枪鱼是我们大目金枪鱼兼捕的物种，委员会同意中国的大目金枪鱼控制在 2004 年这一年的水平上，那凭什么黄鳍就变成了 2001 年到 2004 年的平均水平了，这不合理！"结果其他国家也没意见了。

到了 2013 年，我们就坚决要求废除对黄鳍金枪鱼的捕捞限额。澳大利亚这些国家坚决不同意，要求一定要维持，我就举了个例子，我说："黄鳍金枪鱼的市场在哪？是在吃生鱼片的国家。日本围网捕捞的生鱼片严重地冲击了整个黄鳍金枪鱼的价格，虽然捕捞方式不一样，但市场是一样的，产品类型是一样的，日方不受任何限制，我们延绳钓受限制，这样合理吗？这肯定不合理。而且，它不受限制是因为没有科学依据，那我们受限制也是因为没有科学依据，我们受限制是不可能的事情！"我们在这个问题上特别坚持，到了最后恨不得就是谁要是反对就跟他咆哮的那种感觉，会说："hey, what do you say?"就是要吵架的那种气氛，完全就是绷得特紧。会议到最后一刻说行了，接受中国的观点，取消对黄鳍延绳钓的限制。到目前为止，中国的黄鳍金枪鱼配额再也没有受到任何的限制。

四、建言献策，我使中国的金枪鱼围网船"从无到有"、"从少到多"

自 2000 年《中西部太平洋公约》通过以来，我就感觉到我们中国缺金枪鱼围网船。我们原校长周应祺老先生说围网船集合了人类捕捞业目前最先进的技术和最复杂的工艺。围网船的设计和建造，在技术上的难度比军舰还大，造一艘船至少需要 1.5 亿人民币。我算了一下，一艘围网船如果干好了，一年的净利润是 400 万美元。2000 年的时候，印度洋委员会开始开会，会上提到了中国台湾地区。为什么每个区域组织对中国台湾地区的称谓不一样呢？因为印度洋委员会是联合国粮农组织下属的，那联合国系统必须严格遵守联合国的规定，就叫"中国台湾省"。对于中国台湾地区的船队，日本、欧盟、澳大利亚提出来要削减其 25％的产量和 25％的渔船。那时候，中国台湾地区的印度洋委员会主任委员吴宗宪来找我，说："你不能让他们削我们啊。"我说："你不找我，我也不可能让他们削你们的，都是咱们中国人的利益，但是你不能要太大。你们能不能冻结，不再增加？"他说："可以啊。"这时候我就做欧盟的工作，做日本的工作，就把中国台湾地区的产量冻结了。会议同意将中国台湾地区的大目金枪鱼产量冻结在现有水平上，船数也冻结在现有水平上。

中国台湾地区当年的产量都快是我们的 10 倍了，而且我们在印度洋交的会费是基于中国大陆和中国台湾地区两个部分交给他们的。中国台湾地区那边报的产量越多，我们交的会费就越多。后来再见到中国台湾地区方面的负责人，我就说："我听说你们有两艘围网船，干脆卖给中国大陆吧。"然后他们就开始跟中鲁商量，中鲁就把他们的船给买下来了，那是我们的第一艘围网船。第一艘围网船买下来以后，我们发现巴布亚新几内亚的渔场最大，于是我们去到巴布亚新几内亚和他们谈。第一次是我们的处长加上他们中鲁的老总去参加谈判，结果没谈成。2002 年第二次去的时候，当时巴布亚新几内亚的渔业局长是个英国人，我们当时的农业部副部长叫刘坚，带队去就渔业和农业问题进行考察。然后，我和我们农业部国际谈判司的司长两个人，就围网船这一问题跟这个局长单谈，他一开始不同意，我就跟他讲，我说："你也知道，中西部太平洋的这个公约已经通过了，2000 年通过的，现在还没生效，中国投了弃权票。如果我们这艘围网船能够入渔到你们巴布达新几内亚海域，对中国能够最后确定加入这个委员会有极大的帮助，希望你把这个事看重一些。"他们商量了一下，最后同意这条船入渔。这条船入渔以后，中鲁公司又从美国手里买了一艘围网船，这样的话我们就有两艘船了，入渔的话就比较方便。第一艘入渔了，第二艘入渔就比较方便了。中水也看出来点门道了，围网能赚钱，他们就一下子也买了三艘，之后大洋世家又买了几艘，慢慢的，我们就发展到了多少艘呢？ 发展到了 15 艘挂中国旗的围网渔船。

当时，中国还有几家公司控制着这些外籍船，中水公司控制着两艘中国台湾籍的船，因为中国台湾地区不允许金枪鱼围网船到中国大陆来，中水只能买下中国台湾籍船，在香港成立公司并在那边经营。开创公司向马绍尔投资了将近 1000 万美元，换回来了一些捕捞机会，其中有三艘马绍尔籍的船。当时，中国渔业公司控制的在中西部太平洋海域作业的围网渔船大概有 20 艘。到了 2011 年，欧盟一下子宣布瓦努阿图为黄牌了，说他们的渔业管理不达标，因为中国台湾地区有好多船是瓦努阿图籍的围网船，瓦努阿图的产品卖不到欧洲去，基本上中国台湾地区这些瓦努阿图的船队就不好弄了。那么我们就开始跟日本谈，说瓦努阿图这边有三艘船，我们想给买下来。我就跟日本人商量，我说："由中国渔业公司控制的金枪鱼围网船，我们把他们改成 20 艘悬挂有中国旗的船。"最后，日本同意，我们也没有违反任何政策，我们正儿八经地挂中国国旗的船就有 20 艘了。等于说我们的 20 艘船是通过双边安排得到了确认，又通过国际措施把这一成果固化进去了。这样，我们的围网船就全部正规化了。

有了这些围网船，沿海地的加工业开始起来了。依靠原料，舟山推出了远洋渔业基地的优惠政策，好多加工厂都迁到舟山去了，所以舟山对围网产品的需求量是极大的。但是在围网的问题上，我们只有加工能力，我们没有定价权。围网的产品，最低的时候一吨只卖 700 美元，最高的时候一吨卖 2400 美元。因为我们手里掌握的资源越少,我们就越没有定价权。后来随着我们掌握的船慢慢多起来,我们如果抱团的话,那定价权我们好歹能说上点话。上个月,农业部又决定再放 10 艘船纳入管理,原来我们不是说中国有 20 艘嘛,现在成了 30 艘了,原来我们也有12 艘是纳入管理的,那么等于说我们在太平洋这个管理海域里,300 艘围网船里被我们纳入管理的和我们自己的船,加起来也有 40 多艘了。这样的话,我们慢慢在这个围网渔业产业里面的分量越来越重,作用也越来越大。

上海开创公司在西班牙买了维戈的加工厂,这样能让船更好地在当地加工,而且这个加工厂更加先进,原条鱼柳直接生产了,还是不错的。但是现在遇到一个大问题,就是公司缺原料、缺鱼。整个金枪鱼围网有好多门道,世界上有几大行销商,美国的公司在新加坡,它在做全世界的销售,中国台湾地区的丰琼也是在做全世界的销售,还有以前美国的大黄蜂,这些都是做围网销售的,而且他们都有终端的罐头商标。想要和他们竞争,我们第一需要强劲的船队,工艺得跟得上,第二要有会做市场的人来弄这个事情,这是一个比较长期的过程,围网产品这些

刘小兵(后排左二)参加印度洋金枪鱼委员会年会

年发展过来，我们和东盟国家签署了自贸协定，之后菲律宾和泰国的罐头大量进入中国超市。

五、履约谈判，多方斡旋，需要更多国际朋友

我从 1992 年开始参加白令海峡的谈判，在纽约参加了联合国的《鱼类种群协定》的谈判。1995 年时我总结了一下，对外谈判应该是"没有永远的朋友，只有永远的利益"。但是慢慢地，我感觉到有些外国人真的是可以交往的，我们交往不是为了谋私利，而是为了双方好。这些年我交了好多朋友，他们年龄都比我大，比如澳大利亚的哈瑞，他当过澳大利亚的农业副部长和渔业政署中心主任，现在退休以后又满世界地做咨询顾问。此外还包括欧盟、太平洋岛国这些渔业局长，大家私交都是不错的。应该讲，大国小国对我们中国来说，都是我们的朋友，我们给他们方便，尽量让他们感觉到舒服，这样才能把国际上冷漠的关系慢慢地变成朋友的关系。

出去谈判，首先一点就是要熟悉情况，特别是背景知识，要把它通读好几遍。刚才提到的联合国协定，也是中英文的，这个协定好就好在是一个字一个字谈出来的，它是一个全球性的建立区域渔业组织的协定。然后，我们还要了解联合国通过的所有国际行动计划、渔业行为守则等，阅读量是相当大的。总之，参加一场国际会议，一般情况下全年应该有 30 万字的英文阅读量才能明白人家说什么，才能对答如流。

经历了这么多年的国际谈判，我感觉国际上的谈判，更多的是没牌找牌打，从而来维护多边国际关系。2000 年 2 月，日本认为中国大幅度引进非法渔船不合适，中国应该停止引进，对方要求印度洋委员会把中国在印度洋作业的延绳钓船限制在 11 艘，当时我们就只有 11 艘。我马上来了一句话，我就说："印度洋不需要日本的天皇来这里指手画脚。"这个时候有一个华侨来找我，他说："你说得太好了，就不能让日本人打压我们中国。"然后法国提出来，要增加一个法语翻译，增加一个就要涉及到预算，预算要协商一致通过，我不同意，虽然在这个地方的工作中，使用的主要是法语和英语，但是增加一个人就增加我们成员的压

力。法国代表来找我，我说："日本人那个发言你只要表示不同意，我就同意增加一个。"就是没牌找牌打嘛。

2005年，中国有60吨的剑鱼被欧洲国家扣押了，剑鱼市场主要在欧洲。欧洲方面说："超边缘的东西我们不能进口，违反我们法律。"我就找到欧盟负责人，因为货在欧盟，欧盟跟我们关系特别好。2004年，在新奥尔良会上，欧盟因为好几个项目没达标，美国提出把欧盟列为非常不友好名单，并让欧盟代表出去。这个时候我就不同意，中国不能同意，我说欧盟有能力管好自己的团队。后来欧盟代表说："谢谢中国。"所以，2005年我提出来扣押剑鱼的事，欧盟做出决定将这批货放行。

印度洋的沿海国从2000年一直到2014年都比较低调，到了2014年的时候突然爆发了，他们开始率先搞提案，第一要求就是限制欧盟的船队，要求欧盟的船队不准随便扩散集鱼装置。马尔代夫方面说："我们是旅游圣地，我们的游客发现满世界都是你们淘汰的集鱼装置——集鱼器，破破烂烂的，影响我们的环境。"与会各国都通过了。然后谈到黄鳍金枪鱼配额，肯尼亚这个国家没有渔业，肯方代表提出来，要设置禁渔区，限制黄鳍金枪鱼的捕捞。因为这个禁渔区是中国主要的作业海域，我说不能这么干。肯尼亚部长说："中国是我们的朋友，既然中国朋友找我了，我们就再商量。"

2017年，印度洋所有国家开始抱团了，他们搞联合体，要求历史上在印度洋沿海国捕捞的所有产量归属于这些国家，并将这些产量作为今后配额分配的依据。公海上实行基数配额，每个国家都有基数，1000多吨或者2000多吨，每个成员国都有。去年开会要表决，我们中国就坚决阻止表决，我说："不能举行表决啊。虽然我们中国在那边的量不大，但是我们和中国台湾地区产量的1/3都在岛国海域，如果这样分配配额，1/3就没了，而且你们在公海上分配基数配额，也不符合《联合国海洋法公约》啊，更何况你们也没有现实的渔业需求。"我就去找巴基斯坦，巴基斯坦是中国的铁哥们，巴基斯坦代表就说："刘先生，中巴关系很好，这个没有任何问题，如果是个双边问题，我永远是站在中国这一边的，但是这是多边问题，不完全是中国的问题，也不完全是巴基斯坦的问题，我们还是要站在沿海国这边。"我们也明确表示，如果有投票，我们肯定输了。英国、法国、菲律宾，我们就 7 票，人家那边 30 多票，那肯定就输了。如果输了，我们这边有杀手锏，就是走法律途径，即我们走了反对程序就可以不受限制了。但是走这一步会造成严重后果，这个组织就没法运作了。所以，不到万不得已不能走法律途径。那么今年又谈了，就是 100％的归属问题，欧盟提的是 10％归印度洋国家，他们不干，就要 100％，我说你们要是提 100％，我们回去都没办法向政府报告。我说："中国从 1998 年加入这个委员会，每年交 10 万美元会员费，这个费用是基于我们大陆的产量和中国台湾地区的产量得出的，你现在将我的产量都归了你，那等于说我这些年钱交多了。本来我没产量的话，中国可能就交 3 万美元，或者产量少我们交 4 万美元。这是第一点。第二点是你们现在突然改主意，但是当时是有合同的，产量归你们，你们就要交会费，我们可以商量在 10％—100％之间分多少给你们，你们要现在设定把历史产量 100％都归你们，那就免谈。"然后大家都说下次再谈吧，明年的三四月份再接着谈这个事，所有人都没有考虑到财务和责任的问题，我考虑到了。

今年我们第一次参加热带评估小组会议，上海海洋大学前几年办过印度洋的温带金枪鱼小组评估小组会议，我觉得很不错，我慢慢地觉得我们应该做一些贡献。比如说这些年，这些区域组织感觉到我们对人家的科技投入不是太高，所以我们每年向各个组织捐 25000 美元或者 20000 美元用于资助发展中国家来参加会议。印度洋委员会用的是我们的钱，大西洋委员会也还有点钱，他们建了一个中国资金，叫 CHINSES FOUND，现在有 10 万欧元了。

这些年中国从三类收入国家变成二类了。原来我们的产量要除以三，现在我们是二类的，要乘一个二，所以我们的权重一下子加满了。另外，我们产量也实实在在地增加了，日本也向我们转让了 6000 多吨的配额，加上长鳍金枪鱼的配额，我们在东太平洋的配额已经是两万多吨了，所以我们的会费原来是 5 万美元，现在一下子涨到了 10 万美元。每次参加会议他们都感谢中国，因为只有我们捐款嘛。

大西洋是 1998 年实行蓝鳍金枪鱼配额的，2000 年实行大目金枪鱼的配额，剑鱼的配额是 2002 年才开始实行的。基本上主要物种都实行了配额制度，配额的依据是历史产量。为了这个事，大西洋委员会开了好几年的会，要讨论一个捕捞机会分配的标准，这个标准列了很多，比如对科技的贡献、遵纪守法的程度、对于财政方面的贡献，但是没有一条是可以量化的，唯有历史产量是可以量化的，所以只能按照历史产量来分配。如果完全按照历史产量的话我们当然吃亏了，我们是1996年加入委员会的，历史产量是1992年的，我们是零基础。但是加入了就加入了，这个要是错过了，这二十年我们就永远起不来了。比如说越南，越南从2010年开始申请成为中西部太平洋的合作非缔约方，因为要想加入中西部太平洋需要协商一致，需要现在的26个成员国都同意才能进去，那么这是不可能的。越南每年出口到欧盟的金枪鱼大概有6万吨，那么欧盟跟越南说它得在中西部太平洋有个地位，没有地位欧盟不能进口它的货，所以越方就申请。一开始我们不同意，越南人就跟我们吵架。我说："想要解决问题，就要坐下来冷静地谈判。中越都是共产党体制的国家，我们肯定会帮你们的，条件就是我们可以同意你成为合作非缔约方，但是你的船不能跑到中西太平洋这里来，你在南海的捕渔船不能来，这里资源压力已经够大的了，你只能有一艘运输船在这里。"最后就同意给越南合作非缔约方地位，条件就是允许一艘运输船在这里生产拉货，所有的渔船不允许在这里作业，这样的话它就可以出口到欧盟去了。在这件事上，越方很感谢中国。

东太平洋的渔业组织也是由二十五六个成员方组成的。我们是2010年加入的。因为以前那个组织是由美国和哥斯达黎加两个国家进行双边型扩大的，我们要想加入呢，所有的事项要一致同意，当时那里边有中国台湾地区，还有巴拿马、尼加拉瓜、萨尔瓦多、伯利兹、哥斯达黎加、危地马拉等6个捕鱼国。我们要想加入这个组织，要这6个国家同意，所以我们觉得难度很大。2003年，东太平洋组织成员国开始休约谈判了，我们就想通过休约谈判加入，到了2010年休约也完成了，新的公约也生效了，这时候加入正好是水到渠成。我们这个判断也是对的，要是从2004年加入恐怕投入的外交资源太大了，而且还不一定有好处，因为这些捕鱼国是支持中国台湾地区的。到现在还有几个没断交呢，比如危地马拉、萨尔瓦多、尼加拉瓜、伯利兹。从这个角度来看，如果当时就开始做工作，也不一定能成，还不如等到 2010 年。

最后，说说我们在南极渔业组织谈判的事。因为 2006 年的时候中国是缔约方，还不是成员。在这个组织里，如果没有成为成员的话，好多权利都没有，所以中国要成为成员。2007 年，我们外交部带队去谈判，澳大利亚就提出我们有 4 艘船在 2006 年被列入黑名单了。因为 2006 年我们还不是成员。我们想把这 4 艘船从黑名单里拿出来，澳方就要求按照公约单独开一个审查中国是否符合成员资格的会议。从 1980 年这个委员会成立以来，这个条款从没被动过，如果动用这个条款，那就是对中国最大的羞辱，我们坚决不同意，但是条件就是我们不能主张把那 4 艘船拿下来，因为拿也要协商一致，只要有一个国家不同意我们就拿不下来，所以我们就先作为成员加入了，先坐下来慢慢地说。而且当时我们也开始关注到南极磷虾的事情了，对于南极磷虾，他们提出要上外国观察员，我们跟挪威和俄罗斯一样坚决反对。为什么要反对呢？我们觉得上个外国观察员总是不方便的。饮食不方便他们要抱怨，还有医疗怎么办？反正就是挺麻烦，所以就不让他上。后来，这几艘船逐渐都卖了，有两条卖给韩国了。当年所有的记录我都还留着，比如怎样去跟对方交涉、怎样跟他们谈以及最后对方同意不用召开委员会特别会议了。中国作为成员也不持异议，我们也就不提那 4 艘船了，我们不能因为这 4 艘船而把中国的名声毁掉。

六、作为科学家，为维护国家海洋权益字斟句酌

关于国际履约，我觉得现在以陈勇老师为首的履约团队做得特别好。他们好多事情都是会前大家集体商量的，因为对方拿出来的文字的东西都是集体产生的，不会是一个人决定的。他们拿捏得很好，一方面是国家利益，另一方面是怎么样把预算做好。

我去年为什么要参会呢？因为这些年我们长鳍金枪鱼承受了很大压力，我去年主动跟导师说我要参加会议，我参加会议就一个目的，就是改两个字，英语的话就一个字，把"强调"改成"回顾"。什么意思呢？2012 年，其他国家做了一个资源评估，发现资源不好，要求延绳钓船减

少产量，那就是要求我们中国减少产量，当时我们在会上面临那么大的压力，我们坚决不同意减产。科委会是按照 2012 年的产量要求减产的，那一年南方长鳍金枪鱼的产量是 7 万多吨，但是这些年没有再做进一步的评估，现在产量已经降到 5 万吨了，已经减了 2 万吨了，再重申以前的减产要求就不合情理了。因为我们主要的精力在热带金枪鱼，没有精力去讨论温带的长鳍金枪鱼，我就提出来了，但是澳大利亚这些国家就不同意，说这个事已经结束了，我说："等会儿，最大的捕鱼国在这里一句话都没说，你们就说结束了。"他们说："不行，这都说完了，你们中国都同意了。"我说："我们没说同意啊。"他说他理解我同意了。我说："那好吧，你们不是还有一段嘛，你不是还要通过科委会的报告嘛，那我们中国对所有的问题作出保留。等于说你在科委会今年没有达成一致意见，只是多数人或少数人的意见，我们年会上见。"他们就说："等会儿我们再商量。"他们问我要怎么改，我就说把"重申"改为"回顾"。这个一改，我们去年年会就没有压力了，因为大会只是回顾了，没有新的建议，太平洋岛国就没有拿出新的提案，所以说我们年会就过得比较轻松。

刘小兵(左三)参加中西太平洋渔业委员会科学分委员会

　　我讲的那个"重申"和"回顾"的事是发生在 2016 年库克群岛中西太平洋科委会上。那么今年他们要对长鳍金枪鱼做新的评估了，今年8 月的大会上就等着我们做出科学建议，这样的话中国政府代表团参加政府的会议就轻松了，但如果重新评估不利于我们，我们也没办法，该做牺牲还得做牺牲，就是说这个产量都已经下降到这样的程度了还要下降。

　　今年我还要去，就是说我们科学家去谈判，实际上肩负着一个重要的使命，就是我们要代表政府去琢磨这个科学建议中国企业能不能接受，能不能通过有效的办法弱化一些有效的管理措施，因为我们还在上升期，需要一定的缓冲期，如果我们完完全全听西方科学家的意见，那我们的日子就比较难过了。

　　中西太平洋还好，那么其他一些区域组织在科委会之前已经有资源评估小组的会议了，如果我们是想对某个事关心，不光是要参加科委会，还要参加到前面的小组会议中去，这样的话至少我们不会被人骗了还被人说是傻子。比如说今年对大西洋的大目金枪鱼来说是一个大年，那么根据管理的要求，他们每三年或者每两年要对一个不同的金枪鱼物种实行管理年，去年是大西洋的蓝鳍年，今年是大西洋的大目年。那么今年年底就肯定要通过新的未来三年的管理措施，那今年的大目资源评估就非常关键。所以说，如果真的是资源不好，那我们也没办法。但是科学评估方面的事情都是按照几率来的，比如说不同的假想模式是 200 种，那做出同一趋势的是百分之多少，我们要一个一个问明白了，如果事实如此，我们尊重人家，就怕西方人跟我们玩猫腻。

　　我印象最深的是西方的这些发达国家，比如美国、加拿大，只要是他们不捞的鱼他们就说这是坏的，这资源不好，他们不想捞但又不想我们去挤压他们的市场。要是他们想捞的鱼，他们就炫耀这个资源好。但是现在这个资源评估的话语权的确是被西方人控制了。我在 2008年写过一个报告，数据来自于发达国家，专家来自于发达国家，那结论肯定也是向着发达国家而不会向着我们的，所以说我们要介入进去。这些年在我们学校的努力下，我国正在逐渐地往里面介入，但是这需要一个过程，是一个漫长的过程。日本这么努力现在也不过就两三个顶级科学家介入了进去。钱应该不是问题，关键是个人能力以及人脉，还有我们掌握数据的量和准确度。参加资源评估我们得拿数据啊，我有些数据也不敢给人家。所以说没有数据参加什么资源评估？我就想，太平洋的长鳍金枪鱼的船兼捕大目金枪鱼的这个问题，在未来两三年里一定要解决，否则日子实在是不好过，实时数据的提供一定要解决这个问题。这是一个漫长的过程，需要几代人慢慢地努力才能弄出来，不可能一蹴而就。比如一个人 30 岁之前一直在讲汉语，30 岁之后你让他去学英语，这太难了，记忆力绝对不如以前了，而且关注点也不在这儿了。

科学的东西没有百分之百的，人家都是讲对自己有利的东西，我们所起的作用更多的是做有利于我国的研究，别人的研究也不是百分之百对的，我们要质疑，科委会也是讲科学道理的。

七、学好外语，才能在国际履约中维护好国家权益

有人问我："你的英语特别好，是怎样练成的？"我首先得感谢上海海洋大学，我是 1986 年被借调到农业部水产项目办的。当时我们主任觉得这个孩子可以培养，正好那时有一个培训班在军工路那边，有一个外教在给农业部渔业局办一个培训班，我就到这里来了。但这之前我已经在宁夏培训过 4 个月的英语，从 1985 年开始背英语，我有 4 年没看过电视，就每天晚上把那些录音磁带捣鼓来捣鼓去，不求多，但求精，那几本书我都能背下来。1987 年，到这边的学校后我就想，咱们地方上来的干部，英语水平肯定比北京来的差远了。头一天都是中国老师上课，我们也就听课。第二天和第三天是外教上课，外教让大家一个一个站起来介绍自己，我一听，发现这些人的水平比我差远了，我就不听课，就自己积累词汇量。然后学到了可以出国的水平，我就一个人带着团做翻译，一边工作一边学习，听不懂的词，我就赶紧去翻词典，就能把它记住了，而且语调也可以模仿。虽然有 4 年没看过电视，现在想起来我也一点都不后悔。所以我在学校考博士，专业英语我考了 97 分，就是写错了一个汉字，周老师给我扣了 1 分，3 个小时的考试时间，我 1

小时 20 分钟就写完走人了，每年的 30 万英语阅读量在那儿放着。有时候开国际会议，巴布亚新几内亚的渔业局长来中国，我们这边的协会志愿者的确听不懂巴方局长的英语，我就说我来当翻译吧。

刘小兵（左一）出席中西部太平洋渔业委员会技术与执法分委员会会议

我认为中国人吃亏就吃亏在英语上面了。有一次特有意思，大概是 2007 年，我在大西洋开会，日本有个提案，我们中国不太好反对关于引进旧船的问题，因为我们和日本的这个问题已经解决了。结果韩国人这时候站出来了，说了半天，虽然英语不好，但他坚持要说。这时候主持会议的西班牙人来了，第一句话就说他太太会韩语，可是她太太现在在美国他也请不来啊，要不然她太太能来给他做翻译。我就马上举手发言，我说："我们对外语讲得不好的其他国家的代表要给予必要的尊重，我听懂了，你需要我翻译吗？"我说我也支持韩国的观点。委内瑞拉说支持中国的立场，对年轻人要客气之类的。最后日本的提案就没过。韩国代表下来之后就特别感谢我。之后他当上了韩国海洋渔业部部长的秘书了。我就和坐在我后面的年轻人说："谈判如果外语不好就别说是维护国家利益了，连自己的尊严都维护不了，我要是不帮一下他，他还不得被人家羞辱死了。"

我们那时候学外语，到北京去一看见外国人买东西，就一路上聊呀，就像那绿头苍蝇遇上肉似的。那时候没有手机也没有词典，就买一个汉英小词典，看到某个汉语就想英语该怎么说，就马上翻，随时记。有这么两年的时间我们就可以张开口了，语言能力和运动能力是人最长久的一种记忆，比如你十年不骑自行车，你还是会骑，你有二十年不游泳，你掉到水里你还是会游泳，这就是运动记忆。语言也一样，你可能十年没说家乡话了，你一回到家乡，在那个环境中你一下子又会说了。但是半吊子是不行的。到这个程度不难，就是要吃点苦。我现在最后悔的是应该在这个职业生涯中分别停两个两年，第一个两年把日语学会，可惜现在晚了，记忆力也不行了，完了再花个两年去学法语。我现在给我们家孩子说："你外语要学好了，以后在社会上混要有三个技能：英语、使筷子和法语，要有这三个技能。"

戴小杰

戴小杰，1966 年 1 月 28 日生，安徽无为人，教授，博士生导师，海洋渔业科学与技术系主任。2004 年毕业于华东师范大学生命科学学院动物生态学专业，获理学博士学位。研究方向为渔业资源生物学、渔业资源评估、海洋生物保护。

1994 年至 1996 年，赴中国水产总公司大西洋金枪鱼船队从事生产和科研。

2005 年，赴美国加州圣迭戈，在美洲间热带金枪鱼委员会（IATTC，Inter-American Tropical Tuna Commission）做访问学者，中国水产学会资深会员，上海市水产学会会员，中国远洋渔业协会金枪鱼技术组成员，农业部濒危水生野生动植物种科学委员会委员，中国野生动物保护协会水生野生保护分会第二届专家咨询委员会委员，中华人民共和国濒危物种科学委员会协审专家。

曾参加《濒危野生动植物种国际贸易公约》第 25 届动物委员会会议，出席了第 17 届印度洋金枪鱼委员会科学分委员会会议、法属新喀里多尼亚首府努美阿 SPC 总部举行的"金枪鱼延绳钓操作水平上的数据汇集会议"和在密克罗尼西亚联邦波纳佩召开的中西太平洋渔业委员会科学分委员会第九届常规会议（WCPFC - SC9 - 2013）。

主持国家支撑计划"东海区名优种类增殖放流技术开发与示范"子课题，承担农业部"金枪鱼科学观察员计划""印度洋长鳍金枪鱼探捕"等项目。著作有《世界金枪鱼渔业渔获物物种原色图鉴》（海洋出版社，2007 年 1 月），"渔业资源评估与管理"课程被评为 2007 年上海市精品课程，发表论文 20 多篇。2010 年获国家科技进步二等奖。

我们只有加强资源评估的研究，
才能提高我国的话语权

戴小杰

"我是中西太平洋渔业委员会科学会议中方代表团的团长"

一、生于农村，立志求学，与上海水产大学捕捞学结缘

我 1966 年 1 月 28 日出生于安徽省无为县。我七岁上小学，就读于安徽省无为县仁泉小学，初中就读于练溪初级中学，高中就读于安徽省无为中学。

我上小学时恰逢上世纪七十年代末改革开放刚刚开始。我家在农村，村里有好几个人考上了大学，他们对我们的影响特别大。当时整个村子的学习氛围变得特别浓厚，我们村的小孩都想着考大学。所以从小学到初中，我的学习成绩还是不错的，在班里都是属于成绩好的。我们初级中学就我一个人考上了省立重点高中，那是在 1981 年。我 1984 年高中毕业。

我父母是地地道道的农民，斗大的字都不识一个。我是家里的长子，下面还有两个妹妹。当时家里没什么经济来源，两个妹妹就没有得到受教育的机会。读小学和初中不需要什么钱，但读高中就要到县城去。父亲为了供我读书，就开了一家小店来维持生计。那时高中学制刚好改革，改成了三年制。我学习也是蛮拼的，当时学校的氛围就是大家都想要考大学。20 世纪 80 年代初期，读大学几乎是每个读书人的理想，加上其他考上大学的人对我们的激励和影响，我们当时在学校就

是一心读书，虽然条件比较艰苦，但是大家的积极性非常高。我所在学校是安徽省重点高中，学习的氛围和师资配备还是比较好的。

我家乡的文化氛围也是比较好的。我们那里出了一些名人，比如国民党第 200 师师长戴安澜将军，他是黄埔军校毕业生，是远征缅甸的抗日英雄，他就出生在我们村子。他上的黄埔军校，以及他的经历，对整个村子的影响非常大。戴安澜在黄埔军校学习刻苦，参加缅甸远征军跟日本鬼子英勇作战，最后光荣牺牲，我整个小学到初中都对他的事迹耳濡目染。

我的学习成绩在班级里一直都很优秀。我小学升初中那一年正好恢复高考（1977 年），可以说我从小学到高中一直都是在良好的学习氛围中成长的，希望通过学习来改变自己的命运。我上的高中是县里最好的中学——安徽省无为中学。

我父母不识字，他们没上过学。我父亲三岁的时候我的祖父就去世了。我家里原来是有产业的，地和房子都有。但日本鬼子来了，有钱的人就跑了。我祖父就是在背井离乡的过程中去世的。我祖母就靠着亲戚的接济和家里剩余的产业来维持生计。

我上的练溪初级中学和仁泉小学同在一个校园里面。小学建立于1932 年，抗日英雄戴安澜就毕业于我们小学，所以我同戴安澜是校友。我们小学还培养了许多国共两党的人才。由于历史悠久、人才辈出，所以学校的学习氛围特别好。

1984 年我考大学的时候，由于太紧张就没考好，结果考到了安徽师范大学生物系。我们那个系的学习氛围也非常浓厚。我选择生物这个专业是偶然的。当时跟现在可能不一样，高中阶段不太懂。高考就算是偶然性加必然性吧，必然性就是要考上大学，偶然性就是填志愿的时候刚好看到这个生物系，所以就选上了。我们当时是先填志愿后出成绩。我选择安徽师范大学是根据自己估的分数来填的。但成绩出来以后我的分数还是比较高的，考了 500 多分，那年的数学很难。

我当时就想考上大学，希望通过高考改变自己的命运。但我没想过要当老师。大概这就是偶然性和必然性吧。我上大学这几年也很努力，每天就是读书。我拿到过很多奖学金以及"三好学生"等荣誉称号，成绩都是八九十分，参加学校的英语竞赛也获奖。当年的英语学习为我今天参加国际谈判打下了良好的语言基础。我觉得，最重要的一点就是当时我培养出了一种坚持不懈地学习的精神。因为一个人学的东西总是有限的，理解也是不全面的，但外面的新知识、新方法、新问题不断涌现，为迎接外面的挑战，只有坚持不懈地学习。

大学期间我对自然科学，比如植物、动物课程比较感兴趣，这为我后来的研究打下了一个坚实的基础。我们班主任对我们在生物理论、外语等方面的教育也比较重视。

在大学期间，我们班主任，也就是我们的辅导员和书记，对我的影响比较大。当时84级生物系的总支书记袁惠霞对我们特别关心，在生活和学习上对我们班级的同学进行指导。她最近一直在上海，我还经常去她家里看望她。比如说，她经常会拿一些我们学校考上中科院、军事医学科学院硕士或博士的高年级学生的例子来鼓励我们，为我们营造了一个爱学习、求上进的学习环境，对改变我们的命运影响很大。例如，82级生物系的研究生考试成绩很好，很多人考入北京、上海的研究机构或高等院校，她请校友来给我们做讲座、鼓鼓劲，对推动形成良好的学习氛围很有好处。我记得，当时在学校图书馆都是"抢"座位的，大家都想到图书馆找个好的学习环境。这些方法一直在持续激励着我，我觉得这种学习精神特别好。

我决定读研究生主要是因为我们有很多校友考上了中国科学院、北京军事研究院等院校，还有出国深造的。高年级的，像86届和87届，每年都有30到40名学生考取研究生。学校鼓励大家报考研究生。在这样一个环境中，我决定去读研究生。我们班有80多个人，有30多人报考研究生，有20多人考上，考到上海、北京、南京的都有。我们是师范类大学，可以考研究所或高校，所以我当时第一志愿就填报了中科院上海植物生理研究所。当时我是过了国家分数线的，但不巧的是该研究所只招14个人，而我考了第15名，所以就名落孙山了。我没有沮丧，名落孙山对我来说正合适，我就准备调剂。我去植物所调取档案，招生办老师对我说："你可以调剂啊"。我就来到上海，准备在华东地区调剂。我自己找学校、找老师。我先找了华师大，我去了华师大一个老师的家里，老师同意了，决定增加一个录取名额。因为我填志愿的时候没填第二志愿，所以档案就没有地方可去，只能放在上海植物生理研究所里。我就从芜湖到上海植物生理研究所招生办拿档案，准备去华东师范大学读书。但很巧的是，招生办老师对我说，上海水产大学海洋渔业系沈金鳌副教授想招收调剂。这样一来我就有两个选择，一个是去华师大，另一个是去上海水产大学，我想这还挺好的。但我又想，去华师大以后要当老师，而我不大会讲。但到水产大学，我就不一定会当老师。在华师大当老师的可能性就比较大。所以我决定就拿着档案到军工路 334 号上海水产大学去看看。当时我就住在理工大学对面那矮矮的小洋浜旅社。当时让我特别感动的是沈金鳌老师和研究生部的彭玉厚老师来看我，询问了我的情况以及我的意向。我当时就很感动，决定读上海水产大学研究生了。回去以后我给华师大的老师写信，说我决定去读上海水产大学捕捞学（渔业资源方向）专业硕士。

我之所以决定到水产大学读研究生，一个是到水产大学就不用当教师了，还有一个就是渔业跟动物有关系。我对水生动物比较感兴趣，但是总体认识比较抽象，不太了解，以后通过学习就有机会逐步了解了。

我的导师是沈金鳌老师和詹秉义老师，他们两位是联合带我，都是我的导师。

读研究生，我想我的机会来了。我家在农村，父亲三岁时我爷爷就去世了，父亲只好给亲戚家放牛。我父母一个字都不认识，所以我觉得我要好好把握，学习学习再学习。

在读研究生期间，我还是保持积极的学习态度。1985 年，我们学校第一届硕士毕业，我研究生毕业是在 1991 年，是学校的第七届硕士。当时全校一共 10 名硕士生，养殖系研究生最多，捕捞专业就我一个。当时学校朱元鼎奖学金全校有 5 个名额（包括本科生），研究生就我一个人获得。最后留校的只有我、李家乐和汪之和。

二、第一次随"蒲苓号"出海，虽然晕船吐黄水，但挺过来了

我第一次出海是在研究生阶段。1989 年，我们国家和俄罗斯签订

了一个鱿钓项目，我们国家拿到了俄罗斯11万吨的配额。学校刚好有一条"浦苓号"船，我们学校有好多老师和学生去，鱿钓、灯具、机械工程、捕捞等各种专业的师生都有。

我对第一次出海记得很清楚，那时候正好在读研究生二年级，出去了一个月。这是我第一次出海，心里很高兴，觉得机会很好，然后就跟着出去了。但当时船还没出到东海，在吴淞口附近就遇到了台风。这船在海上漂了五六天，这期间晕船、呕吐的都有。台风过后，船航行了3天就到达日本海域，进行灯光诱捕鱿鱼。这是我第一次和鱼打交道，也算是一种体验吧。现在我们的研究生也需要出海，体验一下海上生活，作为读研究生期间的一次学习经历。

我第一次出海就是鱿钓，是在1989年7月21日。当时一起出去的人还挺多的，有工程、捕捞、资源、水文、灯具的，一起去的还有海洋水文专业的唐玉顺老师和捕捞技术专业的许柳雄老师。

我是跟船上的工人一起钓鱼的，之前没有钓过，那是第一次钓鱿鱼。第一次钓了差不多有6吨，这也是我们国家第一次鱿钓，首次探捕。鱿钓是用空钩子钓，用手拉一拉、抖一抖，鱼就会上钩，都是1到2千克重，不是特别重，用手一拉就可以了。

这次出海我晕船晕得挺厉害的。当时就想，以后不搞这个了，有点要打退堂鼓了。因为当初确实是很辛苦，根本吃不下东西，吐出来的都是黄水，也没有力气干活了。有的时候船停了，或者没有风浪，船比较稳的时候，我就到甲板上走走，透透气。

那时大家都是第一次钓，都想试试看谁钓得多，老师也在钓。那时都是晚上作业，灯光集鱼。当时主要是钓鱿鱼，没有做其他方面的研究。第一次嘛，而且我当时还是学生，属于学习

戴小杰（右一）于2016年8月参加中西部太平洋渔业委员会科学分会会议

过程。后来我也去过东海，上过拖网船。

我最远的一次出海就是到日本海，其他就是做毕业设计的时候到东海和舟山附近的海域。我做毕业设计时主要是在舟山海域。

我在研究生阶段印象较深刻的事跟学习有关，就是我拿了朱元鼎奖学金。全校有差不多 2000 名学生，朱元鼎奖学金只有 5 个名额，研究生就我 1 个人拿到了奖学金。我们这一届研究生就我一个人拿到了这个奖学金，其他 4 名是本科生。当时我还拍了照片，得到了 500 元的奖学金。那个时候 500 块钱很值钱，我 1991 年的工资才几百块钱。为此，他们还让我请客。

我研究生毕业后就去找工作。个人的发展一定要跟社会发展、国家发展紧密相连。研究生部的彭玉厚老师很热心地给我介绍了宁波海洋学校，我认为挺好的，结果他们不要我。然后他就同研究生部的领导说我是朱元鼎奖学金的获得者，向系里推荐我留校。当时碰上国家发展需要，我们要派观察员去监督北太平洋流刺网，我准备跟其他老师办证件去北太平洋当观察员。1992 年，基于这个任务我就留校了。但后来联合国大会禁止使用流刺网捕捞，结果也没去成北太平洋。我留校后，主要跟着詹秉义老师上"渔业资源评估与管理"课程。

三、十月不靠港，一天只睡四五个小时，成为中国金枪鱼渔业开拓者

1993 年，我在军工路校区养殖观赏鱼，养了一年，做得很成功。

我承包了后勤处的一个池子，总共养了十几万条观赏鱼。之所以要这么做，是因为当时学校经费困难，需要大家搞创收。这个主意是学院出的。但做这个事情对我来说是一个很好的成长锻炼机会，一切都要靠自己。买鱼、鱼仔孵化、喂食这些事情都要自己做，我每天早上都要捞鱼虫（鱼饵）。那时候我还年轻，干劲很足。我骑自行车从军工路到虹桥机场，一天跑好几趟，大概有 100 多公里吧。之所以要骑车，主要是我们搞创收其实是没有资金的。我们把观赏鱼送到机场让飞机运走，使用车子成本高，而且我们还雇了人。在养殖观赏鱼的过程中，我

觉得有一点对于我来说起到了很重要的锻炼作用，就是不懂的事情可以学。我们对观赏鱼品种，比如像珍珠、狮子头、花水泡都很熟悉，就自己实践这些观赏鱼的繁殖过程，例如对水草上的受精卵，开始的时候用纱布把鸡蛋黄捏碎喂食，后来就喂轮虫、饲料。从 1993 年 4 月 26 日一直养到 1993 年 11 月 30 日，这个日期我记得很清楚。我负责这个项目，刚开始是打算在军工路工程学院的屋顶上养，后来又决定在操场外面的黄浦江边上一个池子里养，我们用 7500 块钱把池子承包了下来。我作为总负责人，什么事情都要亲自跑。因为没有资金，所以样样要精打细算。如果用汽车从军工路跑到机场，要花费很多钱，我们还没有赚到钱呢，所以我就自己骑自行车到嘉定，然后再骑到机场，路很长，一天要来来回回好几趟。我骑的是那种 28 寸的大自行车，能带很多东西，除了要带鱼，还要放着水充着氧气，否则鱼会死掉。我养好了，有个校友帮着出口到美国、新加坡。这个项目效益还是可以的，当时赚了几万块钱，学校还报道了这件事。这个事情对我的锻炼是多方面的，我学习到了很多理论和实践知识，我知道每件事情都要认认真真地从头去做才能把事做好。

有人说，当时我的观赏鱼养得那么好，怎么想到要出海。我想，观赏鱼不是我们的主攻方向，养观赏鱼只是临时解决我们的创收问题，这是两个概念。当时国家经济困难，对科学研究的投入少，不像现在很重视科研，创收的主要目的是增加大家的收入，因为当时学校困难。1990 年的时候我们不是在搞我们自己的专业，我们搞的这个项目相当于水产养殖。

1994 年，我又跟大西洋金枪鱼船队去从事生产实践。当时我们国家搞远洋渔业，是从西非起步的。1993 年以前，只有捕捞系的教师可以去西部非洲近海海域，到那里解决企业的生产技术问题。到 1994 年，只要报名就可以去，我也报名了。当时 1993 届捕捞专业的张勇已经开始在西非进行金枪鱼钓水产实践。

我当时是助教，学校规定去西非就要待两年，因为要是只待一年就回来的话成本太高。1994 年 7 月 7 日，我从上海港出发，一个星期后到达湛江。8 月 8 日我从湛江出发，踏上了去西非之路。两个多月之后的 11 月 30 日，我到达"金丰 1 号"金枪鱼钓船。路上是很艰苦的。从湛江出来的一个星期风浪很大，我晕了一个星期，等到过了新加坡之后就不怎么晕了。在经过也门的时候，那里发生了战争，我们不能停靠在也门亚丁港，于是就到也门对面的吉布提停了一个星期。后来我们又经过地中海。这支队伍由张新华校友带队。我们学校一起去的有唐议、田武岳、张连官几个老师以及部分学生。

我在船上主要是学习。当时出海的目的，一是产学要结合，二是要在实践中解决生产问题。

去西非前我就知道出海是很辛苦的，但我还是要去。因为我从小在家里什么苦都吃过，包括1989年去日本海吃过的苦，我觉得这种锻炼很重要。所以我觉得，年轻教师，包括研究生，都要参加这样的实践，这很重要，在实践中遇到什么问题就要想办法解决。

在出海的两年多时间里，大概十个月到十一个月回港靠一次码头。因为我们的金枪鱼钓相当于公海项目，中国刚开始在这个领域发展，我们刚开始不知道怎么抓鱼，因此抓不到鱼。

船上给我安排的职位是技术员，这职位让我受了很多苦。刚开始要顶班干活，干了一段时间。顶班干活，就是起钩的时候要跟船员们一道干十几个小时。比如起钩的时候，早上六点钟开始放钩，放六个小时，六个小时要航行六七十海里，约一百多公里。放了六个多小时后，大概就到中午了。吃过午饭休息到三四点钟，用海水洗个澡，因为淡水很少。三四点钟开始起钩，起到第二天早上四点钟，一共十四个小时。要是鱼多的话，甚至要起十八个小时。起钩时的航行速度大概是每小时三海里，要慢慢起，有鱼的话还要停下来。因此，钩上来还是要花时间的。如果有大鱼，大家就把夹子夹住，把绳子从主绳上拿出来，慢慢拖拽，因为鱼是活的，它要跑就放一下，绳子松就拉一下，直到鱼精疲力尽，然后慢慢把鱼拉到船边上。这个过程不是那么简单的，要是使劲拉的话绳子就会断掉，鱼跑掉的话就白干了。

一条鱼有一百多公斤重，价值一千美元左右。像蓝枪要两百多公斤重，钩那么大的鱼会有一定危险。钩上一条鱼要花20分钟到半个小时，要是有鱼，全船的人就一切以鱼为中心了。

在船上干活是这样的，放钩班是做到十二点钟，睡三个小时，然后等到第二天早上四点钟再睡，大概睡四五个小时。要是航行的话，睡眠的时间会多一点。鱼要是多的话会更辛苦一些，还要到零下六十度的冷冻舱里去，这个更辛苦。

一般金枪鱼钓到船上来以后，要放血、杀鱼、去掉内脏，然后洗干净。之后把鱼拿到零下三十度的预备仓里，放到鼓风机下吹，直至降到零下六十度。吹两天硬了以后，要给它裹一层冰衣，就是把鱼放到水里浸一下再拿起来，就形成了一层薄冰衣，最后再放到冷冻舱里。这个过程是要穿着棉袄、靴子进行的。

这些工作我都要做，顶班干活，睡觉的时间很少。在甲板上工作的人，五十米长的支绳要一圈一圈地卷起来，否则放到海里去就乱了，这个过程很费时间。到第二天再甩出去的时候要求是按顺序的，因此我们三班倒完成这项工作。前面有人控制主绳、放浮子，后面有人做杀鱼的工作，而大部分人则是做收线的工作。

用钩子钩鱼，也要看是什么鱼。金枪鱼一定要钩下巴、钩眼睛，身体的部分不能钩，要是钩坏了身体部分，一冷冻就会裂开。把鱼钩到甲板上后一定要打死，要是钩上来的鱼是活的，要用榔头敲死。有的鱼是表面上死了，但其实是晕了，晕了的话就在脑壳上打一个洞，让金枪鱼脑死亡。

大的金枪鱼一条有一百五十公斤左右，一天钓几条就够了。我们对每一条鱼都很重视，会根据钓上来的鱼的具体情况再做各种处理。有的鱼钓上来就是死的，那就直接放血，活的话就敲昏，有的是表面死了，就在脑袋上打个洞，然后就脑死亡了。鱼脑死亡就不会再动了，血会在肌肉里弥漫，那就像杀鸡和杀猪前一样放血，否则肉质里有血就影响口感。

鱼放血是先把鳃盖锯断，在鱼的尾柄处切断，把尾动脉切开，将水管从鳃盖插到心脏位置，用水把血冲掉。把血冲得很干净之后，还要让鱼的外表美观好看，再用毯子包着，小心翼翼地抬到放鱼的平板上去冷冻，还要看冻得好不好，日本买方会检查鱼冻得好不好。鱼到了一定的数量就裹冰衣，然后放到冷冻舱里。

要判断金枪鱼冻得好不好，船上会有人专门测冷冻的温度。验收的时候，收货方抽样调查，用电钻在尾柄的地方打进去，测量中间温度是否达到零下六十度,达到零下六十度就验收合格,达不到零下六十度,那到了东京的码头,要看到底是谁的责任,是运输的责任还是工人的责任。所以交货的时候就要验好。当然,也不是每一条鱼都验,比如有四批鱼,随机选择一批,然后选几条鱼进行检验。此外,还可以在尾巴上割下一块鱼肉,品尝一下作鉴定,主要是观察尾巴的血放得怎么样。

我当时干的工作和金枪鱼船上的渔民一样,因为我当时也不是搞研究的,而是顶班干活的。我的职务是技术员,负责收集金枪鱼的性腺,可以轻松一点。日本加油船来的时候,我要跟他们联系,用简单的日语告诉他们我们的位置。

现在的研究生出海,可能更轻松一点,因为现在船上的设备更先进。出海的时间,现在一般超低温的金枪鱼船出海有两年的,也有一年的。

船上的淡水还是比较紧缺的。有一次,我们船上的造水机坏了,剩下的水要保留给人喝。在热带,下雨比较频繁,我们会用篷布收集雨水。洗澡就用海水冲一冲,冲完海水再用一小盆淡水擦一擦就可以了。

在船上我们每天就是吃鲔鱼,蔬菜就是冷冻的菠菜。冷冻的菠菜烂了的话,还有紫菜。

西非是热带,白天的温度有三四十度,所以我们都是晚上干活。早上六点放钩到十二点钟,到傍晚五六点钟后就开始通宵干活。有一次晚上下倾盆大雨,甲板上滑,我还差点掉到海里。

两个渔船的交接是一条船先放一个小筏子,然后漂流到另一条船。曾经有一个船员,从另一条船回来的时候,跳到海里找不到了,最后发现他在船帮的橡胶圈上。

当时船上通信困难,我们都是写信让运输船运回去。船上还有一个电台可以听广播,这是唯一的娱乐。但有鱼我们就高兴。

在船上干了两年我就回来了。回来是因为船体上有个洞,要赶紧回来修,还好是个小洞。

四、勇挑重担,作为观察员去公海进行金枪鱼渔业资源调查

2003年,我还去公海进行金枪鱼渔业资源调查,出海半年时间。那

是个项目，农业部 2003 年刚好开始探捕。当时正是中国金枪鱼渔业开发的初期，有些海域还没有探捕。当时许柳雄老师就是因为参加这个项目到海上去的。因为我 1994 年至 1996 年在西非大西洋海域干了一千多天，刚好我们的金枪鱼渔业进入蓬勃发展阶段。

戴小杰参加亚太经合组织渔业工作组会议

　　旅程是挺有趣的，我们乘飞机到秘鲁，在秘鲁上船，上的是我们中国自己的船。我们的船到西经 120°左右的赤道海域，那个渔场叫西经渔场。为什么叫这个名字呢？就是所有的经度都属于西经，大西洋涵盖东经和西经，西北太平洋就在东经，所以南秘鲁渔场叫西经渔场，西半球就指那边。

　　我当时是做观察员，或者是探捕调查，也是一种调查。我们的工作区域在西经 150°至西经 100°的赤道海域。从 6 月 6 日出去，到 12 月 18 日回来。我们在赤道附近的南纬 10°到北纬 10°之间，主要捕捞热带金枪鱼，为中国渔船进行探捕。我们刚刚去就摸清了渔场。太平洋很奇怪，从西经 90°，一直到西经 120°或 130°，往西边走，水温很低，一直到西经 130°那个地方水温就开始高了。我们渔船经过了加拉帕戈斯群岛，达尔文环球航行的时候就在这个岛上做过调查。这个岛在赤道附近，在南纬 2°和西经 92°附近的太平洋洋面上。赤道附近一般是热带雨林，温度比较高，但那个海域水温很低，因为受到来自秘鲁的一股强大寒流的影响。我在秘鲁待了一个星期，知道秘鲁 6 月份的海洋表层水温只有 16 摄氏度，气温也高不到哪里去，因为水对大气的温度影响大。我对东太平洋以及秘鲁的情况比较了解。秘鲁的情况就是半年不下雨，一天到晚都是灰蒙蒙的，水温比较低，见不到太阳，到下午才比较亮，但看不到完整的太阳。我们在秘鲁登上中国的运输船，运输船将我转载到渔船上去。想到渔船上去可不是那么简单的，要等那艘运输船。我们在秘鲁等了一个星期左右，我记得当时是在到西经 122°度的时候把我转运到了金枪鱼延绳钓渔船上，在渔船上我待了好几个月，一直待到 12 月份。

我在船上主要是搞调查，要对鱼进行测量和解剖，所以能收集到很多数据。我也会跟船长讨论要开到哪里去调查。因为要对整个环节都熟悉，所以我基本上每天早晨起来后就跟他们一道干活。不是每天都有很多鱼的，早晨起来放钩的时候我就观察，放钩要放 6 个小时，6 个小时我都在观察。放钩有一些参数是要设定的，放好了以后要在那里等，不能马上起上来，放好了要等两三个小时。放一条线的长度要达到一百公里。有两种起钩方式，一种是起头，另一种是起尾。起尾就是停下来两个小时，然后就地开始起，所以一般都是早上六点开始放钩到十二点结束，在下午两点开始起。船是停着的，就地漂流两个小时，下午开始起钩，这是学我国台湾地区渔船的经验，因为这样省油。等两三个小时，估计鱼上钩了，就开始起。中午十二点多，船长要休息，船员们也要洗洗休息一下。赤道附近温度很高，从早上开始起就热得受不了。下午三四点钟，太阳开始落下去了，海上温度会降低一些，三点钟开始起，要起十四个小时。放钩的速度很快，起钩的速度慢。

早上六点起，为什么？因为放钩的时候，船在全速航行。起的时候就比较慢，因为来鱼了，要先把鱼拉到船边上来。拉鱼的时候船不能跑得很快，有时候需要倒退或停下来。拉鱼过程中得很小心，钩子要钩鱼的眼睛，不能破了，钩上来后船才能再开。有的大鱼拉上来可能需要花费半小时到一小时。两三百公斤的蓝枪鱼属于旗鱼类，跟它得斗智斗勇，不能硬拉，硬拉会拉断掉，鱼就跑了。如果它要跑，你就得放，"敌进我退，敌退我进"，需要周旋很长时间。拉上来所花时间的长短，要看鱼是死的还是活的。如果是刚上钩的鱼，它的力气很大。如果上钩了很长时间，它已经筋疲力尽了，就很容易将它拖到船舷边上。不能直接拉上来，要用夹子夹住，再用起重机把它起上来，不是人徒手钩上来，几百公斤重的鱼对人来说拉上来是比较困难的。蓝枪鱼不像金枪鱼对身体外观美感的要求那么高。如果是重达 150 公斤的大鱼，绝对不能用夹子夹，而是要两个人用带钩子的竹竿子（船上都有）到船边上慢慢把它拉上来，拉上来后得把它放在地毯上面，不能直接放在甲板上，因为放在甲板上会把它的身体磨坏，外观就不好看了。对鱼进行处理之前要先用榔头把它敲晕，敲晕之后，表面上是死掉了，实际上还没死，在鱼的头顶上有一个白色的地方，用铁丝从那里插进去，使它的中枢神经死亡。不是用刀，而是用一根铁丝在脑门那里插进去搅动一下，然后用很细的尼龙丝将它的脊髓一并捣死，从脊髓穿过，要把整个中枢神经都捣死。要是不死的话，鱼就会挣扎，这样身体内部就会出血。如果出血，就要及时处理。为什么说鱼上来需要花费十几个小时，就是因为这些复杂的工序。如果上来的是杂鱼，像小鲨鱼，就不需要倒退或者停下来，只需要稍微减速就可以了。大鱼必须要半个小时。一整天就上来那么几条鱼，就算花费两个小时也要把它搞好，因为它太值钱了。把鱼搞上来才安心，鱼在水里面，你看到的只是潜在的，不搞上来，那鱼的价值就不是真正属于你的。鱼拉到船边还跑掉也是有可能的，这种情况会被船长批评。我在船上的时候就发生过鱼跑掉的事情。有的船上，谁把鱼搞掉了，谁就要被罚款。每个行业都要严格管理，在船上，对船员和甲板长都是有要求的，不管理不行。

专门有人处理把鱼放血的事情。起上来的鱼的鲜活程度是不一样的，早上五六点刚下钩可能就有鱼上钩了，到下午五六点钟起钩上来，鱼肯定死掉了。起上来的鱼有半死不活的，有活着的，各种情况都有，因此处理时间也不一样。当然，处理时间越快越好，把鱼拉上来后就放心了。但把鲨鱼拉上来是很危险的，以前有人被它咬伤过。我在大西洋的时候，见到鲨鱼被拉上来杀死后，表面上看是死了，实际上它只是痛得不得了。有个船员一下子就被它咬伤了，而且还很严重。这个船员被送到陆地，因为在海上是没有急救的，是附近的船把受伤的人带回去的。所以，我们第一要注意凶猛鱼类对人的安全威胁，第二是要注意钩子的安全威胁。这些钩子一直在天上飞，是很危险的。支线有三四十米长，有一个可以快速卷支线的卷筒，利用卷筒将支线完整地收起来，还要检查有没有磨损。如果有磨损，下次再用的话，有鱼上钩后就很容易断掉，断掉之后就白干了，所以要检查。甲板上大部分工作都是检查钓具。甲板上的事情挺多的，每天下三四千个钩子，每天可能只钓上来十几条鱼，也可能只钓上来几条鱼。当然，多的时候一天可以钓好几吨鱼。如果钓上来有两吨鱼，一条鱼平均四五十公斤，一天就有四五十条鱼了。一天钓到几百条鲨鱼也是有可能的。虽说鲨鱼不值钱，但是也要把它钓上来。现在国际上保护鲨鱼了，不准钓了。还有可能遇到海豚。遇到海豚有两种情况，一种是海豚把鱼饵全部吃掉，另外一种是鱼已经上钩，但被海豚吃得只剩下鱼头。只剩下鱼头，这条鱼就没有用了，这种情况也让人很泄气。

金枪鱼的体型都是要保存完好的。如果是四十公斤到五十公斤的大目金枪鱼，大约值一万美元一吨。这就要求鱼表面是干净的，没有破损的。金枪鱼钓上来后，内脏、尾和腮要去掉，也就是不能食用的部分必须要去掉。内脏容易腐烂，腮没肉，尾巴也没用。外观要好看，就必须有头有眼，还要有身体。腮盖要去除一半，以方便去除内脏和腮，从而可以快速冷冻。船上机舱大管必须要管好冷冻过程，一个是外观要好，另一个就是冷冻质量要好。金枪鱼的价值按照规格来分，可分为十五公斤、二十五公斤和四十公斤几个档次。四十公斤以上都是一个价格了，通过系绳子来区分。当然，四十公斤以上比二十五到四十公斤的价格要高。所以一般把他们分为大目、中目和小目。这个重量是把内脏和腮盖都去掉后的重量。而我们科学研究上不是根据加工重量来计算的，科学上要算全重，算资源就要算全重，对此我们往往要进行换算。

所以我们现在要派遣观察员。一个可以利用长度来换算，一般我一量就知道它的重量，比如说叉长一米八，就是一百二十公斤。但在商品上就是按照加工重量，比如黄鳍金枪鱼分几个档次，也是通过系绳子来分。二十四公斤以下系黄绳子，四十公斤以下、二十五公斤以上系白绳子。每一条都要称过，因为将来还要卸下来卖给其他人。船长也需要知道自己的产量，做到心里有数，比如今年钓了多少鱼，船长每年都要跟公司算账的。

那怎么精确到公斤呢？《渔捞日志》上面是要有记录的。今天钓上几条鱼，每条鱼有多重，都有记录的。四十公斤以上的我就记同样的记号。到日本市场之后，白绳子全是四十公斤以上的，二十五到四十公斤的系黄绳子。另外，不同海域的鱼，所含脂肪不一样，价格也不一样。日本人喜欢到东太平洋捕捞，因为东太平洋温度低，鱼类脂肪含量比较高。鱼的脂肪含量高,味道会更加鲜美。所以,秘鲁的金枪鱼价格比较高。南方蓝鳍金枪鱼的价格也比较高,因为南方蓝鳍金枪鱼是冷水性鱼类,日本人特别喜欢这种鱼。目前,价格比较高的就是冷水性的鱼,像秘鲁这边就是这样的鱼。但这只是相对而言,因为鱼是会移动的。现在价值最高的是两种蓝鳍金枪鱼:大西洋蓝鳍金枪鱼和太平洋蓝鳍金枪鱼,还有南大洋的蓝鳍金枪鱼(也称马苏金枪鱼)。价值排第三的是大眼金枪鱼,排第四的就是黄鳍金枪鱼。另外一种是剑鱼,价格也挺高。欧洲人比较爱吃剑鱼。这种鱼的冷冻要求不高,去掉尾鳍、内脏和头之后价格很高,所以这种鱼也被称为白金枪鱼。

剑鱼也可以生吃,在欧洲的价格非常高。这种鱼也有一套处理系统。剑鱼生产的各个环节,从捕捞、加工、冷冻、运输,一直到市场,整个产业链要保证高质量,在转运的时候,对冷冻的质量要进行检测。检测的时候分三批,第一批取船舱表层的鱼,在鱼体中间的位置用电钻钻到鱼体内检测温度,零下五十度以下的温度为合格,前后要记录三次。这样记录是为了保证鱼的质量,同时明确责任。

东太平洋新渔场也是我国一个重要的渔场,算是开发得很成功的一个渔场。我在大西洋和太平洋都待过,了解我国目前面临的一个问题就是是否开发新渔场,但在开发新渔场方面有很多限制。在国际远洋渔业中,中国是后来者,中国远洋渔业涉及到很多国际履约问题。

五、爱国荣校,国际会议中坚决维护国家海洋权益

(一) 作为金枪鱼专家,代表国家参加大西洋金枪鱼养护委员会科学会议

我第一次参加国际渔业组织谈判是在 1999 年,在马德里参加大西洋金枪鱼养护委员会的科学会议。这个组织成立于 1966 年,对大西洋整个海域的金枪鱼养护和开发进行管理。当时参加这个组织的主要是南北美以及欧洲国家。该组织于 1969 年正式运作。我们国家加入的时间比较晚,尤其是我国大陆地区。我 1994 年到 1996 年去大西洋的时候我们国家还没有加入。

戴小杰参加大西洋金枪鱼养护国际委员会科学会议

当时的情况是，谁有船谁就能过去捕鱼。对捕鱼的船只有管理，但并不严格。在这种情况下，中国台湾地区的渔船上，好的船长一年能捕四五百吨鱼。他这个船长是有股份的，一年的利润就可以造一艘船。

中国水产总公司当时有四艘船在大西洋，是从韩国买来的四艘旧船。那时才刚刚开始捕捞，渔场不易找到，渔具都不熟悉，渔船设备也经常出问题，所以利润不大。我记得1995年有一艘中国台湾地区的延绳钓渔船在海上同我们交流，因为中国台湾地区的管理体制和大陆不一样，它的船长是有股份的，所以船长的积极性比较高。在20世纪90年代初，没有金枪鱼国际管理制度。国际上真正开始管理是在1995年《联合国鱼类种群协定》签署以后，强化了对公海高度洄游鱼类的管理。我们国家是1998年加入大西洋金枪鱼委员会的。

我1999年就去参加了科学大会。这跟我们学校的发展有关系。那时候上海水产大学是属于农业部的院校，我们学校的特色就是产学研相结合，我们在解决海上实际问题方面得到了农业部和企业的称赞。我们到过大西洋捕捞金枪鱼。周校长说我们学校有老师在外面实践过捕捞金枪鱼，在这方面有经验。我1996年回来时在学校做了个报告，周校长很重视。农业部认为我们上海水产大学也要去参加国际会议，农业部说中国海大资源好，我们和中国海大一家成立一个小组。但后来中国海大没有继续搞，全部交给上海水产大学了，于是1998年7月上海水产大学就设立了一个金枪鱼技术组。周校长当组长，我和许柳雄、宋利明几个是成员，我们这个小组的事情不是很多。

我是1999年10月去参加科学委员会会议的。这就涉及到我们海洋大学这个专业。说到这个，就要说说我提出的"三四五"。"三"就是我们金枪鱼小组有三大任务:第一大任务是确保中国金枪渔业持续发展,就是我们的科学任务是要确保中国在这方面有捕鱼权,这是核心任务。张睿讲渔权就是海权,没有捕鱼权还搞什么渔业?不能到远洋去,还有什么发言权?所以第一大任务就是,我们一切都要围绕确保中国在这里有捕鱼权来谈。第二大任务就是我们的人才培养。在这个过程中,我们要进行人才培养,不培养人才是不行的。第三大任务就是产出科学研究成果。这就是三大任务。这是我们小组提出来的,我自己总结出了三大任务。农业部要求我们水产大学提供技术支持。

第一大任务就是要确保有捕鱼权,中国在公海海域的渔业要可持续发展。我们国家在公海海域是有捕鱼权的。有船,有捕鱼权,这就叫可持续渔业,而且还要赚钱,所以第一个是核心。第二个是人才培养,第三个是科学研究。这是我总结的三点。

"四"就是要处理好四个关系,就是我们上海海洋大学在渔业活动上涉及到四个方面。哪四个方面?第一个是政府,政府领导,农业部是领导核心;第二个是中国远洋渔业协会,相当于远洋渔业的秘书。中国远洋渔业协会对各方面进行协调,包括企业和科研机构,还有船上事务、国际事务、内部事务;第三个就是我们上海海洋大学的科研机构,科研机构要对远洋渔业提供核心技术支持;第四个就是渔业企业和公司,企业是主体。在这四个关系里面,政府起领导作用,协会起协调作用,上海海洋大学科研机构提供技术支持。

我们金枪鱼小组是站在国家立场上的,代表的是国家。我们在农业部的领导下,需要明确三个任务,理清四个关系。我们要明确我们在这些关系里的任务是什么,就是我们要提供技术支持。这也是我总结出来的。

还有就是五点内容,五个要"深入",或五个要"深化",或五个要"强化"。哪五点呢?第一点,我们对中国渔业情况要熟悉。哪些公司有哪些渔业,比如说中水公司有多少捕鱼船,有多少人,在哪个海域捕鱼,这个要清楚,这叫对渔业的熟悉程度,必须要牢记在心。渔业有围网捕鱼,有超低温延绳钓,还有常温延绳钓等作业方式。我反复讲对渔业要深化了解,这是对我们每一个人的基本要求,这是我们的核心要素。这就像要深入了解我们家底一样。比如一个企业,我们应该了解它有多

戴小杰在东太平洋公海探捕调查（手上拿的是小翻车鱼）

少车间，有多少人，有多少产量。如果基本情况不清楚，怎么跟人家谈判呢？一定要深入了解渔业整体状况。第二点也很重要，就是对渔业捕捞对象的资源要了解。太平洋有哪些可以利用的渔业资源，每一种金枪鱼资源状态怎么样，大西洋有多少，印度洋有多少。不了解这些，那我们对于渔业的发展就是盲目的，出去开会就不知道我们的利益点在哪里。第三点，是我们科学研究的核心，就是对各种数据要掌握。我们的船捕多少鱼？在哪里捕获？捕获哪些种类？这是我们科学研究工作的任务所在。这五点中，数据工作是核心性工作。我们很重要的一项工作就是收集、分析数据，船上捕捞量的数据每天都要报。就像企业，每天进多少货，出多少货，都要报的。管理是很重要的，我们大部分的力量都放在了数据工作上，包括观察员出海调查的数据、渔捞日志数据、港口取样数据等。第四点，还要对国际法律熟悉。公约或者养护管理措施中，哪些条款是要限制我们的，哪些不限制？哪些要让我们捕鱼或者有条件捕鱼的？哪些区域是禁止的，哪些不禁止？这些法律规则必须要清楚，我们必须要全面理解和深入分析国际法律。最后一点也很重要，我经常同小组成员交流说，我们要提高英语能力，所有的国际谈判都是使用英语进行交流的，英语必须滚瓜烂熟才能胜任。国际会议期间人家只讲一次，不会讲第二次。我们小组成员利用暑假必须在外面强化英语，无论如何，要多听，要多背诵。所以，现实的任务就是要求我们具有深厚的专业背景，还要英语流利。因为我们的外国对手不是一般的对手，英语是他们的母语。我经常讲，我们现在很多地方和人家有差距，而且不是差一点点。我们参加战争，人家都是发射导弹，使用飞机大炮，我们还是小米加步枪。渔业、资源、数据、国际法律、外语，就这五点，是我们的工作重心,必须深化。习近平总书记提出"四个全面战略布局",我说金枪鱼工作也需要有五个深入。也就是说,我们现在参加国际谈判,始终要牢记我们的三个使命,处理好四个关系,搞好五个深化。

1999年10月,我准备参加大西洋金枪鱼养护国际委员会的研究和统计常设委员会会议,这是金枪鱼行业的科学大会。我先到农业部,找农业部渔业局国际合作处刘小兵处长,听听他对我参加会议是否有需要叮嘱的地方。我从北京乘飞机到西班牙马德里,当地时间上午11点钟到达开会的宾馆。我们以前在大西洋公海捕捞金枪鱼的渔船常常停靠在西班牙加那利群岛的拉斯帕尔马斯,我对西班牙还有些了解。我想,西班牙白天应该很安全。当时一共带了600美元,我就把400美元放在箱子里面,以备将来用于支付宾馆费用。我带着护照出来熟悉环境以及会场,拿出200元美元来考虑打车用。我就在街上闲逛,准备去会议地点。马德里有欧洲特色小巷,下午一两点钟的时候有很多年纪大的人在书摊边看书,我也在那边看。在我离开的时候,突然有两个好像是阿拉伯人追上来,我看情况不对就赶紧跑。我哪跑得过他们,两个人人高马大的,一个抱着我,一个像老鹰捉小鸡一样把我按在地上。我大声喊"police,police",之后我就基本没意识了,晕掉了。他们扯开我的衣服寻找钱包,然后逃之夭夭。结果两百美元和钱包都被抢走了,护照放在裤子口袋,没有被抢。如果护照被抢了,那就麻烦了。有人问:"警察来了吗?"实际上哪有警察来。我也没有报警,因为没人管你,这种事就像一滴水汇入大海似的无影无踪,也就算了。

第二天上午我参加科学委员会会议也没有精神,情绪很低落。但是开会时,有的国家参加会议的代表还有比我更惨的。在那个大会上我看到有人鼻青脸肿的,原来是两个美国人在那个五星级宾馆下面被人打了。马德里的治安状况很不好。

科学大会是各区域渔业组织中很重要的组成部分,这就是我刚才讲的我们的任务所要求的。每个渔业组织一定要召开科学分会、履约分会和缔约方大会。根据每个组织的议事规则,缔约方大会是最高的决策机构,科学分会如果不开,缔约方大会就不能开。为什么?因为科学大会要解决很重要的一些技术问题,比如海洋中有多少鱼的资源、可以捕捞多少鱼、设定多少配额等，要不然在各个国家之间分配的总量没有科学依据。在科学大会之前还有很多工作小组会议，比如说涉及各鱼种的小组、数据统计工作的工作小组等。科学分会对于所有的工作议题的结论采取协商一致的议事规则，从开幕式到最后休会，都要有会议纪要，一定要有渔业资源状态数据，每个国家都要提交国家报告，对有多少渔船、在公约区域内捕多少鱼等情况，都要有详尽的报告。这涉及到每个国家的义务。我们讲的五个挑战里面，上海海洋大学起的就是这方面的作用。

（二）国际多边协商中搞准数据，为国家谈判提供支撑

在国际多边协商中，上海海洋大学的首要任务和作用是确保我们渔业的可持续发展。比如说参与科学会议讨论，每个国家一定要参加，因为参加就相当于认可了渔业资源状况，我们对配额就不会有意见。如果我们不参加，或者不同意，缔约方大会就很难讨论。现在参加了，相当于我们同意了与该渔业资源有关的科学和技术的结论，理论上说资源状况决定配额。现在区域渔业组织都是先有公约，再依据公约建立组织，每个组织还有附属机构。目前中国加入了五个区域金枪鱼国际组织中的四个。每个区域渔业组织都设秘书处，秘书处雇佣一些专业人士，协调各方面工作。公约是每个区域渔业组织的法律基础，委员会大会通过一系列决议或者养护管理措施。养护管理措施是强制性实施的，每个成员国必须遵守。此外，两个附属机构也都很重要，一个是科学分会，另一个是履约分会。履约分会就是对各个国家的渔业表现等级打分，相当

海洋科学学院教师出席第 17 届印度洋金枪鱼委员会科学分委员会会议(左为许柳雄，右为戴小杰)

于考试,有很多指标,观察员计划是其中之一。各国的渔业表现怎么样,要看其是否在对高度洄游鱼类进行资源养护。比如说,禁止捕捞鲨鱼议题执行的效果如何,对此有一套核查程序。其他监管办法还有贸易措施,比如说我们捕捞的鱼如果要销售到日本去,需要证书。中国政府要开渔获量证明文件,即 CDS 证书。日本海关一定要收到农业部签发的证书后才会买这些金枪鱼。没有 CDS 证书是卖不掉的,这个工作是打击非法捕捞措施的一部分。所有的船都要在合法名单上,即白名单上,这些在网上都能查到。其他还包括观察员覆盖率、配额设置等,这些都属于指标,完成这些指标就是基本履行义务了。如果违规,该组织就会根据规定采取制裁措施。这分的高低,对后面的谈判是有影响的。比如说,如果我们的数据没有提交,数据库中没有我们的上报数据记录,那么以后我们即使捕鱼了,渔获物也卖不掉。大西洋海域就是这样实施规则的,要很慎重。

产量数据要根据渔船的实际产量状况报告,还要通过贸易数据来验证。比如出口 200 吨金枪鱼产品到日本,这是要根据生产船《渔捞日志》的数据来的。当然也有误差。我们在大西洋的历史配额是由中国水产总公司创造的。1994 年中国水产总公司报 300 吨。当时我们有 10 多艘渔船,他们的产量没报给农业部,也就是说没有历史产量记录。以后的配额是根据历史产量来分配的,这个数据很重要。我们上海海洋大学就是要把这个数据搞准确。我刚才讲五个深化里面,产量数据包括渔捞日志数据、观察员数据、港口取样数据以及贸易数据,很多数据不是那么简单。例如渔获量数据,它是在某个海域的数据,比如北纬 5°至 15°,西经 35°至西经 40°,这个数据要确保正确。这个数据上报是强制性的。数据上报还有时间节点,7 月 31 日之前要上报。7 月 31 日之前不报,就是没有履约,就失信了,就像贷款到期不还一样。每年都有截止日期。我每年把各个区域渔业组织上报数据的截止日期放在醒目位置,比如 4 月 30 日是中西太平洋渔业委员会上报数据的截止日期,那我们在前一个月就要把数据整理好。做好以后,通过政府报,由政府统一对外发出。处理数据是个很重要的任务。其他任务还有科学研究,这方面我们还很弱。履约是捕鱼权的基本条件,这就回到了我们第一个任务，即可持续发展。

最近我们中国远洋渔业有一些发展。上世纪90年代初我们的捕鱼船少。目前在全世界公海上有捕鱼能力的只有三国四方，就是中日韩、大陆和中国台湾地区。为什么上世纪七八十年代我们没有捕鱼能力呢？因为我们没有钱，搞远洋渔业要有资金。第二个是要有劳动力，西方人不在公海上干了，现在我们公海金枪鱼捕捞的规模仅次于日本和中国台湾地区，规模相当大，所以确保中方在公海上的捕鱼权和可持续发展是我们的核心任务。

我参加的第一次科学会议，就有关于涉及鲨鱼的中方数据问题。实际上就是关心两个问题，一个是政治问题，第二个是科学方面的问题，我们都要积极参与。政治问题就是中国台湾问题，这代表中国的整体利益。外交部在参与公约谈判的时候，就已经同各缔约方解决了名称等重要问题。主要是哪些问题呢？举个例子，2016年8月，我在夏威夷参加科学委员会会议，讨论中西太平洋渔业委员会下属的科学委员会的议事规则。委员会已经建立了议事规则，详细列出了该委员会一年要开几次会议，以及主席和副主席来自于哪国，但是下属的科学委员会没有议事规则，也想搞一个议事规则。也就是说，委员会已经有了议事规则，科学分委员会直接参照委员会的议事规则执行即可。科委会为此开了几次会。中方的关切是主席、副主席的人选以及在哪里举行会议。科委会主席和副主席可以来自于成员国，中国台湾地区也是成员之一，但是它不是缔约方。缔约方跟成员国是有区别的。后来我们就说，这个应该改，科委会主席只能来自缔约方，所以一定要改。这个议事规则需要协调一致。所以我方就议事规则的内容同中国台湾地区"争论"了很长时间。协商了半天，我们要求一定要写上，反映中方对议事规则的某些观点持不同意见。第二个是开会的地点。在菲律宾的第二次科学分委员会会议上，中国台湾地区提出要承办会议。我就明确跟秘书处讲，在中国台湾举办会议，中方有很多困难，要它打消这个念头，大陆同意后，会才能开。所以主席人选和开会地点都是敏感的政治问题，但是我们主要聚焦于科学问题。

在科学问题上，我们还相对比较弱势。大会秘书处的文件分为工作文件和信息文件。工作文件就是对于资源养护很重要的文件,发明个新的方法降低兼捕就是养护资源效果非常好的方法、技术。比如发明惊鸟绳,防止海鸟误捕;在释放鲨鱼的时候,要提高鱼的成活率等。一个委员会分很多小组,例如资源评估小组、方法工作小组、鲨鱼工作小组、渔具工作小组。所以,一个大会的议程是非常紧张的。比如就怎样释放鲸鲨的问题,就要讨论半天。所以,这个科学大会一定要建立在强大的科学理论的基础上,没有进行科学研究就去参加这个科学大会,效果就不好。例如提交的资源密度数据,如果以工作文件的形式提交,主席和副主席就会决定这个文件和报告是否被接纳。在大会之前还有很多工作组会议,其中的很多会议我们都没有参加。在工作组会议上会有很多结论或者总结,但在大会上还要再讨论一次。2015 年,陈勇老师去参加大西洋科学委员会会议,外国参加者就说他提出的问题已经在工作组会议上讨论过,科学大会上就不讨论了。工作组会议有许多规则是按照西方人制定的某些专题进行讨论的。科学大会相当于全会,全会上的讨论就是把一些工作组会议通过的结论再过一遍。我们深刻认识到,所有事情都要建立在深入研究的基础上,会议的使命就是要保护渔业资源可持续利用。无论是资源评估、生物学研究,还是防海龟、海鸟措施方面,都是为保护资源,而不是为了提高捕捞效率。依据公约而建立委员会机构,委员会依赖于公约,这两个基本上是等同的。委员会只是一个实体,公约是一个法律文本。它的根本使命是保障可持续利用,保持大洋生态平衡,这是我们工作的基础。上海海洋大学在这个层面上,在确保中国大洋性渔业资源可持续利用方面做了很多工作,包括科学研究,没有科学研究就没有话语权。比如我们派遣观察员上船,在高纬度热带地区没有观察到海鸟误捕现象。会议之所以要开这么多天,你想想,几十个国家的代表每个人讲几句,半天时间就过去了。科学委员会开会的内容没有虚的,很务实,每天如此,其实也是很辛苦的。有好几次会议,中方就我一个人,也不能离开,就要坐在那里听。所以我每次都会把会议内容用录音录下来,听不懂还可以回放一下。有的外国人讲话很快的,也有口音,中间还涉及很多专业词汇。所以我们要提高能力,英语要好。这就涉及到人才的培养。我们整个团队的能力要提高，要向陈勇老师学习。我们面临的挑战是巨大的。

对于人才培养，我是反复强调的。因为我们老师还有很多学校内的考核，还需要上课。有的时候要聚焦国际，像日本，据我观察，他们培养的人才水平很高，英文水平也不错。

我们中国台湾地区有三十个人是专门从事数据统计工作的，经费由他们的行业协会出。他们有专门的机构研究金枪鱼数据，还有观察员计划。像美国和日本，他们的研究队伍是有分工的，大部分人搞基础数据统计工作，研究人员则专门分析科学问题。科学研究我们不能跟人家比，规模也不可以跟人家比，像中国台湾地区有五十万吨的金枪鱼产量，我们只有十几万吨金枪鱼产量。

对于考核方式，像台大也是要上课的，但是上的课不多。研究方面有 SCI 论文考核，但不是很强调，它需要达到确保渔业持续发展的目标。比如就每一个主题的研究，针对需要解决的问题，根据任务完成报告和论文，确保它的工作量。日本在这方面分得很清楚，大目金枪鱼分为三个大洋，研究旗鱼的就专门研究旗鱼。开大目的会议，研究大目的人员出席；开旗鱼的会议，研究旗鱼的人出席。任务分工很细致。

我们中国台湾地区的科学研究，国际影响力还是很大的。台湾大学、台湾海洋大学等院校有很多人在做基础研究。国际上会给他们的渔业表现打分。中国台湾地区的渔业规模比大陆大，而且他们履约分数比大陆高，犯错误少，整体表现比我们大陆地区好。我们有很多不履约的负面现象，比如我们有些渔船，农业部批准了，但在国际网上还没有登记，就跑到公海上去捕鱼。新西兰检查人员一看，我们有船没有在网上登记，就判定其为非法捕捞。这就是履约问题。

第一次去参加科学会议给我震撼较大。实际上就是去学习了，回来之后就觉得自己能力不足，必须要强化英语学习。我在会议上不知道人家在讲什么。看还可以，但听不懂，听力的难度最大，而且人家只讲一遍，不会重复。

第一次开会就我一个人去，会议开了七天。当时我们的产量很低，会议由其他国家和地区主导。会议主要谈了大眼金枪鱼、黄鳍金枪鱼的资源量，以及怎样保护鲨鱼、鲣鱼、北方长鳍、南方长鳍、蓝鳍等。每个议程包括几个工作组。数据工作组主要关心中国的数据是怎样收集的。2000 年，数据工作组副执行秘书在农业部渔业局领导陪同下来到上海海洋大学考察，他很关心中国的数据，包括科研体制、质量、监管等。

（三）美国旗鱼工作小组会议中积极为农业部提供数据

我第二次出去开会是在 2000 年 7 月，参加在美国迈阿密召开的一个有关旗鱼的工作小组会议。我后来就每年去参加一次。这次会议就我一个人去，学校有资助，但当时经费很少。会议主要内容是关于中国捕捞旗鱼的密度、资源丰度、捕捞量等方面的报告。这个报告对我们非常重要，中国的捕捞配额就是根据这个来分配的。农业部很感谢上海海洋大学把这个数据交出来。有了这个数据，就保护了我们的权益，意义很大。所以美国人会说谁不报数据谁就没有产量。包括北大西洋剑鱼的产量，也是我们上海海洋大学统计后上交的。

这个数据是根据各个企业的数据统计出来的。一开始问的时候没有人知道，我就倡议建立中国的数据收集系统。当时各个企业是将数据报告给农业部的，但是只报告像大目这样的经济价值大的鱼类，其他种类并不会报告。我就和各个企业联系，再加上我在船上实践过，对于船上的情况比较熟悉，然后就把报告写出来了。

2000 年，中国的渔业企业很少，只有中国水产总公司、大连金枪鱼钓公司等几家。这几家公司也不知道该把数据报给谁。农业部加入区域渔业组织后，有一个很重要的责任，就是要报告数据。我就打电话告诉企业，这个数据以后要报告给我，这是一种责任和义务。如果没有这个数据，就没有我们国家的配额。

这次迈阿密的小组会议为科学大会打下了基础。会议进行了四天。

大西洋的会议我 2004 年参加过一次之后就不再参加了，后来都交给技术组的其他老师参加。

2004 年的这次大西洋的会议在西班牙马德里召开，因为科学委员会就在马德里。这次科学大会主要就是数据统计，讨论数据质量、渔捞日志、港口取样、观察员计划，以及主要种类的资源状况、评估方法和管理建议。如果要增加议程，就要开会讨论。例如，我们 2016 年 8 月去巴厘岛参加金枪鱼大会，想要增加港口国措施议题，那就要先散发议题给各个成员。

我参加这几次会议之后，中国在渔业上出现了许多变化。第一是中国渔业权益的变化。随着我国政府的支持，我们船队的规模也扩大了。中国配额的增加靠的就是买一些船、转移一些船、新造一些船。我们的产量从 20 世纪 90 年代的四百多吨到后来的一千多吨，再到现在的五千多吨，我们在大西洋的船数控制在六十艘。第二是我们的科学研究实力也增强了。第三就是增加了话语权。

（四）参加中西太平洋渔业委员会科学会议，维护国家的权益配额

2005 年以后，我把研究重点放在中西太平洋海域。中西太平洋渔业委员会是五个金枪鱼委员会中最大的，占全球金枪鱼产量的 60%—70%。五个金枪鱼委员会分别是大西洋金枪鱼委员会、印度洋金枪鱼委员会、中西太平洋渔业委员会、南方蓝鳍金枪鱼委员会和美洲间热带金枪鱼委员会。其中，南方蓝鳍金枪鱼委员会我们没有加入，因为我们

应太平洋共同体秘书处（SPC）的邀请，上海海洋大学海洋科学学院金枪鱼技术小组戴小杰教授（左）、杨晓明副教授（右）、邹莉瑾助理工程师（中）于 2015 年 2 月 4 日至 10 日出席法属新喀里多尼亚首府努美阿 SPC 总部举行的"金枪鱼延绳钓操作水平上的数据汇集会议"

国家没有配额。但是别的国家都希望我们国家加入,因为我国市场条件良好,而且我国在南方高纬度地区能兼捕到南方蓝鳍金枪鱼。

中西太平洋委员会主要负责管辖西经 150°以西的太平洋,全世界金枪鱼产量大概在 430 万吨,中西太平洋就占 230 多万吨。

我第一次参加这个会议是在 2006 年,和朱江峰一起去菲律宾马尼拉开会。我在会上提交了科研报告,涉及到了中方数据。因为中方在中西太平洋作业比较早。从 1988 年开始,一些岛国(比如帕劳、马绍尔等)都建立了有关中国渔船的渔业数据,所以我国在 1988 年就有数据记录了。我提交报告的内容主要是关于中方捕捞到多少鱼以及在哪个地方捕捞。这次会议总共开了十个工作日。

在会上,根据观察员的数据,我积极参与了有关鲨鱼、海龟的养护方面的讨论。另外,每个国家都要提交报告。第一个星期主要是进行讨论。会议分为不同的讨论小组,议题分别是关于数据、资源评估、生物学等,各讨论半天到一天时间。这种会议与国内研讨会不同,国内的讨论是每个人发表各自的观点,而国际上这种会议在每个人发表观点以后,就会进行讨论,一定要达成一个共识,写进会议纪要中,成为以后委员会大会管理措施的指导方针。这些纪要在国际网站上都可以查阅到。

2007 年的中西太平洋渔业委员会第三次科学会议是我同叶旭昌一起去的,地点在美国夏威夷。这次会议上,我们对议事规则提出了一些看法。我们强烈主张主席和副主席一定要来自缔约方成员国,反映了我们的观点。会议还涉及一些鱼类资源状况和数据情况,主要是关于主捕的金枪鱼以及一些兼捕的物种,比如鲨鱼、海龟、海鸟等,是否有研究进展,以及近几年市场价格如何等。

科学大会每年开一次,我现在每年都参加。中国没有举办过这样的会议,因为这里面涉及一些复杂的问题。各金枪鱼国际组织的议事规则中规定,如果没有国家愿意主办科学委员会会议、履约委员会会议和委员会全会,那么就由委员会总部所在地举办。尽管很多岛国都希望中国举办科委会等会议,但实际上存在很多困难。一是涉及到经费问题。如果要主办会议,农业部上一年度一定要报预算,包括会场费、招待费，还有给岛国的资助费等。其次还有一个潜在的问题，就是安全责任问题。因为是农业部邀请的，这样一来，农业部就可能受到牵连。如果在中国举办会议，会给农业部带来很多麻烦事。我们要准备演讲稿，还有参加会议的太平洋岛国都是部长级高级官员，涉及对等接待问题。还有未建立外交关系问题。但核心还是费用问题。如果要主办国际会议，需要向财政部申请经费。还有好几个国家也没有举办过会议，比如日本、欧盟国家。但是从中国的政治影响力角度看，中国应该举办一次。这类会议大概有 200 多人参加。超过五十人的会议要上报农业部，超过一百人的会议要上报国务院，因为这涉及到保密以及安全问题。我们 2016 年主办的印度洋温带金枪鱼工作组会议，时间从 7 月 18 日到 23 日，会议代表只有二三十人。参加会议的人员来自中国台湾地区、日本和韩国，以及印度洋周边国家。中方在中西太平洋的发展中起到至关重要的作用，我们在该海域有五百多艘船，全世界 60％的金枪鱼集中在中西太平洋，其他洋相对来说没有那么重要。原来我国大眼金枪鱼在中西太平洋的配额有一万多吨，但是随着资源的衰退，管理措施要求每年削减 10％，所以我们的配额也不够，很多船需要转移到印度洋或者东太平洋。2017 年，东太平洋会议需要重新制定各国配额。配额是三年定一次，三年以后重新进行资源评估，重新设定配额，并不是每年都变的。陈勇教授就说过："我们只有加强资源评估的研究，才能提高我国的话语权。"

我现在每年都会参加中西太平洋科学会议，我是中方代表团的团长，在科委会里就坐在前面。代表的位置是按照英文字母安排的，先是澳大利亚，然后是加拿大，之后就是中国了。中国台湾地区本来按照字母顺序来排应该坐在我们旁边的，但是他们坐到了 T 开头的区域，坐在美国旁边。科委会上不仅仅是讨论科学问题，更是讨论国家利益下的科学问题。

中西太平洋渔业委员会管理力度非常强。比如，公海登临检查，即美国海军可以登上别国的渔船进行检查，涉及到禁捕鲨鱼等问题。公海登临检查相当于在公海执法。1995 年的《联合国鱼类种群协定》对中国没有生效，因为中国对其中某些内容持反对意见，其中包括公海登临检查允许武力执法的内容，即如果被检查渔船违反了相关规定，美国有权将其带回港。中国认为应告知船旗国政府，由船旗国政府采取相应的措施。前段时间，法国飞机拍摄到中国渔船将鲨鱼翅挂在渔船上。其实捕鲨鱼是不违规的，它担心的是我国只留了鱼翅，而将鱼肉丢弃。但最终它也没有对我国渔船进行登临检查。目前只有少数区域渔业组织通过了公海登临检查制度的决议，例如南极海洋生物资源养护委员会和中西太平洋渔业委员会。

随着中国国力的增强，我们在中西太平洋围网有 20 艘船的规模，延绳钓有 500 多艘船的规模，仅次于中国台湾地区和日本。但是我们国家在履行国际义务上做得不好，也就是分数不高。分数不高的原因有两个，一个是渔船执行得不够好，另一个是科学研究做得不够好，包括数据报送等。

参加这些会议，一个是维护了我们国家的权益配额。也就是说，要想在中西太平洋取得捕捞权利，很重要的一点就是要有数据履约和科学研究。没有履约就没有捕鱼权利，捕鱼权就意味着我们能够在中西太平洋获得十几万吨的渔获。那我们为什么能在这里捕鱼，实际上就是一种养护管理。我们要有科学数据，要能够对这个资源做出贡献。我们上海海洋大学这个团队在这方面做出了极其重要的贡献。如果没有中方的贡献，没有数据支持，我们就不能在那里捕鱼。这十几年来，中方的权益有了很大增加，从原来的几千吨增加到围网将近十万吨，延绳钓大概有几万吨。我们大部分产量都来自中西太平洋，中方现在的产量大概是十五六万吨，实际上有二十几万吨。因为有些是转让出去的，就是实际上是我们捕捞的，但是不能写我们的名字。相当于儿子生了给人家养，就是这个道理。就是说，我们不一定要名，我们要的主要是利。所以说，中方的规模面临着挑战。我们上海海洋大学的任务也非常艰巨。2016 年 9 月的技术和履约会议，中国远洋渔业协会说上海海洋大学专家一定要去。为什么呢？因为会上讨论的数据，中国远洋渔业协会搞不清楚，也解释不清楚，一定要我去，我感觉非常累。

现在金枪鱼国际组织有五个，我们国家参加了四个，这四个国际组织的会议我都参加，各参加过几次。现在我主要负责中西太平洋。其他像东太平洋由我们朱江峰老师负责，印度洋由许柳雄老师负责。

根据南方蓝鳍金枪鱼保护委员会(CCSBT)的规定，我们是没有配额的，而他们早已经分配好了，所以我们没有参加这个金枪鱼国际组织。我们现在过去也没有用，没有配额，不能捕鱼，关键是还要交会费，不合算。因为我们在捕捞南方长鳍的时候，会兼捕到其他的一些鱼类，所以他们希望中方加入。当然，我们国家的企业也希望加入。为什么呢？因为兼捕的鱼不能正常出口，所以价格就很便宜。如果我们是公开加入这个组织，那就是合法的了，价格就能和市场上一样了。

从2006年开始，我就一直担任团长。还有一个国际渔业科学组织叫北太平洋金枪鱼科学组织，在里面我也是中方团长，这个科学组织我国农业部不承认，因为政府间没有签署过协议。

这个组织成立于1995年。中方有渔业利益，大概在2008年到2009年间开始参加这个组织的工作组会议。2016年，北太平洋金枪鱼科学组织全会在日本举行，我们没参加。如果从科学的角度出发，我个人认为可以参加。我国政府为什么不同意参加？主要是没有签订任何协议。因为参加任何组织一定要有一个书面协议。日本和美国对北太平洋金枪鱼科学组织很重视，中国台湾地区也很积极。

中西太平洋渔业委员会在2004年成立，正式大会于2005年开始召开，我们国家没有人去参加。

2006年，我们国家第一次参加第二届中西太平洋渔业委员会科学分委员会，由我带队。每个代表团都有名额，我有时一次带一个人，比如带朱江峰或唐议，有时一次带两个人。日本都是带二三十个人，一起在那儿研究。我们人数少，研究力量弱。在有些议题上，我们就和日本参会人员协商，借日本人的力量。因为中日都是重要的远洋渔业国家，很多利益有共性，在养护和管理措施上要寻求共同声音。韩国、中国大陆、中国台湾地区、日本四个利益方有很多一致性。现在在公海上具有实力的就是这个"三国四方"。欧盟也有，西班牙也有，但都比较早。东亚就这几个国家和地区。

农业部渔业渔政局一般不派人参加科学大会。我一直要求中国远洋渔业协会参加,接触一些科学问题。由于多种因素,他们一直未能参加,但委员会全会他们一定要参加。目前委员会全会讨论的科学问题越来越多,我们参加会议是必须的。委员会全会涉及到的科学问题,包括计算各成员应该交的会费,也会涉及到金枪鱼渔业数据问题。为什么呢? 因为会费分摊的钱来自于两个部分,举例说,如果该组织总预算是 800 万美元,其中有一半费用按照各国富有程度分摊,富的国家肯定多交一些,穷的国家就少交一点。中国是发展中国家,这是根据世界银行公布的标准判断的。另一半预算则根据各成员捕鱼的渔获量来分摊,每个组织的数据库里有各成员的渔获量数据。中国近年来在东太平洋的产量逐步提高,增加较多,产量增加则会费也要多交一点。还有一个就是进出口的鱼也要算在产量中,而不仅仅是捕捞的产量。为什么呢? 因为这都属于资源利用。这个数据海关那里都有记录。这就是农业部为什么要求我们科学家参与的原因。所以,我参加会议都要把那些渔业数据带上,比如这几年的平均产量。

应中西太平洋渔业委员会(WCPFC)秘书处的邀请,经农业部渔业局的同意,2013 年 8 月 6 日—14 日我校海洋科学学院戴小杰教授(中)、青年教师汪振华博士(右)和王学昉博士(左)作为中国渔业科学代表团代表出席了在密克罗尼西亚联邦波纳佩召开的中西太平洋渔业委员会科学分委员会第九届常规会议(WCPFC - SC9 - 2013)。

（五）渔权即海权，履约队伍建设需要人才支撑

科学大会我每次都参加，但我们参加的人太少，所以我说我们要加强人才的能力建设，提高应对挑战的能力。怎样加强培养？我认为最好就是派出去学习。就是说，从博士开始最好就送到美国待上一两年。日本代表团参会人员的英语水平就比较好。上海海洋大学起到科学支撑的作用，政府、协会还有企业综合能力都要提高。我经常举一个例子，我说中国搞远洋和公海金枪鱼渔业，就像我们跳外国探戈和芭蕾舞一样，要按照别人的节奏来跳，我们是后来者，基础差，必须要抓紧时间学习。

现在搞金枪鱼的就是我们学校，农业部把和金枪鱼有关的科学事务都交给我们了。当然还有其他事务，例如鱿鱼。

我还参加了联合国粮食和农业组织《濒危野生动植物种国际贸易公约》的动物委员会，去日内瓦参加过两次会议。这是讨论濒危野生动物贸易管理的国际公约，每三年开一次缔约方大会，每年开一次动物委员会会议。我是作为中国政府代表团成员去的。会议的主题就是讨论将哪些动物列为濒危野生动物，这也涉及到科学数据问题。很多动物一旦被列为濒危动物，就不能利用了。另外，各国有责任在贸易方面监管这些水生濒危动物。我们中国现在想利用某些动物，但他们要保护，主要是鲨鱼，还有海马、珊瑚等。

《迁徙动物公约》工作会议我也参加过一次。涉及海鸟、鲸鲨，这个公约中国没有加入，当时我是受农业部邀请参加的。

我参加印度洋金枪鱼委员会的会议共有 5 次。大部分是科学大会，其中有一次是缔约方大会，争议比较大。这是在 2001 年，我作为中国代表团的科学顾问参加。当时日本提出来，要限制中国的金枪鱼延绳钓渔船到 8 艘船，另外对中国台湾地区的渔船也要进行限制。印度洋金枪鱼委员会在联合国粮农组织管辖下，属于联合国系统。在联合国机构中，中国台湾地区是中国的一个省。中国台湾地区的代表参加会议的身份是受邀请的专家。在该组织中，会费是中国大陆一道交的。所以中国台湾地区是没有任何发言权的。中国台湾地区的金枪鱼船队

在印度洋的规模很大，仅次于欧盟。中方为了维护中国台湾地区的利益，与日本代表产生了争议。我记得当时会议气氛很激烈，日本代表强行提议要限制中国的船只数量。中国的回应是，中国的发展不需要日本来指手画脚。后来就没有再讨论，到现在也没有达成任何限制中国的提案。

我印象深刻的事情还有就是 2002 年我国第一次承办印度洋热带金枪鱼工作组会议，他们对中方的印象很深刻，认为上海水产大学办得好。

还有一个就是美洲间热带金枪鱼委员会。它和别的组织机制不一样的是，这个组织自己有一批人在做科学研究。科学的结论做好后，就要求其他国家的科学家提出一些意见。目前这个组织有 50 多名研究人员。

我们中国要参加区域渔业组织的主要原因是如果我们国家想要获得公海捕鱼权以及捕鱼配额，就必须参加这些区域渔业组织。中国大陆金枪鱼渔船在 2001 年转移到东太平洋公海捕捞，向该组织报告了 2639 吨大眼金枪鱼。在 2004 年限制各成员配额时，中国当时还不是成员，该组织把中国的产量就限制在 2639 吨的总量。目前看来，配额一旦定了后，总趋势一般是减少。为什么？因为资源存在恶化的趋势。中国的配额严重不够，日本的历史产量好几万，约一万八千多吨，配额用不完。中国同日本友好协商，日本就转让六千吨的大眼金枪鱼配额给我们。我们每年都要和日本协商，日本捕鱼船在该海域有减少趋势。但是中方也是有代价的，日本很多旧的二手船卖给我们捕鱼，但是配额没有相应转过来。

我们国家现在缺少这方面的人才，需要加强人才培养，但这不是我一个人说了算的事。我曾多次提出加强人才培养的问题，但这需要上面各个系统认识到人才培养的重要性，一定要先在思想上有认识，然后再行动起来。希望将来中国的年轻人能够进入到这些国际渔业组织。我也会对我的学生提出这方面的要求，加强各方面能力的培养。同时，我也提出我们国家要加强人才建设。总之，人才培养很重要！

宋利明

宋利明，1968 年 12 月 19 日生，江苏昆山人，捕捞学教授，博士生导师，现为中国远洋渔业协会金枪鱼技术组主要成员，"养护大西洋金枪鱼国际委员会（ICCAT）"中国首席科学家。2008 年获上海海洋大学捕捞学博士学位。主要从事高效生态型渔具开发、渔具数值模拟和渔具水动力学等研究，主攻金枪鱼渔业。主讲"渔具理论与设计学前沿"（博士）等课程。

1999 年 1 月起，代表我国科学家参加金枪鱼渔业国际管理组织的有关会议 20 多次，交流论文 30 余篇。

1993 年 7 月，作为主要技术人员开创了我国公海金枪鱼延绳钓渔业。

2007 年 11 月至 2008 年 3 月，美洲间热带金枪鱼委员会（IATTC，美国）访问学者。

2008 年，开创了我校渔具数值模拟研究新领域。先后主持、承担国家 863 项目、教育部博士点基金项目和农业部等科研项目 20 余项。担任"Fisheries Research"和"Ocean Engineering"等 6 本 SCI 检索期刊特约审稿人。以第一作者及通讯作者身份发表论文 60 多篇（其中 SCI 检索期刊 10 篇，EI 检索 3 篇）。

出版专著 2 部，主编教材 4 部，参编教材和教学参考书 6 部。获国家科技进步奖二等奖、教育部科学技术进步奖二等奖、国家海洋局创新成果奖二等奖、上海市级教学成果奖一等奖、2007 年度宝钢优秀教师奖以及 2013 年和 2014 年的上海市优秀硕士论文指导教师奖等奖项。获 2008 年度上海高校优秀青年教师、上海海洋大学"海洋学者"等荣誉。

三过苏伊士运河，
从此与"金枪鱼"结缘

"我自己最大的成功之处是开创了中国金枪鱼延绳钓渔业研究"

一、为了我们远洋渔业事业，到过近 40 个国家和地区

我学士、硕士和博士都是在上海海洋大学读的，本科毕业于 1990 年。参加工作到现在，我为了我国的远洋渔业事业一共到过近 40 个国家和地区，包括西非沿岸 9 个国家（摩洛哥、毛里塔尼亚、塞内加尔、几内亚比绍、塞拉利昂、科特迪瓦、多哥、尼日利亚、喀麦隆）、东非 2 个国家（塞舌尔、毛里求斯）、北非 2 个国家（埃及、阿尔及利亚）、欧洲 7 个国家（法国、德国、荷兰、瑞士、俄罗斯、西班牙、葡萄牙）、亚洲 10 个国家（日本、韩国、泰国、新加坡、马来西亚、菲律宾、马尔代夫、阿联酋、卡塔尔、也门）、美洲 3 个国家（加拿大、美国、墨西哥），以及大洋洲 5 个国家（帕劳、密克罗尼西亚、马绍尔、基里巴斯、斐济），足迹遍及全球了。

二、赴西非，有船员在海上不幸去世

1990 年 10 月，我作为第十一批赴西非船队中的一员，从广州渔轮厂出航。当时张继平老师是系党总支副书记，他亲自送我们到广州渔轮厂。带队的是杨德康老师，一共 12 位学生加 1 位教师赴西非。我们

的船队由 6 艘渔船（远渔
627、628、629 和 630 号，以
及希望 1 号和希望 2 号）和
2 艘运输船（海丰 101 和京
冷 1 号）组成，每艘船上安
排两个同学。船队从广州
出航，沿途经过南中国海、
新加坡水道和马六甲海峡，
然后进入印度洋。在经过
马六甲海峡时，直升飞机飞
到我们船队上空侦查并通

宋利明于 2004 年在马绍尔渔场进行渔具调查

过无线电对讲机询问我们是什么国家、什么船，以及要到哪里去。我们
一一回答以后，飞机才飞走。当时我们有一点紧张，怕他们找麻烦。到
了印度洋，一艘渔船上有一位船员突发心肌梗塞去世了，我们在印度洋
举行了一个海葬仪式，就把这个船员葬在海里面了。

发生这样的事，我们心情肯定是很不好的。当时我们刚刚毕业，也
晕船。到了印度洋，晕船这关刚过就出现这种事情。我们有两位同学
和这名船员在同一艘船上（不在我这艘船上）。海葬时，整个船队船头
朝东，对准我们祖国的方向鸣号，全体船员在甲板上集合并三鞠躬，由
领航队长主持海葬仪式，撒了一些酒之类的东西。大家心情都不好，我
们心情尤其不好。那名船员有心脏病，是本身的身体原因，突发急病去
世的。

他在海上去世了以后，如果不海葬，那尸体就要带进外国港口，要
经过检疫之类的程序，流程非常麻烦，费用也很高，要运回国内也不大
可能，最大的可能就是当地火化，这样他家人也是见不到他的。据说是
跟他家人商量，在经济上给予他们补助，最后将他的衣服、遗物以及剪
下来的一些他的指甲、头发送回他家里。

当时的海葬是这样的，船员给他做了一副木板棺材，在棺材上绕了
一些铁链，加了些铁块，投放到水下，但棺材只能浮在水下几十米的水
层，沉不到水底。第一次出国就碰到了这种令人悲伤的事。

三、第一次过苏伊士运河

我们船队继续向西前进，进入亚丁湾，在也门加了些油，朝红海前进，到了苏伊士运河。到苏伊士运河后，我们这帮学生就起作用了，船上没有翻译，主要就靠我们。苏伊士运河当局的官员，包括港务局、海关和移民局的官员要登船检查。无线电对讲机通知我们第二天清晨七点加入编队过运河，这一夜我和另一位同学都没法睡好，因为要值班，预防小偷上船，因为埃及还是比较落后的，治安不太好。七点钟要过运河，四点钟左右我们就起来了，船长安排我和另一位同学听好无线电对讲机，要跟港务局联系，有需要汇报的事情就要汇报。我们就守着对讲机的16频道，等待港务局的命令，到了大概六点半左右，引水员就上来了，一起上来的还有两个带缆工和一个电工。电工问我们有没有苏伊士运河探照灯，我说我们不要，因为渔船上面有探照灯，但他说不行，一定要有苏伊士运河探照灯。这样，他就把两个探照灯拉到了我们船上，但最后也没用到，其实他们是要收费，靠这个赚钱。两个带缆工其实也没什么大的活，上来了问我们要毛毯，拿了毛毯就睡觉。早上进入运河，航行到提姆萨湖靠近伊斯玛利亚这个地方（据说那里有埃及总统穆巴拉克的行宫），更换了引水员。引水员在下去之前来找我，问我要香烟。船上是准备好万宝路香烟的，我让船长给他两条，他说不够，还要给电工和带缆工。他问我有没有牛肉和羊肉，我说：“我们没有，我们中国人吃猪肉的。”我问：“猪肉要不要？”他说：“不要，不要。”他是穆斯林，不能吃猪肉，我就说那没办法了，他就说给他几斤大米吧。大米我们有，最后每人给了五六斤，打发他们走了。换了一帮人再过苏伊士运河，整个运河早上七点进，晚上七点左右出，运河总长 162.25km，我们船开得也慢，而且要等，由于航道比较窄，是单行道，所以要等南下的船通过以后我们才能北上。过了苏伊士运河就进入到地中海。运河里面风浪很小，船进入地中海以后风浪就大了。一天下来也很累，一直陪着领航员在驾驶台做翻译，我也有点晕船。

船队航行到阿尔及利亚附近时，由于风浪更大，我们 6 艘渔船和

"京冷1号"不得不在安纳巴港避风。此时，整个船队与安纳巴港的联系工作就交给了我。我们在那里避了一天的风。

过了地中海和直布罗陀海峡，到达西班牙拉斯帕尔马斯港，我们就上岸，那时候觉得陆地在晃动，可能是因为心情比较好。第一次到国外，亲眼看到欧洲发达国家，他们的环境保护得比较好，城市很干净，我对他们的生活方式感到很新鲜。

在拉斯帕尔马斯港待了两天，中水公司请我们吃自助餐。当时我们国内没有西餐，更别说自助餐了，这是我第一次吃自助餐，十美元左右，随便吃，每个人的肚子都吃得饱饱的。拉斯帕尔马斯的海滨浴场很漂亮，但我们没去海滩，因为那边太远了，而且那是个裸体浴场，当时不允许我们去。我们上岸全部要穿着整齐，船队有要求和纪律的，晚上8点半之前要回到船上。我们储存了点物资，加了些油和水，就又要出航走了。

四、因为英语好被推荐到运输船上工作

我在拉斯帕尔马斯被换到了运输船"京冷1号"上，有位同学也在"京冷1号"上，船长觉得他的英语不行，请杨德康老师推荐一名英语好的学生，杨老师就推荐我上了"京冷1号"。可能由于当时我的表现还可以，能用英语跟港务局交流联系，所以把我推荐了过去，后来我就一直在那艘运输船上工作了两年。

运输船一直都在西非沿岸，在渔场上收鱼，再把大米、菜、油、烟、酒等生活物资运给渔船。我在运输船上从水手干起，样样都是从零开始，跟其他船员一样值班、工作。

水手的工作不仅要装卸鱼，还要记录从渔船上卸下的渔获情况以及鱼类品种、等级、数量等。船进港口我就负责做翻译，移民局、海关、港务局来检查时要接待、翻译，还要准备报关材料。我的英语还可以，当时举行全国第一次英语四六级考试，我们班有七个同学通过考级，我是其中之一。

我们班有26个人，当时大家的英语都不太好，学校对英语考级也没有要求，但我们基本上都去考了。

宋利明于 2005 年在马尔代夫渔场海洋进行
环境调查

在运输船上，从最北面的西班牙拉斯帕尔马斯到最南面的喀麦隆杜安拉，整个西非沿岸的港口我基本上都去过。其他到过的港口有摩洛哥的阿加迪尔、毛里塔尼亚的努瓦迪布、塞内加尔的达喀尔、塞拉利昂的弗里敦、科特迪瓦的阿比让、尼日利亚的拉格斯等。船进港就比较忙，有些船员悄悄贩卖烟酒。有一次在科特迪瓦阿比让，因为有人贩卖烟酒，海关把我和船长抓去了，我们两个人被关了半天，其他人都不懂英语，海关向我们了解情况。

海关问："你们的烟酒是怎么来的？你们怎么会在我们这边走私？不了解我们的法律吗？"最后，代理把我们保出去了。

其实，船停靠在码头上，夜里船员卖烟我们也不知道。后来我觉得船员卖烟肯定都是安排好的，我就设计了个圈套，把卖烟的船员逮住了。

当时是怎么审的呢？他们弄得像模像样的，几个人按正规程序审了我们一下，最后代理把我们领回船上，罚了 5 万美元。罚 5 万美元算是少的，那名船员扣了一千美元奖金。

在塞拉利昂弗里敦，小偷很多，晚上小偷从码头爬到船上，把东西往海里一扔，然后他就跳到海里把东西拿走了。有时候，小偷顺着锚链爬上来，把机油、油漆等一桶一桶往海里推，这些桶都可以浮在水面上，他们有小艇，等我们过去他们就跑了，拿他们一点办法都没有。还有在几内亚比绍，我们两艘运输船靠在一起调整渔获，一名船员到我们船上喝了点酒，在返回他们船上时，突然"嘭"一声掉到海里了，当时的水流很急。我一个人在外面值班，正好看见了，情况很紧急，我就按了警铃，把船上所有的人都叫出来。由于水流往船尾方向，人也就顺着水流往船尾漂，我就边叫边往船尾跑，还好船尾有一个救生圈，另一名船员也正好在船尾，他比我快，把救生圈扔给落水船员，救生圈上面有绳子，我们把落水船员给拉了回来。要是没有人看见，水流又这么大，那位落水船员肯定就没有了。那名船员被拉上来后也是非常感谢，不过我现在也不记得他

宋利明(左)于 2005 年在马尔代夫渔场进行
渔具测试

叫什么名字了，只记得他是山东烟台人，后来大家也没有联系过。

我在"京冷 1 号"干了一年半后就升任三副，当时出前面这事的时候我已经是三副，值班比较负责，到处看看，正好碰到那名船员掉下去。我第一次出海为期两年，1992 年 12 月时回国休假。中水拉斯办主任吴湘峰说我干得不错，让我再干两年。1992 年 12 月，我回来休假，在家过了年。1993 年 2 月，我到北京准备坐飞机再赴西非。到了北京以后，袁晓光副处长给了我一个新的任务，有一个船队从湛江出航，没有翻译，让我随船做翻译。但那个船队还没到出航时间，所以他让我回家再休息一两个月。我一下就懵了，我都把行李带到北京了。按照规定，休假不准超过五个月，超过五个月的休假是没有休假工资的。我提出了这一问题，他说这个请我放心，会给我解决的。我也没什么其他理由好讲，只好服从安排，于是就回家再休息了两个月。

五、再赴西非，第二次过苏伊士运河，机缘巧合从此以"金枪鱼"为生

大概到了 1993 年 5 月上旬，船队通过学校找到我，通知我从上海坐火车到湛江上船。当时是跟着烟台海洋渔业公司的渔船，我是船队翻译，船队队长是谭道聚(到西非后任几内亚代表)。当时我们领了大

宋利明于 2012 年参加毛里求斯印度洋金枪鱼委员会热带金枪鱼工作组会议

约有 12 艘船，用气象导航，按照气象导航公司指定的航线走，航行到印度洋后，风浪越来越大，后来我们就没按照气象导航公司指定的航线走，往南沿着赤道走，那里风小一点。气象导航的报告都是英文的，气象报告也是英文的，都由我翻译。过了印度洋和红海后，我们又要过

苏伊士运河，这是我第二次过苏伊士运河。过河程序还是先有人上来检查主机能不能运行，舵灵不灵，上船查了一遍，查好了之后万宝路少不了，每个人两条。过了苏伊士运河和地中海后到了拉斯帕尔马斯。这次我们没进去，中间依靠运输船补充了油和水之后，渔船前往比绍渔场。到达比绍渔场，领导让我转到"海丰 824"返回拉斯帕尔马斯。我问了一下原因，原来是又给了我一项新的任务，安排我到金枪鱼船队工作。那是 1993 年 6 月中旬，金枪鱼延绳钓船还在大西洋公海上，领导让我先在海上待一段时间，等延绳钓船进港了，"海丰 824"运输船也正好进港，这样我就可以转到金枪鱼延绳钓船上。

我知道金枪鱼船队是干嘛的，也知道金枪鱼船比运输船苦多了。7月初，我跟着"海丰 824"到了拉斯帕尔马斯，直接跳到即将从韩国公司买来的金枪鱼延绳钓船上。这就开始了我现在还一直从事的金枪鱼渔业研究，从此就是以"金枪鱼"为生了，这也是机缘巧合。1993 年 7 月初，四艘渔船陆续进港，这是中国第一批买来并在大西洋公海作业的超低温金枪鱼延绳钓渔船，我也算是一个见证人。

我对上船的任务知道一点点，刘湛清经理是这个项目的负责人。我们先是和韩国人交接船只，船是韩国人开过来的，双方在甲板上交接，清点物资，清点结束后，双方签字。我就是双方的联系人，船上其他人员也不懂英语，所以由我去接船，清单上由我和中方船长签字，签字结束后更换船只的国旗，当时也没有举行交接仪式。他们三年的《渔捞

日志》都留给了我，我看到这个非常高兴，原因是这三年的渔船生产作业的位置、时间、产量等信息都在上面，这是他们留给我们的一笔财富。韩国海事局规定要把三年的《渔捞日志》留在船上，否则他们肯定会带走的，这都是商业机密。

《渔捞日志》上面都是韩文，韩文我看不懂，但里面的阿拉伯数字我都能看懂，像经纬度、鱼几尾，还有鱼类名称的英文缩写，比如大眼金枪鱼写作 BET，那我就知道了；黄鳍金枪鱼写作 YFT，我一看就能猜出来了。当时我们要为 8 月份的出航做准备，我用一个月的时间看了一下这一大摞《渔捞日志》。大家都不清楚到底该去哪里生产以及渔场在哪里，也没有人告诉我们该到哪里去，船长也不知道，没有一个船长去过。我跟刘湛清经理汇报了，说这些东西是好东西。我让他买来了大的方格纸，自己画了简易海图，把经纬度画上去，把其中几艘在大西洋作业的渔船三年内的作业区域画在了图上，一共画了三张很大的图，大小类似工程图纸。我画这个图花费了一个月，在上面写好某个位置捕到什么鱼、多少尾等信息。一共有四艘船，我就复印了四套给船长们参考。按照这张图，渔场问题得到了初步解决。接下来就是渔具，渔具到底怎么放，当时我们也不懂，韩国人也没教我们。我看了一下他们的《渔捞日志》，上面也有一些渔具方面的信息，作业时间、钓钩数、两枚钓钩间的时间间隔、两浮子间的钓钩数量等信息。一开始我们连作业时间都搞不清楚。几点开始放？几点收？放多少钓钩？我们都搞不清楚。看了这些以后，我和船长一起商量决定了捕捞地点、放钓方式、放钩时间，以及放钓数量。接着我们就把船开出去了，到了达喀尔的外海，船长说先试试看吧，练练兵吧，大家都不会弄，先练习一下。第一天放了一千枚钓钩，大约二十海里，四十公里不到。第一天我们不敢多放，正常的话一般要放六十海里。许多详细信息大家都不懂，比如怎么放渔具等数据要输入到仪器里面，都是我去摸索，我仔细研究了说明书，最后终于搞清楚了这些仪器的使用方法。我们从凌晨三点钟开始投绳，一直到凌晨五点钟结束，然后在海上漂，等到下午两点收钩，只捕到三尾鱼，收成还可以，第一尾是黄鳍金枪鱼，后面两尾是大眼金枪鱼。第一尾钓上来时，我们都很高兴，我们中国人终于钓到了第一尾金枪鱼，四艘船里我们是第一个放并且第一个捕到金枪鱼的,这尾黄鳍金枪鱼大约重40kg,又长1.5m左右。当时没有照相机,因此没留下照片。我和船长都很高兴,我们都下去拉那尾鱼,大家都舍不得吃这尾鱼。当时我们船上留了一名原来在韩国船上工作的中国朝鲜族劳务人员,他在船上是专门做金枪鱼加工处理的,钓上的鱼就由他去处理。这样大家都有了点信心,说明我们能够钓到鱼。接下来,我们往南跑了一天,到了北纬10°左右就开始投绳,开始正常生产了。虽然看了韩国人留下的那些资料,但情况在变化,我们对渔场转换还是不熟悉。后来,我发现了获取韩国金枪鱼延绳钓渔船作业情报的一个渠道。韩国人留下的通讯设备上面贴了一张表,上面有通话的频率和时间。机器上的频率也是设置好的,开机调试一下就好了,韩国人报产量有专门的频率和时间。韩文我听不懂,正好那位负责加工处理鱼的朝鲜族船员能听懂,我把他叫过来让他听一听讲的是什么内容,让他把韩国人在什么位置作业、钓到多少鱼等信息都记下来。

这算是个偶然发现,当时我住在无线电电报员的房间,那个房间里有好几台通讯设备。我一开始没调,看到旁边有一张时刻和频率表,就想到那张表会不会是他们的通话频率,听听看。他们的发音中个别数字跟我们差不多,我就猜测他们是在报船位和产量,这样我们每天监听他们。

借助这个联络频道,我们就跟着韩国的渔船走,跟了一两个月,到了十月份左右就不跟了,因为他们的产量也不好。反正大家的产量都不好,我们就自己去找,后来开到了几内亚湾,那边黄鳍金枪鱼比较多。

我们是因为看到有些资料上面写着几内亚湾那边是黄鳍金枪鱼渔场,于是就想去试试看。有一次我们大概钓了三十多尾鱼,黄鳍金枪鱼比较容易钓,钓钩放的水层比较浅,大眼金枪鱼就比较深。这样,我在金枪鱼船上干了一年半,一年半以后再到油船上工作。

钓黄鳍金枪鱼有时产量好,有时不好。但是我们知道怎样进行生产了,作业的流程都清楚,不像前面那样盲目,基本上掌握了生产过程。

黄鳍金枪鱼生产作业的时候要根据捕捞对象调整渔具,听留在船上的朝鲜族船员讲,韩国人原来主要以大眼金枪鱼为目标鱼种,但韩国人在有月亮的晚上捕剑鱼，因为剑鱼在有月亮的晚上会浮到上面来。我们的大眼金枪鱼产量也不好，我们就想试试在有月亮的晚上钓剑鱼。钓剑鱼的话，整个渔具渔法都要换，我和船长就去和那位朝鲜族船员商量如何调整浮子绳，因为他干过，有点经验。我们根据实际情况调整作业时间，钓剑鱼和钓金枪鱼不同，钓这两种鱼，在投放钓钩的时间上是相反的。捕大眼金枪鱼时，投放钓钩的时间是凌晨三点，捕剑鱼时，是晚上八点左右，到月亮上来的时候剑鱼就上来了，要按照鱼类的行为、特性来重新调整渔具。我们有几天捕了不少剑鱼。在我们旁边有西班牙渔船，西班牙人也是捕剑鱼的，他们的渔具跟我们的渔具有时会绞在一起。

剑鱼的价值也蛮高的，在西班牙能卖到四五千美元一吨，大眼金枪鱼则是六七千美元一吨，剑鱼的鱼价还是可以的，可以直接在西班牙卖，不需要拉到日本。

为了钓剑鱼，我们调整了渔具渔法，找到了新的渔场，算得上是开创性的事情。

还有就是海上加油和卸鱼。因为是在公海上面，加油船一般都是俄罗斯的船，冷藏运输船都是日本的。金枪鱼要在零下六十度的条件下保鲜，运输船也需要有零下六十度的仓库，当时公海上的运输船都是日本船，我们把零下六十度的鱼卸给他们。我们要跟日本运输船联系，联系好怎样卸鱼以及怎样验鱼的质量。第一次吊过去的鱼，他们要用电钻钻，用温度计测量鱼体中心温度，要达到零下五十度以下他们才能接收，零下四十八度或四十九度他们就不接收了。他们有时候把我叫过去跟他们一起看温度，把我整个人放在网袋里一起吊过去，看他们测下来的温度是多少。一般抽样检测五六尾鱼，看这些鱼的温度，他们认为可以就可以了，其他没什么技术上的问题。金枪鱼是根据鱼的质量算价钱，所以一定要保证新鲜。

六、油船缺职务船员，把我调到了油船上做二副

在金枪鱼船上，我的职务是技术员，一年半以后我被调到了油船

上。我当时上的油船是"海供油301"，是上海燃料公司的船，这些船员都是上海人，中水准备把这艘船买过来，接这艘船就要我过去，不是过去做翻译的，是因为船上面缺职务船员，大副还没来，就把我调过去先代理大副。我干了两个月，接好这艘船，大副过来了，我就做二副，我拿到的是二副的工资。我是上海毕业的，听得懂上海话，他们就把我调过去，交流也方便。油船的要求不一样，尤其是安全方面，因为装的是油，要防火，万一爆炸可不得了。上海的那些人看我是上海水产大学过来的，就愿意把一些重要的事情告诉我。

例如甲板上的工作，他们让我一定要穿好防静电的工作服，手套也要防静电，中水没在油船上干过的人不懂。如果穿尼龙衣服，一擦有火花，油气温度很高，有火花会点燃。油船上有很多阀，他们让我去熟悉，包括哪个阀是控制哪个船舱的，以及怎样把这个舱的油打到那个舱。我是代理大副，所以有机会学到油船的一些操作规范和流程。在油船上干了半年，二副每天都是十二点到四点值班，白天是十二点到四点，晚上也是十二点到四点，这个时间点正是人家睡觉的时间。但没办法，二副就是这个时间值班，大副是四点到八点，三副是八点到十二点，全世界统一的。就这样，在那边工作要满两年了，我就又回来了。

我是1995年5月回来的，休息了半年多，到了1996年2月学校开学，我就到学校来工作了。

七、难得的一小段塞拉利昂经历

上油船工作之前，我中间还在塞拉里昂工作过。当时张英和许四杰都回国了，塞拉里昂那边缺人，缺了管理观察员和负责渔获质量的人，想叫我接替他们。后来许四杰来了，我就到油船上去了。

具体是这么回事，当时是派我去接替张英和许四杰的，但我到了塞拉利昂以后他们又回来了，来了以后就没法安排他们了，于是他们就到我船上待了一段时间。我们同睡一个房间，大概有一个航次，半个月时间。我们一起喝啤酒、聊聊天，很难得在国外能遇到自己人，还在一艘船上，住一个房间里。半个月后我就到油船上去了。

八、回到学校工作，受聘为农业部金枪鱼渔业咨询专家

回校后我就在航海教研室，上"航海学"课程，从 1996 年到 1998 年，我在航海教研室教了 3 年左右。后来"海船驾驶"专业不办了，就让我回到捕捞教研室。当时正巧农业部有一个文件，聘请我和中国海洋大学的刘群博士为农业部渔业局金枪鱼渔业咨询专家，我负责捕捞技术，刘群博士负责资源评估。大概在 1998 年 9 月，学校又接到农业部一个文件，这个文件是密克罗尼西亚经参处给农业部的一个内部文件，就是建议我国在密克罗尼西亚发展金枪鱼渔业。这些文件到了学校，通过机要的方式传过来的，学校让我来看这些文件并提点建议。我看完文件后给他们写了个报告。1998 年年底，农业部又发来一个传真，要求我们学校派人出席北太平洋金枪鱼和类金枪鱼临时科学委员会第二次会议，当时我们周应祺教授是校长，他知道我是农业部聘请的专家，就推荐我出席这次会议。

九、第一次参加国际会议，成功阻止中国台湾地区成为成员国，作报告获得认可

那是学校第一次派教师出席金枪鱼渔业科学会议，会议时间是 1999 年 1 月 19 日至 23 日，我跟农业部国际合作处的赵丽玲女士和中国水产科学研究院的王宇研究员，一共三人，组成中国代表团参加这次会议。

这次会议主要是解决北太平洋北纬 20°以北的金枪鱼和类金枪鱼的资源状况和管理上的一些问题，主要是资源状况，当时还没有提到管理，只是准备要控制。它是一个临时的科学委员会，研究资源状况和渔业状况。这是第二次会议，第一次会议我没参加，第一次会议是王宇研究员参加的。

参加这种国际会议不但要懂英语，还要懂专业。我是 1998 年年底接到通知的。参会前我们做了一些准备，学院专门请乐校长、周校长、

王尧耕教授、孙满昌教授和许柳雄教授等一起针对这次会议开了一次准备会议，确定需要准备哪些会议材料，以及应该看哪些材料。当时他们提出要准备一份中国的金枪鱼渔业国家报告，这份报告要明确由谁来起草，由谁在会议上作报告。我跟农业部领导汇报后，农业部领导建议由我主笔，到时候由我在大会上作报告。当时会议确定了中国第一篇金枪鱼渔业国家报告，以前是没有提供过的。

这份报告的内容我现在还留着，我的电脑里还有。说实在的，我们开始也不知道怎么写。我就请赵丽玲帮忙，她把第一次会议时美国的金枪鱼渔业国家报告传真给我，要求我参照美国报告的格式来写。当时我们没有数据，就拿了南太平洋共同体（SPC）对我国金枪鱼渔业的一些统计数据，即我国在帕劳和密克罗尼西亚等一些岛国生产作业的一些船队的数据，完成了报告。报告写得比较粗糙，但这是第一次写，也不容易了。

我总共花了一个星期左右的时间。当时没有PPT，就用塑料胶片投影出来。当时我也没有电脑，就用许柳雄老师的电脑把塑料胶片用激光打印机打印出来带过去，在那边就拿胶片投影仪投放，反响还不错，与会代表第一次看到中国科学家在会上作报告。

那是我第一次参加国际会议，还是很紧张的。当时中国台湾地区也参加了，它是作为观察员参加这次会议的，压力也挺大。当时有两个问题，中国台湾问题是最主要的，我们不能让中国台湾地区成为成员国，这是开会之前就讨论确定的，第二个问题才是金枪鱼渔业国家报告。

参加会议的其他国家有美国、加拿大、日本、韩国，每个国家都作了报告，当时SPC也作了个报告。每个国家的渔业情况肯定不一样，我们大陆的渔业规模没有中国台湾地区的大。中国台湾地区在会议上提出，要成为成员。当时赵丽玲是团长，她在会上提出，中国台湾地区不能作为成员，只能是作为观察员。但是中国台湾地区代表在会议上提出，凭什么中国台湾地区就不能作为成员？中国台湾地区有这么大规模的渔业产业，中国台湾地区有责任去承担对渔业资源的养护。那个时候日本代表要求发言，他出来缓和了一下气氛，他说这次会议是科学会议，建议把这一问题放在适当的场合，在政府会议上讨论。会议主席、美国代表团团长发言，表示同意日本代表团的建议。这样就没有再讨论中国台湾地区要求成为成员这件事情，我们的第一个目标也就达成了。

作这个报告我用了大概有 20 分钟时间，虽然有点紧张，但还是蛮顺利的。会议是在美国夏威夷召开的，开了五天，收获挺大。第一次参加会议，了解了他人在金枪鱼渔业方面做了哪些研究工作，知道了我们国家的差距在哪里。回来之后，在 1999 年 1 月，农业部就成立了一个金枪鱼工作小组，并且明确要求工作小组就放在上海水产大学。之前的想法是中国海洋大学负责资源评估，上海水产大学负责捕捞技术，水科院负责渔业信息汇编，要分三个地方，但是开完会回来之后就明确了，全部放在上海水产大学。

金枪鱼工作小组的工作之所以全部放在上海水产大学，有组织上信任的因素，可以这么讲，我们还是展现了海洋类大学的水平。

至于别的因素，可能周校长更清楚整个事情的来龙去脉，周校长起到了战略上的关键作用，而我则是具体的执行者。

1999 年，学校成立了金枪鱼技术小组，周校长是组长，我是成员，许老师和戴老师也是成员，总共是四个人。

金枪鱼技术小组的第一个任务是数据统计，即如何按照国际组织的要求统计金枪鱼渔业数据。农业部就委托我们搞了一个金枪鱼渔业统计培训班，各个公司的管理人员都来了，地点在军工路，培训了三天。培训教材都是按照国际组织的要求编写的，当时我们也不懂国际组织有哪些要求，于是我就把英文版翻译成中文版。这第一次培训的教材都是我跟许老师、戴老师准备的，很厚的一堆材料。

戴老师当时在海上拍了很多金枪鱼的照片，他把这些照片印刷后装订成册，发给学员，用来鉴别鱼种，他就负责这项工作，我负责培训讲义，许老师总负责。三天培训时间，除了上培训课，还安排参观了上海水产公司从日本买回来的金枪鱼延绳钓渔船，那条船当时正好停靠在上海复兴岛码头，大家对金枪鱼延绳钓渔船都不了解，都想看看到底是怎么回事。

十、第二次参加国际会议，负责技术问题

宋利明于 2012 年在西班牙马德里参加 SCRS 研究与统计常设委员会会议

到了 1999 年 9 月，我又去开了一次国际会议，是中西太平洋渔业委员会的会议，当时叫"多国间中西太平洋高度洄游鱼类管理高层委员会会议"。那时候中西太平洋渔业委员会还没成立，处于筹备阶段，我参加的是第五次筹备会议，当时团长是农业部渔业局副局长李建华，还有外交部条法司、港澳台司、美大司（管理美洲与太平洋岛国）的工作人员。他们几位现在都是局级干部了，我跟他们现在没有联系了，但是见面应该还认识。

那次会议在美国夏威夷举行，刘小兵处长跟我一起去的，同行的还有两个企业的老总，一个是中水的总经理，还有一个是广东省远洋渔业总公司的老总，这两个企业在那边有渔船生产，我们几个人组成中国代表团去参会。

这次会议主要是讨论管理条文，主要内容有观察员覆盖率、管理和决策机制、登临检查、国家的责任与义务等。当时没谈配额，只是建立一个公约文本，说明这个文本应该包括哪些内容和哪些条款。这个会议很重要，为以后公约的签订打下了基础。

当时最主要的也是中国台湾问题，中国台湾地区代表在这个会议上又提出了成员问题，这些发言就由外交部的人来反驳，他们打头阵。我负责提出一些技术方面的问题。

我在这次会议上主要是解答我国代表团一些技术方面的疑问，他们会问关于"围网""延绳钓"等方面的问题，以及分析这些规定对我们的影响有多大。渔业技术方面的问题咨询我，法律方面的问题会咨询

学国际法的杨利先生。

会议开了十多天，每个国家都提出了各自的问题，争来争去，有的时候管理上面用"and"，人家觉得不舒服，要改成"or"。每个字都关系到国家利益，讨论就详细到这个程度。

十一、参与执行科技部 863 项目，第三次经过苏伊士运河

到了 2001 年，我参与执行科技部 863 项目，到大西洋进行正式的金枪鱼渔业科学调查，这也是我第三次经过苏伊士运河。

那次是 2001 年 4 月，中水刚从日本买了一艘延绳钓船，买的是一所水产学校的延绳钓渔业实习船，送到了舟山。正好我们 863 项目要派人去，课题组知道我曾经在金枪鱼船队工作过，又是学捕捞的，航海技术过硬，就把我推到了前线，跟着那艘船去大西洋。我就登上了那艘船，这次是一艘船去大西洋，单枪匹马。船长没跑过这条航线，原来只是在舟山和北太平洋生产作业。到了船上，我找出要用的海图，把航线画好，转向点定好，全部设计好后给船长，我就跟着船又一次漂洋过海。

船开到红海之后，有一天的下午大约两点左右，其他船员都在睡觉，我不知怎么回事，睡不着，就跑到驾驶台去，大副在驾驶台值班，他拿了一本小说在看。等我跑到驾驶台窗口，一看前面，发现正前方有一个浮筒，在离我们船头大概五十米的地方，我一看这个情况，马上叫他把自动舵换成手动舵。他也着急了，就按照我的指令操作，打右满舵，避开了浮筒，如果撞上去的话会很危险的，船要出问题，螺旋桨也要出问题。幸好最终避开了一次事故，大副被吓出一身冷汗，我说："你啊，不能看小说，值班看小说怎么行呢？"那时，旁边正好有一艘游艇，游艇上的游客看见我走出驾驶台，都看着我，向我挥手致意。

然后是第三次过苏伊士运河。那天，我们的船早上七点左右到达苏伊士港，运河当局要求我们继续航行并告诉我航行到引水锚地时引航员会直接上船领我们的船过河。但是，我们还没到引水锚地，运河当局突然通知我们马上就地抛锚，我也没办法，就命令船员就地抛锚。等

我们刚把锚抛下去，突然狂风大作，天昏地暗，太阳先是变红，接着变暗，最后像黑夜一样，我们感觉风中夹杂着很多泥沙，我们随即命令船员把所有的舷窗、水密门关闭。大概过了一个多小时后，风开始变小，天空慢慢变亮，这时我们发现甲板上已沉积了一层黄色泥沙，才知道原来是遇上沙尘暴了。天空放晴后，我们命令船员打开水龙头清洗整艘船。清洗过程中，运河当局通知我们起锚，向引水锚地前进，那里有引航员登船。这次过运河我们也学乖了，放了一箱万宝路在船上，过运河的引航员要万宝路，船长很爽快，跟我说："给他吧，没有问题。"后来我问他给他们这么多干什么，船长说："没事，假的，这一箱全部是假烟，引航员也搞不清楚。"中国人真有办法。

进入地中海后，我们的船一天航行的距离跨越五个经度，船长和大副问我："我们主机的转速跟在印度洋时是一样的，但在印度洋我们一天只能跑四个经度，在地中海为什么会这么快？而且风、流状况跟印度洋相比也没多大的变化。"我就向他们解释："实际上我们的航速变化是不大的，只是地中海的纬度高，印度洋在赤道海区航行，这是由于纬度越高，一个经度之间的距离就越短而造成的。"

接下来我们的船就到了拉斯帕尔马斯，在那里停靠了两天，加了油和水，然后我就跟着这艘船到大西洋去调查了。这是正式的、有计划的、有目的的调查，我带了一些仪器出去，有一台用来测定海洋温盐垂直剖面数据的 CTD，还有计算机、秒表、量鱼的直尺等。这样我就正式开始了科学研究，进行海洋生物取样。这是在 2001 年，我在海上干了八个月，这也是我第二次下到大西洋金枪鱼渔场，对渔场也比较熟悉，那个时候渔具已经改良了，产量比以前好多了，渔船船长也比较有经验。1993 年跟我一起接船的大副和二副，这时都已经是船长了，听到是我跟船去，他们很高兴，都向我问好。

由于此次跟我一起去的船长从来没干过金枪鱼延绳钓，我就成了这艘船的技术顾问。我在捕捞技术方面，例如钓钩今天要放多少深度，我给船长算好，然后船长就按照我的要求命令船员操作。深度可以调整，根据两枚钓钩之间放的干线的长度来定，多放一点就深了，少放一点就浅了。时间、出绳速度、船的速度也可以调整，三个参数都可以调整，调整方法比较简单。复杂的是调渔具，把支绳加长，加长不多，不如调上面三个参数来得方便。这次在船上待了八个月，收获蛮大的。回来以后我写了好几篇评论，国内第一次有这样的调查，以前没有这些调查数据，都是网上抄的或翻译过来的。现在是第一次有了我们自己调查的数据，发表在《水产学报》《中国水产科学》和《海洋与湖沼》等国内一级学术期刊上。我的硕士论文也是这次调查回来以后完成的。

十二、我掌握的技术在实际生产中得到了应用，产生了经济效益

我 2001 年底回到上海，2002 年 6 月硕士毕业。

硕士毕业后，我掌握的技术在实际生产中得到了应用，产生了经济效益。2001 年 3 月，广东广远渔业集团有限公司要造金枪鱼延绳钓渔船，特地从广州到学校来跟我交流，当时我就建议他们建造大滚筒玻璃钢冷海水金枪鱼延绳钓渔船。国内这是第一次建造这种渔船，对于大滚筒，公司技术人员也是第一次听到。我就推荐公司跟有关的设计单位和造船厂联系，逐步推进此项工作。到 2002 年 4 月，两艘渔船终于建好，开赴斐济海域，以长鳍金枪鱼为目标鱼种开展生产作业。2002 年 10 月，又有两艘渔船下水，准备赴印度洋的马尔代夫水域作业。由于当时在马尔代夫作业的渔船是水泥船，靠人工放钩，每天只能投放 800—1000 枚钓钩，产量较低，效益较差。这种新造的大滚筒玻璃钢冰鲜金枪鱼渔船是否能够以大眼金枪鱼为目标鱼种，以及如何操作，公司技术人员心里没底。这样，公司又来向我咨询项目的可行性。我告诉他们，根据我的经验，这种渔船以大眼金枪鱼为目标鱼种肯定没问题，但是目前那些水泥船的渔具渔法必须要改变。公司就给我立了个马尔代夫金枪鱼捕捞技术研究的项目，时间是一年，研究大滚筒金枪鱼延绳钓的捕捞技术，确定适用于马尔代夫海域的渔具渔法。这样，我们于 2002 年 10 月成立了课题组，派员到马尔代夫渔船进行调查、试验。经一年的试验研究，调整了渔具渔法，用事实证明了我的预判。这种船的产量比水泥船提高近 3 倍，渔获物质量也有所提高，经济效益明显提

高，那些水泥船的船长纷纷要求公司给他们的渔船更换设备，换上大滚筒钓机，但由于资金问题，公司也只能逐步更新设备。该项目取得了成功，还获得了校级科技成果二等奖。

另外，记得是在2003年底，深圳市联成远洋渔业有限公司董事长周新东和总经理李和协在上海出席渔业博览会，特地邀请我和许老师跟他们见面，讨论大滚筒钓机在中西太平洋马绍尔海域应用的可行性。在这次见面会上，我给他们简单介绍了我们在马尔代夫的试验情况，明确告诉他们大滚筒钓机在中西太平洋马绍尔海域应用是可行的，只是钓钩的深度和渔具渔法要调整。从2003年底到2004年初，他们公司就开始尝试使用大滚筒钓机。2005年，他们又跟我合作，请我对帕劳海域的金枪鱼捕捞技术进行研究，以提高生产效益。2006年，他们请我对马绍尔海域的金枪鱼捕捞技术进行研究。通过多年的调查试验，他们公司的效益提高了很多。2009年到2010年，我又跟他们公司合作，联合申请到了农业部远洋渔业资源探捕项目，对基里巴斯海域的大眼金枪鱼资源进行探捕调查。

经过多年的合作，公司为了感谢我和我们学校做出的贡献，2011年，他们决定在我校设立"陈守伦奖学金"，连续五年，每年给学校20万元作为奖学金。

我在攻读博士学位期间也取得了一些突破。2003年，我开始读博士，读博士期间又去海上调查，是到印度洋马尔代夫附近的公海海域，跟着广东广远渔业集团有限公司，完成2005年和2006年农业部的公海渔业资源探捕项目，我是项目主持人。我2005年和2006年各去了一个月左右，我是带着几个硕士一起去的，一开始的时候我跟他们一起去调查，先教会他们，然后我回来，研究生在那边做了好多试验。测试的仪器设备也投入了很多，当时花了大概六十万买了仪器设备，买了加拿大的多功能水质仪，温盐深叶绿素溶解氧四个参数的垂直剖面数据一下就同时测出来了，还买了三维的海流计，用来测定不同水层的三维海流数据，以及买了13个测钓钩深度的微型温度深度计。当时花了六十多万元，农业部给的钱基本上都用于买这些设备了。测定的数据用来研究渔场形成机制、金枪鱼类分布与栖息环境的关系、渔具作业深度与海流的关系等一些基础性问题。2007 年 11 月到 2008 年 3 月，在美洲间热带金枪鱼委员会的资助下，我到位于美国拉霍亚的美洲间热带金枪鱼委员会做访问学者，主要学习栖息地模型，博士论文的部分内容就是在做访问学者期间完成的。我 2008 年 6 月完成了博士论文答辩，取得博士学位。

2005 年和 2006 年调查取得的数据质量都比较高，仪器也先进，方法新颖，之前世界上都没有人这样研究过。我们整理成论文，在印度洋金枪鱼委员会热带金枪鱼工作组会议上交流，引起了欧盟和日本科学家的广泛兴趣，最后在"Fisheries Oceanography""Fisheries Research"等 SCI 检索期刊上连续发表了 3 篇论文，第一作者都是我，取得了我个人 SCI 论文零的突破，提高了我校捕捞学在国际上的影响力。当时，我发表在"Fisheries Research"上的"Developing an integrated habitat index for bigeye tuna in the Indian Ocean based on longline fisheries data"一文的下载量排名第二。所以说写论文还是要有数据，方法要先进，要有新意。

十三、参加了许多国际会议，为国家争取利益

我参加的国际会议比较多，每年都要参加。我 1999 年去美国夏威夷开过两次会，2001 年底到西班牙毕尔巴鄂参加大西洋金枪鱼委员会会议，这是一次政府官员开的委员会会议，后面基本上每年都去马德里开科学会议。我主要负责大西洋金枪鱼委员会的会议，一开始是戴小杰老师去开过两次，后面都交给我去参加。因为我在大西洋做过海上调查，写过一些论文，我写的论文在大西洋金枪鱼委员会网站上面都可以查到，大概有五六篇。2006 年开始一直到 2013 年，我又到印度洋金枪鱼委员会开会。我们在印度洋做了调查后就到印度洋金枪鱼委员会会议上交流。2014 年和 2015 年我没去参加交流。之前我还连续五年共推荐了我的五个学生去参加交流，费用由印度洋金枪鱼委员会资助，包括来回机票、住宿、伙食等费用。我向他们提出申请，说我的学生有论文要在会上交流，希望他们能够提供资助，他们一看是我的学生，就

都同意了。去年没有申请，因为我的学生都出海去了。出国交流对学生来说是一次很好的锻炼机会，写论文可以提高学术水平，交流论文可以提高英语表达能力，让他们自己感受一下英语表达上的差距，回来还要好好学学。而且学生毕业以后找工作，人家一看学生时代就参加过国际会议，还得到费用资助，就会觉得这位学生不错。资助是按照联合国的标准给学生生活补贴，我们教师去，是按照我国的标准，前几年的标准是每天补贴 50 美元，学生的标准是每天补贴 100 美元或 120 美元，学生的标准比我还高。学生在国外也是很省的，到那边买一两百美元的纪念品就回来了，吃饭省一点的话，我估计每个同学回来后还有五六百美元节余，收获又大，还有经济收入，而且可以在简历里面写上一笔，对就业很有好处。以前主要是我和许老师去印度洋金枪鱼委员会热带金枪鱼工作组参加会议，前面的科学会议我去得多，跟他们交流也多。我在会上会对他们的报告提出问题，有时提得他们下不了台，所以他们对我印象比较深，我提出了他们存在的问题，他们的研究水平能相应提高。如果我的研究报告有问题，他们提出来了我也会注意，这样大家都能提高，提出问题有利于提高水平。有一次是法国人做的金枪鱼围网 CPUE 标准化报告，我就给他们指出了存在的问题。

宋利明（前排中间）于 2014 年 10 月 2 日在西班牙马德里参加 ICCAT－SCRS（大西洋金枪鱼类保护委员会——研究与统计常设委员会）科学会议

提问题不能胡搅蛮缠，一般我都是提出科学问题，说明我觉得应该是怎么样，以及我建议应该怎么处理。总体来说就是你有水平人家就会尊重你，你能跟他争论、讨论，他才会尊重你，否则人家是不会尊重你的。

我记忆中印象深刻的是 2004 年 8 月在马绍尔群岛开中西太平洋渔业委员会科学协调组第三次会议，当时我们上报的大眼金枪鱼产量达 9200 多吨。这个数据报上去以后，就成为了中国在中西太平洋的大眼金枪鱼配额，这个数据是我报的。其实这个数据比实际数据报得高。我们意识到配额管理的重要，因此多报了一些。当时在会议上作国家报告时，我说 2003 年中国大眼金枪鱼产量有 9000 多吨，下面的专家就质疑我，说为什么中国的金枪鱼产量在 2002 年的时候 6000 吨不到，2003 年一下就跳到了 9000 多吨。我当时对应对这一问题已作好了准备。我说一方面我们的渔船增加了（大型超低温船在增加），另一方面我们的技术改进了，以前我们小型冰鲜渔船用的是人工放钓（每天投放 800 枚钓钩），现在用的是机器放钓，与美国夏威夷渔民用的是一样的大滚筒钓机，效率提高了（每天投放 2500 枚钓钩）。最后，那些专家也就没有再说什么了，不再追究了。这样，这一数据就成为我们在中西太平洋大眼金枪鱼的配额，这个配额是我上报争取下来的。在管理方面，字的改变要一个字一个字地审核，例如把"and"改成"or"，为便于操作，对我国不利的内容要求在文件报告中删除，争取属于我们的利益。还有就是"中国台湾问题"，我在会上多次要求把"台湾"改成"中国台湾"。在这次会议上，统计工作组要求把南中国海的金枪鱼渔业也包括进去，我当时就提出了中国政府的立场，要求不包括南中国海。

宋利明于 2016 年在葡萄牙阿尔加维参加大西洋金枪鱼委员会委员会会议

我基本上每年都

要参加两三次会议。大西洋金枪鱼委员会会议，每年我都会去的；印度洋金枪鱼委员会会议，我有时候也会去。中西太平洋的会议去得比较少。

印度洋金枪鱼委员会，主要是控制我们国家船队的吨位数，包括中国有多少渔船，加起来有多少吨位以及中国渔船加起来不能超过多少吨位。

印度洋金枪鱼委员会没有执行配额管理，因为那几年资源评估评下来，发现大眼金枪鱼还处于良好的状态，没有必要进行配额管理。但是这几年评估下来发现资源衰退了，可能就要开始实行配额管理。前面说到的黄鳍金枪鱼，因为欧盟围网捕得太多了，而且会把大眼金枪鱼幼鱼兼捕进去，所以可能要采取一些限制围网捕捞能力的措施。欧盟自己也意识到了这些问题，主要是澳大利亚、日本等国家提出的，我们也支持。

对印度洋我们很少提出问题。最近几年由于印度洋海盗问题，我们的渔船在减少，这两年海盗问题缓和了，可能会增加。由于中西太平洋的大眼金枪鱼配额不足，配额不够，我们国家这些渔船今年就到印度洋和大西洋去了，所以印度洋和大西洋的渔船数量在逐渐增加，前几年比较少。前几年我们在大西洋的配额用不完，给我们 5000 多吨的配额，才用了 3000 吨左右，还剩 2000 吨，所以大西洋方面对我们负面的指责比较少。没有用足配额，说明中国在保护资源，没有理由批评我们。去年，陈勇教授和我一起去参加大西洋科学会议，大西洋大眼金枪鱼资源评估下来发现资源状况不好，要减配额。我们在会上也提出异议，主要是陈勇老师提的，他作为中国代表参加，说资源评估当中有许多技术问题还需要解决，因此我们不承认这个结果。会上提出要减少配额，削减 20%，我们在科学会议上没让它通过，只是说要减少配额，但是没有说具体减少多少，具体的数字到政府会议上去讨论。结果还是减了，这是没办法的，资源状况不好。

除了参加这三个会议，我还参加了"捕捞技术和鱼类行为工作组会议"，这是 FAO 跟 ICES(国际海洋开发组织)联合举办的会议。这个会议我连续参加了四年，会议主要讨论鱼类行为和捕捞技术的研究进展，是捕捞专业的一个国际性会议。

FAO 也有这样的会议，因为他们也关注可持续发展。可持续发展不能仅仅采取简单的措施去禁止使用什么渔具，还要告诉渔民什么样的渔具可以用，什么渔具经过怎样的修改以后可以用。某种渔具不能使用了，那么使用这种渔具作业的渔民就没活干了，他的吃饭问题解决不好也是不可持续的。要告诉渔民什么样的渔具是可以用的，这样他的吃饭问题也解决了，这才是可持续的，所以要研究渔具。主要研究环境友好的、生态型的、节能的捕捞技术，把这类技术传授给渔民，这才是解决的办法，躲避不是办法。联合国粮农组织也很清楚，这类事情欧盟做得非常好。他们现在已经在研究拖网渔具怎么释放鱼了，那次会上欧盟代表问我："你们中国需要用这种技术吗？"我想，我们现在捕鱼都捕不到，不可能要释放鱼的。他们是鱼太多了，拖网下去两个小时网都爆掉了，所以要考虑怎样监控渔获物情况，以及怎样放掉一部分然后再起上来。而且他们现在对于怎样保持鱼的鲜度、怎样提高经济价值、怎样使鱼在拖网中能够存活下来、怎样节能、怎样瞄准捕捞等都有要求。他们在开发可以自动行走的网板，左右走动，上下也可以走动，网具控制在什么水层，想捕什么鱼，要放多深，他们主要在开发这种技术。我们跟他们相比差得太远，有二三十年的差距。等我们跟上他们，要搞选择性捕捞的时候，他们又有了新的理念。他们在怀疑这种选择性捕捞有问题，捕大留小，大的鱼怀的卵比小的鱼怀的卵多得多，我们把大的鱼捕走了，就是把怀卵多的鱼捕走把怀卵少的鱼留下。到底是哪个好，捕大留小好还是捕小留大好，这也是要研究的。还有就是如果我们光捕某一种鱼，譬如说我们把海里的鱿鱼都捕走了，那以鱿鱼为食物的鲸鱼吃什么，食物链被破坏了。我们中国沿海把大黄鱼捕掉了，吃沙丁鱼的鱼类就没有了，沙丁鱼等中上层鱼类就多了起来，生态系统就不平衡了。现在又提出一个"平衡捕捞"的概念，就是什么种类的鱼都要捕一点，不能光集中捕某一种鱼，这种捕捞理念也很重要。

今年在墨西哥，FAO 捕捞官员跟我提出 2019 年要在我们学校召开"捕捞技术与鱼类行为"会议。我说我不能决定，要回去跟我们领导汇报。我回来后跟陈院长汇报了，陈院长说可以。后来在韩国釜山开会，FAO捕捞官员又问我了，我说我们领导同意了。他说："好，2019年就在你们学校召开。"他要我好好准备。估计至少有100多位来自全球的搞捕捞的大佬将与会，经费预算在20万元左右。我们学生也可以参加。承办FAO举办的全球性会议才能提高学校的影响力，把全球搞捕捞的大科学家请过来，对我们学校真的有好处。什么叫国际一流大学？连个国际会议都办不好，请人家，人家都不来，不能算国际一流大学。我们把全球研究捕捞学的大佬都请来了，学校的影响力就提高了，这才是向国际一流大学迈进的表现。

联合国粮农组织有决议，对每个国家应该怎样做有要求。联合国粮农组织有一些渔业管理的决议，研究了以后应该怎样做，减少兼捕、减少海龟误捕、减少鲨鱼、控制捕捞能力等，以前这都是联合国粮农组织提出来的，先在技术层面解决应该怎么做，然后政府间开会磋商，决定具体实施办法。

通过参加这些会议，使得我们国家在捕捞方面的影响力提升了不少。应该说在世界捕捞圈子里，人家至少知道我们的存在。我每次去参加会议还能作个报告。

十四、开创了中国金枪鱼延绳钓渔业研究

我自己最大的成功之处是开创了中国金枪鱼延绳钓渔业研究。我实质性地开展研究工作其实从1993年就开始了。我们国家以前没有科研人员真正深入到金枪鱼生产第一线，我们学校也是从我这儿开始的，然后成立了技术小组。渔具数值模拟，在我们学校我也是第一个，在电脑里通过模拟参数变化得出渔具受力和形状的变化，这可以减少水槽试验和海上实测。张新峰老师开发了一些计算方法，这要感谢他，怎么样提高计算速度和精度就靠他了，他给了我们很好的技术支持。

这件事现在还在做，但是最近进展比较慢。我手上的几个学生都毕业了，博士生也没招到，所以进展较慢。最近有几篇论文出来，也是发表在SCI检索期刊上。

去年一篇数值模拟的论文在"Fisheries Research"上发出来了。审

稿人的评价意见还是很好的。我们还在写，还要投稿。这个是一个研究方向，开创了我校捕捞学数值模拟这个研究方向，原来我校是没有这个研究方向的。

我在中间也还做过一些别的事情。2010年，"东太平洋和印度洋公海金枪鱼资源开发研究"获国家海洋局创新成果奖二等奖，我是第一完成人。2010年，"大洋金枪鱼资源开发关键技术及应用"获国家科技进步奖二等奖，我是第六完成人。我指导的硕士论文《马绍尔群岛海域大眼金枪鱼栖息环境综合指数》获2012年上海市研究生优秀学位论文。我指导的另一篇硕士论文《金枪鱼延绳钓渔具数值模拟及可视化》获2013年上海市研究生优秀学位论文。2013年，"管产学协同创新培养海洋渔业科学与技术专业复合型创新人才"获上海市市级教学成果奖一等奖，我是第一完成人。我还主编出版了两本教材，出版了两本专著，其中一本专著是英文的。我目前还准备出版两本教材。

我最近还是在研究数值模拟，另外一个就是金枪鱼耳石的微化学研究。我指导最近毕业的两个硕士生做了耳石的微化学研究，是大眼金枪鱼、黄鳍金枪鱼耳石的微化学研究，就是从耳石上的生物学信息来推测出洄游路线，研究结果目前还没整理出来，论文还没发表。

我今年招了一名硕士、一名博士和一名来自喀麦隆的博士留学生。后面就可以让他们做这些研究了。

我们现在搞创新项目，本科生也能做，就是我们要有样本给他，要有人指导。如果没有样本，叫本科生去海上取样是不现实的，他还有课程要学。

我们现在是想尽量多地让本科生参与，进入实验室参与项目，为他们将来读硕士打下基础，还有就是让他们结合兴趣学习课程，我们搞捕捞的也是有技术含量的。

今年七八月份，也就是下个月，我有一个学生可能从海上回来。我让他带了鲣鱼、大眼金枪鱼和黄鳍金枪鱼的耳石，是围网捕捞的。我们要将这三种鱼的耳石微量元素进行比较，看看同一海区三种鱼的耳石的微化学是否一样。

还有一个就是，要跟我们南海的黄鳍金枪鱼耳石的微化学进行比较。我晒得很黑，刚从南海回来。南海这次捕到一尾黄鳍金枪鱼，取到一块耳石。我们要将这尾黄鳍金枪鱼耳石跟中西太平洋的黄鳍金枪鱼耳石做比较，看看是不是不一样。我们今后可能还要去南海取样。数据多了就能说明问题了。不一样的是，南海的鱼是我们南海自身的，是我们中国的，鱼源国在我们中国。如果我们有数据了，在会上也就有底气了。

我到三沙主要还是研究金枪鱼延绳钓。今年一月份去过，四月份又去了，李玉伟也去了。我六月份刚从那边回来，这次是我自己去的。这个项目为什么会找我？为什么会去南海研究金枪鱼？后面是有背景的。主要是南海主权问题，我们南海有很多珊瑚被破坏了。渔民为了捡砗磲贝，把珊瑚破坏了。砗磲贝是一种又大又白的贝类，被称为"维纳斯站立的珍珠之贝"，相当美丽。

砗磲贝价格很贵，五六万一个，最大的大概能卖到五六十万元。珊瑚破坏了以后，中国在领海基线竖的界碑就慢慢倒掉了，中国的领海基线和中国领土国界就找不到了。有一位爱国的公益事业者就跟当地的政府商量，认为当地的渔民不能以这个方式开采砗磲贝，这样弄下去的话国土都没有了。渔民要面临转产转业，但让他们转产转业后做什么呢？他们为了这件事就找到了我。他们是通过外面的人的关系找到我的。他们要找金枪鱼捕捞技术水平高的、真正能在海上做实事的、能真正帮助渔民把生产做起来的人。这样就找到了我，我跟他交流了几次，最后定下来，商量转产转业的方案，让渔民转去捕捞金枪鱼，别再去捡砗磲贝。

我们看到"走基层"的纪录片，里面就有这个情况。它的背景一方面是中国不重视海洋环境保护，不重视珊瑚的保护；另一方面就是在国际上，美国人在公开场合指责"中国正以史无前例的速度在毁灭南海珊瑚"，他们给我们中国下了这么一个定义。美国飞机在南中国海上空航拍，卫星飞过也了解得很清楚，看到南中国海珊瑚被破坏了。就是由于这个原因，所以要转产转业。

我们正在努力帮助当地渔民转产转业，刚刚试了三个航次，三个航次试下来有了一些初步的结果，金枪鱼洄游路过西沙群岛是季节性的，一年中有几个月会洄游通过南中国海,其他时间就很少。我们后两个航次去,产量很低,而且鱼很小。我估计这些鱼是一月份才孵化,到现在六月份长得这么大。我们钓到了几尾五六千克重的鱼,他们还没有离开西沙,没有洄游出去,在岛礁旁边生长,长五六个月就这么大了,后面长大了可能会洄游出去。

当然还要有一套配套设施,冷冻物流这些设施都要跟上,他们都会去想办法解决的,只要有鱼就不怕,问题就是先要把鱼捕到。

后面还有好多工作要做。前两天我在三沙开会。开什么会呢? 我们与三沙市航迹海洋珊瑚礁保护研究所合作,探测下来发现在西沙有世界上最深的一个蓝洞,用我们学校的海流计和多功能水质仪实地测定了海洋环境数据。天上有黑洞(Black hole),海里有蓝洞(Blue hole),陆地上有沉洞(Sink hole)。这个蓝洞旁边都是珊瑚礁,在海里有一个井一样的东西。中国西沙蓝洞是世界上最深的一个蓝洞,深达 300.89米。我参加了 7 月 5 日在三沙市举行的"三沙蓝洞"研讨会。这次研讨会请了三位院士和十多位专家,都是来自中科院、国家海洋局、国家环境保护委员会等单位的专家。我们一起对这个蓝洞下一步应该研究什么进行了研讨。会上还提出要申报世界自然遗产。申报自然遗产,一方面说明这个地方是我们中国的,是我们中国的领土;另一方面也说明这个蓝洞我们保护得很好,没有塌掉,没有消失,现在还很完整地保存在那里,也就是说明我们渔民也是保护环境的。7 月 24 日,中央电视台等很多媒体报道了这一事件,并正式将该蓝洞命名为"三沙永乐龙洞"。

当然,蓝洞也是有科学价值的,有旅游、潜水、探险和科学研究价值。以后还要拍有关这个蓝洞的纪录片,纪录片里肯定会出现我校师生,投放仪器的画面肯定也会有。

十五、参加国际会议的几点感受

我参加了这么多国际会议,还是有一些真切感受的,觉得我们还有几个方面需要提高。一个是有关科学研究方面的感受。我们一定要有自己的研究,要用自己的研究成果来评价别人的研究成果,不要只是看

宋利明于2016年在西班牙马德里参加SCRS（研究与统计常设委员会）会议

到人家的成果就简单评判别人的对错，我们要拿出自己的研究成果，说出能让别人信服的东西。

我们的科学研究一定要加强，不要老是自己没有东西就去批评人家这个不好那个不好。

我们的科学研究不够深入。在捕捞技术方面，人家提出来要用什么样的渔具渔法，我们也要进行研究。我们觉得应该用什么样的渔具渔法，要有自己的研究成果。人家觉得不好，我们自己可以提出来好的，给人家一个比较、选择。就像打仗一样，人家有炮，我们至少也要有枪。什么都没有，这个仗就没法打。第二个是我们对国际法也要深入研究。第三个是我们的英语水平要提高，开会的内容一定要能听懂，自己的观点要表达清楚，否则没办法交流。这是我们需要提高的三个方面。

我们后面要培养一些后备人才，我现在也快五十岁了，要培养一批三四十岁的年轻人。各个专业都要培养一些，你是学法律的，我是学捕捞的，他是学资源的，三个臭皮匠能顶一个诸葛亮。这是我们现在培养人才的一个思路。

从理论上说，最好是三个优势都集中到一个人身上，但那是比较难的，概率比较小。英语又好，法律又懂，技术水平又高，这样的人很少见，而且那应该不是一个三十多岁的人就能出来的状态。当然，虽然比较少见，但还是要努力，这个方向肯定是正确的。

我们现在在搞渔业数据中心建设，大西洋、印度洋的金枪鱼数据都集中到我们学校来了，数据使用的规则要制定好，包括哪些是要保密的、哪些是不能拿出去使用的，以及谁可以用，谁不能用，这些在管理制度中要讲清楚，然后才是怎样利用这些数据，怎样分析处理这些数据。

　　还有一件事顺便谈谈。我们之前做研究都是分开的，金枪鱼小组、大型拖网小组等都是分组开展研究的。以后也许可以像乐校长说的，尝试一起研究，研究完以后，谁出去开会谁就带着研究成果出去，成果不一定是自己的成果，有可能是整个团队的成果，大家共享成果。这应该可以成为我们今后尝试的一个方向。总的来说，这些年参加的国际会议、讨论的文本太多了，发表的修改意见也很多，很多事情都记录在我们远洋渔业三十周年的材料里。

宋利明于 2017 年在塞舌尔参加印度洋金枪鱼委员会
热带金枪鱼工作组会议

宋利明在大西洋金枪鱼养护委员会总部

唐建业

唐建业，1976 年 5 月 17 日生，教授，硕士生导师，皮尤海洋学者（PEW Marine Fellow），国家远洋渔业工程技术中心远洋渔业战略研究室主任，中国海洋法学会理事，中国海洋发展研究会理事。从事国际海洋法、极地生物资源法律与政策、海洋管理等方面的教学与研究。

自 2010 年开始，连续参加南极海洋生物资源养护委员会（CCAMLR）会议，负责执法遵约和养护措施修订等方面的工作。

2015 年 12 月 1 日至 2017 年 11 月 30 日，全程参与了北冰洋公海渔业政府磋商会议（六轮）。

2015 年和 2017 年，受联合国粮农组织邀请，分别参加了 FAO 渔获登记制度（CDS）指南专家磋商会议和 FAO 国家管辖范围外深海渔业项目第二次指导委员会会议。

2017 年 3 月至 4 月，参加了联合国"国家管辖外海洋生物多样性养护与可持续利用"筹备委员会会议（BBNJ PrepCom III）。

花时间反复研究国际案例，
才能在谈判中提出自己的想法

唐建业

"南极和北极的生物资源谈判我基本都参加"

　　我自 2010 年开始连续参加南极海洋生物资源养护委员会（CCAMLR）会议，负责执法遵约和养护措施修订等方面的工作。2015年 12 月 1 日至 2017 年 11 月 30 日，我全程参与了北冰洋公海渔业政府磋商会议（六轮）。2015 年和 2017 年，我受联合国粮农组织邀请，分别参加了 FAO 渔获登记制度（CDS）指南专家磋商会议和 FAO 国家管辖范围外深海渔业项目第二次指导委员会会议。2017 年 3 月至 4 月，我参加了联合国"国家管辖外海洋生物多样性养护与可持续利用"筹备委员会会议（BBNJ PrepCom III）。

一、志存高远，赴荷兰学习国际渔业法

　　我是 2004 年从本校博士毕业的。2005 年和 2006 年，我两次参加中国与美国海岸警卫队北太平洋海上联合执法。2007 年 5 月，我随中国代表团访问过美国海岸警卫队总部、太平洋分区总部及第十四分区基地。此后，我的研究领域有了一个很大的转变。

　　2008 年之前，我主要是做国内渔业管理的。2004 年，我的博士学位论文研究的是捕捞限额管理。2006 年 8 月，我的博士论文由上海科学普及出版社出版。从 1994 年到 2004 年，我在我们学校（原上海水产大学）读了十年的书，首先学的是捕捞专业（本科），后来跟着黄硕琳老

师学习渔业资源专业的渔业政策与管理（硕士和博士）。博士毕业后，我主要是做国内渔业管理。但我做到 2007 年的时候感觉很难做好，有一些瓶颈，既有体制的关系，也有专业训练的问题。我觉得做国际渔业法可能更好一些，那是我的判断，而且黄老师也跟我说，让我最好放弃国内渔业研究，避免未来不必要的冲突。

2008 年，学院把我送到荷兰海洋法研究所（NILOS），我在那里系统地学习了一年的国际海洋法。这对我后面的工作起到了相当大的影响，所以这段经历也是最重要的。2008 年底回来时我就说，这一年是把我原本的知识结构全部重新更新了的重要一年。因为之前我学的是渔业，没有正式学过国际法知识。2008 年我到了荷兰后发现，自己的知识体系和国外研究国际渔业法的学者相比，差距太大。本来我申请的是读博士后，但到了那里后发现，自己连做学生的资格都没有，差得太多了，就老老实实地学习吧。那一年，我在荷兰扎扎实实地把国际海洋法学了一遍，去听了本科生的课、硕士的课、博士的课，学了一门国际法，还有条约法、国际环境法、国际海洋法，全部都学了一遍。周末，我经常到国际法院（海牙）去，它有一个图书馆，叫"和平宫图书馆"。它那里的书非常多，我会在那里待一天，读一天的书。基本上就这样过了一年，把我这一部分的知识打扎实了。

在荷兰学习的过程中，我还有幸就读于国际海洋法领域比较著名的罗德岛海洋法学院（Rhodes Academy of Ocean Law and Policy），在里面集中学习了三个月。罗德岛海洋法学院每年在希腊罗德岛开班，它原本是由全球最著名的五个海洋法研究所①共同主办的一个暑期班。这个暑期班共三个星期，第一个星期全部是美国的专家给我们上课，第二个星期全部是欧洲的专家给我们上课，第三个星期就是国际法院和国际海洋法庭的法官给我们上课。在这个场合可以看到很多以前我们在书本上才能看到的人，包括第三次联合国海洋法大会主席许通美（Tommy B. Koh），还有国际海洋法院的法官总共大约有五六个人。

---

① 五个海洋法研究所分别是：美国弗吉尼亚大学法学院海洋法律与政策研究所、荷兰海洋法研究所、德国马克斯·普朗克国际法与比较法研究所、冰岛海洋法研究所和希腊爱琴海海洋法海商法研究所。

"中国和菲律宾仲裁"那场闹剧中的五个"仲裁员"，有四个是我在那里见过的：德国籍"仲裁员"（Rüdiger Wolfrum 法官）曾是我们罗德岛海洋法学院结业的主考官；荷兰籍"仲裁员"（Alfred Soons 教授）曾是我在荷兰的导师，他是原来荷兰海洋法研究所的所长；"仲裁庭"主席加纳籍"仲裁员"（Thomas Mensah）也是我在罗德岛海洋法学院见过的。在那个场合，你见到那么多的专家，你就会发现他们并不是那么遥远的。所以在见到这些"大牛"以后，你就能自然而然变得自信了。在欧洲学习就有这样一个好处，就是可以有很多机会见到很多这样的"牛人"。

我的英语，相对来说不算很好。即使在 2005 年和 2006 年做翻译的时候，也不算很流利。正常交流还是可以的，国家公派留学考试我是过了的。但真正和外国人进行学术交流时，我发现差距还是太大了，特别是学国际法的，对英语要求更是非常高，需要掌握一个英语单词的词性，包括褒义和贬义，以及大词和小词，准确表达出来是很难的。这是一个永远的学习过程。所以，我到现在还一直要求自己坚持学习英语。我经常要听一段时间的英语，看一段时间非专业知识的英语，包括国外的新闻、报纸，隔一段时间我会看些美剧或者美国的电影，让耳朵能够习惯起来。必须要有这样的一个训练，这是一个持续的过程。其实，我们的英语永远不可能是最好的，毕竟它不是我们的母语，所以必须要不停地学习，要跟得上这种要求。

我之前说，在国内学的国际渔业法的体系和国外有点不一样。主要是这样，国外做国际渔业法这个领域的，基本都是国际法出身的。到了研究生院以后，接触到学科建设，我就明白了。每个学科都是有它的基础规律性的。就我们这个领域而言，我在给研究生上课时常说："如果你要学国际渔业法，你首先要学什么？你首先要学国际法，学完国际法以后，你再去重点研究国际海洋法，你把国际海洋法搞通了以后，你再去专门研究国际渔业法。这个基础必须要有。如果你没有这个基础，你拿到一个条文就无法去解读。"

其实，法律是死的，条文是活的，国际法的关键在于解读。我举个例子，2015 年在南极生物资源养护委员会（CCAMLR）的执法与遵约委员会（SCIC）里就有这样一件事情。澳大利亚的一艘渔船违反了一项

2017 年 CCAMLR 中国代表团合影（右四为唐建业）

CCAMLR 养护措施的规定，然后 SCIC 就需要对此渔船的行为进行定性。澳大利亚代表就拿了养护措施条文来进行解读，提出英文里面用的是"should"，而"should"在法律里面的解释是没有法律约束力的，它解释为"应该"，不是"必须"。在法律上，如果要表达法律约束力，应该用"shall"。澳大利亚认为，英文版的养护措施用的是"should"，不遵约不应该被认定为违反养护措施，不应有法律责任。后来大家查俄文、西班牙文、法文，那三个文本里用的都是"shall"。后来澳大利亚代表就表示，那三个文本全是翻译错误，因为他们都是从英文文本翻译过去的。这个情况其实与我没有关系，但我一听以后就把面前"中国"的牌子举起来了。SCIC 主席就问我是否有不同意见。我说："澳大利亚代表的解释，从国际法角度看是不对的。按照 1969 年的《维也纳条约法公约》，如果这四个版本都是作准文本，具有同等效力的话，即使当初翻译错了，以后也是具有同等效力的。在这种情况下该如何解释？1969 年的《维也纳条约法公约》也写得很清楚，按目的来解释是必须还是不必须。"最后，就是因为我的这句话，SCIC 认为澳大利亚那艘渔船的行为是违反了 CCAMLR 养护措施，是不遵约，同时决定，把英文版的"should"改成"shall"。这就是一个国际法的基本知识。只要我们把这些东西搞清楚了，其实解释起来就很容易。

在国外的一年学习，对我自己的帮助很大。我基本上一个周末看一本书，死命地把书往脑子里塞。塞完了以后，我就从荷兰买了 1 万多块钱的书回来看，大多数时候是用的复印本，因为原本买不起。复印回来，我再慢慢看和慢慢消化。2009 年，我花了一年时间，把国内写的关于海洋法的书全部买了回来，全部翻了一遍，这个也是帮助很大的。2008 年和 2009 年这两年，其实我的基础打得相对来说扎实一些。后来我也是一直想要多看点书，因为光用却不看书是不行的。现在我还是不停地找时间来看书，包括现在每个案例出来以后，不管文件有多厚或有多少页，我都想要把这个案子看一遍，包括 2015 年 3 月英国和毛里求斯之间关于查戈斯保护区的仲裁案，它的裁决书将近三四百页，我都翻过了。这是必须看的。

参加国际谈判其实很不容易的，它展示的就是你平时的积累。像做渔业的话，如果做我们管理或者法律这一块，就必须要对全球各个区域渔业管理组织都了解，而且要非常熟悉。2008 年，我在荷兰就把全球所有的区域渔业管理组织的年报全部翻了一遍，最近几年的我也全部翻了一遍。2016 年 7 月，北极北冰洋渔业政府间磋商第三轮会议期间，就涉及到了一个问题，就是关于国际海洋开发理事会（ICES）在将来的北冰洋公海渔业管理过程中能发挥多大的作用，是不是以 ICES 提供的科学建议为准。其实在西北大西洋渔业管理组织（NAFO）的时代，它就遭遇了一个类似的问题。在 20 世纪 70 年代以后，因为相关国家都建立了 200 海里专属经济区，原来根据 1949 年的《西北大西洋渔业国际公约》成立的西北大西洋渔业国际委员会（International Commission of the Northwest Atlantic Fisheries，ICNAF）履行其管理职责就出现了困难，需要重新谈判。在后续的谈判过程中，就遇到了一个问题，即是不是要建立一个它自己的科学组织。当时的欧共体曾提出建议，采用 1902 年成立的国际海洋开发理事会（ICES）这个组织的研究结果作为科学结论。对此，加拿大就提出说不行，理由是 ICES 是欧洲科学家控制的组织，所以西北大西洋渔业组织不能采用这样的组织的建议。后来，西北大西洋管理组织就建立了自己的科学委员会。这个是我在一个学者的研究报告里找到的。所以说，很有意思的是，现在北冰洋公海渔业磋商中又出现这个问题。欧洲国家（包括欧盟、挪威、冰岛等）一直要求采用 ICES 这个组织的科学建议，而美国就头疼。美国说："用NOAA 吧。"但是，韩国说："我们建立个全新的组织。"后来，美国的一名科学家代表就跟我讨论，问我他们为什么要强调使用 ICES。我说："你应该很清楚，原来 20 世纪 70 年代西北大西洋渔业组织成立的时候就讨论过这个问题，只不过现在又重新出现了。"所以这个是一个教训。有这样的教训，在后面磋商的时候我们就会很警惕。

2015 年 12 月北冰洋渔业磋商全体照（第二排右三为唐建业）

二、学以致用，作为翻译参与中国和美国海岸警卫队的共同
巡航执法

2005 年，我国想派中国渔政船与美国海岸警卫队在北太平洋开展联合巡航执法活动。这个合作在 1993 年就有。1991 年 12 月，联合国大会通过关于大型流刺网第 46/215 号决议。1993 年，中国和美国签订了一个谅解备忘录（MOU），联合打击北太平洋公海的大型流刺网作

业活动。2005 年以前,中国只是派渔政执法人员到美国海岸警卫队的船上进行联合执法,即"shiprider"的形式。因我国离北太平洋公海相对来说比较远,所以一直没有派中国渔政执法船和美国海岸警卫队开展海上联合巡航。

到 2005 年,我国开始派中国渔政船去了,由当时的农业部东海区渔业渔政局负责,派出的是"中国渔政 201 号",是一艘 1000 吨的执法船,是当时我国最好的渔业执法船。这样,东海区渔业渔政局就希望请一个外语好一点并且懂专业的人去做翻译。在这种情况下,2005 年 7 月,我作为翻译人员参与了中美之间第一次北太平洋公海联合巡航活动,为期一个月左右。2006 年也是如此。我的工作主要是在中美之间进行翻译沟通,主要做翻译工作。在这个工作中会涉及到大量的专业词汇,这相对来说就是我们的优势所在。

2005 年,前面讲过,我国只派出了一艘执法船。在通过日本津轻海峡的时候,风浪很大,非常惊险。津轻海峡是一个喇叭口,形状像我们杭州湾那样,它的东边是太平洋,所以过海峡的时候风浪特别大。"中国渔政 201 号"经过此海峡时,当船头上来的时候,船尾在水里面;当船尾下去的时候,船头在水里面。好在过这个海峡之前,船的主机坏了,到函馆进行了修理,修好后才过的这个海峡。想象一下,如果主机是在过津轻海峡时坏了,那后果不堪设想。所以在此之后,东海渔业渔政局请示农业部,立下了一个规矩,即到北太平洋公海执法时必须两艘渔政船一起去,一艘由东海区渔业渔政局派,另一艘由黄渤海区渔业渔政局派,这样相互之间有一个照应。2006 年,黄渤海区渔业渔政局就派了"中国渔政 108 号",东海区渔业渔政局派的是"中国渔政 202 号"。

2007 年 5 月 17 日,应美国海岸警卫队邀请,农业部渔业渔政局派代表团访美,同时让我一起参加这个代表团。这是我第一次到美国去,也正好是我儿子刚出生不到一周。在此次访问中,我们参观了美国海岸警备队的总部,在美国国土安全部的里面,参观了它在太平洋区的总部以及在夏威夷的第七舰队,总共用时大概两个星期。应该来说,这次经历让我对海上执法,包括美国海岸警卫队,有了一个比较直观的认识和了解。

中美间北太平洋联合执法活动,据我了解,目前依然在进行当中。

船上的翻译工作已经由我校外国语学院的一名老师负责。但是，只要美国海岸警卫队来上海，在陆地上进行交流访问，东海区渔业渔政局及现在的中国海警局一般会叫我去做翻译。这个联合执法活动意义重大。我国是联合国五大常任理事国之一，联合国大会决议禁止大型流刺网，我国作为一个负责任的大国，与美国在 1993 年签订了这样一个谅解备忘录。我国以前有这样的政治意愿去执行这个合作项目，但受到能力的限制。进入 21 世纪之后，我国的实力逐步提升了，可以派自己的政府公务船参与执法，并针对我国的船进行执法。以前是我国的渔政人员登上美国海岸警卫队的船，对我国的船进行执法。相对来说，如果我们有船出去的话，第一是更好地体现了我国对国际义务的履行，第二是我们的执法权可以延伸到公海上去，行使船旗国管辖。

派我国执法人员到美国的船上来实施此联合项目，不同于我国派执法船出去。就像我们国家的军事实力一样，如果我们国家有足够的执法船，应该尽可能到公海上进行执法。我们一直在呼吁中国海警船能走出去，为什么呢？第一是去执法，第二则更多地是去保护与管理。因为一旦我国的船员和船舶遇到危险的话，这些执法船就可以给予及时的帮助和救助。应该来说，我国渔船在远离国家的公海上作业，能够看到我国公务船在那儿，相对来说心理上就有了一个依靠。我国执法船在执法过程中，沟通起来也要比其他国家的执法船更顺畅一些。1995 年的《联合国鱼类种群协定》的第 21 条和第 22 条规定，允许非船旗国在公海对他国渔船进行登临检查。[1] 现在，我国作为中西太平洋渔业委员会（WCPFC）的成员之一，有权在中西太平洋的公海对其他国家渔船进行登临检查，也有义务要求我国渔船接受其他国家执法船的登临检查。[2] 在这种情况下，如果沟通不畅，有可能出现误解或误判。这是个很重要的问题。所以在中国海警局组建以后，我们就呼吁中国海警船更应该进入公海，履行我国的国际义务，进行国际执法。

这种国际执法，与之最类似的是对索马里海盗的追捕。2008 年索

---

[1] 我国于 1996 年 11 月 6 日签署了《联合国鱼类种群协定》，但截至 2018 年 3 月，我国还没有批准该协定。

[2] 中国台湾地区也是 WCPFC 的成员，但其不能对大陆渔船进行执法。

马里海盗事态严重后，中国海军就出去了，这是一个很好的机会。与海军前往印度洋追捕索马里海盗相比，如果中国海警船走出去的话，是展示和体现我国执法能力、国家形象与我国实力的一个很好的机会，而且作为一个非军事化或者准军事化的执法船舶，走出去的效果更好一些。

三、勇挑重担，高瞻远瞩，为维护国家海洋权益殚精竭虑

（一）做有心人，积极参会，勇挑重担

2010 年，我是第一次开始参加多边国际谈判。2009 年，我国开始派渔船参加南极磷虾开发。这个时候，农业部渔业渔政局希望多派几个人去参加南极海洋生物资源养护委员会（CCAMLR）。在此情况下，2010 年，许柳雄老师就派我和朱国平老师去参加这个 CCAMLR 的会议，我负责法律与管理方面，朱老师负责科学方面。那一年也是我们学校第一次参加这个组织的会。从那时起，我们一直参加到现在。

唐建业（右三）在 2017 年 CCAMLR 大会上的发言照

CCAMLR 这个组织，说是区域渔业管理组织，但严格意义上来说它不是，它是一个《南极条约》体系框架下的组织。1959 年，12 个国家在华盛顿召开了会议，通过了《南极条约》，其最核心的内容就是领土冻结、倡导和平与科学自由。因为有 7 个国家对南极大陆提出领土主张，

其中澳大利亚占了42％,还有约17％的陆地没有被任何国家所主张。《南极条约》仅涉及到动植物的保护,不影响公海捕鱼自由。20世纪70年代,苏联在那里捕磷虾、冰鱼、南极鱼等,特别是磷虾捕捞,引起了各个国家的关注,各国担心磷虾的崩溃会导致整个南极生态系统的崩溃。磷虾在南极生态系统中是一个核心的环节,企鹅、鲸鱼、海豹等都是以磷虾为饵料的。在这种情况之下,在《南极条约》协商国主导下谈判达成了《南极海洋生物资源养护公约》,1980年开放签字,1982年生效。

2006年我国才加入《南极海洋生物资源养护公约》,2007年成为CCAMLR成员。相对于中国1983年加入《南极条约》,1985年获得《南极条约》协商国资格,加入这个公约是很晚的。CCAMLR是《南极条约》体系下的专门负责南极生物资源养护的组织,它跟其他的一些组织,包括我们学院戴小杰老师经常参加的金枪鱼的区域渔业管理组织(如WCPFC、IOTC、IATTC等),是不一样的,CCAMLR这点挺怪的。所以说,参加这个组织是一个很大的考验,必须对《南极条约》体系搞得非常清楚。因为它非常复杂,所以需要花很多的时间。

2010年我刚开始去参加CCAMLR会议的时候,对这个组织没有全面了解。尽管去之前也看了很多材料,但没有真正的亲身体验。没那种感性认识,自身对这个组织的理解就是完全不一样的。如果是学者研究的话,可以去看很多参考资料,但是看完后,很难知道这些文字或规定背后的真实含义,只有参加了这种组织会议以后才能知道和明白这些报告或养护措施是怎么写出来的,以及他们背后可能会有哪些奥秘。所以,我第一年参加这个组织就是坐在那儿听,做笔记,带着笔记本就坐在那儿,也没桌子就坐了两个星期。两个星期,我做了90页的英文笔记,回来后再整理出非常详细的报告。根据报告,我再去找其他相关材料去研究,这是一个学习的过程。就目前来说,我对《南极条约》体系相对来说就比较熟悉,特别是CCAMLR的文件,包括这些养护措施当中有什么背景、它的出处是怎么回事,以及背后可能涉及到的争端是什么,我基本上都搞清楚了。

我第一次去参加CCAMLR的会议时,还有一个特殊情况。我国一家企业在2004年和2005年开发南极犬牙鱼,它的"东洋"(East

Ocean)、"西洋"（West Ocean）、"南洋"（South Ocean）和"北洋"（North Ocean）四艘渔船去了。但那时候，我国还没有参加 CCAMLR，所以一去捕鱼就被 CCAMLR 列进 IUU 名单。什么叫 IUU 名单？就是非法的、不报告的和不管制的捕捞。这就是黑名单，被列入黑名单后就不能生产了。2007 年以后，我国参加 CCAMLR 的首要任务就是要把这四艘船从黑名单里拉掉。实际上到 2012 年我们才把这四艘船从 IUU 名单里全部拉掉。所以，我在 2010 年参加 CCAMLR 会议的主要工作就是做这件事，把剩下的两艘船（"西洋"和"北洋"）从黑名单里给拉掉。对我来说，除了这个事之外就是学习。所有的会，所有的内容，我都全部听着，不管是涉及我国的或者是不涉及我国的，我都听着。

经过 2010 年到 2012 年三次会议的旁听和学习后，2013 年我缺席了一次会议，2014 年是我参加 CCAMLR 会议的转折点。那年，农业部渔业渔政局因出国指标的问题没能派代表参加。执法会涉及大量专业的问题，所以那年代表团长认为，我是渔业系统的代表，既然农业部渔业渔政局没有派代表，那就由我来代表渔业系统，我第一次坐到了前排的"国旗"后面。所以从 2014 年开始，两周的 CCAMLR 会议，第一周的执法会我就坐"国旗"后面。

别小看这种位置调整。坐"国旗"后面的压力是之前无法体会的，因为坐在国旗后面讲话，我所说的所有内容，无论好的还是不好的，对的还是错的，都将以中国的名义记录进会议报告。2014 年，我是第一次感觉到那个压力，那个压力非常大。如果讲得不好，国家利益和声誉就会因此受损，如果讲得好，则是应该的。我听说，俄罗斯、韩国、乌克兰等代表团，每年经常有代表因谈判没有达到国家的预期，回去就被处分了。因为该他讲的时候，他没有为他的国家争取利益。当一个养护措施很快在大会上通过后，180 天后就生效，就必须执行和遵约。如果国家主管部门认为，该你争取的时候，你没有争取或没有坚持住，那么你就失职了，你没履行作为国家代表的职责。这是我后来才知道的。所以说，谈判并不是一件轻松的事，真是如履薄冰。

因为我前几年的积累，以及荷兰学习时打下的良好基础，当 2014 年 CCAMLR 会议期间突然让我坐到"国旗"后面时，我虽然紧张了 2

天左右，肌肉发抖、僵硬，说话都不利索，但后来就慢慢适应了会议的节奏，讲话能控制语速，慢慢讲不着急，这样我的专业优势就开始逐渐发挥出来了。所以，尽管 2014 年是我第一年走上谈判第一线，但还是做了几件事。

第一件事是和法国关于鲨鱼割鳍问题的交锋。鲨鱼提案一直是 CCAMLR 的老议题，而我国和日本反对简单的一刀切的做法，即直接要求所有渔船禁止海上割鳍。鲨鱼议题是一盘棋，全球各个组织都在提，一个组织被突破，其他组织可能都会被突破。在 CCAMLR，欧盟是积极提案方，它在提案里表示，联合国通过了关于鲨鱼的决议，法国作为欧盟的成员国，在执法会上积极附和欧盟代表，提出要把所谓的鲨鱼决议写到报告里去。在通过执法会的报告时，法国代表再次建议在执法会报告中增加一句话，即"根据联合国大会通过的关于鲨鱼的决议，强烈要求 CCAMLR 成员禁止鲨鱼割鳍。"针对法国代表的意见，我举起"China"的牌子，要求发言。轮到我后，我就委婉地向法国代表请教，我说我是做渔业法的，但是就我所知，联合国大会到现在还没有通过一个专门针对鲨鱼的决议，请法方告诉我是哪年通过的决议。执法会主席就问法国代表："你知道吗？有这样的决议吗？有的话是哪一年的？它的决议号是什么？"法国代表答不上来了，说不知道，只是看到欧盟提案是这样说的。接着，我就跟法国代表说："你知道吧，联合国大会决议从 2002 年以后一直是以可持续渔业的名义通过一个总体的报告。其中会涉及到鲨鱼，但不可能通过一个专门针对鲨鱼的联合国大会决议。"就这样，法国代表刚提出的会议报告内容就立即被删掉了。外交部代表说："可以嘛！"

第二件事是关于俄罗斯的一个案子。俄罗斯有一艘渔船，它的船名字体大小没有达到 FAO 的标准。FAO 标准是一米高，而它只有三十厘米高。西方国家本来就盯着俄罗斯，打压它，所以就抓住俄罗斯这艘渔船大做文章。见此情景，我觉得一些国家做得有点过分。经商量同意后，我就避开直接对俄罗斯渔船的讨论，转而讨论俄罗斯渔船所违反的养护措施（10—01）。我提出两点意见：一是有时一些国家强调 CCAMLR 是一个特殊的组织，不允许援引 FAO 或其他国际组织的规定,但此处养护措施(10—01)却援引了一个 FAO 的指南,而且是没有法律约束力的指南,一个 CCAMLR 的养护措施援引一个没有法律约束力的指南,这本身就是有问题的,不能要求俄罗斯渔船遵守一个没有法律约束力的文书;二是养护措施(10—01)的措词表达本身就很含糊不清,仅说参照认定的国际规则,比如 FAO 指南就是这么规定的,也就是说 FAO 指南并不是唯一标准。言下之意,CCAMLR 需要先修改养护措施(10—01),等修改好后再要求 CCAMLR 成员遵守此养护措施。这样,目前的这个俄罗斯渔船案本身就不成立。英国代表听后,明白和认同我的意见,立即提出要对养护措施(10—01)进行修改。英国的建议得到执法会一致同意。这样,那年就立即着手修改工作,把这个自1998 年就一直存在的养护措施给改了。修改过程中,英国代表先起草了一稿给我,征求我的意见。当天晚上,我记得是第一周的星期五晚上,我改到半夜,改好后再返回去给英国代表。第二周继续讨论。就这样,我和对方一直就此修订意见进行沟通,如果我的意见没有得到体现,对方就要来沟通,寻求妥协,不能直接放到大会上去表决。有一天,英国代表私下和另一个国家代表达成一致,修改了一个地方,没跟我商量过。到大会讨论时,我当场就说不同意。大会主席就问:"为什么不同意?"我指出那个没有经我同意的修改,提出我不知道这个地方为什么要改以及怎么改的,没人征求过我的意见,所以我不同意整个养护措施的修改方案通过。我的发言就是中国的意见,中国反对,此方案就不能在大会上通过。因此,大会主席要求英国在会议休息期间和我国进行沟通。对方把修改的原因和过程告诉我,我确认没有隐含不利内容,我表示可以了,大会最后才一致通过此方案。

第三件事是关于观察员覆盖率的问题。CCAMLR 的主要渔业有犬牙鱼和磷虾,还有一点冰鱼。犬牙鱼渔业观察员覆盖率是百分之百,磷虾的观察员覆盖率是百分之五十。随着我国的渔船越来越多,西方国家要求磷虾渔船观察员覆盖率也要达到百分之百。如果只有一艘磷虾船的话,就是只要一个观察员,就可达到百分之百。那段时间,我国通报的渔船有八九艘,这样的话就要有八九个观察员。但南极磷虾的作业时间段有九个月,且海况条件又不好,一直持续九个月这是很难的。对我国来说，找那么多合格的观察员难度是很大的。因此，一些西方国家和我国就这个事一直在争论。最后是什么结果呢？就是第二周的周五本来应该是下午四点半结束会议，但那一次一直争论到晚上十二点多，就为了这个观察员覆盖率的问题。我是第二天（星期六）早上六点多的飞机，四点钟我就得走。那天十二点多才结束，完了后代表团再出去吃了个饭，回来都凌晨一点半了。我回到酒店收拾东西，就直接坐巴士去机场了，也没有时间睡觉了。这里面有很多的利益交锋，他们试图通过各种手段来限制我国。在前方，我理解应该要把这些影响尽量地降低。

2015 年的 CCAMLR 会议，我就经历了一次非常艰苦的磨练。当时，执法会和财务会同时开着，我需要两边跑，有时就跑不开。相对科学会来说，那边人比较多，但参加执法会的渔业方面的代表就我一个，还有一个外交部代表。那两年，农业部渔业渔政局因各种原因没能派人参加。财务会要么就是我，要么就是外交部的代表，我去开财务会的话，外交部代表就留在执法会。出现这种局面，与 2015 年财务会交锋紧张有关。这是因为我国自 2009 年后磷虾船数量开始增长，通报参加的渔船数量增加速度特别快，但实际参加生产的渔船数并不多，实际捕捞量也不多。但是，就因为通报船数多，给其他国家感觉就是"狼来了"一样，有危机感。所以，一些国家就一直在设法限制中国的磷虾船。2010 年，美国就向执法会递交了一个提案，建议磷虾船要生产的话，就必须要交费，通报的时候就要交费。2010 年的时候我国打掉了这一个提案，使其没有在 CCAMLR 获得通过。2013 年，美国改变方式，从财务会进行讨论，然后向 CCAMLR 报上来。由于财务会一般只涉及 CCAMLR 成员国的会费问题，各国不是很重视这个分会的会议。所以，2013 年，CCAMLR 就在财务会通过了对磷虾渔船收费的提案，并得到 CCAMLR 大会的认可，[①]从 2015 年开始实施。

2015 年的 CCAMLR 会议前，我国代表团发现了此问题。鉴于这

---

① 2013 年，我在学校研究生院工作。2013 年 9—11 月，因参加上海市教委党校三个月的学习，我缺席了那年的 CCAMLR 会议。

个提案已经在财务会通过，并得到大会认可，要想推翻是很难的，但按此执行，我国渔船需要增加生产成本。带着问题，我就查看了所有相关的会议报告。查阅相关报告后，我发现，会议报告对此问题的表述有问题，它没有用法律的术语说必须要交费，它仅说 CCAMLR 大会注意到财务会的意见，用的是"noted"，我认为，如果大会认可财务处的意见，应该用"endorsed"。经代表团内部商量后，由我去财务会讨论此问题。我记得非常清楚，那天从早上 8 点半一直讨论到晚上 11 点，就为了这件事，中间也没法吃饭。其他国家代表休息了，我得把回应写成文字稿，然后继续再讨论。经过长时间的较量，因为我们坚持不退让，而且指出了 2013 年会议报告的用词问题，财务会没有就此问题达成共识。所以，2015 年的财务会报告充满了火药味。到了第二周的大会，由于受海洋保护区这个高政治性议题的影响，磷虾渔船交费议题留到 2016年去解决了。

在该议题的谈判过程中，其他国家代表都围攻我，因为这个议题针对的是磷虾渔业，而且我国是新兴磷虾开发国家，本来这个问题潜在地就是针对中国的。财务会是在 CCAMLR 总部地下的一个小会议室召开的，空间小，英语不是我的母语，很多国家围攻我，没有国家支援。这是对我最大的一次磨练。我的坚定立场以及耐心辩解得到一些国家代表的私下赞赏。正好 2015 年财务会涉及主席轮换，经提名，乌拉圭代表 Albert Alexander Lluberas Bonaba 担当主席，①对于副主席人选，当选乌拉圭的主席就提名我，但我当场就拒绝了他的好意，没有同意。这主要是因为财务太复杂，超出了我的专业和能力范畴。

2015 年还有一个美国关于海上转载的提案。关于这个提案，美国提交了两个文件，一个针对犬牙鱼渔业，另一个针对非犬牙鱼渔业。在参会之前，我就把所有区域渔业管理组织关于此方面的规定看了一遍，也认可这是发展趋势。但开会时，我突然发现美国两个文件之间有冲突。我就借助美国内部管理上的问题，请美国进行解释，指出当前

---

① 2017 年 5 月，在北京召开的第 40 届《南极条约》协商会议期间，此人当选为《南极条约》秘书处的执秘。

CCAMLR 管理区域内 IUU 的最大来源是犬牙鱼渔业，不是磷虾渔业，建议美国按照轻重缓急，先处理犬牙鱼渔业的海上转载管理。经过第一周执法会的讨论，美国先撤了那个针对犬牙鱼渔业的文件，把它合并到了第二个文件中去，形成新的文件后提交第二周的大会讨论。在大会讨论期间，我指出合并后的文件仍存在一个国际法的问题，也就是美国提案未来的适用范围。为了达到管理犬牙鱼渔业的目的，其适用范围必须超出 CCAMLR 的管辖范围，否则这个制度就不能有效地保证它的管理效果，但这种超范围适用不能用在磷虾渔业上，这是美国提案的两难。我的意见得到很多国家的认可，包括美国的一些"盟友"。其中一个美国"盟友"的代表私下也向我抱怨，说美国不捕鱼每年还提那么多提案。我之所以能抓住犬牙鱼渔业管理和磷虾渔业管理上的矛盾，是因为我一直关注犬牙鱼渔业，或者说 CCAMLR 讨论的所有议题，我或多或少都关注一些。最终，美国这个提案在 2015 年 CCAMLR 会议期间无法自圆其说，只能撤下。在 2016 年 CCAMLR 会议上，美国重新提起了这个提案，为解决上述法律问题，它把犬牙鱼和磷虾渔业进行了区分，得到其他国家的认可，在执法会达成一致，但这个被认可的提案得不到美国代表团内部的一致同意，美国居然又把提案撤了。为此，一些国家对美国此行为很是不满，认为美国无视其他国家为此提案作出的妥协，没有合作精神。2017 年，美国没有再提起这个提案，但他们可能会在 2018 年 10 月的 CCAMLR 会议上继续提出。

从这几年的参会情况看，我个人感觉，在 CCAMLR 这个组织中，西方发达国家话语权很大，欧美在唱主调。欧盟有那么多成员国，美国有许多"盟友"，这些国家要做什么事都会先私下协调好，然后在会上，一个国家发言，其他国家就会跟上附和，有一呼百应的感觉。欧盟每天早上都会内部先开个闭门会，把它的各成员国代表组织起来，就当天要讨论的内容进行组织安排，包括谁先发言，以及其他人怎么讲怎么支持，都布置得很详细。美国对他"盟友"的影响力也是很大的。所以我认为，我国作为一个发展中国家，而且是一个新兴的大国，不能只盯着涉及自己的议题，应更多地关注一些规则的制定。每个领域都要去参与，都要发出我国的声音，从而促使游戏规则不能顺着西方国家的思路发展下去。这样的话，应该能体现出我国这样一个大国的形象。

根据我的理解，南极的重要性体现在以下这几个方面：第一，它确实是一个规则制订权的问题，因为南极这个区域非常特别，它本身是一个海洋包围的陆地，而这个陆地本身就存在争议，这本身就很特别。第二，这里的资源量非常大，但是周边国家要把资源给保护起来。第三，现在国际层面在强调海洋环境保护和生态多样性保护，这种趋势已经不可阻挡。联合国大会在 2015 年的 69/292 号决议里面说得很清楚。2017 年年底，联合国大会通过了第 72/249 号决议。

从规则制订的角度来说，南极就是一个试验田。我们常说，要掌握话语权，话语权怎么来体现，我想可能有这样几种情况：第一，我们主导，我们立规矩。第二，人家立规矩，我们跟从。第三，我们啥都不说。南极这个区域，它是一个规则制订的试验田，这个区域如果我国能配合国家形势来发出声音的话，那是最合适的。如果我们在这个区域无法掌握主导权，那我们能不能影响别人的主导权。在别人主导的时候我们去影响，在别人的提案里把我们的主张找到，然后再往我们这边拉，这是我们要做的，不能完全顺从。完全顺从，在通常意义上来说，我们也有话语权，但那不是主导权，没有意义。

所以，习近平总书记所有的讲话我都非常注意看，包括他十八大以来所有的全会报告我都非常注意看。我就看他的信息，他绝对是想强调希望中国能够主导一些国际规则。这个信息安全，就是一个主导的例子。他把信息跟深海、天空放到一起，我的理解是他本身就是要我们主导规则制订，或者我们本身就应该积极地参加到这样的一个过程当中。如果我们放弃这样的机会的话，后面我们在联合国大会层面就会很被动。有可能是我杞人忧天。但是他们这两者确实是有联系的。所以从这个角度来说，南极是很重要的。

（二）潜心研究，为北冰洋渔业政府间磋商献计献策

北极现在有一个 1996 年成立的北极理事会，这个组织是一个政治组织，主要关注北极的环境和生态系统的保护，以及北极的可持续发展。我国是在 2013 年 5 月才加入这个组织的，成为它的一个观察员。

观察员意味着只有听的份，没有表决权。但就渔业而言，并不是这样。

北冰洋中部有一个 280 多万平方公里的公海，这个公海现在还没有商业渔业。所以，相关国家就针对此公海区域的渔业管理规则进行磋商。为什么这个区域重要呢？主要是个规则制定权的问题，最重要的不是鱼有多少，而是一个规则。

北极这个区域有 8 个国家，分别是美国、加拿大、俄罗斯、丹麦、挪威、瑞典、芬兰和冰岛。核心的国家是中间的北冰洋沿海五国，即美国、加拿大、俄罗斯、挪威和丹麦。

但是北冰洋公海渔业是一个非常特殊的领域，这个领域北极理事会是管不了的，美国也不想把它放到北极理事会去。所以欧洲的学者都担心这个领域是域外国家，这也是中国、日本、韩国、欧盟能够平等地介入到北极事务中去的唯一一个机会。在北极的航运和矿产资源开发上，中国都没有太大的决定权。现在有研究表明，北极的石油、天然气储量很大，但大多分布在北极沿海国的专属经济区内或大陆架上，也就是在沿海国管辖范围内，所以这些资源的开发取决于沿海国的需求。至于开发多少以及怎么开发，要看沿海国的技术，而且它愿不愿意给你开发也由它说了算。航运业也受这些国家限制，一个是俄罗斯卡着东北航道，另一个是加拿大卡着西北航道。航运的使用是由市场来决定的，就是说，航道是不是经济，是不是划算，是不是安全，不是一个国家说了算的。只有渔业是非北极国家可以平等地去和这些北极国家一起决定的。这也就是为什么其他国家要担心。在这个渔业领域，它就关系到一个规则的制定权。

我们现在谈的这些东西，是一个非常畸形的谈判，不像正常的区域渔业管理组织。像田思泉老师参加的北太平洋渔业委员会（NPFC），就是完全按照《联合国鱼类种群协定》和联合国大会的决定，按着程序一步一步走的。北冰洋这个就非常畸形，为什么呢？因为这个是美国提出来的，但北冰洋沿海国并不是真心希望在此公海区域建立一个正式的区域渔业管理组织。

美国不需要用北冰洋公海的渔业资源，它本身就拥有全球最大的专属经济区，渔业资源本来就很丰富。但最关键的是，这个公海区域正好在美国和俄罗斯这两个国家 200 海里专属经济区以外的那个角上。这个区域目前夏季是无冰的，水深又在两千米以内。也就是说，这个区域是符合开展商业捕捞条件的，所以美国参众两院于 2007 年就通过决议，要求美国政府和其他国家一起就北冰洋公海谈判达成一个协定。然后，北冰洋沿海五国，即美国、加拿大、俄罗斯、挪威和丹麦，开展了三轮政府间磋商和三轮科学家会议，最终于 2015 年 7 月 16 日签了一个《奥斯陆宣言》，说是旨在预防不管制捕捞。"不管制捕捞"这个概念也是非常畸形的一个概念。这个概念是 2010 年 FAO 提出来的，是 IUU 这个概念里的，也就是非法、不报告和不管制捕捞，其中包括不管制。但是北冰洋沿海国只选了其中的"不管制"这一个概念。

《奥斯陆宣言》只是政治性承诺，对其他国家没有拘束力。正因为想让其他国家也能遵守该宣言的主要精神，即暂不允许商业捕捞，所以美国才在 2015 年 12 月 1 日把其他四个国家和欧盟邀请到华盛顿，想以《奥斯陆宣言》为蓝本签订一个法律协定。这就是"5＋5"进程，即 5 个北冰洋沿海国和 5 个非北冰洋沿海国或地区，后面 5 个国家或地区分别是中国、日本、韩国、冰岛和欧盟。这种谈判方式的争议自然就很大，在第一次会议上，美国的一个"盟友"就明确反对，认为这种谈判方式违背多边谈判的通常做法。

美国曾想在奥巴马任期内把这个问题解决掉，所以美国把这个问题提交到了 2016 年中美战略对话里面。我记得没错的话，应该是中美战略对话的第 80 段里面讲到这个问题。2016 年至 2017 年，我的重点就是这个北极谈判。2015 年 12 月在华盛顿进行了第一轮谈判，2016 年 4 月在华盛顿进行了第二轮谈判，2016 年 7 月在加拿大伊卡卢伊特进行了第三轮谈判，2016 年 11 月在丹麦法罗群岛进行了第四轮谈判，2017 年 3 月在冰岛雷克雅未克进行了第五轮谈判，2017 年 11 月在华盛顿进行了第六轮谈判。2016 年 9 月还在挪威特罗姆瑟召开了一次科学家会议。谈判进程非常紧凑。

这个北冰洋公海渔业磋商，表面上是谈渔业问题，但实际上不仅是渔业的问题。第一轮会议时，我把我之前写的一篇文章给他们了，给他们的是英文稿。其中我提到了几个问题，有一个地方是很有意思的，就是这里面讲到适用范围的问题，即适用于沿海国的渔业管辖权之外。我当时就跟代表团说要把这个"渔业管辖权"（fisheries jurisdiction）改成"国家管辖权"（national jurisdiction）。我认为，这里面可能有一个奥妙。1920年，一战结束以后，在凡尔赛召开了巴黎和会，这是与我国密切相关的，还有著名的"二十一条"。在那个会议上，通过了《斯瓦尔巴条约》，这个条约就规定，斯瓦尔巴这个群岛主权是属于挪威的，但是所有其他国家都可以平等地利用这个群岛及其领水内的资源，但没有讲它的海域是怎么回事。1925年7月1日，我国加入该条约。在20世纪70年代，挪威在这个群岛以外建了200海里渔业保护区，注意它的名称是"渔业保护区"，而不是"专属经济区"，挪威就将这些海域保护起来了，不允许任何人去捕鱼。但是按照1920年的条约，即使是陆地上和领水内的资源，所有的成员国都可以平等地去利用，更何况这个群岛周边海域里的生物资源呢？而且这个条约允不允许挪威主张200海里的专属经济区，那还是有一定争议的。挪威很清楚这个东西，所以它用的名称是"渔业保护区"，而不是"专属经济区"。相对的是，挪威在其本土之外建立了200海里的专属经济区。欧盟和美国都反对，我国没表态。所以我建议把"渔业管辖权"改成"国家管辖权"。该建议被采纳，在第一轮会议上提出，各国代表也没有意见。2016年4月的第二轮会上，挪威又提出来了，说这个东西不行，要改回"渔业管辖权"。大家都不挑明背后的道理是什么，但是大家心里都知道，这里面可能涉及到什么问题。大会的主席是美国人，他说1995年的《联合国鱼类种群协定》里用的是"国家管辖权"，所以就还是用"国家管辖权"。因为将来解释北冰洋那块，要涉及到斯瓦尔巴岛区域的问题。奥妙就在这里。但后来冰岛等国又从另一个角度去理解，认为既然事实上"5+5"进程所磋商的协定所适用的地理范围不包括斯瓦尔巴群岛周边的"渔业保护区"，如果采用"国家管辖"就会导致变相承认该"渔业保护区"是"国家管辖"。所以这个问题一直到第六轮会议才得到解决，而且解决方案是避免提及"国家管辖"或"渔业管辖权"。

除此之外，我还在会后研究相关国家的法律或区域渔业管理组织实践，以便为磋商提供更多的理论支撑。第二次会议之前，加拿大和我国进行沟通，提了三个问题，其中两个问题是法律问题。我就主动将我的分析写成报告交给代表团。2016 年 4 月开完第二轮会议以后，大会要求所有国家必须在很短的时间之内提出修改意见，然后大会把各个国家的意见合在一起形成一个综合意见。回来以后，我又写了一个详细的稿子，包括中文稿和英文稿。

在参加磋商的过程中，我也是第一次亲身体验将法律理论转化为现实。这与我参加 CCAMLR 会议不同。CCAMLR 会议针对的是已经建立起来的框架，每年会议是落实既有框架的宗旨和目标，而北冰洋公海渔业磋商不同，它是从无到有的创建过程，是一个全新的内容，是将一般国际法转化为具体区域法的妥协过程。在此过程中，最让我印象深刻的是，会议进程似乎有点像 1994 年的《中白令海狭鳕资源养护与管理公约》签署的过程。从我个人观点看，1994 年的《中白令海公约》是一个深刻的教训。该公约由 6 个国家参加谈判，美国、俄罗斯是2 个沿海国，再加上 4 个捕捞国，即日本、韩国、中国和波兰。这个公约最诡异之处是，1993 年各国临时关闭此区域并约定说将来这个资源达到一定量的时候再开放，结果从 1993 年到现在一直没开放。但如果去看 FAO 的统计报告，东北太平洋与西北太平洋是全球渔业资源产量最大的区域，2015 年北太平洋的狭鳕资源超过秘鲁鳀鱼，成为全球第一大渔业资源。这不就显示出问题了吗？我们必须要避免这个教训。当初这个教训是什么呢？中白令海公海的资源量评估是谁在做的，是美国人来做的，是美国或俄罗斯来做。美国人自己做资源评估，他能说这里资源量达到了吗？这就是为什么科学跟法律是完全结合在一起的。所以说，目前所有谈判里面涉及到海洋，涉及到环境的，都是法律、政策与科学结合在一起的。这就是我们的人才很难培养的原因，关键就在这儿。

谈法律问题一定会牵涉到科学问题，因为它是用科学的语言将我们的利益诉求表达出来。前面提到的国际海洋开发理事会（ICES），为什么有些国家建议采用这个组织的科学建议，而有些国家建议采用其他组织的，还有些国家建议建立全新的科学机构？其实关键就在这儿。单看条文，1994 年的《中白令海狭鳕资源养护与管理公约》写得很好，没有什么问题,但是一旦实施起来就挺麻烦的。所以条约磋商都得一个字一个字地抠,还要考虑后面的科学问题,这既需要理论知识,更需要实践经验。因为我的理解是,在这个区域里面,将来我们一定要有平等的权利,不能像白令海那样,由沿海国来决定其开放时间。这就涉及决策机构以及谁拥有科学知识的问题。这个问题也是一直延续到第六轮会议的问题。之前,沿海国主张更多的优先权利,导致会议进入僵局,在第六轮会议中,欧盟提出所有决定都必须协商一致,协定必须得到所有 10 个国家或地区的批准后方可生效,同时给协定设定有效期为 16 年。

协商一致,这个机制很重要。这个机制在南极的保护区里也同样得到体现。南极保护区里最典型的一个例子,就是 2009 年英国提议建立的一个保护区——南澳克尼群岛保护区,占地 94 万平方公里。英国的理由是气候变化,要进行气候研究,南极海洋生态比较脆弱,需要研究。到了 2014 年,按照规定,要进行 5 年一轮的评估。评估的时候没有材料,这个时候欧盟里的英国代表就说这个保护区是 CCAMLR 所有成员的保护区,不是英国或欧盟的保护区,所以研究调查需要所有成员出钱一起干。这不是现原形了吗?这个区域被他关起来的理由是要进行科学研究,然后真正需要投钱去做科学研究的时候,他说大家一起干,那么他不干大家都不干,那个区域就永远关着。不进行科学调查,也不进行研究,这跟保护区设立的初衷是完全背离的,但是这个区域就永远是关着的。那对谁有利,英国、CCAMLR 还是 CCAMLR 的其他成员? 答案是很明显的。

(三) 进入联合国,崭露头角

2015 年 7 月,经我国农业部推荐及联合国粮农组织(FAO)遴选,我第一次作为 FAO 专家参加了 FAO 渔获登记制度(CDS)指南专家磋商会议。此次专家磋商会议是响应 2013 年联合国大会决议以及 2014 年 FAO 渔业委员会(COFI)决定而召开的一次会议,旨在为未来全球渔业管理制定一项指南文件。此次会议,FAO 共邀请了 8 名专家,其中亚洲 3 名、欧洲 3 名、美国 1 名、澳大利亚 1 名,另外还邀请了相关国际组织代表 7 名，让他们以信息员的身份参与了会议。

那时，我正好经历了 2014 年 CCAMLR 会议的锻炼，而且以个人的名义作为专家参会，比参加国家代表团会议要轻松多了。因为以个人身份参加会议，说错说对与国家没直接关系。相反，如果多边谈判中作为国家代表发言，只要说错一句话，别国就会攻击你，会导致你很被动，这个时候代表团就会批评你，认为你的发言给代表团带来了不利后果。所以，每个发言都要确保你说的话没有漏洞，能立得住。当然，如果能把对方反驳掉，那就更好了。所以，代表国家在多边谈判中发言一定要深思熟虑。在 FAO 就没有这些顾虑，所以要轻松很多。

到 FAO 的行程，相对来说比较折腾。由于 FAO 负责我的所有费用，包括往返机票，所以他们航班就要选择价格低的。正是因为这样，FAO 没有给我买从上海直飞罗马的航班，而是要从北京转机到罗马。上海 7 月份的天气有很大的不确定性，经常会有雨。那天就是这样，上海下大雨，导致上海到北京的航班延误，没有能够赶上北京至罗马的航班。在北京等了 20 多个小时，改签从北京到德国，再从德国到意大利罗马。下了飞机，又坐了 1 个多小时的火车，然后再换地铁到宾馆，洗了个澡，换了件衣服，已经到了中午 12 点。会议已经开了一个上午，我没有休息，直接到那里参加了下午的会，然后一直盯到下午会议结束。

在那里，尽管我是第一次参加 FAO 的专家磋商会，但我明显地感觉到，尽管与会者都是以个人身份参加，但是国家利益还是非常重要。欧盟想让它自己的所有管理规则都通过 FAO 这个平台转变成全球规则，首先是成为不具有法律约束力的一个全球规则，执行几年后再变成一个法律文件。因为之前我读过很多文章，都有这样的情况，所以看得很清楚。2010 年关于 IUU 的国际行动计划尽管是一个不具有法律约束性的文件，是一份自愿性的文件，严格意义上来说不是国际法，但是后来它就变成国际条约，即 2009 年的《港口措施协定》。在前面提到的北冰洋公海渔业政府间磋商会议上，就有国家提出，要援引 2014 年FAO 通过的《船旗国表现评估指南》。所以我觉得，我们国家以前可能派不出人来或者说不愿意派人来，但实际上这些 FAO 的磋商会议是非常重要的，他们可能就是未来国际条约的起源，一点一点地慢慢积累起来。与会者常会把其国家意志体现到某个国际文件里，然后这个文件经过不同场合的反复援引就变成法律文件了。这就是话语权。所以，我在会上最重要的任务就是跟这些国家争辩，避免有代表把自己国家或地区的管理规定全部移植过来。

我经过 2014 年 CCAMLR 的锻炼以后，到 FAO 那里基本上就非常自如了，可以说是游刃有余。我从法律角度去提问题，只要提得合理，就会被接受。后来 FAO 里有一个中国人，他说："啊呀，你这个挺好，能体现一些主张，不是闷在这儿听的，听完了就结束了。"但是，我们不是说一定要能提出我们的主张，但至少我要知道对方想干什么，然后可以通过专业表达来限制对方的主张。我有时候打比方，说我现在基本上就相当于那些做盗版软件的人，自己虽然做不出一个正版的软件，但知道如何能破解。西方国家学者或政府官员所讲的那些基本道理，我基本上都熟悉，包括在南极和北极谈判里面，都是这样，然后我站在不同国家的利益角度去利用和分析这些道理。

在磋商过程中，我提出需要增加"发展中国家特殊需求"的内容。当时，我认为渔获登记制度将来在实施中会涉及很多技术问题，这对于发展中国家来说将会是很大的挑战。《负责任渔业行为守则》《联合国鱼类种群协定》《港口国措施协定》等国际文件中都明确要求考虑到发展中国家特殊需求，因此需要增加这个内容。来自南太平洋岛国的企业代表认为，目前在太平洋岛国，互联网接入已经不是问题，我坚持认为硬件设施与实现渔获登记制度管理要求的能力建设是两回事，发展中国家的能力建设应给予支持。最终会议同意增加"发展中国家特殊需求"的内容，由我与其他几位专家共同起草具体内容。

对于指南的法律性质问题，第一天的会议就进行了讨论，有专家建议是否可能通过一份具有法律约束力性质的文件。对此，我提出如下异议：首先，该指南是在《负责任渔业行为守则》的框架下进行讨论的，该框架下现有的指南都是自愿性文件，没有具有法律约束力性质文件的先例；其次，从具有法律约束力性质文件制定的机制来看，专家会议绝对不是合适的机构，应通过外交大会。所以会议很快就结束了对此问题的讨论。

在渔获登记制度的定义以及指南的其他部分，曾出现"经许可的"渔业（authorised fisheries）的表述。如渔获登记制度的定义，曾表述为"证明和认证经许可捕捞渔业的一种可追溯体系"。在关于宗旨与范围的第二部分，曾将指南范围表述为"证明渔获物和认证那些进入国际贸易的渔获物，以保证这些渔获物来源于合法的、经许可的渔业"。对此，我提出 FAO 在《2011 年国际行动计划》中已经对 IUU 捕捞进行了定义，如果本指南在此并列使用"合法的"和"经许可的"，则将暗示存在有一种渔业活动是"合法的"，但不是"经许可的"，这是不符合逻辑的。起草该指南的顾问解释说，"经许可的"这一表述是借鉴了 2008 年的《欧盟 IUU 捕捞条例》，实际上是指虽经船旗国合法批准到区域渔业管理组织管辖范围内进行生产，但是渔获物超出了分配的配额或没有报告的情形。对此，我认为这种情形应在区域渔业管理组织内部加以解决，否则会影响该区域渔业管理组织的可信赖性。同时，如果指南要涉及此类情况，则需要在定义部分对"经许可的"进行明确，以区别于"合法的""IUU 捕捞"。后经协商，会议同意将指南中所有涉及"经许可的"这一表述之处全部删除。

在最后通过案文的时候，欧盟代表提出来要加一句话。原来段落的意思是，只有资源衰竭的，才可以考虑适用这种渔获登记制度。而欧盟在后面加了一句话，说所有的高度洄游鱼类种类都必须适用渔获登记制度。我就立即提出，说这好像逻辑上不通，因为正常的逻辑是，资源状况必须先经过评估，只有评估结果显示资源衰竭了才考虑适用渔获登记制度。而欧盟的意思是，对于高度洄游鱼类种群直接适用渔获登记制度，不必经过评估，默认这些资源是衰退的。我说这在逻辑上是不通的。最后，欧盟的建议被删去。基本上来说，参加这些会议反应一定要快。当然，要做到反应快，需要有基础，而且这个基础要比较坚实。

四、任重道远，寄希望于国际复合型人才的培养

根据自己的亲身经历，我感觉到未来国际的竞争，就是人才的竞

争。也就是说，我们在这个领域里能不能派得出人来。而且未来竞争的内容会越来越具体，不是讲原则性概念，而是要解决具体问题，可能是很大的问题，也可能是细节性问题。这就关系到人才的质量。举个例子，比如在一个太平洋岛国中，一个海洋方面的人可能要管很多方面的事，可能包括渔业。一个人不可能有精力把这么多复杂的事情都管理得很到位，研究得很深入。但是，如果不研究的话，到 FAO 或类似的会议上讨论非常专业的议题，就不可能找到西方国家所提方案中的问题，或准确地提出反对意见。这样，西方国家的提案很快就可获得通过，参加的国家就等于无形中为此类提案背了书。也就是说，西方发达国家在用这种人力资源的优势来打压发展中国家，不停地提提案，不停地修改规则。最后的结果是什么？就是两年之前刚制订的规则，发达国家可能在此之后通过不停地提交提案，慢慢地进行修改。这样的话，几年以后，我们就会发现被修改后的规则跟以前完全不一样了。这就是发达国家的人力资源的优势、人才竞争的优势。

参与国际谈判，就是要保证我们的利益。我认为，像我们这种参与谈判的人，基本上需要有三种思维：第一，出去的话要有维护国家权益的意识，这种意识一定要很清楚。第二，回来后跟政府接触的时候，一定要是中立的身份，这时候有什么问题和建议都要说清楚。第三，作为一个老师，应该是从学术的角度去研究一个具体问题。某个问题出现了以后，要关注它学术上的症结在哪里，以及如何来研究它。我们必须要能进行三种能力的转换，在这三个角色里去转换，然后去做好自己的本职工作，不能光做了其中一个，而丢了其他两个。特别是这个学术的能力，我觉得很重要。因为如果没学术能力，作为发言人，人家不一定认可你。所以自己要去把握好自己的时间，然后去控制自己的行为，去做好研究。

对于谈判所需要的能力，首先就是扎实的基础。就我们这块，国际法、国际海洋法都必须非常熟悉。我曾经有一个想法，就是我们的研究生可以打包一起进行管理。我们管理的和资源的学生打包一起转，转完以后看某个学生喜欢做什么，他的特长是做什么，然后再专门培养他。因为这个时候他有渔业基础。他如果喜欢做管理，就让他专门做法律，做管理；如果他喜欢做资源，就让他做资源；如果他喜欢做捕捞，就让他做捕捞。然后再送出去，送出去培养，必须要这样。为什么我们现在的人不好找，因为我们需要的人才是一个复合型的人才，又要懂专业，又要懂法律。第二就是要多读书。知识面一定要广，我现在是国际关系之类的书都读。包括王文，他是人大重阳智库的执行院长，他写的那本《美国人的焦虑》我也看，这些书都看。国际关系、国际政治，我们都必须看。不看思路就打不开。第三个就是行政能力。另外一个就是不要计较个人得失。我们要看大趋势，要看得远，不要去计较这些眼前的事，你有一件事做，就踏踏实实做好。包括我为什么把这些东西写得那么详细，因为我将这些积累起来以后可以用。北冰洋的会议结束后，我就把这些东西攒起来，一轮会议是一万多字的材料。结束后，我所有的材料再加上所有的附件不就是一本书嘛。

对于已经开始接触多边谈判会议的人，我觉得，我们去开会，不仅仅是盯着涉及我国的那一点点议题，更重要的是对整个组织的会议进程要有一个整体的把握。因为作为一个大国，不能紧盯着自己的一亩三分地，要提高自己的话语权。如果关注除我国议题外的其他领域，将来一旦涉及该领域，就知道该领域当初发生了什么事，或者在谈判过程中要跟其他国家做交换的话，就可以在这里支持它或者打压它，让它来支持我。

对于刚进入这个领域的研究生或青年学者来说，不能急功近利，这东西其实是急不来的。按照正常的规律，一个做社会科学的人是四十岁之后才可以出成果的。这与自然科学不同，自然科学做实验，做出来就是自己的，就算有了新发现。社会科学不可能，一定是要靠积累，只有积累到那个份上了才行。在这种情况之下，如果一个人受外部环境的影响，外部环境让他去做这个事儿他就去做，今天做这个，明天做那个，那就很被动。自己一定要静下心来，认定做这事儿，就要坚持一直做下去。专心做一件事，我觉得这是很重要的。就是说，要潜下心来做，要相信迟早有一天该是你的总会是你的，不是你的，你想得到也没用，得到了也会失去的。

最后，我想感谢学院！对我来说，最重要的就是学院的支持。如果学院不在 2008 年把我送出去，我现在就不能有很完善的知识体系，就不清楚国外学者的研究方法。如果学院 2010 年不把我送出去参加 CCAMLR 会议，我就没有机会参加多边谈判，就无法把所学知识快速转化为实践，也就无法积累丰富的经验并加深对国际渔业法的理解。

2017 年唐建业(右)和高风(左)(中国北极事务特别代表)
参加会议时合影留念

田思泉

田思泉，1978 年 5 月 16 日生，安徽无为人，博士，教授，博士生导师，海洋科学学院副院长。目前为我国负责北太平洋渔业委员会（NPFC）科学事务首席科学家，负责我国在 NPFC 的科学谈判事务，担任过 NPFC 第一届财务与行政分委会副主席。

兼任中国远洋渔业数据中心执行主任；上海海洋大学—中国远洋渔业协会远洋渔业国际履约研究中心副主任；国家远洋渔业工程技术研究中心学术委员会秘书长；中国生态学学会海洋生态学专业委员会委员；中国水产学会渔业资源与环境分会委员；中国太平洋学会深远海资源环境管理研究分会理事。

2014 年 3 月 18 日，参加日本东京的 NPFC 筹备会第 12 次科学工作组会议。

2015 年 3 月 25 日，参加日本东京的 NPFC 秋刀鱼工作科学组会议。

2016 年 7 月 3 日，参加 SIOFA 第三次缔约方会议。

2016 年 8 月 24 日，参加日本东京的 NPFC 第二次委员会年会。

2017 年 2 月 20 日，参加日本横滨的 NPFC 秋刀鱼评估技术组会议。

2017 年 4 月 24 日，参加中国上海的 NPFC 第二次科委会会议。

主要研究方向为渔业资源评估和管理、渔业海洋学，主要从事渔业采样和调查设计、鱼类栖息地评价、中上层鱼类资源评估、渔业资源管理策略评价、海洋和河口生态、渔业数据系统管理和分析、国际渔业事务谈判和管理、濒危动物管理以及遥感和地理信息系统在渔业上应用等研究。

坐在后排认真听十年，才能到
第一排代表国家发好言

田思泉

"对渔政管理问题我是国内比较懂的"

一、出国访学，开拓视野，为国际履约打下基础

我是安徽省无为中学毕业的，这个中学现在在安徽省排到前三位。我们当时初中升高中的时候，在 102 所初中里挑选了 100 个人，其中 50 个给无为中学，另外 50 个给无为一中。1996 年我来到上海水产大学，硕士和博士都是在这里读的，工作也在这里。硕士和博士我都是跟着周应祺校长和陈新军老师读的，研究方向是捕捞学，那时候叫远洋渔业系统集成，是以前捕捞学的一个分支，但是实际做的是渔业海洋学，类似渔场学。

博士毕业之后，由于我学的这个专业就业面比较窄，只能留校或是到科研院所。博士是做研究的，不可能到企业，也不可能到其他地方上去，只能去相关的科研院所。当时孙满昌老师讲过，他自己培养出来的博士，不能变成在帮别人培养。我们那一届全国就两个捕捞学博士生，博士点也只有上海海洋大学和中国海洋大学有。孙老师一讲，学院院长许柳雄老师就找我们谈话，要我留下来。我毕竟在这个学校待了十年，有感情的，就留下来了。我本来是在海渔捕捞学那边面试的，刚好戴小杰老师在资源这边，就叫我到资源这边来。

2005 年，陈勇老师第一次来做讲座，学校要跟他签一个特聘教授

的协议。2006 年,陈勇老师过来上课,是我去接他的。那时候我博士还没有毕业,我每天就和他在一起。我们上课吃饭都在一起,建立了很深的感情。毕业以后,我就到陈勇老师那里去进修。2007 年去进修了半年,是陈勇老师出的钱。陈勇老师之所以看上我,大概是因为我做的是渔业资源研究吧,尽管那时我是研究渔业海洋学的,不是做渔业资源评估的,陈勇老师主要是研究渔业资源评估的。当然,我和陈勇老师也可能是性格比较相投,我也没啥其他优点。我说话比较直接,性格比较开朗,陈勇老师可能感觉我的思维方式和国际上的那些人有点相似,类似于美国学生的那种思维方式。我到那里就是去写论文的,将博士阶段的研究加以提炼。陈勇老师希望我能有所成就。

在美国学习了半年,自己最大的收获就是自信。之前在国内我和老外打交道时一句话都不敢说。我之前出国了两次,都不怎么敢说。在缅因大学待了半年之后,胆子变大了,这都是慢慢磨练出来的。在这期间,英语方面提高的主要是写作和阅读,说还是不行。我平时跟陈勇老师交流还是讲中文,中文夹杂着英文,一些专业术语不好翻译的就用英文。我是 2007 年 7 月去,2008 年 1 月回来,只能算是短期进修。我回来后就继续做老师,上的课是"渔业海洋学"。

2010 年和 2013 年我又去了陈勇老师那里,也是短期的,主要还是去写论文。去那里能给我提供一个很安静的,且没有干扰的环境。在那里写论文有人跟我讨论,在国内很难找到有能给我做具体指导的人,在那边陈勇老师能够指导,碰到问题随时可以去他办公室讨论,他会给我一些看法和建议。在那里我可以一门心思锻炼身体、看书,国内环境不一样,干扰太多。

我 2012 年去陈勇老师那里是因为得到了一笔上海市教委的留学基金。那次出去中途回来过两次,待了三个月。在全世界资源评估研究方面,陈勇老师排在前十位。到他那里好用中文交流,要是找一个很厉害的老外,他们不可能那么有耐心教你。这一次去主要是学习渔业资源方面的知识,包括渔业采样调查设计和计算机模拟。

我到国外去访学了这么多次,对年轻人可以提几点建议:第一要好好学习,第二要跟着开会去锻炼,不一定去美国,但是国际会议要一直跟在后面听，这是一个学习的过程。

出去访学也是很有用的，主要是拓展思维、开阔视野，那里的学术氛围很浓，对待学术研究很严肃。比如，缅因大学海洋系每个礼拜五都有学术报告，会请不同的人来做报告。他们都是在前一个学期就提前将后一个学期的学术报告计划制定好，不像我们这边临时来个电话或发个邮件通知大家都来听报告。每个礼拜五上午十点钟准时开始，到十二点钟结束，不论与我专业是否相关，我只要在学校里就都会过来听。不像我们这边，要是报告内容和我的专业没啥关系，我就不去。他们学校在海边上还有个研究室，会做远程直播。

国外大学很多方面没有我们这边这么复杂，他们很简单。大学里面的助理教授，六年过后拿到 tenure，工作上就没有压力了，拿到了终身教授就更没有负担了。实行终身教授制度，是为了保持学术的独立性。所以如果他们做科研，就肯定是因为自己喜欢。

他们也要去外面申请项目，但是没有我们这么多的压力。一般博士后做两年，就可以申请助理教授（Assistant Professor）。美国大学没有讲师，全是教授。学术上教授、副教授都是一样的，六年必须要拿到 tenure，拿不到就自己走人。上升到终身教授需要六年时间。Associate Professor 就是 tenure 了，终身教授又分成两个等级：Associate Professor 和 Full Professor。

终身教授制度，清华和北大也都在实行。我们学院现在也想着手这方面的事情，但在中国现在的体制下，我觉得很难。在清华大学，针对从海外招进来的人有一个单独的体系。

在学校的六年时间，其实是可以观察到一个人的能力如何的。从博士后到教授的过程中，有各种各样的指标评价他们。学校会成立一个小组，请全世界的专家过来听课打分。论文、项目、社会活动都是考核指标。在学校的这六年中，只要学校有什么活动最好都参加，有什么事情都尽量去帮忙，以免影响评职称，六年时间熬过去就好了。在美国，学院下面是系，学院其实是虚的，凡事是系主任说了算。中期考核一般是由系主任来打分，如果系主任没有给到一个好成绩，那基本上就没有希望了。同时，一旦制度定下来，就必须严格执行，这样就没有问题，就怕制度经常变。我们海洋学院也可以实施这套方案，特别是海洋方面的人才，他们在美国也很难找到工作，可以招他们过来。

二、多年后排历练，才能在科学会议上引经据典

参加国际谈判，我最早是在 2008 年和宋利明老师去美国参加 IATTC 科学会议。之前我没有参加过国际组织会议，对国际组织会议没有任何概念，不知道怎样讨论，因此我从头到尾都一直傻傻地坐着。东太平洋渔业委员会和其他国际组织不同，他们有自己内部的科学家做资源评估报告。第一次去我完全不知道会议的流程，完全是懵的，英语也基本上听不懂。我也是第一次接触到国际上完整的渔业资源评估报告，共 100 多页。我第一次意识到原来资源评估要做这么多东西，和国内完全是两码事。感觉自己在学术水平和英语上和人家差距都很大，这种差距是全方位的差距，就像是一个小学生上大学的感觉那样。为此，我还在想，不知道下次还能不能去。后来还真的就没有去了，领导可能觉得我不行，所以就没有安排我去。但我还是一直在努力学习英语。

田思泉（中间）于 2014 年 3 月 18 日在日本东京参加筹备会第 12 次科学工作组会议

我再次参加国际会议是在 2010 年 3 月。北太平洋渔业委员会在韩国的济州岛召开会议。在这次会议之前已经七次谈过关于成立的问题了，我们中国是在第八次的时候加入到了谈判中。这个渔业组织管

理着北太平洋公海的所有渔业资源和生态系统（主要是除其他渔业组织管理的鱼种之外，没有被管理到的渔业资源），金枪鱼被其他组织管了，大马哈鱼被 NPAFC 管了，它的性质和其他这些渔业组织一样。

这个组织最早是由日本、韩国和俄罗斯发起的。北太平洋的天王山一直存在底层渔业资源，这三个国家在这个地方都有渔业。刚好联合国对海山底层渔业出了一个文件，要求保护好海山的生态系统。于是这三个国家就开始讨论，想规范一下底层渔业。不知道是日本还是韩国，邀请了美国加入，美国又带来了加拿大。美国提议组织一个国际渔业管理组织，成立一个北太平洋渔业委员会（NPFC）。开始是三国的多边谈判，到第四轮的时候美国加入，加入以后美国就开始主导。我们中国最开始听说有这个组织的时候并没有决定参加，但是第七次多边会议时，中国台湾地区参加了。美国有个专家和戴小杰教授关系很好，就告诉戴教授，说中国台湾地区加入了。戴教授就向外交部汇报。这样，第八次多边会谈我们就参加了。本来我们是不想参加的，因为我们是北太公海最大的渔业国，一旦被管理就会受到约束。所以说，没有管理的管理是最好的管理。现在中国台湾地区加入了，涉及到了政治问题，所以我们中国大陆也必须要加入。

第八次会议开始的时候，我们还不能进会场，因为中国台湾问题没

田思泉（右二）于 2015 年 3 月 25 日在日本东京参加 NPFC 秋刀鱼
工作科学组会议

有解决。当天各个国家代表团的团长聚在一起，讨论中国台湾地区的地位问题。在我们没有加进去之前，中国台湾地区相当于第一方，但是我们加入进去以后，它就成了捕鱼实体。第二天开科学会议，我们团长说开科学会议我可以去，所以实际上我是我们国家第一个参加这个NPFC会议的人。当时其他国家都在讨论底层渔业资源问题，而我们国家没有底层渔业。另外，我那时也是第一次听说脆弱生态系统（VME），对这个名词我搞不太清楚，所以就干坐在那里听。那个科学会议只开了半天。之后我们政府的人进了会场，真正的多边谈判会议就开始了。本来这个会是讨论公约的，公约主要是牵涉到中国台湾问题。会上一直吵个不停，最后一天晚上吵到七八点钟，中国大陆和中国台湾对吵，而且还不是用中文，全部是用英语吵，其他国家的代表都不说话。最后，在韩国的这次会议上没有吵出什么结果，中国台湾地区就放出狠话，说下次会议是在俄罗斯，他们不敢惹，但是再下一次会议是在加拿大，大家走着瞧。

争吵的关键问题主要是公约里面规定了第一缔约方应该是什么身份，捕鱼实体是怎么定义，委员会的主席和副主席能不能由非第一方缔约方担任，还有各种各样的条款、各种各样的选举等，同时，文字的表达和语句不能有歧义，否则会被钻空子。反正争论的基本上都是政治问题，和渔业完全没关系，我就坐在后面听。说实话，我刚开始根本不知道他们在说什么，每个国家讲英语的发音都不一样。日本有一个代表，我听了三年才听懂他讲的英语。

美国加入就会成为老大，不仅仅是靠经济实力，更是靠综合实力。不管其他国家服不服，这些东西都是他们规定的。一般组织一成立就会找人担任主席，而主席人选一定要来自以英语为母语的国家，那只有美国和加拿大。美国国务院专门有一个与海洋环境有关的部门，美国一般是派这个部门的人过去参会，然后就让他做主席。会议的主席一直不停更换，第八任主席是一位美国大使。大使在美国是一个荣誉称号，那个人的职位是副国务卿的助理。可能是因为美国在参与国际事务方面比较老道，实力也很强，所以其他国家对美国都言听计从。美国就说这个事它说了算，其他国家听着就行了，它就可以这样说，很奇怪吧。我们和日本的关系也是这样，日本要看美国的眼色行事。

我参加了第八次会议。第九次会议在俄罗斯举行，是李纲去参加的，因为那时我刚好去了美国。第十次会议是在加拿大举行的，也是我去参加的。第十次会议把公约确定下来了，是谈得最艰难的一次。当时是崔林峰（农业局副局长）带队去加拿大谈公约，谈的主要就是公约里面有关中国台湾地区作为捕鱼实体（fishing entity）的地位问题，因为中国台湾地区想做第一方缔约方，这肯定是不行的。我们外交部的人每次都在场，涉外问题必须听外交部的。

外交部死活不同意，我们肯定也不能同意。反正中国台湾地区想方设法要在公约的内容上搞点文字花样，以显示他们有和其他国家一样的平等身份。然后就是关于 fishing entity 的地位问题，即中国台湾地区以什么身份参加会议的问题。一般在其他组织公约的正文里面专门有一条关于捕鱼实体（fishing entity）的内容，说明如果捕鱼组织参加会议就要怎样。大家谈来谈去就是谈不拢。后来中国台湾地区渔业署署长沙折页带队的代表团和我们中国大陆代表团专门商量怎么办，大家就达成一致，决定把 fishing entity 作为一个附录，不在正文里面出现，只在附录里面出现。大部分国际渔业组织都是把 fishing entity 放在正文里面的，但这一次是放在附录里。美国当时的态度是赞成我们的观点，它就是想早点达成公约，早点成立组织。公约不完成，这个组织就不能成立。以后可能要通过外交渠道来完成，这就不是我们说了算的了。最后达成了协议，这份公约就这么确定下来了，于是开始筹备北太渔业管理组织。原先的会议叫做多边会谈，公约通过后，就叫筹备会议。国际组织得先有公约（convenience），然后再讨论怎么执行公约，包括程序是怎么样的，组织如何运行，议事议程如何安排，怎么选举主席，怎么投票等，这就得有议事规则，比如要达到四分之三票还是怎么样；此外还有财务规则，包括经费预算多少，各个国家出多少钱，钱怎么算和怎么用等；还有就是员工的规则，这个组织得有秘书处负责日常运行，秘书处的人员职责要确定。这些方面都是国际组织标准的几个文件来规定的，必须要在组织成立之前制定好。这些文件都在筹备会议上完成，筹备会议先后开了六次。

田思泉（右三）于 2016 年 7 月 3 日参加 SIOFA 第三次缔约方会议

加拿大会议是在 2011 年冬天召开的。多边谈判会议一般都是 5 天时间，从星期一到星期五。在这次会议上，我只是坐在后面听着。因为政治问题我们是不能插嘴的，而这次会议讨论的几乎都是政治问题。讨论公约问题就全是政治问题，不牵涉任何渔业问题。所以我就老老实实在后面待着，等于就是中国代表团的一个随从。坐在后面的好处就是，我终于听懂了海洋管理方面的英文，以前开会是听不懂的。各个国家的英语口音不一样，我现在都听惯日本、韩国的英语口音了。

了解公约主要讲了什么内容以及核心词汇背后有什么意义，这对我将来坐到第一排参加科学会议是非常有用的。要坐到第一排，就要先经过坐在后面的学习过程。我了解了怎么去斟酌公约内容，学会了在国际组织的会议上说话的方式，包括如何表达我方立场以及反对别国立场应该怎么说，这些都是外交渠道解决问题的方式。而且我知道了这个组织所有文件的来龙去脉，在科学会议上我就可以引经据典。

我们在讨论科学问题的时候，经常会涉及到公约的条文内容，要知道第几条是什么内容，这样就可以根据条款来判断对方的正误，要善于引用条文。例如在日本召开的一次科委会上，日本代表提出，根据公约关于临时管理措施的规定，日本的捕捞力量不能快速上升，他进而指责我们中国渔船数量增加得过多。他的意思就是要我们控制好渔船数量，要求我们国家不能一下子上太多渔船。我之前一直参加这个会议，知道临时管理措施的具体内容。我就说这个临时管理措施是针对条文里面当时特定的对象，即底层渔业，而我们上层渔业并不包括在这个管理范围内。中国渔船捕捞的都是中上层鱼类，两者没有关系。日本代表团团长坐在后面听了我的意见后也点头表示赞同。所以，如果我没有参加过前面的会议，就很难应对这类问题。我对于 NPF 公约的内容都很熟悉，尽管我现在背不出来，但是我知道公约里面有什么内容，一翻就马上能找到相关内容。

三、字斟句酌，筹备会议中千方百计维护国家海洋权益

2011 年以后开始举行筹备会议，一年开两次会。从 2012 年开始，一共开了六次会，除了在中国台湾地区召开的一次筹备会议我没有参加，其余的我都参加了。这个组织正式成立之前举行的筹备会议和多边会议，我一共参加了八次。

六次筹备会议解决了三个条款文件，包括《议事议程规则》《财务规则和员工规则》，以及《总部协议》，还有就是和秘书处所在地签订的协议。当时韩国和日本都在争取在他们国家设立秘书处，后来在中国台湾地区投票决定。中国原则上不承担设立国际组织秘书处的职能，这是外交部的规定。秘书处设在中国的唯一一个国际组织就是上合组织，因为上合组织是我们中国主导成立的，所以秘书处必须设在我们这边，设立地点是在北京，而不是在上海。

六次筹备会议中只要不是科学会议，所有的政府间会议，都是农业部和外交部各有一个人讲话，只有他们两个人可以讲话，其他人全部坐在后面听。如果涉及到渔业问题，团长就会回过头问我，我会在后面帮着查阅各种资料，像《联合国海洋法公约》《1995 年渔业协定》，以及其他国际组织对相关内容的规定，还有我们参加其他国际组织的惯例等，我就协助做这些事情。我当时被安排坐在第二排。

在筹备会议上，中国对于大部分事情都不太感兴趣。跟我们无关

田思泉(左四)于 2016 年 8 月 24 日在日本东京参加 NPFC 第二次委员会年会

紧要的条款或可有可无的条款，我们就随便他们怎么讲。但是，只要是涉及到政治上面的中国台湾问题，比如说议事议程里面涉及到委员会执行秘书、主席、副主席人选，以及各个科委会下面的执法会主席的人选问题，中国台湾地区就总是想着挤进各个成员名单里面，如果中国台湾地区是 member，那中国大陆就一定要将它改成 parts，绝对不能让中国台湾地区当缔约方。只要牵扯到这些问题，中国台湾地区就会抓住一些字句来争吵，很麻烦。中国台湾地区的代表也会举一些其他组织的例子，说参照那些组织是可以的。我们中国大陆方面就说，中国没参加那些组织，我们是不承认的。大家就这么争来争去。其他事情，比如说财务这种牵涉到钱的问题，都是参照国际惯例的。后面吵的话题就很无聊了，比如说我们中国的渔船的数量最多，缴纳会费要按照捕捞产量来算。实际上我们捕捞的主要是一些不太值钱的鱿鱼、秋刀鱼等鱼类，不像日本，捕捞的都是值钱的鲷科鱼类，但是如果要按产量来计算，我们出的钱肯定是最多的。我们政府人员就说得按照产值来算，但是按产值没办法算，因为不能按照市场价格，价格是会波动的。中国是发展中国家，日本代表就说中国 GDP 马上就要排名世界第二了，都要超过日本了,还说自己是发展中国家。就都是这些无聊的问题。当然,这些费用也花不了多少钱。当时我们团长也讲了,我们既然来参加会议,不出钱是不行的,人家叫我们来参加,我们就一定要出钱。如果不出钱的话,国务院是不批的。国务院就会说我们参加组织怎么不交钱。所以,钱多钱少是无所谓的,但是回去要能说出个道理来。其实总共也就70万美元,日本是秘书处驻地,它要支付35万美元。中国总共也就花了十来万美元。虽然是很少的钱,但就是争来争去。但国际上很多事情都是很无聊的,争来争去,反正大家就是要争一争,提一提,我们是developing country,回去报告的时候好交代,并不是真的在乎多这一两万美元。所以很多时候我们坐在后面,看到这些场面会觉得很搞笑。

这几次会议,对我来说还是继续适应。因为这个筹备会议牵扯到参加各种科学会议的程序,包括怎么发言,以及讲什么内容。其实那个财政财务和员工规则,和我们关系不是很大。我们参加科学会议,钱怎么算一般和我们没关系。但是有时也有关系,科委会要是讨论什么需要钱的议题的时候,如果我不同意,那我就需要根据这个条款,参照财务规则来反驳他。当然,科委会说了不算,还要到委员会会议上讨论后才算数。但是在科委会上我提出了意见,后面大会上我们政府人员就可以说这件事情是本国科学家不同意的,意思就是反对这个议题。

所有程序都由外交部和农业部的人员谈,我只是坐在后面听,帮忙查资料。当然,我对程序是了解的。这个程序不是开一次会议就能定下来的,需要两三次会议才能定下来。我至少知道程序制定的过程,知道程序讲了些什么东西,知道各国的关切点在哪里以及为什么他们特别关注这些方面等。

会议之所以要开这么长时间,是因为在国际谈判中,尤其是在外交场合,很多问题不是我们普通人能看得出来的,只有外交人员才能看得出来。一句话当中,只要有一个词有问题,就有可能被别人利用。所以一定要很严谨,要保证描述的每一句话都没有歧义和漏洞。所以,一个程序讨论过之后,还需要找律师来看,不然很容易就被别人钻了漏洞。

比如经常会出现"decide by commission"和"determine by commission"两种表述。"decide"是决定的意思,"determine"则有考虑

的意思，两者的语气不一样。还有一个"consider"，这个词也经常会出现。决定，可以同意，也可以不同意，但要有一个结果，但考虑，我可以选择考虑，也可以选择不考虑，不一定要做出结果来。我可以说我考虑了，但就是不说结果，用这样的词以后就会很麻烦。如果是决定，那就一定要有结果。所以，有些词一定要清楚，一定要用有结果的词，不管是对是错，都要用表达肯定意思的词。模棱两可的词也要用，但语气程度是不一样的。比如说，在日本开科委会的时候，因为我们国家的秋刀鱼渔船增加很多，日本要专门在科委会报告中加一句话，即"高度关注在公海的秋刀鱼渔船数量的快速增长"。这也不是特指中国，意思就是高度关注在公海的秋刀鱼渔船数量的快速增长。他用的是"highly concern"，这个词经常在国际上出现，意思就是特别关注、高度关注一些事情。我当时不同意这样的说法，就说这个词不能出现在这里，放在这里中国是不同意的。因为根据议事规则，会议报告应该是"by consensus"，就是必须要一致通过的，只要有一方不同意，这句话就不能这样写。我解释说，根据公约规定，国家发展新渔船都需要经过科学评估，而我们新增加的渔船都是经过科学评估的，符合公约精神，所以我不同意把这句话放在这里。但是日本坚持要加进这句话，其他国家也支持日本。参加这个国际组织我们的压力是最大的，因为只有这个组织是所有国家都针对我们的。其他一些组织，像戴老师参加的一些金枪鱼组织，很多国家都是捕鱼国而不是沿海国，大家的利益是共通的。日本的配额较多，用不完，但日本人消费水平高，就需要中国来帮着捕捞，而且来中国买的话价格还更便宜些。由于利益问题，很多时候日本人会走在前面，我们跟着就可以了。但在这个组织里我们是和其他所有人都对着干的，我经常对那个日本人讲，我说："只有在这个组织里我们是对手。"对于他那个措词，我就是坚决不同意。后来日本政府代表团团长在晚上会议宴请的时候找我沟通，结果就把表述改成了"recognized"，这样语气就缓和了很多。但是就算这样，我还是不能做主，我就打电话给北京有关方面，北京方面同意之后才确定能用recognized这个词。就为这个词，我和他在会上争论了二十多分钟。一般在会上双方争论到最后关头，往往会有一个人指出，可以把某句话改动一下。这种时候往往是美国人出头，毕竟人家英语好，也就是说，把双方的意思中和一下行不行，大家彼此作一些让步。谈判其实就是相互妥协的过程，而且很多事情都是私下沟通的，会上不可能会出现很大的争执，一般是在休会期间，双方走到一起进行讨论。后面几次会议出现过好多次这种情况，最后全是通过私下沟通达成一致的。

田思泉（左三）于 2017 年 2 月 20 日参加在日本横滨召开的秋刀鱼评估技术组会议

在六次筹备会议中，后面几次讨论的就是一些有关惯例、条文的事情。再者就是钱的问题，讨论到最后还是我们国家交得最多。但是有一件有趣的事情，就是韩国和日本为了争夺设立秘书处的资格，需要进行演讲，各自说出他们自己的优势，他们必须要提前 15 天向会议提交报告。韩国在报告中说，秘书处设在韩国，经费的一半由韩国出，秘书处办公驻地免费提供，所有设备均免费提供。韩国给了一个很大的办公地点，将釜庆大学图书馆的其中一层楼全部提供给秘书处使用。日本则提出房租等费用都要收钱。这个报告很早就提交给大会了。会上，日本看到韩国提供一半费用，他们也提出提供一半费用。韩国人就很不满，认为这是抄袭，让日本人把这份报告吃掉。日本也提出免费提供办公地点。幸亏有了韩国的参与，才让日本出了 35 万，同时免费提供办公地点。但是日本出了 35 万之后，剩下的钱他就不管了。韩国怂恿我们中国支援它，说日本当时承诺这 35 万不包括会费，但由于中国有很多渔业的控制权在日本手上，所以有些事情也不能太较真。

四、经过五年谈判，努力维护我国鱿鱼和秋刀鱼的配额

　　2014 年召开第一次科委会会议。每次科委会会议几乎都是在日本召开，一年开一次会。2014 年先召开的是关于秋刀鱼的会议，日本当时比较关注秋刀鱼。我们国家本来只有几艘船，后来很快增加到几十艘。我们政府当时一共批准了 100 条船，都是大船。日本都是小船，小船是出不了专属经济区的。中国台湾地区有 99 艘秋刀鱼渔船。我们都是在公海上捕捞。日本在专属经济区内捕捞量降低，他们就认为是受到我们在公海捕捞的影响。日本渔民对此有很大意见，他们给日本政府施加很大压力。日本有吃秋刀鱼的传统，到了秋天，秋刀鱼的消费量就会提高。秋刀鱼之所以叫秋刀鱼，就是因为日本人到秋天的时候特别爱吃这种鱼。秋刀鱼在日本饮食文化里是一个十分传统的食品。由于日本人对秋刀鱼的意见很大，所以就开了一个秋刀鱼资源研讨会。日本人就喜欢做这种事情，他们做所有的事情都是一步一步推进，一环扣一环。他们先举办秋刀鱼资源研讨会，这是个学术会议，中国受邀请参加。然后日本就举行科委会会议，目的就是想说明秋刀鱼资源已经下降了，要进行资源管理，要控制渔船数量。日本提出中国要限制渔船数量的增加。在学术研讨会上，各国进行报告，我们没有作报告，只是听他人作报告。日本人的资源评估报告认为资源量下降了，但它的报告在很多方面都是不科学的，只是有时候科学就是为国家利益服务的。我国台湾地区也提供了秋刀鱼资源评估报告，指出公海秋刀鱼资源是上升的，中国台湾地区的报告对我们是有利的。那次是我第一次在正式会议上发言，我就说日本的资源评估报告中有很多内容是没有做到位的，存在很多不确定性，有很多结论是不可信的。第二天，日本就在会议上搞了一个 panel discussion，一个代表团安排一个科学家在主席台上发言。日本人一直怂恿一个在美国工作的马来西亚华人科学家，让他发表意见指出秋刀鱼资源量下降了。日本人不停地强调秋刀鱼资源衰退的问题，中国台湾地区就是一直不承认，他们虽然表面

上说得很好，但其实是不支持的。这是我第一次坐在前排，但这不是谈判会议的前排，是属于 NPFC 举办的一个学术会议。当很多人提出秋刀鱼资源量下降的时候，我也会不停地阐述我们的观点。由于我没有做过科学研究，数据不足，不能准确说明资源量所处的状态，因此我只能从科学的角度找它的漏洞，说日本人的研究并不能得出秋刀鱼资源量下降的结论。研讨会最终要形成一个报告，这个报告要提交给科委会科学委员会讨论。科委会科学委员会还是我参加。NPFC 每个工作组及研讨会的报告都要提交科委会进行讨论，但是到了科委会，各代表团还是原先的那么几个人参加，在这个会议上达不成协议，到下一个会议上同样不可能达成协议。学术研讨会和科学委员会的最大区别，就是科学委员会具有法定效力，属于官方会议。

田思泉（右二）于 2017 年 4 月 24 日在上海参加 NPFC 第二次科委会会议

因为我讲的话是要写在会议报告里面的，会议秘书在会议纪要中起草了一段话，我不同意其中一句话，表示要用另一句话代替，但是日本方面一直坚持要把加进去的话原话保留。后来俄罗斯出面打圆场，说加一个词"or"，这一句话"或者"然后后面是我讲的一段话。因为这是学术会议，所以要拿到科学会议上去做决定，所以两句话都放在报告里。当时美国人保持中立，但美国代表是有点倾向中国的，因为他是华裔。美国人的观点就是秋刀鱼遍布整个北太平洋,分布十分广泛,即使在日本附近抓不到,也只是局部区域出现资源衰退的现象,美国人也根本不担心秋刀鱼资源会衰退。所以美国人选择了不发表意见。但是,当我和日本争执比较激烈的时候,美国代表就会讲一些场面话,虽然是通过不同的方式,但其实就是在暗地里帮我们。他讲话很有技巧,日本人防不胜防。

在科学会议上,我一个人要面对四个日本人。在讨论 NPFC 管理的优先种类的事情上,关于哪些需要优先开展资源评估(一旦开展资源评估,就意味着要对这个渔业种类进行具体管理),日本人要把鱿鱼列入优先种类。在公海上只有我们中国渔船在捕鱿鱼,日本人明显是针对中国。我就和他们争论。我们发表不同观点要阐述理由。我说现在公海上只有我们中国在抓捕鱿鱼,要评估也只能由我们来做,其他国家不能做,因为只有我们有历史数据。但现在我们还没准备好,所以暂时不能做。目前 NPFC 已经开展的几类鱼种的资源评估还没有完成,要先完成那几类鱼种的资源评估,再讨论鱿鱼的事情,一步一步来,做任何事情都必须 step by step。四个日本人轮番和我争论,反反复复强调他们的观点,最后就说,其他鱼靠后,先从鱿鱼开始。没办法,总共就那么几种鱼类,鱿鱼怎么都逃不掉。最后美国人又出来打圆场,将措词改得模糊一些,改成"commencing",就是从什么什么开始的意思,比另外一个单词要好一些。那个单词我也是第一次见,也不知道是什么意思。渔业协会那人英语好,他和我说了单词的意思,我就说可以,同意用这个词,不然得吵个没完。这主要是因为日本人之前在对秋刀鱼的争论上他没达到目的,在科学大会上也没达到目的,所以他就是要挑我们的刺。他们知道我们怕提鱿鱼的问题。日本人就是这样,他总是有一手防着你、对付你,有备选方案。开会就是这样的,像我们农业部去开会都会有对案,就是应对方案,包括有些方面如果要让步可以让到什么程度,以及让步到了一定程度,我应该如何反击对方等。我现在开会都有写对案的习惯,要想好如果人家提这个问题我怎么应对,我们可以在哪些方面进行反击,会前就要做好这个工作。开一个礼拜的会,前后至少要花一个月的时间做准备。如果一年要参加三四次会议,那三四个月时间就没了。如果事先不做对案，到时出现意外就很被动。没有人临时到会场就能应对自如的，哪有那么厉害的人！日本人不像我们单枪匹马参加会议，他们有一个政府团队，再加上一个科学家团队，一人负责一块，讨论到谁负责的那一块，谁就到前面去讲。而我们这边不管到哪一块，都是我一个人上去讲。

这次科学会议，日本人把鱿鱼提出来了，秋刀鱼也没有说资源不好，只是要继续开展评估。

2014年我作为正式代表发言，信心上来了。我刚开始讲的时候还结结巴巴，心跳比较快，到第三句开始就放下来了，然后到后面就无所谓了，反正也不在乎语法，只要对方听得懂就行。

对于在国际会议上发言，我一直都强调，不要指望一出去就能说得很顺畅。以前许老师叫我们出去，他恨不得我们马上就说话，就是要让我们多讲，不管什么东西都要多讲，要做到从容应对。后来我一直强调，要给人家一定的时间历练。我参加这个会议就积累准备了五年，一直跟了五年，才从第二排坐到了第一排。

2015年会议上，我正式被分到了秋刀鱼工作组会议，然后到科学委员会，之后就是参加正式的会议。2015年的时候，我对参加国际组织会议已经很熟练了，我印象深刻的是我已经可以和人家从头吵到尾，从第一天争论到最后一天。日本人始终要限制中国的渔船数量，北京永远不会把确定的答案给我们参会人员，你问他要表明什么态度，他也不跟你明说，只是让我们自己斟酌，自己把握。

对于日本人提出的意见，我们也并不是全都反对，只是在牵涉到中国自身利益的时候我们会反对。从2015年开始，日本水产厅的北太会议负责人田中，每个月都会到北京去拜访渔业局。他要求我们采取措施限制北太平洋的渔船数量。渔业局回复说政府已经采取了措施，尽了最大努力。日本人希望我们把渔船数量马上减少，渔业局则说已经开展调查了，会把调查结果汇报给北太平洋渔业委员会。后来日本人知道我们中国的目标是要把渔船发展到一百艘，他们就在北太平洋会议上提出让我们把渔船数量确定下来。我说："你也知道，我们中国批了一百艘船，但实际上并没有一百艘船。"日本人说，一百艘船没问题，只要我们明确写进去，有多少艘船写清楚，写一百艘肯定没问题，但要明确中国以后就是这么多船了，不要再发展了。其实我们的船全部造完之后一共是六十几艘，就是这六十几艘船捕回来的鱼都卖不掉，价格降下来了，已经亏本了。所以如果我能做主，我的意思就是一百艘写进去没问题，由中国主动提出来，我们还能讲中国为了秋刀鱼的可持续发展，主动削减了渔船的数量，本来批的是两百艘船，现在削减到一百艘。关键是要有领导愿意承担这个责任的，要愿意拍板，主要是担心以后中国要继续发展渔船数量就没办法了。金枪鱼船已经进不去了，只有北太这个地方。北太又只有秋刀鱼和鱿鱼，鱿鱼抓多了也卖不掉，只有秋刀鱼了，所以农业部官员需要仔细权衡。结果搞得我们很为难，日本说只要肯写进去，我们说多少艘就多少艘。我和他说，这件事不是我能做主的，这是政府管理的内容，不应该在科学会议上进行讨论，这件事日方应该找我们政府谈。第二天，科学会议上有人说，中国政府领导破天荒第一次来参加会议了。我对我们政府代表说，这件事情我做不了主，但日本人已经把事情说成这个样子了，我也没法回答人家。即便我们政府代表来了，还是老样子。为什么呢？政府代表说，中国国内已经采取了法律措施，已经控制了渔船的数量，但是不能告诉对方我们有多少船。任凭日本人怎么追问，我们就是不说，因为怕将来要发展，数量写进去就没法突破了。当然，我们又不能写两百艘，人家会说中国太狠了，一下子写两百艘，所以只有不说。只能说，我们已经采取措施限制渔船数量了，但是现在有多少数量我们不便透露，所以不要写进去了。不过日本人知道我们批了一百艘，后面还有三十几艘没造，但是不写进去他们也没有办法。

2015年先开科学会议。开科学会议的时候，日本人搞了个秋刀鱼资源评估报告。我们准备了一个方案，由我和李纲两人分工，轮流讲，一人讲一块。我们把日本人做的资源评估报告从头到尾批得一塌糊涂，挑出了一些问题。为什么说这个报告从头到尾都有问题？因为做资源评估的人是在日本国内研究所做的。日本远洋研究所一般都参加金枪鱼组，他的科学家一般都具有国际视野，参照的是国际程序，是按照国际标准做的。国内的人不知道，不懂国际标准。日本国内立法，渔业资源评估使用 ABC 方法，就是总可捕生物量的方法。他把国内的东西拿到国际上去，肯定是从头到尾都是漏洞，被我们从头批到尾。我们说他用的方法不对，数据也有问题，数据他只考虑国内的。他们说秋刀鱼在整个北太平洋是一个种群，我说既然是一个种群，那就不应该只用国内的数据，公海的数据也应该计算进去。然后他们说公海用的是调查数据，我就说调查采样有问题，反正他们讲什么我都能找出来漏洞来。再说他们的模型引用的数据，按照国际标准，我说他们没有做 sensitivity analysis，就是敏感性分析。比如说，这个参数我设置为 0.4，或者设置为 0.5，或者设置为 0.3/0.35，这样设置会不会有偏差？如果偏差很大，说明很敏感，也就是模型不行。同时，参数设置为 0.4 不一定正确，设置 0.35 偏差就已经很大了，是有问题的。一般情况下，肯定要以敏感性第一，0.4 和 0.5 可能差不了多少，如果从头到尾都没有做 projection，后面的 base model 等都跟这个比吗？而且他们的 best model 也错了，也就是说基本上全部都是错的。

但日本人没有认错。国家间会议就是这样，自己错了也不能承认，承认错误就完蛋了。最后要形成会议结论，美国国务院的人做记录员，他起草的会议报告就没有形成结论。没有结论其实对日本也好，对日本科学家来说更体面一些，不然说他们全错了不太好看。这样他们能接受，我们也能接受。

批日本人的这些内容，有些是我们自己看出来的，有些是陈勇老师帮我们提了些意见。这类会议上要用到的专业词汇我都会。

NPFC 组织的会议我都参加，包括政府间会议。政府间会议谈的就是关于管理的议题，一个是 TCC 管理执法，执法主要是看船有没有违规。首先是制定执法规则，包括数据怎么报，渔船要报哪些信息数据等。现在还没谈到执法，没到那一步。先要讨论规则，比如怎么登临检查，以及港口国的责任等，也就是要讨论公约里的内容如何细化的问题。具体实施要有实施细则，细则要讨论。2015 年是我第一次参加政府间会议，而且坐到了前排。以前都是外交部和农业部各有两个人参会。这次政府的人也参加了科学会议，但他们让我说，可能他们觉得我表现不错。第二天开会的时候我主动坐到后面，但政府的人说："田老师，你坐到前面来。"我说前面不是外交部两个人坐吗，他说外交部的人只能坐一个。因为前排的可比性报告要提交给科委会审议，可比性会议通过了，后面才能通过，我坐在前排方便和团长沟通。

五、充分研究，祖国强大，发言才有底气

政府会议主要讨论执法和科学。执法主要是登临检查实施细则，以及报告渔船的信息数据等。我就告诉团长，哪些数据是可以提供的，哪些数据不可以提供。但我不能发言，政府间会议让我坐在前排已经是一种荣誉了。一般各个国家都是派一个代表发言。这次组团单位是农业部，外交部和我们上海海洋大学是参团单位，由团长发言。一半是团长讲，后来交给外交部的人讲是因为会议涉及到外交议题。我们如果有什么建议，可以跟团长说。牵涉到执法程序问题，就属于国际惯例，会涉及到我们国家渔船单位的一些内容，有些信息可以提供，有些不能提供。我向团长建议，先写一张表，大家一起讨论，把可以提供的信息和不可以提供的信息列出来。政府间会议讨论的问题，一般都是根据前面的科学会议和执法会议的议题进行讨论。

田思泉博士作学术报告

2016 年 4 月开了四个会。第一个会议关系到脆弱生态系统，属于底层渔业的会议；第二个会议是鲷科鱼类底层渔业的资源评估会议；第三个是秋刀鱼会议；第四个是科学委员会会议。前面两个会议我是一个人参加的，第三个会议还有陈勇老师参加。前两个会议主要讨论底层渔业。因为在我们中国没加入 NPFC 多边谈判之前，有个已经制定好的临时管理条约措施，其规定底层鱼类渔业不可再增加渔船，属于临时管理条约。后面加入的国家一定要遵守前面已经制定好的规则。所以我们以后要抢先加入国际组织，这样就有制定规则的权利。比如说瓦利瓦普想参加这个会议，它就要签一个协议，其中有一条是承诺遵守所有规则。但这次会议想把临时条约措施改成正式的养护管理措施，也就是想把临时管理改成正式管理。日本人想把其他没有渔业的国家排除在外。我为什么要参加前面两个会议？其实我是在搅水。因为我知道，日本人在鲐鱼和秋刀鱼方面和我们有冲突，所以我在前面也插他一杠子，在底层渔业上也看看形势。虽然我们中国没有底层渔业，但我们有发言权和决策权，如果我不同意，底层渔业的管理措施就通不过。我的目的就是让日本不舒服，这样我们才能和他达成协议。你后面对我客气一点，我前面就对你客气一点，这属于国家之间的利益交换。所以日本人感到很奇怪，底层渔业和中国没有关系，怎么中国也来了。日本团长对我说："你们中国不是不在乎底层渔业吗？"我说："我们中国高度关注底层渔业，尽管我们没有底层渔业，但我们中国一直致力于北太平洋渔业资源长期的可持续发展。"这等于反将了他一军。

第三个会议是秋刀鱼会议，会上又做了一次资源评估。陈勇老师也去了，他的水平和地位摆在那里，即使有人不认识他，上网一查他的背景就明白了。陈勇老师是加拿大《渔业水产》杂志的主编，这个期刊在国际上很有名，搞渔业的人都知道这个期刊。大家一看真是主编来了，还真吓了一跳。陈勇老师一发言，会议风向就完全转了。日本做的资源评估，他随随便便就指出了几个错误。前面 2015 年会议时，日本做秋刀鱼资源评估的科学家和我沟通，说希望到我们学校来拜访我，私下讨论秋刀鱼事宜。今年三月份的时候，日本有三个做秋刀鱼资源研究的专家找了一个日本公认最厉害的资源评估科学家，叫 kenakatou，

是日本东京海洋大学的教授，也是国际捕鲸委员会副主席，kenakatou
是日本科学家中英语说得最好的人，他们一行人来学校找我交换意见。
他来了，日本人就认为自己找到了靠山。没想到，我找陈勇老师当靠
山。他们就在我们海大这个地方聊了一天，沟通了解一下我们私下有
什么想法，然后想看看我们对他们的资源评估的意见。日本科学家之
所以来和我交换意见，可能是觉得从科学家角度来讲，他们后面坐的是
政府、渔业协会和企业界的人，我在会上批他们，搞得他们一点面子都
没有，他们的压力很大。所以想过来先问问我的意见，意思就是，有问
题私下解决，在会上给他们留点面子。他们觉得找了一个日本很厉害
的资源评估专家做靠山，有这个专家陪在这里，能起到震慑全场的作
用。我跟他们说，我提的内容都是符合国际标准的，他们那位"靠山"也
点头说："是的，我们做的这个资源评估有很多欠缺的地方。"他基本上
是拿 2015 年做的资源评估报告又重新讲一遍。我们一起又讨论了一
遍，当然我是有保留的，不可能把所有的意见一股脑儿在私底下全提出
来。当时我也承诺说我在会上提的意见全部是基于科学。后来陈勇老
师一开口，他们的靠山就不说话了，因为他知道按国际规则来衡量他们
的资源评估确实讲不通。这样的国际组织科学会议，如果你是第一次
参加，啥都不懂，看人家讲资源评估，似乎从头到尾讲的都有道理，如果
人家英语又好，你就很容易被人绕进去。其实那都是有水分、有利益考
量在里面的。今年开会，所有涉及到政治和渔业利益方面的问题，都是
我发言。纯科学的问题由陈勇老师发言，我们俩分工合作。陈勇老师
讲得很简单，首先就问采样方法，问得很细致，结果他们回答不出来。
后来我就想，不要先说对方有什么不好，而是应该抓住问题不停地问。
陈勇老师只问了对方两个大问题，就搞得他们没话讲了。第一个是采
样问题，第二个是有关资源评估的小问题。秋刀鱼是短生命的中上层
鱼种，资源评估方法是 Dtpt，是短周期资源评估，受环境影响太大，环境
影响又没办法做预测，也没办法量化，所以资源评估很难做，全世界都
找不到一个好的办法去做，因为它实在是更新得太快。中上层种类补
充量，由于环境的原因，会有几百倍，甚至几千倍的差别。比如说，今年
是一百，但是环境好的时候有可能上一吨。资源波动就是这样，变化极

大，无法用模型来表示，日本想拿这个作为管理的依据是不科学的。因为这牵扯到一个可捕量的问题，像这种资源波动大的鱼类，一般用捕捞力量来控制，就是控制总的渔船数而不是控制产量。日本提出控制产量的方法，只能是按历史产量分配配额，这样日本肯定是占优势的。

田思泉（前排左二）于 2018 年 4 月 9 日参加第三届北太平洋
渔业委员会科学委员会年会

对于这样的问题，日本也知道我们国家是肯定不会同意的，所以想提前来沟通。三月份他们在这边的时候我就问："你说控制渔船，你怎么监控，你日本的船有没有装 VMS？"他说没有，我说："你没装，那万一你的船跑到公海作业呢，怎么保证你的船是在公海作业还是在专属经济区作业？"他说肯定在专属经济区，我说："你没装 VMS，你怎么知道？"VMS，就是船位监控系统，这艘船跑哪里，别人都看得到。他说这个确实没办法。我说："要让别人信服你采取的管理措施，首先要装船位监控系统，不然你说你采取管理措施了，别人怎么相信？根据船位监控系统，就可以把每天的航迹线拿出来，别人一看就知道。"我这样一说，他就没话说了。但如果是在会上这样说，就明显是咄咄逼人了。我们纯粹是从科学的角度来和他说这些问题。日本人就是一套一套的，秋刀鱼不行,就搞鲐鱼。

陈勇老师一讲资源评估,大家就转向了。整体而言,现在资源评估不好做了。之后日本人就提出要搞一个资源评估工作组,专门做评估,这是日本人自己提出的方法。陈勇老师觉得很奇怪,就讲那么两句话,日本人就放弃了。这个资源评估,日本人整整做了三年,现在居然全放弃了。当然,日本科学家英语水平不如我,科研水平也很一般,他们吵是吵不过我的,我一个人对付他们就足够了。虽然他们有个靠山在旁边,但他们的靠山一看陈勇老师也去了,就一句话也不说了,他知道讲不过我们。如果陈勇老师不去,估计他还是要和我抬杠一下。

后来的工作,就是一步一步协调成立一个工作组,一个国家派两个人。我们不能不让别人做资源评估,而且我们自己也要做资源评估,否则主动权就永远掌握在别人手里。现在商议在韩国开会,我们和他们一起干,日本人主动放弃了他现有的资源评估方案。日本人很搞笑,他们跟陈勇老师说:"万一我们做的资源评估通不过怎么办?"陈勇老师说:"通不过不是很正常的吗? 你做得不好,通不过是很正常的呀。"日本人主要是没参加过一些国际性会议,经验不足。我去参加金枪鱼等会议,资源评估报告被搞掉是很正常的事。在他们日本国内,他们的压力太大,每次开会后面都坐着几十个人,都是利益相关者,而且他们日本政府代表始终在现场。我经常和他们政府代表团团长吵架,他都是全程参加会议的。要是北京领导跟我们一起参加会议,我们的压力也会很大的。我要是讲得不好,上海海洋大学是要换人的。上次北京领导就说,要是上海海洋大学做不好就换人。他们不管你怎么样,只要没达到目的就换人,因为科学家是有祖国的。我们的政府对科学家是有要求的,他说不给你面子就不给你面子,你不行他就会直接指出,所以压力蛮大的。

田思泉生活照

2016 年的第四次会议是开科学组会议,日本就把鲐鱼的事提出来了。因为我们秋刀鱼增加了那么多船,到了第二年,鲐鱼也增加到了100 多条船。本来日本关注的重点放在秋刀鱼上,忽然间发现鲐鱼的船更多了,而且鲐鱼全部是在日本专属经济区 3 海里外围进行捕捞的。为此,日本人在 2015 年的时候就拍了许多照片,包括一条船有两个船名的,就是左边一个右边一个,有两条船名字一模一样的,有没有船名的,有三角护网的,各种各样的都有。我们国家东海渔政局明确规定禁止三角护网。日本人就拍了许多照片,告诉我们有多少违法的船,他们一共拍了我们 197 条船,我们批的是 70 几条船,可见我们有很多非法渔船。这样,他们就不计较秋刀鱼了,开始高度关注鲐鱼。日本人发了个议题,说很多船是违法的,但不指明是哪个国家。我就不乐意了,我说:"我知道你们说的是中国,用不着这么隐晦,可以直接说。"他说出来我肯定要回应他。我说:"第一,我们中国政府已经采取措施了,我们的调查报告会提交给委员会;第二,我们的船在专属经济区内没有违法活动;第三,临时管理条约讲的捕捞控制指的是底层采鱼,而不是中层采鱼,我们渔船发展的鱼类都是经过科学评估的。"公约规定任何新的鱼类都要经过科学评估。科学评估报告我没有参与编写。还有就是日本人提到的新渔业,新渔业要向渔业组织汇报,我说我们做的不是新渔业,这是在十几年前就有的鱼类了,只是以前船比较少。我当时讲的都是要点,是有依据的。他们的目的还是想限制我们抓鲐鱼。他们觉得几十条船在他们家门口,随时都有可能跑进他们的海域作业。海洋那么大,不可能一下子就抓到我们的船,而且现在这么敏感,他们一抓我们的船,就怕中国在其他方面制裁他们。举个例子,上次韩国把一个中国人打死了,是很严重的事情,韩国水产的人主动到中国来,签个了《中韩渔业谅解备忘录》,把这件事情解决了。所以说,没有祖国的强大,我们就没有底气在会上和他们交涉。如果是个小国家,任凭你怎么说,人家就是不理你。要是我在会议上提出会议纪要里有什么要修改的,会议主席立马就给改了。要是小国家,他肯定一句话就给回绝了。我在会上该强硬就强硬,该用科学的地方就用科学的东西来说明。说到政治问题,就要把人家的出处找出来,要引经据典,要有依据。有时人家明知道我们这是狡辩,但是我有出处,人家就拿我没办法,这就是科学的辩论。有些科学的问题,换谁来做都没有办法,就是再厉害的科学家也很难解决,我们就是要抓住事关人家要害的东西。如果在科学会议牵扯到政治问题,就说这是科学问题,不应该用政治回应,会议不应该讨论政治问题。比如在会议报告中,日本提出要写"日本认为什么事情应该如何"。如果对我们不利,我就要在上面加一句,即"中国认为这是管理和执法的问题,不应该在科学会议上讨论"。我这么一说,他们也就不说什么了。这次日本提议要成立一个鲐鱼工作组,俄罗斯认为可以把鲐鱼和秋刀鱼放在一起。一旦成立工作组,就要做资源评估,马上就要对鲐鱼制定管理措施,我现在是能推迟一年是一年,反正就是不同意。我有我的理由,现在工作组还有很多事情没有完成,等这些事情完成了再说吧,委员会的资源是有限的,事情要一步一步来,鲐鱼在优先种类当中是排在后面的,我们要先把排在前面的种类做完。我的观点得到其他国家的支持。日本没办法,就说要举办一个像秋刀鱼那样的研讨会。他们问我可不可行,我说那就举办吧。他们要以科学委员会的名义开,我说这不行,必须是日本自己提出要开会,不能是委员会说要开会。八月份的会议马上就要决定要不要开鲐鱼研讨会,我准备向北京建议不要同意召开,理由是没有经费预算,今年的预算已经结束了,而且这也不是紧急事宜。我接下来就要为八月份的会议做准备,把不同意的理由都写好。

最后,说说怎样进一步做好我们的工作。我的建议是,首先要完成自身的业绩,提高自身的水平,这是最重要的,包括思想认识水平、资源评估水平、学术研究水平、沟通交际能力、外交礼仪等。对于团队,主要是解决对外身份的问题,这是陈勇老师最早提出来的。我们出去,对外的头衔都是副教授,如果人家了解我们中国的教育系统还好,带个学生都是可以的。但是对内是有问题的,我们的身份参加不了核心的决策层,不知道决策走向,这样是很被动的。我上次和吴嘉敏书记提过这件事,我说对渔政管理问题,我是国内比较懂的。但是上面找的都是黄海所、东海所的人,起码是教授,最好还有官职,这个台阶我们跨不进去。上面的人对专业问题并不了解,稀里糊涂地提出要大力发展秋刀鱼。

另外，每次参加会议都是我一个人去，人太少。为此，我早就提出要带人出去。我当初要不是一直跟着出去锻炼，也不会有现在的能力和发挥现在的作用。其实只要有机会坐在后面认真听，就会开阔眼界，并能学到东西。

邹晓荣

邹晓荣，1971 年 9 月 9 日生，江苏省如皋市人，汉族，副教授，硕士生导师。

1989 年毕业于上海水产学校捕捞专业，1993 年毕业于上海水产大学海洋渔业专业，2003 年获农学硕士学位。曾任渔船大副，1998 年取得驾驶中级证书。现任海洋科学学院副教授，海洋渔业教研室主任。

2009 年，参加筹建成立南太平洋区域渔业管理组织第 7 次筹备会议。

2009 年，参加筹建成立南太平洋区域渔业管理组织第 8 次科委会会议。

2011 年，参加筹建成立东南太平洋区域渔业管理组织第二次预备会议。

2012 年，参加筹建成立 SPRFMO 第十一次科学委员会会议。

2014 年，参加南太平洋区域渔业管理组织委员会（SPRFMO）第二次会议。

主讲"国际渔业""航海技术""渔船渔获物安全与质量管理""单项工艺与网具装配实习""渔具模型试验与分析"等本硕课程。主要研究领域为远洋渔业系统集成、渔具渔法等。

对远洋渔业事业充满感情，
才能有所作为

邹晓荣

"我对整个海洋渔业感情非常深"

一、勤奋好学，在求学中不断提升自己

我于1986年考取上海水产学校捕捞专业。我刚上学时对专业根本就不了解，后来才慢慢了解。我们这个专业是为上海海洋渔业公司培养渔船职务船员的，毕业后要去上海海洋渔业公司出海打渔。

我为什么要读中专呢？我出生在"文化大革命"期间，等我读书的时候，已是"文化大革命"结束了。农村出来的人从小就有要考出去的想法，要考出去就要好好学习。考中专的同学之间有竞争，读中专出来也有铁饭碗，可以减轻家庭负担，所以很多同学选择读中专。那时候，中专分数线比重点高中要高很多，我就是因为考的分数在我们县名列前茅，才能读中专。原来我是有读大学的想法的，但还是想早点读出来，所以能够读中专就读中专了。后来我又有机会读大学，是因为上海水产大学跟我们原来的水产学校有一个协议，从原来的中专职校里面选一些优秀的同学直接读大学。

我读了中专之后之所以不直接找工作，主要是因为读了三年之后，我们家庭经济情况在逐步好转。1978年，国家改革农村包产到户后，农村生活逐步好转，家庭经济实力有了很大提高，正好有读大学的机会，我跟家里人一商量，家人都非常支持我。当时报名的有十几个人，

正好快毕业了,大家就在一起复习,最后学校挑了五个人。由于各种原因,五个同学能有幸来读大学,除了我之外,还有江卫平、夏伯平、田芝清、周建。我们五个同学分在两个班,两个在资源,三个在捕捞,资源捕捞不分家,现在两个专业合并一起了。

当时很多人读了中专之后就不读大学了,赚钱去了,我就是喜欢读书。我本来就一直想读了中专读大学,工作不是最终目的,能够有机会往上走,就很自然地选择往上走。读了大学,工作条件会更好一些,发挥的价值也更大一些。那时候不是很明显,但现在可以看到,研究生、本科、高职毕业后,各个层次分得越来越清楚。所以,想发挥更大的作用,使个人价值有更大的体现,你就得往上走,这是很自然的。那个时候还是计划经济,很多人都想着早点去赚钱,减轻家庭负担,这也是很正常的。钱怎么赚,能赚多少,这是一种眼前的想法,读书对我来说才是长远追求。

二、出海九年,不畏艰苦,对海洋渔业事业充满感情

我第一次出海大约是在 1988 年,是参加航海实习。实习地点是在舟山群岛,在岛礁区航行,时间大概是 1 个月。到了海上之后,我发现自己特别适应出海。实习期间很多同学都晕船,但我好像没有不适,感觉特好。不过也有一次例外,那天正好是在夜里,我睡了一觉起来想出去看看,走到外面闻到柴油味和海腥味,一下子受不了就吐了,我就赶紧洗洗后去睡觉了。第二天起来发现自己什么不舒服的感觉都没有,照样活蹦乱跳的。因为不晕船,所以我在船上特能吃,由于晕船的人不吃饭,所以我每顿都要超量完成任务。这是我第一次跟海接触,应该说是对海洋刚刚开始有一点初步认识。

后来我们参与生产实习。生产实习条件艰苦,乘的那艘船属于上海渔业公司的,分配给我的床铺下面正好有个老鼠窝,在床上闻到的都是老鼠尿的味道,老鼠身上又有虱子,害我被病菌传染,肚皮上生了一圈癣,特别痒,非常难受。但船上条件有限,只能等船回港后才能治疗。在船上跟船员生活在一起,大家基本都是老乡,都是江浙一带的船员,

大家非常融洽。大家一起生产，生产好了就一起聊聊天，很简单，也很开心，觉得上船还是蛮不错的。这是中专时候的状况。

邹晓荣（右三）于 2014 年参加 SPRFMO 第十次科学委员会会议

　　我上大学的时候，我们国家远洋渔业刚起步不久。当时我就想，既然读了这个专业，就应该为我国远洋渔业事业做点什么。我大学毕业的时候，有机会参加远洋渔业生产，我就跟中国水产总公司签了合同。我们每一届毕业的同学，都可以直接参加远洋渔业生产。那时候，除了对这个专业感兴趣之外，还有一个因素，就是这个行业的经济收入比较可观，跟国内收入水平要相差 10 倍左右。我们班大概有一半同学都去从事远洋渔业了，而且要做这个工作还要排队。这种情况延续了很长一段时间，后来愿意从事远洋渔业的学生日益减少。当我们两个专业合并后，尤其是大学扩招之后，在大学生越来越多，独生子女也越来越多的情况下，整个生源结构发生了很大变化，毕业的学生愿意参加远洋渔业的越来越少。为此，现在远洋渔业企业面临着人才短缺的问题。为解决这一问题，从 2007 年开始，我们开始了远洋渔业技能的培训工作。学校对这项工作也日益重视，还专门成立了远洋渔业学院。现在我们每年都有几名老师参加远洋渔业生产。

我大学毕业之后直接到中国水产总公司西非船队工作。我 1993
年 10 月直接在湛江上船，在湛江待了大概一个礼拜。我被分配到浙江
远洋渔业公司的船上去担任水手。印象比较深刻的是，船上的大副看
不起我们，他说："你们这些大学毕业生应该坐在办公室里的，我们这条
船，包括船长，很多都是小学毕业，再高一点的就是初中毕业，在船上待
了十几年了，你们来干什么？你们就学了点理论知识，我们船上需要的
是实践，你们有时间学吗？"对大副的话我们当然不服气，他们就要跟我
们进行补网比赛。就是把一张网剪出个破洞，让我们去补，这应该说是
非常难的事，但是我们全部补出来了。其实我们在学校学了很多有用
的知识，也进行了实践能力的锻炼，对后来参加生产实践是非常有好处
的。现在很多同学上课不认真听，也不愿意去钻研，这是个问题。

后来我们到也门参加船上生产。我们要承担一部分水手的工作，
还有一部分工作就是质量检验。针对船上的加工，整个渔获冷冻的最
后一关由我们来负责，同时还要负责识别渔获商品名称，以及识别渔获
品种以及大小等级。我们不仅自己要了解，还要教会那些船员，因为他
们有些人也是新上船的。新的品种国内没有，叫的地方名称又跟我们
的商品名称对不上，这就得靠我们来把这种鱼的名称确定下来，然后才
能卖出去。如果名称确定错误了，跟它的商品名称不一样，就会造成很
大的经济损失。本来卖的是带鱼，你把它当其他鲐鱼卖出去了，这就变
成了欺诈。识别商品名称是我们船上很重要的一项工作。另外，我们
还承担着跟港口的联系工作，进出港要履行一定的手续，我们都要用英
文来交港，这也是我们在船上发挥的一个很重要的作用。船上的工作
还包括解决我们的补给问题，很多船员都是北方来的，在也门想吃韭
菜，想包韭菜饺子吃。韭菜怎么买？英文怎么说？这都是要提前准备
的。包括洋葱头、白菜等，都要用英文写好。我们需要补充什么东西都
要交给代理，代理是不会中文的。所以懂英文的我们在船上发挥了很
大的作用。在也门的时候，我和同学们还是干得不错的。大概半年或
一年之后，我们好几个同学都担任了大副。大副的职责是跟船长一起
工作，不用干体力活了。每天在船上干活儿也是很辛苦的，做了大副之
后就坐在驾驶台上，体力方面很轻松，但是脑力方面是绝对不轻松的，

尤其作为大副，要负责整条船的渔获质量以及安全、渔具等问题。拖网经常会坏，得补，但很多船员都不会补。以前很多船员都是从渔业公司过去的，文化程度较低。假设我们需要一顶新网，给船员一张网图，他需要去找材料，材料用量要自己计算，材料也要自己去拿。材料要备好，哪个地方容易坏的，就要多备一点。这顶网坏掉了他就得修，修补之前得剪网。我们同学对渔具都会自己主动去了解，容易坏的地方要主动去备好材料，船员不会剪，我们要教他们剪，大副就要起个头，同时还要起头教船员补网，边剪裁边补，在剪裁边坏掉之后，根本就不知道原来剪的斜率是多少，如果网连接不好的话，生产过程中很容易断裂，所以要提前做好这些工作。那时候一条鱼的长度规格，我们都是用眼睛观测的。我一看就知道一条鱼大概是多长，看看鱼眼睛，再掂一掂，我就知道它有多重，这是规格分类的时候要做的。现在是不行了，那时候体力也好。所有这些事情我们都要全程参与。我们到船上去不光是个大学生，还要参与底层生产实践，在生产实践过程中才能体现出我们自身的价值。

在船上的时候，还有一件印象深刻的事。我们的船长是小学毕业，在我值班的时候他来和我闲聊。他说我们这些大学生在船上也没什么用，工作的事教给船员让他们去做就行了，其他活我们就不要干了，可以帮忙烧饭去。我们船上那个烧饭的广东人原来在山东当过兵，馒头做得很好吃，但就是不会烧饭。他烧的菜每天都是带鱼汤，水开了把带鱼丢进去，放点盐和油就算烧好了，这样烧出的菜没人愿意吃呀。大家觉得大学生烧菜肯定会好吃一些，所以叫我们做厨师去。

船长刚和我吵完架，所有的船员就一致推荐我来做大副。这是由于我各方面表现都不错，大家都看在眼里，认为我有这个能力，对网具、渔场等业务都熟悉。做了大副之后，我都不用看海图，只需要用 GPS 就知道自己位置在哪里。我们生产作业通常选择鱼多的地方，在礁石附近鱼比较多，渔场学里叫做堆礁渔场。在两个礁石之间的海底地形一定要搞清楚，船从中间通过，要看着海图，判断船位在什么地方，这样我们就能捕到高质量的鱼类。在阿曼的时候，我们想拖墨鱼，但拖上来的都是螃蟹和墨鱼，一网上来十几米，整个囊网都是。有个人跟我是同一个培训班的，连续在同一个地方丢掉了两张网，就因为对整个渔场不熟悉，熟悉了才会得心应手。

也门内战之后我去了阿曼，也门内战结束之后我又回到了也门，做的是大副。回到也门之后我承担技术指导工作，对应的又是新来的船员。刚来的船员都不会放网，一放网板就倒，我就跟他们去放网。哪个地方有渔，渔具怎么做，我都要手把手教，直到教会他们为止，这是我们的职责。他们给我安的头衔是生产指导、技术指导、加工指导，其实就是方方面面的指导工作都包括在里面。

经历了长年累月的工作实践，我对海洋渔业的感情非常深。从西非回来之后，我又直接到我们学校船队工作了两年。

对于出海，我从来就没有动摇过。反正我是特别能吃苦的人，从小就是这样过来的。现在有的学生考试不及格，我是很难理解的。我们读书的时候，那时候能考上大学的学生，在中专都是班上前几名的，几乎每次考试都考九十几分，至少八十分以上。现在很多同学，成绩不太好，但是随着扩招也能读大学了，分数对他们来说好像无所谓。曾经有段时间，考六十分就万岁了，我就感到很奇怪。我们读书的时候，考个六七十分是很没面子的事情，非常丢人。全班总体成绩至少七十分以上，考个六十几分就是班上倒数了。现在考个六七十分就是班上最高了，每次还是平时成绩拉上去的，这也是两代人之间的差异吧。在我的读书生涯中，记得是上初中的时候，有一次物理作业没有做好，得了 58分，老师当着全班把我狠狠骂了一顿。从那以后我就再也没有过考不及格的事了。在吃苦耐劳方面，毛主席一直教导我们，要不怕苦不怕累，对我们影响很大，从小就这么过来的，能吃苦是很正常的事。

当时海上比岸上吃得好，有鱼吃。船上的伙食好主要是为了保持船员的体力。那时候渔业船员都是带枪的，有一点国防的性质。当时是用粮票，每个月给船员的粮票是四十几斤定量，比陆地工人要多，陆地工人一般只有三十几斤定量。我们的伙食费是一天三块多。三块钱是什么概念？那时候一个月工资才九十块钱，应该说我们船上的生活条件还是不错的。当年我们在陆地上吃饭，馒头一分钱一个，肉包五分钱一个，大白菜大概一分钱一斤。1989 年我们读中专时还有生活补贴,给我们的补贴大概是三块钱,我们每个月可以吃到大排,省一点的话还可以结余下来几块钱。那时候二副工资大概是 108 元,跟一般家庭和工人比起来,算是不错的。有些远洋渔业企业,伙食费比例还是挺高的。在船上就是要让大家吃得好,吃得好身体才健康,才有力气干活。这也是企业的一种人文关怀吧! 一些大船上的厨师都是要考级的,不是随便就可以上船做厨师的。要烧得好吃,多翻花样,起码要三级以上厨师。像上海的大型拖网船上,工资是 8 美元一天,算下来有50 多元人民币。体力上去了,干活自然就积极了。

我在船上,刚开始是做水手,干起放网的工作。起放网之后,作为大学生,除了担任指导,还要进行分类分级,最后要称鱼,就是过磅。这个重量是有讲究的,出过海的人都知道,在船上称重是非常不容易的。船晃来晃去,可能就多出一点或者少掉一点,多了少了对于整个渔获质量都是个问题,所以我们有一个误差范围。一般来说,我们对这种规律掌握得比较准确。鱼称好了之后就要对鱼进行冷冻,冷冻之后还要出冻,出冻之后一般要做押运。鱼箱出来之后看冻鱼冻块是几级的,是什么品种,马上要敲章押运,把鱼打包,最后再下船。每次进出港我们要负责对外联系,有引水员和观察员上来,我们要负责接待。观察员是待在船上的,我们要和他进行沟通。跟观察员沟通是非常重要的工作,因为观察员是来监督生产的。例如,抓上来一只海龟是违法的,是禁止的,要放回海里,抓上来的海豚也是要放回去的。观察员还会看网目的大小是不是符合规定,那些规定我们是要清楚的。在也门的时候,我们问观察员要渔业法资料,观察员说没有,他说我们违规我们就违规,因为我们也搞不清渔业法到底是怎么规定的,不知道应该在哪里抓鱼,也不知道去哪个地方才不算违规。有些规定在许可证里面有提及,有些没有提及。他认为我们违规,那我们就要沟通。也门观察员还是比较好的。在阿曼的时候,阿曼的生活水平比较高,我们那条船上的观察员也是大学生,不知道是哪个大学毕业的,他对渔具尺寸了解得一清二楚。按照人家给我们的条件,如果我们认认真真去执行的话,肯定是抓不到鱼的。他给我们的不会是很好的渔场,而且对我们有很多限制,就是希望我们抓不到鱼,这鱼是要留给他们本国去抓的。但是按照国际海洋法的规定，这个鱼他利用不了，就有义务要给其他国家用，同时也可以赚取一部分费用。对这些观察员，我们要特别认真对待，要跟他们好好地沟通，以免影响我们国家的声誉，让人家说中国渔船违法，给人抓住把柄了。所以这是一项非常重要的工作。我在那里的时候还好，我走了之后，据说我们那里的船长最后给抓进去了。怎么回事呢？那边的法律所规定的网目尺寸很大，用这种网目尺寸去抓鱼，很多鱼都逃掉了，我们根本就没法捕到鱼。所以船长就想办法，在里面穿一根绳子，把网缝得密密麻麻的，在实际生产中是什么东西都逃不掉的。但这样做下面会有厚厚的一层须漂在上面，结果给人家发现了，人家根据相关规定就把人抓进去了。我们一直提倡遵守渔业法规，这种事情尽量少做。但有时也有人会这样做，发生这种事情之后，就要跟观察员沟通，尽量减少问题的出现。因此，这是非常重要的工作。

实际上，我一直在跟我们同学说，在学校里学的知识要扎实，不管是理论的，还是实践的，一定要扎实。在西非，能做上大副的人没几个，我之所以能一步步做上大副，从我个人角度来说，毕竟是读了七年书，理论和实践都具备一定能力。自己有能力，还要表现出来，通过在工作中好好干，让人家能够认识你，知道你有这个能力。有能力你放在那里不用，人家不知道，那等于没有。刚开始的时候船员是可能会有点看不起你的，但在你做过之后，他就知道你的能力还是可以的。所以，一个是要肯干，另外在干的过程中还要会动脑筋。这些东西一定要把它弄懂，对我们来说，钻进去不是很难的事情，更重要的是跟船上这些人的关系要处理得融洽。船上毕竟是一个很狭小的空间，从事远洋渔业的，来自各个地方的船员都有，可能有一些小群体，有一些利害冲突，这是客观现实。我们学生跟他们各个群体都没有利害冲突，实际上在有的地方对他们还有好处。每次船靠岸去买东西，人家都很喜欢拉着我们一起去。为什么？因为我们有语言沟通能力。如果要跑很远去买东西，他们自己去，可能会因为不认识路而回不来，和我们在一起就可以跑到很远的地方，买到很多想买的东西。因此，大学生还是很受欢迎的，每次到海上他们都要请我们吃饭。我们做到一定位置的时候，比方说当上了大副，就要承担管理职责了，要负责整个生产和人际关系的协调，我们是分班作业的，要在两个班之间进行协调。驾驶台跟机舱经常有矛盾，有时矛盾不可调和，问题很严重，这时候就要进行协调，处理好各个部门之间的关系，这是大副应该做的事情。我在船上跟甲板和机舱的关系都非常好，值班的时候我有点咳嗽，他们就给我泡点胖大海。出海是船小人多，关系处理不好就会出大事。我们也确实出过大事，甚至打架都有，如果这些事能及时发现并及时化解掉，对整个渔船生产、顺利航行、人身安全等都会是一个很好的保障，因此这是非常重要的一件事情。在舟山，我待过好几条船，跟他们的机长、船长、大副的关系都非常好，这都是为了整个工作着想，以使整个船上安定和谐。

我是一年后当上大副的，一年是个很正常的时间长度。当上大副，一个靠能力，另一个要靠机会。要是船上已经有大副，那也轮不到我当大副，大副空缺了才需要有人替上去。所以说，有能力要体现出来，很多时候要靠经验的积累，要记在脑子里。我接触过很多优秀的老船长，他们送给我很多资料。"开创号"是我国第一艘大型拖网渔船，它的船长就送了很多资料给我，我都保存着。我经常看他们做的笔记。作为一个好船长，需要把捕鱼的相关信息记录下来，这样才能积累经验，才能更好地理解渔场。在什么时间，在什么水深，抓到什么鱼，这些都要有个了解。我碰到过有的渔船什么都不记录，所以总是发生丢网事故，在同一个地方丢几次网的事都有。在一个地方丢网了，就应该把这个地方记录下来，还要记到脑子里，有时甚至要自制海图，在海图上做标记，包括在这个地方丢过网或者在哪个地方抓到鱼，都要记下来，这是应该做的事情。水平的提升要靠平时积累，有问题要及时发现并解决。我干了半年大副，然后去也门做技术指导，因为新船过来了，他们对整个渔场、渔具和渔法都不熟悉，需要一部分人去对他们进行指导，教会他们，使他们能正常生产。

毕业一年半就当上技术指导，这个时间对于我们来说应该是很正常的，现在的学生估计有点悬。但从我们学生现在的知识结构来说，应该是可以的，只要肯干，认真一点，就不会有问题。我们远洋渔业学院毕业的同学到船上去之后，也有一年就当上生产指导的。当然，各个部门都有，有些是做物资的，有些是做销售的，实际上他们都是有能力的，就看有没有机会，肯不肯干。不肯干，人家也发现不了他们的能力。要是在船上没有表现，那么大学生跟小学生也差不了多少，看不出来能力凭什么用你？你得表现出来，要肯干，要做出业绩来，这样才会慢慢得到提升。现在很多大学生不愿意到船上去，认为一辈子都在船上没前途。实际上，只需要文化水平比较低的人就可以干的工作，不一定要弄个大学生或者硕士生在那里，没有哪个公司会那么奢侈。大学生也是人才，应该放到更适合的工作岗位上去。到船上生活是一种锻炼，是了解工作的机会，必须对一线工作有深入了解，才会做得更好。对一线有了了解，才能把个人能力体现出来。你的表现领导都看在眼里，他在考察你，如果大家反映都不错的话，你很快就会被提拔上去。

实际上，很多东西在船上都得自己动手。这些东西都很简单，大家都能做，只要自己肯去做，稍微多动动脑筋，总能做出来。动手能力对我们每个人来说都是很正常的要求。我不喜欢去求别人，我需要一个东西，比如电脑软件，这个软件我就会自己去找，找好了我自己装，装好了我自己操作。这个东西是我用的，我就要想办法把它搞清楚。这个东西坏了，我就要想办法修好。要养成无论什么东西都要自己弄清楚的习惯。当然，有些东西很难研究，那我们也没必要深入下去，毕竟每个人的时间都是很宝贵的。

我们这个专业，有很多数据都来自于海上的调查。通过海上调查才能写出东西来，才能进行研究。我们研究的对象和工具都在海上。如果不到海上去，很多研究就没办法深入进行下去，这是我们的专业特点。不像其他一些专业，坐在办公室里，电脑运行一下，一篇高深的文章就出来了。我们这个专业的应用性是非常强的，只有通过海上实践，才能得出一些理论性的东西。所以说，出海对做研究有很大的帮助，没有海上的数据，研究就无法进行下去。

我父亲去世的时候，我并不知道。那是 1993 年的时候，我毕业后按时间节点先到学校待命，然后去湛江。在湛江期间，我父亲得脑溢血去世了。那个年代，一方面是通讯不方便，另一方面是家人对我很支持，很看重出海的机会。所以家人认为他们能处理好这件事。等到 10月 7 日出海，我同学他们都知道我父亲去世了，但他们一直没告诉我。

想起这件事情，我心里非常难过。直到重回也门之后，在阿曼的一个同学在靠船之后才把这件事告诉我，他是闲聊的时候说出来的。那时候家里没告诉我，因为联系不方便，也没办法写信，写信寄回去要很长时间，所以很多事情都是没办法的。不光是我，还有其他一些同事，为了出海，老婆生孩子自己都不在家。我老婆生孩子我也不在家，当时我在日本。总之，家属是做出了很大牺牲的。现在做每一样工作都是如此，都要相互支持，相互帮助。

三、以身涉险，也门立功，身在国外更理解祖国的含义

我们的船曾被授予"救人船"的称号。大约在 1994 年，南北也门发生内战，那时我们正好要从渔场撤离，但所有渔船都被征调待命。我们船在撤离过程中收到外交部指令，要求我们送成套设备公司的两个人去穆卡拉找人。有很多中国侨民在也门工作，在我们左右的船也都被征调去接难民。在转移的过程中，我们先去接中国设备公司的人，送这两个人到另外一个城市去找人，他们有钻井队在那里。之后我们又接到指令，要我们回到亚丁港接大使。大使馆只剩下 4 个人，一个大使、两个秘书，还有一个厨师。去的时候我们就看到炮火飞来飞去，我们有船在港内待命，炮弹就在船边爆炸。我们进港口都是事先联系好的，在船快到港口时，正好是我值班操舵，船长在旁边。我们都没发现有一条军舰从后面跟了上来，正准备联系港口时，也门军舰的探照灯照向了驾驶台，军舰的探照灯很亮，在正常航行中突然被照射到是非常吓人的。船上的人都跑出去看，军舰看到是中国的旗子就走掉了，但是据说军舰对着我们船尾打了一炮。不管怎么样，我们是进到港口里面去了。进去之后，我们本来计划接 4 个人的，但最后有士兵拿着枪命令我们一定要装上 104 个人。我们这是渔船，这 104 个人里各国的都有，他们要求我们提供吃住。我们这渔船怎么能提供呢？当时有一个小孩生病了，还要给他治病，好在我们船上有医生。最后总算把他们从一个港口送到了另一个港口。我们也算在也门内战中立了功，救了一百多人。

据说，我们原来修船的船坞被炸了一个大坑。开战前几天，我们还

有船在船坞里。我们有很多医疗队在那里，发生战争的时候，医疗队集中在一个建筑物里。战斗间隙，医疗队队长在出去看看能不能撤退时，不幸被流弹打死了。我还听说成套设备公司有人在夜里靠着墙壁睡觉，只听到响了一声，半个耳朵就没了，所以说非常的危险。据说医疗队队长被流弹打死之后，双方停战 15 分钟，不知道是真是假，只是听说。

也门对中国还算友好的，尤其是南也门，所以能停战 15 分钟。战争总会有一些意想不到的事情发生，这是难免的，但是不管怎样，我们要保护好自己。当然，祖国是我们强大的支撑！当时不光我们的船，所有中国渔船，包括"海丰号"运输船都被征调了。"海丰号"在另外一个港口运送了一部分人，另外还有一条待命的船也运送了一部分人。我们国家的撤侨工作做得还是比较及时的。

四、尊重科学，争取配额，在国际谈判中为政府建言献策

国际渔业组织会议，实际上从《联合国海洋法公约》实施之后，就引起了世界上很大的关注。世界渔业资源近几年一直在衰退，因为现在捕捞力量越来越大。现在的捕捞工具，比如说渔网，做得越来越大，捕捞能力越来越强，这导致了整个渔业资源的衰退。为了渔业的可持续发展，国际上的一些组织就提出要对渔业资源进行保护。我所从事的工作，主要地点在南太平洋，我们在那里主要捕捞的是竹筴鱼。我们对南太平洋资源的保护，也是针对那里的竹筴鱼的开发利用。我们国家的远洋渔业是在 1985 年起步的，同时起步的，除了我们平常所熟知的过洋性渔业，也就是西非渔业之外，还有大洋渔业。大洋渔业，像"开创号"这些大型拖网船，实际上比我们西非渔业可能还早一点。首先是我们上海公司引进，引进之后在北太，以及现在的白令公海这一带进行捕捞，一直捕到上个世纪九十年代末。当然，这里也有一些问题，俄罗斯给我们的配额越来越少，入渔费也在提高，我们也有一些违法的事情发生。所以对我们整个大洋拖网渔业来说，经营更困难了。这个地方没有鱼抓了，接下来到哪里去，这是个问题。之前我们曾经在世界各地进行捕捞，包括到澳新渔场（澳大利亚和新西兰之间）偷鱿鱼，包括那边的

毛鳞、竹筴鱼等，但是最后都没能形成具有规模性的渔场。大概是1998年的时候，上海公司跟我们合作，我和张敏老师受学校安排，一起来开发这个项目。我从事出海调查就是从那时候开始的。从2000年起，我们从事的竹筴鱼生产就取得了很大成功，后来我们国家所有的船都去了。到2003年，国外的船也去了。在这种情况下，我们就到智利的公海上进行生产。

邹晓荣(前排左四)参加 SPRFMO 第十一次科学委员会会议

　　智利也有竹筴鱼在专属经济区里面，竹筴鱼是很大的一个产业，但竹筴鱼资源也在衰退，所以他们也要进行保护，实行配额管理，并为此制定了一个《竹筴鱼行动纲要》，进行竹筴鱼资源保护。一方面，他们要保护；另一方面，我们要在公海生产。智利认为他们的抓捕量很大，但是没人相信他们的说法。《联合国海洋法公约》关于跨界种群洄游鱼类的管理规定里面涉及到竹筴鱼，他们认为是同一个鱼种。同一个鱼种，我们在外面抓，他们在这管理，这对整个鱼种的影响还是比较大的。所以从2003年开始，他们跟我们进行双边谈判。第一次谈判是在智利，那时候我们没参加。第二次谈判是在北京，我们都参加了。这次谈判给我印象很深的是他们有一个很资深的外交官，当我说智利竹筴鱼(智利竹荚鱼是一个鱼种的英文名称)的时候,他抓住这个名称做文章,你猜他怎么说? 他说:"连你自己都说这个竹荚鱼是我智利的鱼,我当然得管啦。"智利竹荚鱼,它的英文是 Chile mckerel,参加国际会议的时候要注意,秘鲁就不从来讲智利竹荚鱼,秘鲁讲秘鲁竹荚鱼。所以我们去查东南太平洋的竹荚鱼名称,一个叫智利竹荚鱼,一个叫秘鲁竹荚鱼。我们就认为,虽然名字叫智利竹荚鱼,但跟智利没有关系。这样,后面谈判我们就要改名称了。尽管这就是个玩笑话,他们也都知道,但对我们整个谈判思路是有影响的,我们会受这个问题干扰。最后,我们代表团认为智利不应该只跟我们一家进行双边谈判,因为不光我们中国在这里抓竹荚鱼,还有其他的国家也在抓,所以应该进行多边谈判。根据这次谈判,智利从 2003 年之后就给了我们一些限制条件。单边谈判的时候,智利不让我们进他们港口加油,不让我们在那里修船,一系列规定都是针对中国的,后来扩大到其他渔船。但这是跟中国谈判产生的结果,所以我们建议多边谈判,跟他们的双边谈判也就结束了。后来,智利联系了澳大利亚、秘鲁和新西兰,成立了一个区域性渔业管理组织,叫"南太平洋区域性管理组织"。第一次大会大概是在 2005 年 9 月召开的,那时候我正在实习,周校长去参加的会议。前面几次都是周校长去的,会议目标就是筹建。这个组织不仅管理竹荚鱼,竹荚鱼只是重要的鱼种,筹建之后管理的范围就大了,南太平洋都管起来了。主要鱼种是竹荚鱼,然后扩大到其他贝类,其他组织管理的一些鱼种也都纳入了它的管理范围。

另外,如果只抓鱼却不加入组织,这就叫做 IUU 渔船,就是非法的、未报告的、未被管理的渔船。一旦被列入 IUU 渔船,就要进行登记、授权和管辖。成立组织的头几年主要是规章的建立,包括制定《保护公约》并对公约进行修改完善。我从 2009 年开始参加会议。会议刚开始的时候我们没有参加,因为基本上不涉及科学方面的问题,我们主要是参加科委会会议,周老师负责科委会加政府间的会议。我们参加科委会数据与信息工作组,要对采集的数据进行校对、审议,并提出自己的意见。科委会的工作主要是开展资源评估。资源评估就是对一些资源品种的鉴定和情况介绍。2008 年之后开设了一个对竹荚鱼资源的评估,对竹筴鱼进行管理,在管理之前就要进行资源评估。资源评估对模型、基础数据等都有要求,这是科委会的一个工作。一开始是我和李纲一起参加的,再之后就全交给李纲了。还有就是政府间的大会,大会主要是对科委会的报告进行审议,最后确定配额和进行管理,此外还有行政执法委员会。

配额的确定主要是依据资源评估的结果,为实现资源可持续利用而制定一个目标。比如确定五年之后、十年之后资源量要达到多少,然后据此计算出每年抓多少才能达到这个水平,我抓多少,他抓多少,这就要依据历史产量来制定一个分配额度。多报一些是不可以的,要进行检查。要求报 FAO 的产量时,有些国家没有报,有些国家拿几年前的产量报。有一些国家多报了一些,给他们的配额也就少一点。实际上,抓竹筴鱼的国家也不多,抓竹筴鱼需要大型拖网,科技含量很高,没有几个国家具备这方面的实力,所以比较容易分配。

做评估报告要有科学依据。做评估报告的时候,大家坐在一起,先由几个评估报告小组找模型运行,把结果向科委会报告,然后大家根据现场情况选择一个模型。这里面涉及很多东西,包括鱼种。我们说智利人认为竹筴鱼是智利的,秘鲁人认为是秘鲁的,那么我们就根据世界上对竹筴鱼的研究成果,把文献拿出来,对他们进行分类归总,最后形成 4 个种群。假设是 4 个种群,那我们要对这 4 个种群进行评估,由 4 个小组分别对 4 个种群进行评估,评估的结果要进行比较,如果得出的结果都差不多,那么评估结果就是可行的。最后就由科委会进行讨论,确定资源总量是多少,可捕量是多少,再根据历史产量进行分配,所以历史产量很重要。在此之前,我们说存在就是权利。我们在没被管理之前,就要赶紧加入,在管理之后就不能随便加入了。现在南太平洋区域性管理组织的成员有 14 个。

现在其他国家想加入也是可以的,但是配额就很难说了,要看历史产量。如果没有历史产量,想要进入就不行了。新成员加入就要同意协议和公约,但是要分配竹筴鱼的份额就会触动别国的利益,别人肯定是不会同意的,这个非常重要。对于再生性资源型产业,各个国家都是把它作为战略性产业而提到很高的高度的,这也是对本国海洋权益的一种维护。

邹晓荣（前排左一）于 2009 年参加筹建成立南太平洋区域渔业
管理组织第 7 次筹备会议

　　南太平洋区域性管理组织会议每年两次，我先后参加了十多次。我们原来都是参加科委会，后来逐步参加到政府间的谈判，主要是提供科学依据和做顾问。

　　会议开始的时候主要涉及一些规则的建立，讨论公约的事项。规则制定之后大家就要按照规则执行，我们要提交数据，对数据进行处理、统计，还要进行校对。这是我们一个很重要的工作，每年都要提交，还要按照要求提交产量月报、VMS 数据、卸货数据、转载数据，这些渔业活动数据都要提交。参加科委会之后也要提交报告，包括我们国家的竹笑鱼生产情况报告、执行情况报告和科学研究报告，在会议上要交流科学参数，包括资源参数、年龄数据，都要提交上去，还要汇报、介绍，还要提交一些相应的论文。

　　在年会上，我们要提交执行情况报告，包括观察员执行情况报告。现在提交的数据越来越多，整体产量报告和一些其他的报告，按要求我们都要提交，有些没有执行的还要说明情况。

　　我参加了十多次会议，为我们国家解决了一些问题。例如，我们的配额管理数据做得还是可以的，像观察员覆盖率，原来是 5％，科委会刚开始的目标是要解决竹筴鱼的问题，现在逐步扩大到鱿鱼，观察员覆盖率也要提升到 10％。10％我们是不能同意的，这样我们就要派 30 多个观察员，对国家利益影响很大，成本很高。但对于竹筴鱼我们要履行观察员覆盖率。在国际渔业组织中必须履约，履约之后才能享受权利，这是很正常的，话语权提高了才会有权利。我们想要得到认可，最重要的一个标准就是履约情况，还有就是研究情况以及数据。委员会要接收我们的数据，大家要放在模型里面运行，如果行了，他们就接受，包括我们提供的年龄数据和 CPUE 标准化的数据。这也是我们对科委会的一个贡献，根据这个数据最后运转出来一个产量，再按照历史产量大家一起协商，最后给我们的产量还算可以，因为我们也占了很大一部分。从另一方面来说，我们占的资源量越多，会费也就越多，还得交资源费。但是产量是不能乱报的，根本就不可能让我们抓那么多，我们有时候也会超过一点，但必须符合要求。开始的时候我们是多报的，比如最多的时候我们还报过 16 万吨，但绿色和平组织就来采访我们，想要了解情况，人家要对资源进行保护，这时候我们的数据就要降下来。但是我们要发展啊，这些数据要完全符合要求是非常困难的，弄不好就会出现大问题，涉及到很多方面。

每年的配额都是确定的，不会增加，是根据评估结果当场确定的。有一些国家可能抓不了那么多，可以把配额转让出去；有一些国家可以买其他国家的配额，可以私下买。资源量基本上都是自己算的。虽然说资源从低谷中逐渐在好转，但是现在为了资源迅速恢复，原来竹筴鱼的最高产量是 500 万吨，现在跌倒了四五十万吨，竹筴鱼产量下降很快。竹筴鱼的世代交替现象非常严重，这也是一个很大的原因。产量不能再增加了，因为对于资源来说，要想实现可持续利用，还真不是抓得越多越好，抓多了，以后就没得抓了。像金枪鱼，FAO 每年的数据都比较平稳，大约就是 400 多万吨左右，这就是资源评估、资源管理的结果，这样就达到了平衡，保证每年都能抓这么多。如果把它都抓掉了，后面就吃亏了，就没鱼可抓了。所以要进行有保护的可持续利用，这是我们的一个基本目标。我们国家的目标也基本达到了，每年抓的量和配额基本上持平，再多也不行。目前，我们在大洋拖网方面在进行自我调整,不调整不行了。当然,企业也有自己的发展方向,他们有自己的经营方针,大连企业到南极抓磷虾去了,上海企业觉得竹筴鱼挺好,就放两条船在那里生产。

邹晓荣(右三)于 2009 年参加筹建成立南太平洋区域
渔业管理组织第 8 次科委会会议

国内公司的捕鱼产量在执行前要先授权,要上报。现在管理得越来越严格,已经在考虑进行登临检查了,要搞一条船去登临检查,非法的要进行严厉处罚。现在对于 IUU 渔船,即使船更名了或者卖掉了,也不得从事这个行业,要对船进行追踪的,包括对渔获物的处理,终生都会进行检查。对于更名的船,有人会查的,有人专门做这个事情。实际上每条船都有唯一的识别号,在网上都可以查到,就跟车的车牌号、发动机号一样。我们可以查到这条船什么时候在什么地方,可以进行监控,专门有个网站可以查到。像我们现在的遥感,只要知道船名,就可以查出它的动态,它在什么地方就可以显示出来。当然,这个是要收费的,但有人在做这个事情。比如说我一查就知道某条船在哪里生产,在哪里抓鱼,以及在抓什么鱼,这就涉及到商业秘密了。

每年开会准备报告时的数据都是我们从企业那儿收集过来的,企业也很配合我们,渔业局比较重视这件事。之前有些企业认为,凭什么要把数据给我们学校，因为这里面涉及到很多秘密。前几年是通过企业发到渔业协会，再由渔业协会转发给我们，我们进行处理汇总，然后按照各项要求发给渔业局，渔业局再上报。现在船少了，基本就常态化了，渔业局也直接下文了，把表格做好让企业自己填，就不要让他们自己去搞了，到时候直接校对一下，就可以发出去了。现在是由渔业局发出去的。近几年是企业自己做好，我们校核，然后发给渔业协会，由渔业协会发给渔业局，再由渔业局发出去。

在南太平洋区域性管理组织，没有"抱团"现象。科委会很多都是科学家，国外对科学家还是很尊重的，大部分都能尊重科学规律。虽然也有一部分人带有政治色彩，但不会很明显。科学研究就是科学研究，对科学家来说就是要尊重科学。而政府间会议就是利益的博弈，他们也讲规则，但是在规则的前提下他们要争取国家的利益。曾经有的国家在会议上很激动，但它的数据是伪造的，检查的结果是船不在那里生产，检查的时候他们在抓其他的鱼，还有的船被列入了IUU名单，这些都是尊重事实的，不存在大国欺负小国的问题。关键是，我们的话语权是要靠我们自己做出的科学研究成果来呈现的，是很有说服力的话语权。看到我们的研究，有用的他们会采纳。所以要加强我们的学术实

邹晓荣（右一）于2011年参加筹建成立东南太平洋区域
渔业管理组织第二次预备会议

邹晓荣(右一)于 2012 年参加筹建成立南太平洋区域渔业管理组织
委员会(SPRFMO)第十一次科学委员会会议

邹晓荣(左一)于 2014 年参加南太平洋区域渔业管理
组织委员会(SPRFMO)第二次会议

力和科技含量,这是最重要的。国家强大了,科学研究水平也要跟上去,跟不上去我们就没有拿得出手的成果,也就没有话语权。比如说某种模型不好,我们必须能说出这个模型具体是哪里不行以及为什么要用我们的模型。

在南太平洋渔业委员会,美国是没有渔业利益的,但是它可以加入,只要同意公约,都可以加入。实际上,美国在里面没有渔业,但是开始的时候,主席是他们担任,包括数据信息委员会的主席也是美国人。

在筹备之前有一个主席,后面的主席则要通过选举产生。中国台湾地区也在里面,以"中国台湾"的名义参会。科委会不涉及政治,但年会属于政府间会议,要求比较严格,外交部有专人把关。外交部的港澳台司对于每次会议的措词,尤其是会议报告的措词,都会很注意,而在政府间会议中更是会注意。至于科委会,中国台湾地区想参加就参加,因为不是官方的,只是科学会议。实际上,我们在私下里跟中国台湾地区的科学家甚至跟中国台湾地区的政府官员的关系都还是比较融洽的。

我主要参加南太平洋区域性渔业管理组织的会议。从终止第二轮谈判开始一直参加到现在。刚开始时,人手不够,只能是我和周校长一起或分别参加科委会及其相关工作组会议和委员会会议。随着周校长退休时间的临近,我们逐步培养了一些新的与会人员。现在我们也在进行分工,包括信息力量的建立。科委会很多事情就是涉及资源问题,我们一些学捕捞的人员参加这个协会还是有一些问题的。所以我们会逐步培养一些像李纲这样的新生力量,让他们先跟着我们熟悉一下,然后独立去参加会议,甚至全部交给他们。我们需要新鲜力量不断充实进去,这是一个发展趋势。现在这些年轻博士的能力也是非常强的,但必须要提早进行一些业务锻炼。

朱江峰

　　朱江峰,1978 年 8 月 5 日生,教授,硕士生导师。上海海洋大学首批"海燕人才"计划入选者。目前主要开展远洋金枪鱼渔业资源及其生态学研究,包括主要大洋鱼类(金枪鱼类、旗鱼类和鲨鱼类)的种群动力学、渔业资源评估与管理决策,以及生态学研究。

　　2009 年 1 月至 2010 年 1 月,School of Marine Sciences,University of Maine,Orono,USA,访问学者;

　　2006 年 1 月至 2006 年 6 月,西非几内亚比绍海域,渔业资源调查 6 个月。

　　2008 年 5 月至 2008 年 8 月,担任太平洋公海金枪鱼渔业科学观察员 3 个月。

　　2013 年 12 月,参加 IOTC 第 16 届科学委员会大会。

　　2014 年 11 月,参加印度洋金枪鱼委员会温带金枪鱼工作会议。

　　2016 年 5 月,参加 IATTC 科学会议。

　　2018 年 4 月,出席印度洋金枪鱼委员会温带金枪鱼工作会议。

参加国际会议知道了什么是高水平，自己水平也才会真正得到提高

朱江峰

"自己还是很喜欢研究东太平洋金枪鱼资源的"

一、留校工作，这一生注定与渔业资源专业结缘

我的家乡是浙江海宁，离海边很近。自我从幼儿园开始接受教育，一路走来，我的求学经历也没什么特别的地方，就是一步步往上学。我的高考成绩不太理想，分数不高。我当时报的是提前批，考进的是浙江水产学院，即现在的浙江海洋大学。我在校的学习成绩也就是中上水平，跟现在差不多，不是前几名。2001年我本科毕业，由于工作不好找，就考了研究生。

当时正好我们有学长考到上海水产大学来。我们班有三四个同学就一起考研，也准备考上海水产大学。当时我报考的专业是海洋管理方向，但这个方向比较热门，人招满了，我就被调到渔业资源评估方向。不过现在发现，资源评估是我们非常需要发展的一个方向。

我上研究生时是联合培养的，第一年是在我们学校学习，后面两年在广州南海水产研究所学习。毕业时，学校正好要人，在招聘教师。这件事也是很偶然，记得那天晚上，大概是六月份，我们从广州返校。其实我那时已经找好了工作，是到一个研究所。那天晚上我和同学来学院逛，逛到三楼，正好碰见戴小杰老师，还有许柳雄老师和杨红老师。他们说起这边员工不够，正好碰见我们几个，戴老师盯着我说："这个同

学不是可以嘛。"我和戴小杰老师之前也不熟悉，那天晚上正好碰见，当场就谈起留校的事情。两三天后我改变了主意，决定留校，就留在了戴老师的渔业资源专业那边。

二、提升自我，到美国求学深造

（一）学习外语，增强自身国际交流能力

2009 年，我去美国学习一些先进的教学理念，同时也了解了陈勇老师在美国那边的研究生是怎样学习的。和中国学生相比，我觉得不一样的地方就是，美国学生比较独立，例如学生要独立去某个州做渔业调查。又如，陈勇老师的实验室有做近海虾类的研究，要和一些研究所合作，他们有一些比较好的学术交流方式，就是每两周做一次报告，他们非常认真，我很想引进这种方式。

我们想复制，但是有很多原因导致没办法实施。一个是他们的体制很先进，职责很清楚，做研究的就专职做研究。我们这边的教师，事务性的事情太多。回来之后我最大的体会是，我们搞科研的精力比较分散，教师要同时做很多事情，而他们的分工则比较明确。举个例子，在陈勇老师那边，每个教授的办公室旁边都有一个信箱一样的盒子，里面放的是各人要交的材料文件，不是很紧急的文件都放在盒子里，每天都会有人来收材料并送到教务、财务部门，处理好后又有人将材料文件送回盒子里。像报销之类的事情，他们也没有我们那么复杂，美国所有的购物全都是一张凭条，没有发票，也就是买东西刷卡打出来的单据就可以作报销用，这就是原始凭证。他们那边琐碎的事情也比我们这边少。当然，他们也要教学，但他们上课的过程比较单一，教务处排出课程表之后，按照课程安排上课，上完之后，到教师网上登记一下就可以了。他们虽然上课的课时很多，但是参加课程的学生很少。

他们培养研究生也和我们不一样，在研究生招收阶段非常谨慎，要通过笔试、面试和综合评价才能录取。入学之后，他们不像我们每年都要考核打分，非常自由。当然也有人做不出成果来，几年下来就被淘汰了。他们对研究生的指导都比较严格。我们指导研究生的就一两个老

师,其他的只是挂挂名,而他们针对每个研究生都有独立的指导委员会,三四个导师指导一个学生,都是实质性指导。例如论文,每个导师都会看,不是只挂个名。研究过程中有很多技术细节,导师都会仔细讲解。我记得陈勇老师之前有个学生,他有一位导师是外面研究所的,学生就到外面去找他讨论问题。老师水平高,跟学生讲解的内容也很细致,学生所接触的东西层次都很高。我们平时讲的 SCI 论文,在他们眼里都是很常规的成果,不会很刻意地写这些论文。我个人觉得,我们研究生培养质量不够好的原因之一就是学生毕业一定要发表一到两篇论文。美国学生不是这样要求的,他们是要求学生把课题做出来,但不一定要马上整理发表。国外很多学生是毕业好几年后才把论文发表出来的。他们这样要求的目的就是想让学生好好做好好写,慢慢沉淀,当老师觉得这个学生的水平已经达到要求了,就会让他毕业。

朱江峰(左一)于 2012 年出席 IOTC - WPTT 国际会议

同时,美国大学的学术气氛也很好。我记得缅因大学每周五上午都有一个讲座(不像我们这边的讲座还要发通知叫人来参加),到时候了都是学生自己去,就像日常事务一样,固定的时间,固定的地点,每个学院在学期开始的时候就排好了,请的全是外面的专家。我估计是不同教授推荐的,学院应该是有人负责去联系的。讲座有人主讲,听众可以提问,学习氛围很好,类似于研讨会一样。这些主讲人都是预约好的,答应了一般不会改变,不轻易打乱计划。总之,他们做事很有计划性。就像金枪鱼组织的国际会议,明年的会议今年就全部排好了。我们每年年底也会计划明年做什么,但是时间太有限,有时人被挖去了,原来的计划就会被打乱。我总感觉我们做事都是在应付,应付眼前的事情,计划好的事情都做不好。

在美国学习时,我第一年是在陈勇老师那里,自己带数据去。我上过他们一门数学课,很多内容都听不懂;上过一门文科的管理课,是渔业管理;还上过一门统计课。我只是去旁听,没有作业,不用考试,主要是去感受一下他们怎么上课,不可能说听一两门课就能学到多少,没有那么神奇,要学就要自己静下心来认认真真地学。

他们学校的图书馆倒是非常陈旧,但是内部让人感觉很舒服。桌子椅子非常干净,学生也较少,可以早上进去晚上出来。图书馆很便捷,咖啡吧、简易餐厅、冰箱、微波炉等配套设施都有。图书馆藏书很丰富,例如我在缅因大学图书馆找到了最早的资源评估教材,在国内没见过这本书。

我在美国做了两年访问学者,最大的感觉是跟别人的差距缩小了,打交道的能力增强了。同时,我觉得要带着任务去学,做什么事情都要有目标。自己应该知道要做好这件事情必须学些什么。例如像外语,我觉得自己已经30多岁了,还能专门去学英语吗? 没有那么多时间。怎么办? 就要带着任务去学。例如要做一个课题,要把报告写出来,还要拿得出手,就要去学英语。必须要给自己压上任务,而不是专门去背单词。当然,在美国两年,我的英语听力基本没有障碍,但是还有些单词不懂,特别是一些口语化的单词。

(二)求知若渴,抓住机会到美洲间热带金枪鱼委员会秘书处学习

在美国学习期间,我曾经到访过美洲间热带金枪鱼委员会秘书处,这个组织成立于1949年,是几个金枪鱼组织中成立时间比较长的一个。该组织刚成立时只有美国和哥斯达黎加签订的双边协议,用以管理东部太平洋金枪鱼渔业。后来资源捕捞问题严重起来,很多国家提

朱江峰（后排右四）参加印度洋金枪鱼委员会温带金枪鱼工作会议

出要扩展这个公约。我 2009 年第一次参加这个组织的会议。这个组织有几个科学家很出名，那次参访之后我就很想去该组织学习，但是一直没有机会。2015 年，戴老师帮我联系，在上海市市教委的资助下，我终于有机会去该组织秘书处学习一年。

　　该国际组织秘书处租用的是美国联邦政府海洋大气局的一层办公楼，有 30 多名员工，还有一些野外实验站。秘书处的员工以美国人和墨西哥人为主，员工中一半是科学家，其他都是管理服务人员，他们非常友好。秘书处的工作节奏不紧不慢，但比我们现在的工作节奏慢多了，但就是慢工出细活，一些高水平的文章就是从那里出来的。说实话，按我们的说法，他们根本算不上努力，每天八九点钟上班，有的人下午三四点钟就走了。但是他们一年下来确实做了不少事情，虽然从数量上说没有我们做的多，但是质量好。要论工作量，如果以我们的标准来衡量，那肯定不合格。但一年下来，他们每个人平均就有一两篇论文，都是很前沿的课题。他们每做一件事之前都会将准备工作做到极致，挑选的都是国际上正在关注的热点课题，是 cutting edge（刀刃）上的，一旦做出来就是将工作往前推进了一步，虽然每一步都很小。美国人也会搞舆论，提升科学影响力。他们提升影响力的办法主要是围绕科学研究举办国际会议和各种学术交流，成果形式多样，有讲座、调查报告、会议纪要等，都是成果，不像我们都以公开发表论文、获得专利奖项等作为成果。他们做研究非常有序，做某件事前先把研究目的写好，分阶段，每做一次就开一次会议讨论。他们的计划做得非常到位，每一步都按计划去执行，每一步都要做到极致，直到做不下去为止，而不是只要能投稿发表就结束了。他们很多学生都是慢慢做论文的，硕士读2 到 4 年的都有，博士平均读 6 年或 7 年以上的也不少见。我们就不同，3 年就毕业了。这是他们跟我们不一样的地方。

他们和我们一样也有团队，一篇论文有好几个作者，但每个作者都是有贡献的，不是仅仅第一作者和通讯作者才算有贡献，只要是作者就都有贡献，都算合作成果。他们在一起做课题不太计较利益或文章排名之类的事。科研经费是分项目也是分经费的，但我去年进修的地方是固定工资的。他们组织下达有任务，完成就可以。他们不太追求马上发表成果，我们就急于发表成果，可能是我们处于起步阶段，或许他们也经历过我们现在的状况，只是我们不知道而已。

我在那里主要学习渔业资源模型。我觉得要学到东西至少要有两年，几个月只够体验生活，但几个月的学习对我外语提升方面的作用比较大，因为周围都是老外。

三、出海西非，参加中层拖网渔业调查

2004 年我刚留校的时候，有两年时间在工作上找不着北，不知道要干什么。

2006 年我出了一次海，去的是西非，约 6 个月，是去参加一个政府委托的中水公司项目，就是中层拖网渔业调查。

项目主要是调查渔业资源种类组成、资源丰度和背景。我估计几内亚比绍政府受到外界的一些影响，可能是欧洲国家很关注非洲的渔业资源，他们希望了解几内亚比绍的渔业资源情况，而我们国家在西非

朱江峰(中间)于 2016 年 5 月 8 号参加 IATTC 科学会议

海区捕捞了很多年,所以他们希望我们中国派人派船去做资源调查。我们是坐飞机过去的。6 个月时间中,大部分时间都在船上搞渔业生产调查。

搞底层鱼类调查,是一边取样一边调查,鱼捕上来我们就取样、观测、记录。我们相当于给几内亚比绍提供一份调查报告,看看是不是像西方媒体说的资源那么差。

我出海还没回来的时候,中西太平洋渔业委员会第二届科学委员会会议即将在菲律宾召开。戴老师之前参加过几次科学会议,他感觉我们的力量非常薄弱,需要增加人手,他想要解决这个问题。等我们回来时他已经在行动了,包括办邀请函、办签证,准备到马尼拉开会。我 2006 年 6 月出海回来,8 月就去菲律宾参加会议,这是我第一次参加国际会议。会议开了大概十几天。

总之,我认为要做研究,出海了解一线情况很重要。在船上生活是有规律的。我们一般是早上四五点或五六点钟起来,这时候要下钓钩。我就记录一下,放多少钩,什么饵料,多少数量,在什么位置,记完之后再回去睡一下,因为放钩要持续五六个小时。中午起来之后,吃过饭就开始起钩了,我开始记录渔获物,一直在甲板上工作到晚上十一二点。因为起钩时间很长,一天二十几个小时都在工作,船员是换班的。捕获的鱼起到甲板后,我就测量长度,观测性别、成熟度、胃含物、钓钩位置等。在船上做观察员不算辛苦,熟练就好了,活不多,就是时间有点长。

我们国家现在在中西太平洋区域有二三十艘船。国际上每年给我们的大眼金枪鱼配额是 2500 吨,配额不够。而且我们只有大眼是有配额的,其他鱼类没有配额。配额分配的依据,一是历史状况,二是资源状态。如果我们有很多历史记录,对我们就非常有利。但是,我们

2003年才开始去东太正式探捕生产。日本的历史记录是我们的十几倍，因为上世纪50年代它就开始作业了，我们没办法跟他们比。在海洋渔业领域，公海上就讲历史记录，所以我们很吃亏，我们想要发展大眼金枪鱼，但就是苦于没有历史记录支撑。所以张睿讲"渔权即海权"是非常正确的。

我们国家的配额想要增长，资源状态要好，或者可以从其他国家将配额转过来。其他国家捕捞量减少，我们可以通过谈判合作等形式增加点配额。其他办法都不行，因为资源必须要有保证，不可能牺牲资源来提高配额，这方面没有什么弹性可讲。

四、投身谈判，国际会议中积极维护国家海洋权益

（一）学会用科学来"打仗"，积极维护国家海洋权益

2006年去菲律宾开会时我没有准备报告，戴老师准备了，他准备的是国家渔业情况报告，包括在西太平洋的捕捞生产情况和渔业数据情况。现在的情况要比那时候复杂多了，那时候还是中西太平洋渔业委员会刚刚成立的第二年。

那次开会是我第一次见到那么大的场面，印象非常深刻。首先是会议场面非常大，参加的人员和国家非常多。中西太平洋的渔业国家非常多，涉及到的渔业船队也非常多，当时大概有一百多人，三十几个成员国，日本一个团队就有十几个人。我印象最深刻的就是，有一个科学家出身的来自中国台湾地区的人，他从事的是政府工作，英语非常流利，很专业，对我触动很大。那是我第一次参加国际会议，由于英语水平有限，我基本上什么都听不懂，完整的句子能听懂的很少。我大致上知道对方在讲什么东西，但是对于有关背景的东西，像生物学、资源评估之类的，听的一知半解。我知道讲的是什么主题，但是具体内容根本听不懂。讲完之后他们就开始争论。其实这次参会我没学到什么具体的东西，但是我知道了高水平是什么样的。

高水平就是用科学来"打仗"。当然也有政治的因素，但是本质还是科学会议，虽然有国家利益掺杂在其中，但要用科学来说服别人。会

议的具体内容我已经不记得了，只记得有渔业统计，这是科学会议的关键。会议最后提出建议，比如是不是需要减少捕捞强度或减少产量，这涉及到国家利益。有时候科学的东西怎么说都可以，这个方案可以保护资源，那个方案也可以保护资源，但不同的方案会涉及到不同国家的利益，因此大家就会反复争论，提出不同的观点来维护自己的利益。我真正见识了大场面和高水平，也了解了要怎样做才能达到高水平。

第一次参加国际会议后，我就真正开始接触金枪鱼了，我的工作内容就开始靠近金枪鱼领域了，而在这之前我是没有目标的。当然，刚开始我没有自己的项目，就帮戴老师做项目，他有一些项目和资料，我就协助写分析报告。记得我做的第一个分析报告就是帮戴老师整理的一个东太平洋的探捕项目报告。

（二）国际会议上，功课要做好，临场反应快，才能维护国家海洋权益

从 2009 年开始，我每年都参加两次中西太平洋渔业委员会会议。从 2010 年开始，我还参加印度洋的会议。我们国家的渔业数据要提交给他们，每年四月份和六月份都要交数据。他们根据我们的数据写成报告，这个报告关键是要形成建议。他们要把建议一条条拿出来，让我们在会上表示同意还是反对，如果大家都同意，就提交到上一级。如果某条建议或是会议结论对中国不利，我们就反对。会议最基本的原则就是协商一致。因此，我们在会上要讲什么事情，会前就要想好，会上讲的东西都是有记录的，全程录音。所以不能随便讲，讲了就要算数，如果我们当场不讲，会后就没机会讲了，也就是说开会的时候一定要讲清楚。开会

朱江峰（左一）与许柳雄（右一）于 2013 年 12 月在韩国参加 IOTC 第 16 届科学委员会大会

要讨论的内容都是有议程的，什么时候讲什么内容，主席会主持把控。会前研究很重要，要充分估计会上可能会出现的情况，以及在讨论当中可能会出现的问题。讨论当中可能会有新的问题出来，临场反应要快，要求很高。国际会议就讲究临场反应。但功课做得再好，也对付不了所有问题，会场情况千变万化，我们要随时准备应付当场出现的问题，该讲的时候要大胆讲，不该讲的时候就不要讲。

比如，今年他们提出要在东部太平洋实施新的海鸟保护措施，原因是捕金枪鱼的时候，鸟类会被误捕，国际鸟类保护组织很激进，希望实施严格的保护措施。不过有时他们也会应付了事，写个很简单的报告就拿到会上讲。科学会议都是要讲证据的，要讲科学研究的东西。但他们提交的报告很简单，论据很弱，图示很少，他们希望以此作为加强海鸟保护措施的科学依据。我在会上就提出来，说这个报告从科学的角度来说不太有说服力，报告里面没有对研究方法、数据来源等作详细描述。但是就实行新的保护措施这一点，我们没有继续反对，因为这个措施对我们船队来说还是有利的，执行起来没有旧的措施那么复杂。这个组织现在管理的洋区里面的资源不错。

现在这个组织管理上的压力主要来自于美洲国家围网。对围网的管理主要是通过捕捞力量管理和船队数量控制。这两年我们都向他们提交观察员报告。交上去之后会挂在该组织的官网上。现在中国的船上都派观察员，但不是每条船上都有观察员，因为没有那么多学生，我们现在还没有达到5％的标准。当然，学生还不是招收观察员的主要渠道。今年我们都是在外面招专职观察员的，实行合同制。这个工作也不辛苦，有的学生愿意去，但是学生会涉及到考试、课程等问题，很麻烦。

说到观察员，我自己就做过三个月观察员，那是在2008年汶川大地震期间。在我出去之前也有观察员，也有学生出去过，但我看了他们的报告之后，发现有很多问题。因为观察员的数据提交是要按照国际组织的要求来做的，要求记录什么都是有具体规定的，包括怎么测量鱼和测量多少。我就查资料，到国际组织官网上去查，这些资料都是公开的。我把资料下载下来之后，自己翻译，做成观察员记录表。我之前也没有见过金枪鱼渔业生产，那次做观察员的体验对我现在的研究来说非常重要。

我还参加了印度洋有关组织的会议，从 2010 年开始，每年参加两三次，总共参加过十几次。印度洋会议多一些。印度洋的工作和东太平洋不一样，其研究工作主要由成员国提供。研究工作是有计划的，每年要做什么事（哪几个鱼种，研究什么内容）在上一年开会的时候就要提出来了。印度洋有五六个科学工作组，有的是每年都开会，有的是隔一年才开会。这些会议的形式跟我们平常开的会不一样，会上主要是作报告、讨论、争论，之后大家围绕几个主要的点（比如说资源状况或管理措施）提出进一步的研究和管理"建议"（比如减少渔获量），所有的建议背后都有自己国家的利益。这些"建议"将提交到高一级的会议进行审议。所以说科学和利益都是捆绑在一起的，就是这个道理。

我这两年有参加印度洋的热带工作组会议，讨论黄鳍金枪鱼和大眼金枪鱼资源，这些鱼类我们船队都有捕捞。另外，我还参加了温带工作组，过几天，我们将在上海主办该工作组的年度会议，讨论长鳍金枪鱼资源。我们国家现在要在印度洋发展长鳍金枪鱼渔业，所以我们很关注它的资源状况。我参加的还有生态系统和兼捕工作组，讨论生态情况，包括鲨鱼、海龟、海鸟等生态相关物种。我参加的还有几个工作组不是常年开会的。我也参加研讨会（workshop），是非常规的，主要针对一些新的问题或难点问题进行专门研究。比如现在有一个 CPUE（渔业资源指标）研讨会，这个研讨会的产生原因是由于日本、韩国和中国台湾地区的渔业数据所估算的资源丰度指数差别很大，从而影响资源评估的结果，所以需要针对这一问题进行专门的研究分析。

我们国家的利益就是要扩大渔业规模，要扩大生产。但有的国家（如澳大利亚）希望限制我们发展，基础开发对他们没什么好处。他们没有船去捕鱼，也不大想吃这类鱼，所以他们要保护，而我们就要把它利用起来，因此要说服他们。

现在印度尼西亚在印度洋的金枪鱼渔业发展很快。印尼有两个金枪鱼研究所，一个面向太平洋，一个面向印度洋。而且，印尼这几年举办了好几次国际会议，花了不少钱，当然他们捕鱼也赚了不少钱。现在印尼的产量在印度洋已经排到第二了，仅次于中国台湾地区，日本、韩国都排在印尼后面了。我们也排在印尼后面，我们主要是产量规模不行。

近两年我们国家还没用足捕捞限额（船队），我们国家大眼金枪鱼的配额依据的是 2006 年的捕捞水平，长鳍金枪鱼的配额依据的是 2007 年的捕捞水平。印度洋是按捕捞能力作为分配依据的。那个时候我们的渔船比较多，现在相对少一些，我们现在还没用足捕捞限额。今年有的企业将渔船从太平洋转过去了，但是数量不多，因为要考虑基地、保障等因素。尤其是印度洋南部捕捞长鳍金枪鱼的船不多，原因之一是风浪大，我们的船有点吃不消。目前长鳍金枪鱼资源不错，原因可能是中国台湾地区的船队缩减了。中国台湾地区和日本现在都缩减，日本缩减得很明显。我们现在想去捕捞这个鱼种，资源虽然有，但是捕捞技术、船的抗风浪能力、基地保障等存在问题（因为主要渔场在南纬 25°以南）。当然，我们的企业不大愿意去，因为有几家公司在那边的生产效益不好。虽然太平洋渔场的管理比较严格，但是相对来说，大家对它比较熟悉，比如熟悉它的管理措施要求等。

对于参加国际会议，我们现在虽然说有很大进步，但是距离国际水平还很远，真要跟人家同台竞技还需要一时间。一方面，我们还需要提高业务能力，也要提高外语水平；另一方面，我们要学习研究渔业资源的基础知识，主要是围绕资源评估、资源模型、研究方法、资源背景等加强学习研究。现在金枪鱼的国际管理措施全都是围绕着资源评估展开的，最终目的就是要资源，了解资源状态怎么样，才会涉及相关措施的提出。现在我们学院做渔业研究的人员很多，但是做资源评估的人员太少了。我们现在的工作特点就是力量比较分散，不够集中。资源评估方向是比较难的，这也是为什么很多研究生不愿意读这个方向的原因。我们想要赶上去，我觉得就要训练，要去开会，要去做事。当然，做研究最好是出海，但也不是一定要出海，如果做多了，就不一定都要出海。不出海也是可以做研究的，有时候研究和出海可以互补。很多顶尖科学家也没有出过海，但研究做得很好，因为他可以跟别人合作。

李纲

李纲，1978 年 10 月 3 日生，上海人，副教授，博士，毕业于上海海洋大学，2008 年就读于上海海洋大学渔业资源专业，获得博士学位。主要研究渔业资源评估和渔业资源生物学，主讲污染生态学课程。

2014 年 11 月，参加南太平洋区域渔业管理组织第一次科学委员会会议。

2015 年 3 月 23 日至 27 日，受农业部渔业渔政管理局指派，我校海洋科学学院朱清澄、田思泉、李纲和花传祥等 4 位老师组成的中国科学代表团参加了在日本东京举行的北太平洋渔业委员会（NPFC）秋刀鱼工作组会议。

2016 年，参加 SPRFMO 第四次科委会。

2017 年，参加 SPRFMO 第五次委员会会议。

不从海上一线干起，那是不可能
走上国际谈判舞台的

李　纲

"我对南太平洋区域管理组织最主要的贡献就是 CPUE 标准化"

一、出海五年，熟悉海洋生产和作业

我在读博士期间每年都出海。我是第一个真正搞渔业资源的博士生。我们学院主要是搞渔业的，以远洋渔业为主。当时我做毕业论文，做的题目是关于近海渔业的，可以说是我们学院多年来第一个搞近海渔业的。我跟导师商量今后研究的主要对象，最后确定主要就研究近海的鲐鱼。之所以要研究近海的鲐鱼，背后也是有原因的。因为当时远洋渔业三大技术组都在我们学校，渔业协会下面的鱿钓技术组就在我们学校。那时候国内所有的国营企业大型灯光围网（我们也称之为机轮围网）的捕捞对象就是东海和黄海的鲐鱼。机轮围网渔业企业是渔业协会的成员，协会的职责之一就是为这些企业提供技术服务，具体的服务工作由围网技术组和鱿钓技术组负责。陈新军老师负责鱿钓技术组，因此有关近海机轮围网渔业技术与服务的工作也由陈老师负责。基于这个原因，我博士期间就将机轮围网和鲐鱼作为研究对象。在我之前，陈老师的一个研究生已经开始了关于近海鲐鱼渔场方面的研究。

我是 2005 年考取我们学校博士的。因我是本校学生，导师就安排我暑假时出海做鲐鱼资源调查，我是从 8 月份开始出海调查的。当时陈老师把江苏海发海洋渔业公司总经理的电话给我，让我自己联系出海调查事宜。我直接跟海发公司的钱总经理联系，钱总就把生产科科长的电话给我。我又跟生产科科长联系，我问他们的船现在在哪里，停在什么地方，他告诉我，他们的船现在停在浙江舟山的桃花岛。桃花岛相当于是他们的小型基地，捕捞完以后他们通常就靠在桃花岛卸鱼。电话确认船在桃花岛以后，我就把所有的被子、洗漱用品和其他行李拿一个大编织袋一装，就去了当时徐家汇的长途客运站，买了 12 点钟的车票，坐车到沈家门。当时杭州湾大桥都没有通车，12 点发车，一直要到晚上 8 点才到沈家门。因为要到宁波的摆渡码头摆渡，所以晚上 8 点到了以后，我就找了一家宾馆住下。第二天坐快艇到桃花岛后，我就跟海发公司生产科长联系，他就到桃花岛码头接我。我在桃花岛等了两天，等运输船靠岸后，我就跟着出海了。

到达渔场以后，当海上的灯船靠过来时，我开始了人生第一次跳帮。所谓跳帮，就是从一艘船跳到另外一艘船，是直接跳过去的。运输船比较大，灯船比较小，跳帮还是比较惊险的，因为两条船靠近以后，在风浪中会剧烈摆动。我在船员的帮助下跳上了灯船，灯船又把我带到网船边，我又跳帮上了网船。这次一下就跳了两艘船。虽然我 2001 年生产实习的时候也跟过渔船从嵊泗出海，出去上的是当地的帆张网船，那时是从码头直接出去的，没有经历过跳帮。之所以要跳帮，是由于没有甲板，因为甲板固定不住。两条船靠近后，在风浪作用下会以相反的方向摆动，要么是往中间夹，要么是两边同时分开。因此，跳帮一定要掌握好时机，就像跳绳一样，跳绳是绳子落地的那一刻就要跳进去，跳帮则是在两条船靠近的时候一步跨过去。

我国机轮围网的历史较长，从新中国成立之初就已经有了，是在周恩来总理的支持下逐渐发展起来的，后来加装了集鱼灯，一直持续发展到现在。灯光围网渔业的渔船在实际生产中被称为"网组"，它不是由一条船单独进行生产作业的，一个网组是由一条网船、两条灯船，再加一条运输船组成的。

我在船上的主要任务，一个是使用 CTD 测定当时的水温、盐度等环境指标。CTD 要放得比较深，一般要放到底。另外一个任务是采样，每天取 50 条鲐鱼解剖，量体长、体重，看他们的型体发育情况和摄食等级。

这样的工作我一个人是没法开展的，很大一部分工作要请船员帮忙。

　　灯光围网是光诱渔业，一般安排在晚上生产。每天下午都要航测鱼群，也就是找鱼，天黑后开始亮灯诱集鱼群，然后放网、起网，最后把鱼从取鱼部直接抄到运输船。我一般是在白天进行试验工作，但我一个人没法完成，跟船员搞好关系在这种时候就显得非常重要。两天下来，我跟船上的船员，包括我们船上的两个副总、船长、轮机长、大副以及普通船员的关系都已经非常融洽了，他们也很愿意帮我。或许他们对于一个博士生到渔船上跟他们一起工作感到很好奇也挺荣幸的，而我自己也觉得很荣幸。轮机长和船长一起帮我放 CTD。做生物学解剖试验则是一位副总跟我一起做，他把鱼捞上来以后，我负责解剖，他帮我记录数据。每天就这样工作，一直干到将近 8 月底，陈老师打电话问我什么时候回来，我说开学是 9 月 10 日，我就再等几天，报到前回来吧。因为我是本校毕业，所有的事情我都比较熟悉，不存在要提前回校的问题。2005 年 9 月 10 日，我又经历了一次跳帮，先从网船跳到灯船，由灯船把我送到运输船旁边，再从灯船跳到运输船。那天，运输船正好要把渔获运到公司在浏河口的母港。到了浏河口，公司安排车子把我送回学校，这是我第一次从船上归来。

　　我那次在海上差不多待了一个月时间。灯光围网通常是白天休息，晚上作业。我们从下午三四点钟开始找鱼，在渔场周围使用鱼探仪寻找和定位鱼群，找到了就标注几个点，天黑就开始抛锚、放灯。上面有水上灯，水下有水下灯，水下灯大概一边 6 盏到 12 盏，上面的水上灯有 100 多盏，功率都是一千多瓦的金属卤化物灯，和鱿钓用的灯是一样的。我的作息时间跟船员一样，除了完成我自己的试验任务，其他时间我基本都在观察围网生产作业的每一个环节，从找鱼、诱鱼、放网到起网等，每一个环节都要仔细观察和学习，不懂就问船长和船员。这个时候我觉得自己不是大学生，而是小学生。这样算下来，一天有十几个小时都在工作。当然，除了完成自己的试验和调查任务，其他时间我都是在看、在想、在问，劳动强度远不如船员。

　　诱鱼时间的长短，一般要看鱼的诱集情况。如果诱集情况不稳定，可能一晚上都在诱，如果鱼群诱集的情况非常稳定而聚集度又比较高，一晚上就可以进行两到三次作业，那是在鱼非常多的情况下。如果鱼群比较稀疏，晚上就一直在诱集。近海的围网与远洋金枪鱼的围网相比，相对小一些，但网具规模非常大，差不多有 1000 米长。我们当时的网具是 990 米长，有的船是 1000 米左右，高度大概就是 300 米左右。我当时估计了一下，差不多能围住军工路操场一整圈。整个生产过程有几个程序，首先是诱鱼的时候，网船在中心，周边有两条灯船，相当于三个光源。鱼群稳定以后，就准备放网捕捞了。放网前，先要并灯，所谓并灯，就是以一条灯船为中心，另外一条灯船和网船就慢慢向中心灯船靠近，一面靠近，一面熄灯，把鱼群吸引到中心灯船附近。并灯完了以后，一条灯船开走，网船以这条诱集鱼的灯船为中心，开始下网。放一圈，放完后就准备起网。这时候，一条灯船就在网船的左舷的船头和船尾处各拉一条很粗的缆绳，把网船拉住，然后开始起网，最后在网船的右舷，由起鱼部围成一个个小圈。此时运输船就靠过来，在网船和运输船上各挂有一个小网圈，就像网箱一样，然后用抄网把鱼一网一网地吊进运输船的鱼舱里。

我读博士期间基本上是每年都出去。那一年是 2008 年，我们学校

李纲（后排左八）参加南太平洋区域渔业管理组织第一次科学委员会会议

开始搬家了，暑假期间学校基本搬空了，包括我们海洋学院。我要出海，但宿舍已经没有了，晚上就在学院四楼办公室住了一宿。第二天出发，回来的时候，又在办公室住了一晚。那年出去主要是执行另外一项任务——试验 LED 集鱼灯。目前使用的金属卤化物集鱼灯是光诱渔业（包括鱿钓和机轮围网渔业）的耗能第一大户。一盏水上灯的功率是一千瓦，这还不是最高的，船两边顶上要装 100 多盏，还有 12 盏五千瓦的水下灯，从天黑一直开到天亮，能耗非常高。实际上，我们找鱼的时间并不多，大概从下午四五点找到晚上，找得快的话，五六点就结束了，找得慢点的话，要到晚上八九点，最多要找五六个小时。一个小时大概耗油两三百公斤，一晚上要用一两吨油。用于灯光的能耗和油耗则非常大。此外，强光对于人眼和皮肤的刺激非常大。当时我的主要目的是测试刚刚制作的 LED 水下集鱼灯，测试一下诱鱼效果。LED 灯的灯珠是一粒一粒的，排在一个金属柱上，像玉米棒一样，周围全是灯珠。我们把这套设备都带过去测试了，要测试就必然会干扰到公司生产，如果用得好，产量就能提高很多，公司会很高兴，如果效果不好就是干扰了公司的正常生产，公司是否还会再接纳我们上船做试验，就完全靠个人跟公司和船员的关系了。这个问题是我们远洋渔业调查过程中非常难处理的一个问题。比如说我们去探捕，最后落实到由某条船去做，就要看这条船船长的意见，因为公司对船长有考核，如果我们的试验干扰到他的正常生产了，那他肯定不干，因为对他来说这是损失，涉及他的效益，实质就是降低了他的薪水。所以除了跟公司沟通好，还要跟船长沟通好，甚至跟普通船员都得沟通好。船捕得鱼多，他的工资就高，捕得鱼少了，他工资就少，这点非常关键。以前跟王学昉老师聊过，他们跟上海公司金枪鱼围网船出海，就存在这样一个大问题。对于船长来说，即使拿了项目经费，这个经费他是到公司账上的，又没到他个人手上，我们跑来做试验就干扰到他的正常生产，产量低了，大家薪水就少了，他为什么要配合我们的工作？要解决这个问题，有两个途径：第一个是跟船长和船员的关系要相处得非常融洽；第二个是在做项目之前就应该把奖励机制制定好，就是如果因为进行试验导致产量低了，可以用其他方式来补偿他们，这样问题就解决了。我做试验的时候，船长、船员、副总等都非常好,他们说要不把所有的水下灯都关了吧,就试我这一盏灯。晚上把灯关了看效果,试验完了之后,再重新把水下灯放下去进行生产。从 2005 年起,我每年都去那条船,关系非常融洽,船长也很好。在我去之前,我一个师弟已经去过另外一条船。他跟我说:"你千万不要去这条船,船长很凶,老是骂人。"我说我知道了。我去的时候就要求换一条船。当时我师弟去的是 810 船,船长也确实很牛,因为他年年产量第一,所以脾气很大。我去的时候就换了一条 812 船,船长是太仓本地人,我们配合得比较好,所以我一直去 812 船,直到 2008 年。

2009 年,我跟陆化杰老师在一起,当时他正在读研究生。我就和他说:"去锻炼一下吧。"当时我把他送到船上,把他带到公司,然后送到运输船上,再上灯船,最后再到网船上。我是一路把他送到船上的,我待了两天之后才返回。结果,他到现在还在怨我,说我把他扔到船上就不管了。当时赵小虎也去了,我们都是一个人去的。我们是 70 后、80 后,而他们已经离 80 后很远了。时代不同,对一件事情的看法也不同。现在的 90 后学生可能更加娇贵一些。我在 2009 年和他们一样年纪的时候,都已经接任海渔班的班主任了。

二、到哥斯达黎加外海调查渔业资源,与渔民一同干活,成长为渔业研究专家

2009 年,陈老师接到一个项目,地点在哥斯达黎加外海,范围在赤道以北 5°到 10°,西经 110°到 90°之间。上个世纪 70 年代到 90 年代,日本人到那边调查过。为什么要我做这个项目呢? 当时我们国家已经成功开发了秘鲁外海的茎柔鱼。除了秘鲁外海的茎柔鱼,很有必要寻找新的渔场。鱿钓的合理区域在哪里呢? 日本人 1997 年在赤道以北、哥斯达黎加往西的公海进行过探捕调查,那里有个地方叫哥斯达黎加冷水丘。这个冷水丘就类似于上升流一样,底层的海水上涌,浮游生产力比较高。2009 年 4 月,我们从舟山出发,一路向东,首先经过夏威夷,从夏威夷的南边穿过,一直到达渔场,当时航行花了 45 天。我感觉还好,就是船刚开出去的时候,有点波浪,两天以后就完全适应了。贾涛

同学就比较惨，一路上他都晕，但他也很给力，到渔场就不晕了，就是晒得比较黑。我跟船员的作息时间是完全一致的。我们之前有个探捕计划，到了站点就开始做。一个点一个点地跑，有鱼我们就停下，没鱼我们就跑点。有鱼的时候还轻松一些，最难做的就是跑点。因为我们设了站点，30 分钟一个点，全速开船大概是 10 节左右，两三个小时就开到了。要是跑点的话，就要一天 24 小时不停地跑。不可能说我今天 8 点钟开始跑点，到了下午 6 点，大家开始休息，没有这样跑点的，就是 24 小时跑点，不停地跑。当时我们的主要任务就是到了一个点以后，首先把 CTD 放下去。当时那条船是从买过来日本的二手金枪鱼延绳钓船，改装成了鱿钓船，在船尾装了一台自动吊机。CTD 很贵，好几万一台，为避免它掉进海里，我们采用日本专门钓金枪鱼的绳子来吊 CTD，绳子有筷子那么粗。我们把绳子绕在吊机上，然后把 CTD 打结打好，下面重锤一放，然后用吊机慢慢把 CTD 放下去。在公海放 CTD，流比较大，我们一般都是尽量往深里放，水深大概 300 多米。受洋流的影响，绳子长度估计五六百米，放下去再收回来，一般要花半个多小时。开始还比较顺利，因为吊机的滚筒还是正的，后来就被 CTD 拉得偏向一侧。偏了以后，放的时候不要紧，收起来就很困难，绳子不能正常缠绕到滚筒上，而是缠到外面的轴上。我们只好坐在吊机上，拿一根钢筋把绳子挡着，偏出去了就把它挡回来，每天都这样操作。我跟贾涛两个人操作 CTD 有困难，还得叫船员来帮忙。首先放 CTD，大概放 300 多米，放得快的话，整个过程要持续 30 分钟到 40 分钟。收上来以后，下面就放浮游生物网。这时候，浮游生物网就不能用吊机绞了，力度不够，绞不动的。我们就人工拉网，一个人水平拖网，一个人垂直拖网。两个人从船尾放下去，垂直拖网把绳子放底之后拉上来，然后水平拖网从船头拉到船尾采样。每天都在每个点做这两件事情。另外一件事情，就是要把我们当时所处的经度、纬度以及水温气象记录下来，一个点大概要忙一个半小时左右。我们只要网一放好，CTD 一取上来，船就立马开了。3 个小时以后，忙完休息一会儿，又到点了。有时候实在累得不行了，就在船上躺一会儿。当时最怕听到的声音就是"李老师，我们到了"。真是非常痛苦。那时候还年轻，真的很需要睡眠，怎么也睡不够。但是没办法,任务得完成,所以最怕就是跑点。听到"李老师"三个字就觉得像噩梦一般,但没办法,只好又起来放网。(CTD是温度测量仪,可以测温度、盐度和水深)

跑点调查的时候,船员对我们有意见。当时的船员也没打过交道,除了职务船员是舟山本地人以外,其他劳务船员来自广西、云南、江西、四川等地,五湖四海都有。跑点完了以后,有些船员就有意见了,他们还是很有文采的,在卫生间墙壁上写打油诗,具体怎么写的不记得了,只记得大概意思是说,我们是出海钓鱼挣钱的,没想到天天在大海上闲逛。他认为我们采点是闲逛,没产量,没钱挣。这样一来,船长和公司压力很大。等我们把所有的点做完(一共是 120 个点),总共花了一个半月时间。但有一段时间还是有生产的。记得有一天在航行途中,大概是下午四五点钟,天还没黑的时候,船长还在睡觉,我在驾驶台观察渔探仪影像,我看到鱼探仪扫过之后发现有红点。平时看到的是上面有一层绿色浮游生物藻类,而我这次发现的是红点,我就赶紧把船长叫出来,先是停船,然后跑过去定位。定位后,当天晚上我们就投放下去,那是第一次生产。第一天的产量不高,就几吨鱼吧,但船员也很兴奋,出海 50 多天了,第一次作业。大概持续的生产过程有五六次,其他时间都是在跑点。一个半月以后任务完成。我们钓上来的鱼一部分进仓,一部分做随机采样。采样以后,开始对几十条鱼进行计数,然后称

2015 年 3 月 23—27 日,我校海洋科学学院朱清澄(右一)、田思泉(右二)、李纲(左二)和花传祥(左一)组成的中国科学代表团参加了在日本东京举行的北太平洋渔业委员会(NPFC)秋刀鱼工作组会议

重、解剖，一条接着一条，一个人记，一个人解剖。我们两人还要取肌肉，把所有鱼解剖完、弄好，差不多需要两个小时。

在那边调查了一个半月，陈老师告诉我整个调查需要三个多月。我们当时的位置是在哥斯达黎加，在赤道附近，很暖和。我们也就带了一张薄薄的毯子和一条席子就上船。第二趟完了之后就开始南下秘鲁。船越往南越冷，最后冷得不行。我们先是把制冷系统的出风口堵住，但堵住还是不行，外面气温低。没办法，熬不住了，就跟船员借备用被子。南下开了一个星期，我记得当时经过加拉帕戈斯群岛的时候，已经看到有渔船了，船员们都很兴奋，都要抢着望远镜去看船。为什么呢？因为我们从舟山出港以后，一路上再也没见到任何人类活动的迹象，看不到船，什么都没有，船上就三十几个船员加上我们两个人。所以南下经过加拉帕戈斯群岛看到有船了，大家都很兴奋，船长看，渔捞长也看，很多船员也都看，想看看这是什么船，大家都很兴奋。最后我们到达秘鲁外海的渔场。

鱿钓作业方式的过程是这样进行的：下午 5 点钟之前通常是找鱼、定位，太阳下山后就开始亮灯生产了，一直生产到天亮。鱿鱼有一个习性是晚上就上浮，凌晨太阳出来就沉下去了，所以我们都是在晚上作业。生产两三个小时以后，如果鱼群比较稳定，我们就把金属卤化物灯关掉，换成日常用的白炽灯。家里的白炽灯只有二三十瓦，船上的白炽灯功率就很大，都是一百瓦到两百瓦这样。灯是黄色的，和金属卤化物灯比起来，光线就弱了。灯光弱了鱿鱼就会再上浮一些，我们叫变色。变色是为了提高捕捞效率，因为鱼群到表层来了就更容易捕捞。我跟船员的作息时间是一样的，白天睡觉，晚上相当于是早上了。吃完"早饭"以后，我就开始跟他们一起钓鱿鱼，要钓 2 个多小时，大概钓到晚上 8 点，我就到海图室打开电脑做我自己的工作，记录数据、写论文等。到了半夜 12 点半，我就开始吃"晚饭"，其实是"中饭"，相当于正餐。正餐是一包半方便面加一根火腿肠。半夜 12 点半，船员都在生产，厨师会简单弄一些东西，每天都吃一样的饭菜也很烦，我晚上吃方便面算是改善生活了，我方便面带得比较多，就吃一包方便面配一根火腿肠。12 点钟吃完饭以后，我再到电脑前面工作 2 个小时。下半夜我就开始跟船员一起钓鱼，一直钓到天亮，同时采集鱿鱼样本。天亮以后吃早饭，洗洗后就睡觉。到了下午三四点钟，我们就起床开始工作。晚上开始生产前，我们会事先把当天采样的鱿鱼装好，然后放到冷库内部的边上。等进完冻以后，我们就开始解剖。50多条鱼一条一条都按一字排开，全部做好。船员睡觉以后我们还要做一件事情，虽然点跑完了，但是到一个新的渔场，CTD还是要放的，浮游生物也是要采的。趁着船员都休息，船飘浮不动了，我们就开始做这个事。这件事情干完，睡到下午三四点，船员就开始出冻了。出冻是什么意思呢？晚上钓好以后，早上把鱼称好并装到盘子里，然后进入平板车间速冻，从早上一直冻到下午，差不多冻10个小时左右。冻硬以后，就把鱼从速冻车间拿出来，装袋、打包，放到冷船舱里面。他们把出冻做完，我们就开始干活。每天重复这样的日子，要是不给自己找点乐趣，日子会非常难熬。陈老师当时说三个月就可以回去。到了三个月，我就特别想家。我记得最清楚的一次是从哥斯达黎加外面海域调查完成后开船南下，那一天是2009年10月3日，正好是中秋节，又是国庆节，恰好也是我的生日，我就自己坐在驾驶台，船一边开我就一边看着月亮，那个时候的我非常想家，心想三个月都到了，怎么还不回去呀？三个月过后，每天还是那么充实地干，晚上干，白天睡觉，就觉得日子过得很快，完全适应了，叫不叫我回去也都无所谓了。

我也比较喜欢钓鱼，记得有一天产量非常好，一晚上钓了将近30吨。之前我们渔船的布置是从船头到船尾，大家都排好队，围成一圈手钓。渔船前面有个滚轮，钩子放上去，钩子有一钩是洒钩，最下面有个近视钩，各人自己绑好，钩与钩之间的距离就是臂展，拉上来差不多就是你的臂展长度。除了前面那个金属钩以外，一般都是放12—14个钩子下去。跟他们在一起，我有时候帮他们一点忙，主要是帮渔捞长，因为我有些工作也要请他帮忙。船员每人都有自己的筐子，自己钓的鱼就放在自己的筐子里。那天鱼实在钓得太多了，筐子装不下了就全部摊在甲板上，摊了厚厚一层，连下脚的地方都没有。秘鲁外海风浪较小，把鱼摊在甲板上问题不大，如果是在智利外海，鱼摊在甲板上就非常危险，海浪一来，重心不稳的话就容易沉船，幸好当时是在秘鲁外海。

钓上来那么多鱼，最好是有运输船把鱼卸掉。平时我们的平板车间一次也就能装进8吨到9吨鱼，30吨鱼我们冻了两天多，不停地出冻进冻。第二天晚上就完全没有生产，不生产我也没事干了，我就看着他们进冻，我想：我就去钓鱼吧！我不是钓普通的鱼，我要钓大的。当地的鱿鱼有大有小，最大的有腰那么粗，几十斤重，一个人拖不动。我就用一个很大的钩子绑上一根线放下去，然后用海锚机拉上来，海锚机上有个电动绞机，钓到鱼后就把它挂到海锚机上，机器一开，"咚咚咚咚"响，鱼就被拉上来了，再拿个钩子把它拖到船上来。平时手钓要三个人才能把它拉上来。 个人拉，为了防止它逃跑，就要拉拉放放。它要逃就会喷水，力量很大，钓线经常会被它拉跑，连钩带线一块拉跑，钓线被拉断的话它就跑掉了。所以我经常是一个人站在船舷上顶着，拉拉放放，一把一把拖上来。我肯定没有那么多时间，也没有那么大力气，我就用起海锚的机器绞绳子。我钓了两个多小时，一共钓了23条鱼，全是大的，几十斤一条，很有成就感。有一次我站在船头钓。船员用的都是很长的串钩，我拿了漂钩。漂钩就是上面有一根金属棍，下面是一圈圈的钩子，上面有个小亮片，一根线一根钩子，甩出去就行，甩出去手要动一动。那天我一个人就甩了3个钩子，钓到的鱼特别多，我自己忙不过来，这边还没拉起来，那边又上鱼，我旁边的渔捞长一看这个情况，他也不用串钩钓了，就和我两个人一起用漂钩拉，一会儿我就钓了满满两筐，全送给他了。鱿钓是非常辛苦的，船上的厨师因为钓鱿鱼，小拇指都变形了。我开始钓鱿鱼时戴着手套，但戴手套也没用，虽然手指没有弯，但是小拇指全是厚厚的一层茧。

记得有一次，我晚上刚吃好洗好，想没事去钓一会鱼。鱿鱼钓上来以后，"噗"一喷，连海水带墨喷得我满头满脸都是。我们出海的衣服全是硬的，浸了海水以后，又黑又硬。船上生活还是比较辛苦的。我们到了秘鲁以后，因为管道出了问题，制淡机也坏了，淡水供应不足，就开始限量使用淡水，不能洗澡，只能忍着，实在忍不住了就跟轮机长说好，到机舱里，接一点冷却水凑合擦擦。最关键是喝的水不行。船员用的是五公斤的桶，一周一桶。我们虽然还没有说限量供应，但是大家都是这样，自己也不好太奢侈。水抽过以后，我拿出来一看，就像泡过板蓝根一样，全是铁锈，做饭也就用这样的水。我们之前出去，跟船员不一样，我们带了很多矿泉水，但因为不知道什么时候能回来，所以矿泉水只能定量喝、定量用。之前我们在北边哥斯达黎加外海时，赤道正是夏季雨季，我们就在渔船甲板上把防水油布四个角扎好用来收集雨水，再把收集到的雨水一勺一勺地舀到大缸里面。大缸盛满了，我们渔捞长用盖子盖住大缸，还要上锁。雨水比船上的水好喝多了。二层甲板就像房檐，雨水顺着流下来，我们正好用来洗澡，洗得很开心，就算是冷水也无所谓，比在机舱里洗好多了。机舱里都是油，油味很重。从哥斯达黎加离开以后，我们到了秘鲁就没有雨了，那里不像热带地区会下很大的雷阵雨，天天阴天，但就是不下雨。我们出海之前还带了一些绿叶菜，但新鲜蔬菜不到半个月就吃完了，然后每天就吃冷冻蔬菜，都是冷冻的西红柿、卷心菜、蒜苗之类的。不过比以前好多了，听老前辈们讲，他们到北太什么吃的都没有，就酱油泡饭，我们倒不用吃酱油泡饭。冷冻蔬菜很难吃，特别是冷冻西红柿，是我这辈子吃过的最难吃的西红柿。冻完了以后用来切片烧汤，味道肯定不好吃。那个时候技术还不够发达，不像现在这样，还有冻干蔬菜，那还好一点。冷冻蔬菜一解冻就全软掉了，天天就吃这个。我因为经常出海比较有经验，所以带了各种各样的调味品，老干妈、豆拌酱、榨菜都是必备的，除了水以外就带这些东西。之所以要带水，主要是船上的制淡机功率小，有时候制淡质量不过关，水就有问题了。一般大型制淡机制出来的水还是可以的。在船上就怕用水出问题。

这次跑到秘鲁，等回来时算算已经快 5 个月了。头三个月按照预定时间是很想家的，后面就无所谓了。每天就这样过，我也觉得很充实。当时我出去是还带着任务的，陈老师说要根据我的毕业论文内容再编一本书出来。所以我晚上一般就是在电脑前面工作，工作完成后就去钓鱼，下午开始做解剖实验，每天就这样轮轴转。去钓钓鱼也好，反正我的作息时间跟船员的时间是一样的，他们干活我也在干活，他们睡觉我也在睡觉。否则如果跟他们作息时间相反，我们在船上即使混得下去，也会非常孤单。白天船上除了留一个人值班，其他人都在睡觉。船上辅机开着，因为辅机比较小，基本上没有声音，能听到的就是海水的声音了。一艘船就这么在海上漂着，一天可以忍受，两天也可以忍受，但天天这样还受得了吗？肯定受不了。所以还是要跟船员保持作息时间相一致，这样就比较好打发日子，尽量让自己充实起来。晚上我有时候会找点事做，那个地方有很多鲯鳅，俗称鬼头刀，有时候我就去钓鲯鳅，钓到一两条，就把皮扒了，烧汤做丸子吃，改善一下生活。船上吃的东西实在是太单调了，经常是清蒸小黄鱼，鱼是冷冻的，每天就是这个，还有煮芋头。至于鱿鱼，我们天天在钓鱿鱼，没有人想吃鱿鱼。而且远洋鱿鱼和近海枪乌贼不一样，肉粗而且酸，不好吃。我们在超市买的鱿鱼丝，全部是用秘鲁海域的这类鱿鱼做的。不可能拿近海的枪乌贼或者是阿根廷的滑柔鱼这类高品质的鱿鱼做鱿鱼丝，那样会亏死的，只能用远洋鱿鱼来做。

我 2009 年出海 5 个月，回来时正好我们学院召开远洋鱿钓周年纪念活动，不记得是 30 周年还是 25 周年了。回来的时候也出了一些问题，因为承担探捕调查任务的渔业公司跟国外的代理沟通不畅，说可以回来了，我们就上了俄罗斯的运输船。我们在俄罗斯的运输船上呆了几天，其间主要是帮俄罗斯运输船招呼我们国内渔场的渔船。国内的渔船要卸货，我就帮他招呼。俄罗斯大副就告诉我船需要从船头进还是船尾进，靠左舷还是靠右舷，是哪一条船。我们有单边带。然后我就跟他讲船要到哪里，什么时间什么地点，从左舷靠还是从右舷靠。跟俄罗斯船员交流非常困难。记得我到这里不到两个礼拜，其他渔船的代理就找到我，问我能不能帮他们到俄罗斯运输船上去做翻译工作，就是和他们说什么时间什么地点停靠哪里，左舷进还是右舷进，有多少渔获等。他们说每个月可以开给我多少美元工资。我说："这当然不行了，我出来是搞调查的，不是专门做这种事情的。"我就一口回绝了。到了俄罗斯运输船上以后，那位俄罗斯大副就叫我帮他干这事。都上了他的船了，就帮他服务一下也没事。在他的船上我们倒是很自由，没有说禁止我们去哪些地方。当然，想下机舱肯定不行，但可以在甲板上自由活动。平时我就帮他招呼一下国内的渔船。他跟我说什么时候什么地点，从左舷进还是从右舷进，船头进还是船尾进。他跟我讲了以后，我就招呼那些渔船。船员基本上是不会翻译的。他们要叫的话，不会是船长与船长之间联系，肯定是船与岸或岸上与船联系，要多走一道程序。我到了就直接进船了，这样也挺方便。这就是他为什么想把我留下来的原因，要我帮他们做翻译，承诺每个月可以开多少美元工资给我。当初说要给我开五六百美元，但我怎么可能留下呢，我的探捕任务还没有结束呢。当时我跟贾涛在一起，他也是研究生，我们两个人干这点翻译是完全没问题的。偶尔帮一两次忙是可以的，如果是专门干这个，就把主业丢掉了，那是不行的。

我是从 2005 年到 2009 年连续五年都出海，后面就再也没有出去过了，因为现在招的人多了，人数也够了，就不用我出去了。我们之前包括刘必林、田思泉、钱卫国这些比较早搞鱿钓的人，都必须出海。

那年我回来的时候，当时自己傻乎乎也什么都不知道，船长就说可以走了，然后联系好，我们就上了俄罗斯运输船。到了俄罗斯运输船我才知道俄罗斯船员也要轮换的。我坐他们的船，靠在秘鲁的卡亚俄港。到那以后，由小船把我们带上岸。我当时带着海员证和护照。护照带着也没用，主要是海员证。当地边防警察看了一下证件，也没有办出入境手续，就放我过去了，船员有这个便利条件。到了陆地，我们就跟着俄罗斯大巴到酒店住下。后来没有人跟我们联系，住酒店的费用谁来付，出入境手续怎么办也没人管。我不知道代理是怎么回事，就跟他们公司打电话，他们回复说要再等两天，会有人联系我的。出国的基本知识我是知道的，进入到一个国家至少要有个入境手续，出境的时候也要有个出境手续吧。我们当时连入境手续都没有，相当于把我们两个人黑在里面了。酒店里有警察值守，我们也不敢出去。到了酒店以后已经是晚上了，吃饭是个问题。我当时的理解是，拿到房卡以后，想吃饭报一下房

李纲（中）于 2016 年参加 SPRFMO 第四次科委会

号就可以了，跟店员说英语，他又说不清楚，他说的是西班牙语，叽哩呱拉说不清楚，我特别为难。最后俄罗斯大副看到了，他用英语告诉我，我才知道这个酒店可以直接到上面吃饭，拿着钥匙、房卡就可以。因为入境手续没有办，我们也不敢出去。我知道要出去以后，就带了一些人民币，还带了些美元，就怕万一要用到，但不敢出去换。俄罗斯大副给了我一百多比索。后来我们沿着酒店边的街道往前走一走，看到两个字比较熟悉，写得像汉语拼音一样，是"CHIFA"，看着像吃饭的地方。我们就试着走进去了，果然是华侨开的餐馆。店里除了老店长会讲汉语以外，其他人都不会讲。这是我们出海以来第一次正儿八经地吃了一顿中餐，两个人觉得这辈子都没吃过那么好吃的东西。我当时点了一个韭菜炒蛋，一个素菜，一共两三个菜，吃了两碗白米饭。到了第三天，公司打电话给我，说代理会帮忙办手续的，让我们再等等，我说："好吧，我就等着吧。"等到我要走的前一天，当地的代理才过来，把我的海员证拿过。直到第二天要走的时候，出入境章才刚刚盖好，居然可以这样！因为他也没联系好，把我们甩到酒店就不管了。当时我非常着急，走的时候拿着机票，他把我送到机场，然后开始入关了。咱们入关所有的手续费都是在入关前全部付掉的，但秘鲁不一样，入关之前把护照给他，每个人大概还要再付 40 美元，类似于机场服务费。入关以后，代理车就开走了，我们找谁去？还好我带了美元，不然的话我们拿着机票也进不去。到了机场，我想接下来应该顺利了吧，结果到了转机的时候又被卡住了。所有乘客都上飞机了，就我们两个人卡了半天。工作人员看我们海员证，说这不是正常的证件，他们要请示一下。七弄八弄，登机口马上就要关闭了，他看了看，说走吧，我们两个才总算回来了。回国就碰到这两个问题，当然这算是比较轻的。记得戴老师有一位学生，拿了海员证以后要经日本回国，日本人不让他上飞机，他只好又回到船上。我想，这样的事对个人的心理打击是非常大的。出去这么长时间，好不容易要回来了，到了岸上，又被遣送回去，不让上飞机，只好又回到船上。每个国家的规定不一样，我认为我们的海员证跟护照是类似的，但有些国家并不认可，比如日本就不认海员证。

三、参加南太平洋区域管理组织会议,首提 CPUE 标准化

我 2009 年出海回来以后,在 2010 年又去南太开会。为什么要我去南太呢?当时我们学校负责的有关渔业组织中,金枪鱼领域参加的人数是最多,实力也是最强的。智利竹荚鱼技术组中只有张敏和邹晓荣两位老师,再加上周校长。周校长快退休了,张敏老师在校办又很忙,所以就邹晓荣一个人在忙这件事情,忙不过来。那时候说要叫上田思泉帮忙,但他在忙北太,也忙不过来,所以就叫我加入了。我说行,我可以干,就这样我也加入了。

南太就是南太平洋区域性管理组织,主要管理南太平洋中除了高度洄游类以外的其他所有鱼类,也就是除了金枪鱼之外它都管。2010年,这个组织还在筹备当中,还没有正式成立。当时周校长带着我跟邹晓荣一起去开会。先去参加了科委会,然后我又参加了年会。南太一年开两次会,其中一次是科学家会议,观点建议提出来以后交给年会。从 2010 年开始,年会和科委会我都参加过。2010 年是 10 月 3 日开会,周校长和邹晓荣先去了,那一年我正好结婚,我就推迟了两天去开会。婚礼结束以后,第二天一早我就坐飞机去开会了。我觉得挺对不起家人的,哪有这样的,今天结婚,第二天就跑了。我是在浦东办的婚礼,那天晚上还下着大雨。婚礼结束以后我就直接住在浦东。飞机航班非常早,忙完婚礼我就打电话订出租车,担心迟了订不到,打了一个多小时电话才订到一辆车。我第二天早上六点钟就去了机场,坐飞机去南美。开会地点是在智利的一个海滨城市,我先飞到巴黎,在巴黎转机到智利首都圣地亚哥。我当时是一个人去的,周校长还是很有经验的,他把相关事项跟我说了一下,说到了圣地亚哥机场以后大致怎么走。我下了飞机后,先坐公交车到市内,到市内要转车到汽车站,我还坐错了一趟,于是再换乘另一趟车,我跟驾驶员说要去哪个地方的公交车站,他告诉我说要坐哪一趟车,我这才总算到了汽车站。那里的汽车站就像我们的长途客运站一样,有到智利各地的客运车。我到窗口去买票,买票以后想上厕所,但找不到厕所。检完票进站后我就问驾驶员厕所在哪,可

是我跟他说英语他也听不懂，怎么办？还好驾驶员是男同志，我就跟他比划，一比划他就明白了，指了指车上，原来长途车上就有卫生间。

从上海飞到巴黎花了 12 个小时，转机等了几个小时，之后又飞了 13 个小时到圣地亚哥。我到达后花了 2 个小时到长途客运站，又坐了 4 个多小时长途汽车，才到达目的地，我再打出租车到酒店。这是我第一次出去开会。其实到智利首都圣地亚哥可以从美国转机，但是要办签证，比较麻烦，而过境巴黎 24 小时内是不用办签证的。

我参加的是南太平洋区域性管理组织的年会，有政府代表参加。当时主要讨论这个组织的筹备工作，但在筹备磋商阶段，已经有了临时的磋商措施，临时管理措施也已经出台。2010 年时该组织就提出，竹荚鱼产量非常不好，建议各国在上年的基础上减产百分之多少，我们是去讨论这件事情的。我记得是要求减产百分之四十，一下子要减百分之四十，幅度很大。到了 2011 年，在此基础上再减产百分之六十，因为捕捞竹荚鱼的主要国家是智利和秘鲁，因此大家都同意减产，中国也减。2008 年到 2009 年是我们渔船数量的高峰阶段，但产量不佳，有些渔船都撤退了，所以减产对我们影响也不大，即便不减，产量也自己掉下来了，何必对抗呢？这是我第一次参加会议，主要是抱着学习的目的，坐在邹老师后面，当时周校长已经回去了。

第二次开会是在圣地亚哥马里阿图科学委员会，周校长、邹晓荣和我三个人一起去的。我博士论文主要是研究资源问题。会议的主要任务是做竹荚鱼资源评估。资源评估很重要的一个方面就是各种各样的数据，除了海洋数据，还有单位捕捞努力量和渔获量数据。从资源评估的角度来说，我们的数据都要处理，特别是我们的 CPUE 数据要进行标准化处理，这是我们之前在做的事情之一。我就把国内从 2001 年到 2010 年的大型拖网数据拿出来整理好，再按照 CPUE 进行标准化处理，做了一个报告提交到科委会。科委会一讨论，觉得确实应该做，于是就规定以后各个国家提交的报告必须要进行标准化处理。从那以后到现在，包括智利、秘鲁、欧盟等成员，提交数据前都要进行标准化处理。为什么要做这件事情？因为前几年我们没有处理的 CPUE 数据跟国外数据是相反的，总是被他们质疑，认为我们的数据有造假的成分。

人家的 CPUE 都是穹顶形的，我们的是凹形的，他们就认为我们的数据是造假的。为了避免这个问题，我就做了标准化处理。现在做资源评估的时候，各国都是这么做的，特别是 CPUE 数据，要把它进行标准化处理以后，才能做其他工作。什么叫做标准化？这是我们的一个专业问题，简单来说，CPUE 等于产量除以捕捞努力量。如果今天捕捞 100 吨花了 5 个小时，明天捕捞 300 吨花了 6 个小时，除一除，一对比就看得出谁的效率更高。这个效率受很多因素影响。最简单的理解，就是船的功率不一样，马力不一样或者装备不一样，那么日产量肯定也不一样。船长的积极性越高，日产量就越高；环境条件越好，日产量也越高。这样做出来的 CPUE 就不能反映资源指数了，因为它受到各种因素的干扰。CPUE 标准化就是把这些干扰因素都去掉。做出来的指数能够反映整个资源的正常波动情况，资源高了，指数就应该高，资源下降，指数就应该低。举个简单的例子，就说我们上证指数吧，如果是在跟经济规律完全契合的情况下，经济状况好则上证指数高，经济状况变差则上证指数就下降，这反映了国家经济运行状况。CPUE 做的就是

李纲（右二）于 2017 年参加 SPRFMO 第五次委员会会议

反映鱼的资源量高低变化的情况，它的影响因素很多，如果不把这些因素排除掉，指数就是假的。把假的指数放到资源评估模拟中去，原始数据是错的，做出来的结果就不对。我们渔业管理政策来源于什么，就来源于评估结果。如果评估结果是假的，管理措施就是错误的，管理措施错误的话，有可能导致研究得出的结论是资源很快就要衰退了。这样的例子在国际上很多，我在南太平洋所做的贡献主要就在这里。

我现在主要负责科委会的工作，邹老师主要是参加年会。按理说，大家都应该去，但是考虑到围网技术组的人比较少，跟金枪鱼组织比起来，规模也比较小，所以经费方面就受到限制，结果都是一个人去。从到美国开会那次开始，由于经费问题，我就跟邹晓荣商量，他去年会，我去科委会。从 2012 年开始，每年都是我一个人去科委会。

科委会工作中的第一项是要提交本国的报告（national report），报告今年渔业状况如何，履约情况怎样，这两年的渔业状况怎么样，这些都要进行总结。第二项工作是提交研究报告，我们称之为 information paper，就是有关渔业的研究结果怎样，大家研究、交流一下。第三项工作是讨论一下最核心的任务。前几年最核心的任务就是竹䇲鱼的管理问题，讨论当前所采用的模型需要什么数据，怎么做敏感性分析，结果是否可信，怎么进行预测。预测的结果就是看看未来资源量是增还是减。大家根据资源量增减程度讨论来年的配额应该是多少，确定后就提交给年会做决定。实际上，科委会最主要的任务就是担任智囊和提供咨询，根据科学分析的情况，提出管理建议，然后由年会讨论是否接受这个提议。

现在这个组织有美国、欧盟、澳大利亚、新西兰、智利、秘鲁、瓦里阿图、库克群岛、法罗群岛、韩国、中国大陆和中国台湾地区等 13 个成员，成员分为两个部分，一个叫缔约国，一个叫合作非缔约方。中国台湾地区是作为捕鱼实体参加的，这是毫无疑问的。我们是正式的成员。像美国则是合作非缔约方，因为它没有渔业利益在里面，但是它也参加。全球所有的渔业组织基本上都能看到欧盟、美国、澳大利亚、新西兰这几个国家。这几个国家在竹䇲鱼方面都有相关利益。智利、秘鲁沿岸国就不说了，还有远洋渔业国家三方，实际上是四方，最早是俄罗斯，俄罗斯没有船队，但相关配额他们继续享有。另外就是我们中国大陆和欧盟以及韩国。其他国家这两年基本上没有什么生产，他们没有远洋渔业。我国是所有远洋渔业国当中拥有配额最多的。我们的历史产量最高，船组达到 13 组，产量过 10 万吨。制定配额有几个依据，一个就是历史上要在这个海域生产过，如果是沿岸国就不用说了；另外一个就是根据历史产量和比例来切蛋糕，各分到一块，但实际上有百分之九十都是归智利的。这两年全世界竹荚鱼的总产量维持在 46 万吨左右，智利大概要占到 37 万吨，我们国家是 2 万 9 千吨，在 46 万吨总产量里占到百分之五。智利的历史产量本来就高，全球最高产量曾经达到 500 万吨，而智利独占 450 万吨，占比高达百分之九十。

科委会前两年的主要矛盾集中在智利和秘鲁之间。2010 年和 2012 年我们都是要减产，当然不是采取强制措施减产，是自愿减产，因为组织还没完全成立，所以是自愿减产。智利做到了减产，但是秘鲁不但没有减反而增长了很多。有一年的年会在圣地亚哥召开，智利跟秘鲁针锋相对，就吵起来了，毫无疑问这是国家利益之争。我们在这边开会，绿色和平组织就在外面抗议，他们说我们破坏生态，不让我们捕鱼。智利和秘鲁现在还针锋相对，因为管理南太平洋是按照种群进行管理，蛋糕就是这么切的。秘鲁认为他们家门口的鱼和智利家门口的鱼属于两个不同的种群，你捕你的，我捕我的，不要混为一谈。秘鲁现在一直在要求并推动分别做两个种群的资源评估，科委会也同意分两个种群做评估，看看结果怎么样。但秘鲁自己做的结果不行，而科委会做的结果显示两个种群差异不大，所以现在总体上还是倾向于认为是一个种群，这个结论基本上被大家认可了。秘鲁当时提出了一个观点，依据是他们有一位科学家在 fishery research 上发表了一篇论文，说秘鲁和智利鱼类种群的基因有很大差异。实际上，我看用基因来解释并不科学。为什么？因为我们人类跟猩猩和猪的基因匹配率都高达 99％。如果是不同种群，我觉得还能说得通。在智利和秘鲁这个海域有一个很大的生态系统，南极的冷水上来以后就形成了一个很大的秘鲁寒流，沿岸一直快上到赤道，直到加拉帕克斯群岛。这一带没有地理隔绝，怎么能说它是两个隔离区域呢？如果一个种群是在东南太平洋，另一个种群是在加勒比海，有天然的界限分隔，那说这是两个种群倒是可信的。可现在两个国家是挨着的，同处于整个大中南系统，又不存在明显的生态界限，所以我是不认可秘鲁这一观点的。但秘鲁一直在强调，这是两个种群，不应该给它限制到这么少。所以在正式管理措施出来之前，秘鲁一直在增加产量。因此，在科委会上最核心的较量就在智利和秘鲁之间。

限制产量，我们中国在公海还好，因为本身船队就在缩减。这几年管理下来，看起来是有效的，资源正在恢复。从资源评估的结果和实际生产统计来看，资源确实在恢复，管理是有效的。

我们中国的配额确实是减少了。我们每个月都要汇报产量。该组织有个规定，产量达到配额的百分之九十就必须要汇报，这涉及到配额问题。有些关于这方面的问题不方便讲，我就不说了。但现在的焦点问题不是在竹荚鱼了，而是在鱿鱼方面。鱿钓原本是没有纳入管理的，但他们现在也想将其纳入管理。纳入管理有几个不利的因素：第一，加入这个组织要交会费，和我们加入联合国一样，各个国家要分摊会费。分摊会费的一个原则是看渔业产量。原来只管竹荚鱼，我们就只交这部分会费，现在要把鱿鱼纳入进去，按照鱿鱼产量我们就要多交一百多万元会费，这是不可接受的。第二，我们现有鱿钓船200多条，产量30多万吨，现在还是可以自由开展渔业生产的。如果被完全监管起来，我们的鱿鱼生产会受到很大限制。我国政府现在采取的办法是拿出证据来说明鱿鱼资源很好，不需要管理，这就是我们现在要做的工作。

我们历史上产量高，配额就可以高一点，但智利也不低，他们是最多的。从事远洋渔业生产，一个是我们，一个是中国台湾地区，韩国也有一部分。中国台湾地区去年就剩下一条船了，我们有200多条，连续两年产量都超过100万吨。

组织成立后对我们来说也不完全是坏事，好处也是有的，就是可以倒逼我们国家进行渔业管理。这个组织的意思，一方面是要进行管理，另一方面现在正在制定南太平洋区域渔业组织的观察员计划，观察员计划现在草案已经初步出来了。我和唐老师在负责这件事情，涉及到怎么派观察员，谁派观察员，观察员覆盖率怎么算以及要派多少个观察员。我们现在对竹荚鱼派观察员完全支持,一般来说是百分之十左右的覆盖率,但对鱿钓派观察员则完全没办法接受。为什么呢?如果是按照百分之十的覆盖率来算,它是两个标准,如果有 260 条船,就要派 26 个人,谁能吃得消?哪里来 26 个人?谁来出钱?这是我们没办法接受的。现在观察员计划正在起草阶段,各方可以提出意见、陈述理由,这也是我们现在正在做的事情。

我们陈述的理由,第一是从鱿钓作业分布来看,作业区域很集中,鱼体的分布差异不大,采 10 个点跟采 2 个点是一样的,为什么要采 10 个点呢?第二是派遣观察员是要花钱的,除了培训观察员要花钱,还要给观察员支付工资,要花很大的精力、物力、人力,因此观察员肯定是越少越好。金枪鱼组织很多是做到百分之五,有些敏感性高的确实要做到百分之百,这个我也认可。比如说一些脆弱的生态区域,如底层拖网,它下面有海棉、珊瑚,这些物种生长缓慢,敏感性又非常高,破坏了不易恢复,确实要百分之百地进行观察。鱿鱼属中上层鱼类,设那么高的标准,目的是什么?当然,他们把目的说得很明确,派科学观察员主要是收集科学数据。那我只要把需要的科学数据交上来不就行了,为什么一定要派观察员?在这点上我们的态度非常明确。当然,我们也有自己的短板,我和陈老师一直都在向农业部反映这方面的问题。我们作为一个国家成员,主要履约义务之一就是提交数据,特别是生产数据。我们的鱿钓船数和吨数都没问题,但是我们的鱿钓数据一直没办法提交,主要是因为我们的《渔捞日志》收不上来。前两年我们的产量都是每年 30 多万吨,但是按照上交上来的《渔捞日志》进行统计却只有 10 万吨,有百分之七十以上的船没有交。《渔捞日志》没有上交,我们就没法把详细数据汇报给渔业组织。现在渔业组织要实行观察员计划,我们说要提交科学数据,但因为《渔捞日志》收不上来,我们就没办法完成这项任务。

之所以会出现这种情况,一方面是因为人家不配合;另一方面,上次我跟吴嘉敏书记、张敏和陆化杰去农业部参加远洋渔业管理规定会议,会议制定的规定中有一条是说不上报、不按时按规定填报《渔捞日志》是严重违法、违规的行为。原先我们是这样做的,由邹莉瑾那边负责统计《渔捞日志》，某个企业交了，我们学校远洋渔业中心会给它开具证明，可作为到农业部办年审的文件，这是企业年审的主要条件之一。但现在农业部对违规违法的处罚不是很明确，导致很多企业不上交《渔捞日志》。不交《渔捞日志》，给我们参加会议造成很大的困难，对各方面工作都会造成很大的影响。一方面，我们经常要进行评估，总产量我们是知道的，但没有详细数据，导致资源评估数据不准确，这样评估就存在问题；另外一方面，我们要反对对鱿鱼进行管理、反对观察员计划，就一定要把数据提交上去。我们总不能说，我反对，但就是不交数据材料、不履约，这从哪方面说都站不住脚，所以我们现在的工作瓶颈就在这里。

南太平洋区域性管理组织原来主要是管竹荚鱼这一类鱼，还管理底层鱼类和脆弱生态系统，这些渔业我们都没有，所以问题也不大。当然，生态系统管理是非常重要的一块内容，智利、澳大利亚和新西兰都非常关注这件事情。出于保护海洋生态的目的，我们也确实支持他们的观点。现在最核心的焦点就完全落在了鱿鱼方面，我们各方面都面临着较大压力。当时在智利做竹荚鱼资源评估的时候，陈院长去开了两次会，是在美国开的。2008 年和 2009 年开的会议，我们没有人去。当时我们的评估手段和水平也比较差。现在陈勇老师也加入了。2016年 10 月要在海牙开科委会，它前面有一个会议叫资源评估会议，就是要开始讨论对这三类鱼进行评估。智利竹荚鱼已经做得差不多了，重点就是鱿鱼。我们现在已经开始做了，我们争取在鱿鱼评估方面握有主动权。现在我们有能力也有优势，因为我们的产量最高。陈老师这十年来一直在研究鱿鱼，这方面的信息、数据以及生物学方面的研究成果，都已经有了大量的积累。我认为现在做资源评估已经是水到渠成，再加上陈老师的指导帮助，应该是没有问题的。我向学校提出要求，这回我们要去四个人。原来只管竹荚鱼，就我一个人去关系也不大，现在鱿鱼资源评估的项目拿过来以后，陈院长是不可能去的，我就叫刘必林加入进来，他主要是做鱿鱼的生物学研究的，这个项目对他是没有问题的。我还叫了一个做鱿鱼资源评估的博士生，叫许骆良，是陈新军老师的学生。由于第一个会议是做资源评估，去年我就跟陈勇老师说过了，他说他在美国那边过去也方便，从缅因过去飞越大西洋，几个小时就到了，比我们方便多了，他是可以去的。把陈勇老师叫上，他就是我们的资深顾问。陈勇老师一起去，我们的腰杆也会挺得直一些，特别是对鱿鱼的资源评估。

2016 年 7 月 7 日周四晚上，开完农业部的会议后，晚上 9 点钟，科委会的网络会议就已经开始了。从晚上 9 点钟，一直开到 12 点钟，陈勇老师也参加了。网络会议主要是讨论接下来的工作，而资源评估会议的工作也很明确了，第一项是鱿鱼资源评估，第二项是竹荚鱼资源评估，第三项是底层鱼类资源评估。竹荚鱼资源评估从 2008 年做到现在，模型结果都比较稳定，只需要做一些改进和修饰就可以了，实质性问题是没有的。底层鱼类跟我们没有关系，相关国家主要是澳大利亚和新西兰，而且主要集中在西南太平洋，问题也不大。最核心的就是鱿鱼，我们现在想要做的模型方法已经确定了，接下来就是要把各方面的数据弄好，把结果拿出来，然后做一份正式的报告进行提交。

谁先做报告，而且报告做得好，谁就占据主导权。如果别人先做了，我们没有参与或不去做，那别人说什么就是什么，人家说好就是好，人家说坏就是坏，我们就被别人牵着鼻子走了。因此，我们现在一定要把主导权拿下来。

四、承办国际科委会会议，提升国家和学校的影响力

我提出将 2017 年科委会交由我们上海海洋大学来承办。我跟陈老师说这事，他表示支持。我向农业部远洋渔业处几个处长也说了这事，他们也表示支持把会议放到上海来，由我们学校承办。张敏老师也很支持，前两天我把方案给张敏老师和陈老师都看了，现在我已经上报到 OA 系统，拿到学校去批了。这是第一次由我们上海海洋大学来承办召开南太平洋区域性管理组织科委会会议。科委会成立到现在，没有一次会议是在我们中国举办的。每次开会之后，会议最后一项议程就是确定下一年度科委会的开会地点。美国已经承办过了，欧盟 2016 年也承办过了，智利和秘鲁经常抢着办，澳大利亚和新西兰也承办过

了，我们国家一次都没承办过。这次我提出由我们国家来承办，领导都非常支持，都同意了。

之所以提出由我们国家来承办南太平洋区域性管理组织科委会会议，我当时是基于两点考虑：承办会议是各成员国的义务，这是一点；另外一点，大家都轮流办了多次了，就是没有到过我们中国，每次说到确定开会地点的时候，我们就低下头不吭气了，总是这样也不太好。我之所以提议把会议放到我们学校来开，是因为我来自上海海洋大学，算是有一点私心，我想这一点大家都是可以理解的。这也体现了学校的影响力，各国专家来了肯定要到学校来参观。现在 OA 已经走好了，部里、学校、学院基本上都同意了，接下来就是走程序。具体操办事宜肯定就是由我跟邹晓荣老师两个人配合安排，这对我个人来说算是额外的工作，但是想想还是值得的，一方面是可以树立我们国家的形象，另一方面是可以扩大我们学校的影响力，我觉得还是有必要的。我提出承办意向以后，有关方面领导都很支持，这令我非常高兴。

从 2010 年到现在，我每年都去参加科委会会议，一年一次。科委会正式会议是从 2013 年开始举办的，前面都是筹备会，当时叫科学工作组会议，现在叫 science commission。我从 2012 年开始独立参加会议，一直参加到现在。

我刚开始去参加科委会会议的时候，胆子小，不敢发表意见，主要是因为听不懂，真的很难听懂。母语国家人士讲英语我还基本上可以接受，非母语国家人士讲英语口音很重，听得非常吃力。参加南太之前，我是参加北太的。因为田老师去美国了，他去不了，我是代他去的。当时是到俄罗斯参加北太平洋渔业筹备阶段会议。这是 2008 年，我刚留校没多久，第一次参加会议。开会之后，我是跟那个协会的鱿钓工作组的同志一起去的。那时候日方代表是个老手，英语非常流利，我也非常紧张。在组织的筹备阶段，工作任务都是原则性的，问题不是很大。主要议题是关于中国台湾地区的地位问题，实际上是中美之间的博弈。那个时候是由外交部条法司带队的，主要任务由他们负责。我们科委会的任务比较轻，因为当时也没成立。即使是这样，我也已经非常紧张了，而且英语的难度非常大，很吃力。再接下来，我就是跟着周校长去了。在周校长的带领下，我把之前的会议文件看一看，从听不懂到半懂，再到基本上能够理解。特别是要能够在会上发言，需要有个逐步提高的过程。要在会上发言这是毫无疑问的，因为每年都要提交国家报告，国家报告是要陈述的，陈述完还要接受质询，别人要提问的，这一关必须得过。我现在基本上可以应对，但是距离熟练应用还很远。这个问题怎么解决呢？还好，我觉得这些主要是本专业领域范围内的东西，问题不大。对我来说，现在困难最大的就是公约的法律条款和法律条文。我这几年看下来，感觉看法律条文就相当于看我们的文言文。虽然都是英语，单个词组都认识，但放在一起，我不是搞法律的，看起来就非常非常晦涩，一定要下很大的功夫才能把相关条文弄清楚了。这就是我当前最大的困难。如果涉及到公约条文，最终要到年会上讨论，就由我们农业部和外交部条法司的政府代表出面，而我现在负责科学工作，主要是提一些专业性的意见，这还好一点。

接下来，我的打算也已经非常清晰了。南太组织现在管理的重点就是要开拓新的方向，也就是鱿鱼。关于鱿鱼，我想我们要在这方面有所突破，就一定要把主动权掌握在自己手里，要在组织中掌握话语权。这么多年做下来，我觉得问题应该不会很大，我们有基础，能够争取达到农业部渔业局的要求。关于开会的时间，我跟他们提了好几次了，我说科委会每年能不能避开 10 月 1 日到 7 日这几天，因为 10 月 1 日到 7 日是我们的黄金周，是我的 holiday，每次把会议时间定在这个时候，我都没办法休假。后来他们就采纳了，一般要么提前一点，要么后推一点。2016 年就放在 10 月 6 日。邹晓荣也提过意见，但是没办法，他们时间排不开。各国除了参加南太渔业组织之外，他们还有其他一些工作，各个国家的代表也不可能只是为了参加这个会议而存在的，他们还有其他的工作，有其他的会。比如，去年我在瓦里阿图开会的时候，碰到了韩国代表。他在我们这里开了半个月会议之后，马上要飞到澳大利亚参加卡马尔的会议，要参加一个多月。他两个多月都在外面，日程安排都比较紧，这是可以体谅的。我们提要求，能避免时间冲突人家肯定会避免的，会尽量满足我们的时间，没必要费力争论。

在这个组织里面，资源评估方面做得最好的是美国人。我们得承认，我们对于渔业评估管理方面的理念落后于别人，技术手段也落后于别人。就国内来说，我们学校是走在比较前面的，在一些学校的科研院所，有些人连资源评估的概念都不知道，他们相当于是处于资源评估领域的第三世界，而我们是第二世界，美国当然就是第一世界了。虽然美国在南太没有渔业，但是它国内有。美国国内的渔业管理是非常严格的，各类渔业管理就是把这类鱼换到那类鱼而已，模型方法包括软件系统，基本上都是它开发的，有美国东海岸和西海岸两个流派。我们这个科委会主席叫 James Ilali，是 NOAA 的一个资深科学家，他是专门搞资源评估的，陈勇老师对他也很熟悉。搞渔业资源评估，要求非常高。首先要懂渔业，包括渔业本身和渔业资源生物特征；其次是数学统计基础要非常好；最后是计算机语言能力也要非常强。只有这三方面的能力全部具备了，才能做好资源评估。我们在这三个方面都有差距，例如计算机语言能力我们还不足。计算机语言就是实现计算功能的手段，这方面水平达不到还好说，可以找其他同行程序员帮忙做，但是模型本身是数学统计理论，掌握不好就没有办法继续开展工作。这三个方面是相辅相成的，渔业是最基础的，其次是数学和统计，这是原理部分，还有计算机编程，这是实施的工具。从基础到原理再到工具，缺一不可。其实我们学院里这样的人才还是有的，特别是编程强的还是有的，但我不是。我天生迟钝，所以我做编程的时候，基本上要靠其他老师的帮助。一个人可以不集三方面优势于一身，但是要想做得非常好，最好是三种能力集于一身，这样就不用求助于别人，自己一个人就可以做得很好，就像我们的科委会主席一样。

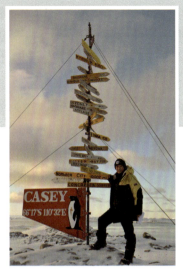

朱国平

朱国平,1976 年 8 月 28 日生,博士,教授,硕士生导师。上海市青年科技启明星。美国欧道明大学访问学者(2012 年至 2013 年)和访问科学家(2014年)。曾任上海市浦东新区青年联合会第六届委员会委员(2012 年至 2014年)。南极海洋生物资源养护委员会(CCAMLR)中国代表团固定成员兼科学家顾问(2010 至今),北冰洋中部(CAO)鱼类资源评估专家会中国代表(2015 至今)。CCAMLR 生态系统监视基金管理项目组(CEMP)青年副主席。南大洋观测系统(SOOS)生态系统监视工作组(WG - EM)及印度洋扇区工作组(WG - IOS)成员。上海海洋大学首届"优秀中青年人才培养计划"(海鸥计划)入选者。

2003 年 6 月至 12 月,以科学观察员身份前往东太平洋开展金枪鱼渔业探捕工作。

2009 年 12 月至 2010 年 2 月,以海上副总指挥及首席观察员身份前往南极执行中国首次南极海洋生物资源开发利用项目。

2012 年 8 月,以访问科学家身份登临美国极地考察船"Healy 号"前往北极(白令海和楚科奇海)开展科学考察。

2016 年 1 月至 3 月,受澳大利亚南极局(AAD)邀请,以研究科学家身份登临澳大利亚极地科考船"Aurora Australis 号"前往南极印度洋扇区开展大型海洋生态系统综合调查。

2018 年 1 月至 2 月，受法国巴黎第六大学（UMPC）邀请，以研究科学家身份登临法国科考船"Marion Dufresne 号"前往南极凯尔盖朗海域开展海洋生态系统综合调查。迄今，足迹已遍及全球七大洲五大洋，包括 3 次南大洋（含南极）和 1 次北冰洋调查航次。

只要对海洋事业有兴趣，晕船、极地冰山那都不算什么困难

朱国平

> "从研究金枪鱼到研究磷虾，兴趣一直是我最好的老师。"

一、用功学专业，踏实做研究

这是很久以前的事情了，我当年报考学校的时候，上海海洋大学是我唯一报考的一个省外高校，又因为是提前批，所以就录取进来了。我读高中的时候对上海海洋大学并不了解。我在江边长大，家里吃的鱼都是我抓的，读捕捞专业也算是名正言顺，有机会读这个专业还是比较幸运的。我觉得读大学还是要靠自己，专业其实不是很重要，专业兴趣要靠自己去培养，不可能任何选择来的东西都是你想要的。我对海也没有什么概念，我之前也没有来过上海，但是进入大学以后还是很喜欢专业上的事情，这种兴趣一直保持到现在。

我为什么会喜欢专业方面的事情呢？一个原因是我在江边长大，对鱼和水很有感觉；另外一个原因是以前上大学不像现在情况那么复杂，现在的大学生是电脑手机什么都有，他们可以有很多方式来打发时间，而我在大学期间几乎每天都在学习中度过。那个时候是规定要上晚自习的，现在外语学院有一位老师当年和我是同学，我们每天都会定时去自习室自习。那时候课堂学习是主要的学习方式，当然也会有一些娱乐活动。大学期间我自己还算比较努力，成绩也可以，大学生活过得比较充实，我觉得挺好的。

朱国平在北极做鳞虾研究

捕捞专业能学到很多东西。我大学期间学的课程特别多，我在给海渔的同学上课时还说，我上大三的时候平均每天八节课，我们这个专业要学高数、外语、工程力学、材料力学、制图、物理、化学等，什么都学，非常忙，这个专业真正是培养人才的专业，学了很多交叉学科的东西，这样无论是以后做科研工作，还是到社会上去，都可以找到一个适合个人发挥的领域。

海渔专业是一个艰苦的专业，但是它的视野很宽阔，和许多传统行业相比，它面临的行业前景也不一样。我们很多老师都有出海经历，我周围接触的老师都曾经在海上待过好几年，我们耳濡目染了老师们的丰富经历。老一辈的影响还是很大的，像以前季星辉老师给我们上课，很有感染力。还有当时水生生物学的杨和荃老师、梁象秋老师等大家给我们上课，教科书都是他们亲自编写的。现在还有很多老师记得当时的情景。前两天我跟戴老师的爱人王丽卿老师一起聊天说到这件事，大家都感觉当年学习的过程还是很有意义的。

读书期间我们都是出过海的，本科阶段有实习，我们实习去的是象山市。我会晕船，晕得厉害。我记得第一次出海，一个礼拜基本上没起来过，但是等到过了几天以后，就觉得其实海上也挺好的。我们后面还去了南极和其他地方，时间有长有短，虽然每次都会晕船，但每次任务完成后都觉得海上还是挺好的。

好就好在我比较喜欢我现在做的事情。我们现在做科研工作，通过前期的设计，然后去海上采样，再回来做试验，我很享受这个亲自参与的过程。现在更多的是和国外机构开展一些国际合作，我们负责做试验，目标是把上海海洋大学的极地科学做到全球认可的高度。

　　我从上大学到读硕士算是比较用功的,成绩也很好,基本上总能进入全班前三名。我们专业所有奖学金我都拿过,家里也没给过我钱,我的钱全是在大学里赚的,通过平时拿奖学金或者勤工俭学之类的,除了自己用,到年底还有钱借给同学。我晕车很厉害,平时也不出去玩,就在上海周边看看。到了年底的时候,同学们都没钱了,我就借给他们。我大学期间很喜欢英语,还念大三的时候就进入金枪鱼工作组,跟着老师们去做一些基础性工作,主要是每个礼拜都帮忙做翻译工作。

　　我从大一下就开始做班干部,跟老师接触比较多,他们觉得我英语还可以,就找我做翻译,每个礼拜都有翻译,老师对我也很好。翻译的内容有金枪鱼新闻、渔业局相关小项目、每周新闻动态和国际金枪鱼市场状况等。那时候我同学管我叫翻译机器,当时很少用电脑,所有翻译都是手写,老师打印出来,我在纸上把翻译写出来后再输入到电脑里。

朱国平在南极洲凯西站合影

　　我一天除上课以外,大部分时间都在做翻译。同学都准备考研了,我还是在做翻译。我从大三开始一直在做翻译,每天都做,现在虽然不用做,但是资料都是英文的。老师还是蛮负责的,我翻译完了,他把我叫过去,一句一句修改,我就在旁边看。

　　一天翻译五六页我也不觉得烦,因为我已经喜欢上翻译工作了,所以当我同学都在准备其他功课时，我就在图书馆专心做翻译。有时候我也去图书馆借英语资料做翻译用，自己对翻译非常痴迷。这件事对我以后到澳大利亚开展合作是有帮助的，对我的帮助主要是在文献阅读方面。刚开始翻译的时候，关于文献阅读和理解方面的工作比较多，后面则更多涉及到口语交流，这是两个不同类别的东西。

我在距离考研还有一个半月的时候才开始准备。我英语还可以，所以就没看英语，我看什么呢？就看了一门政治课。其他科我都没有看，也没参加辅导，就拿其他同学在外面的辅导手册和笔记看了一个礼拜，然后就去考试去了，竟然幸运地考上了。

我考上研究生后就跟着许柳雄老师做研究，主要是做金枪鱼研究，我硕士和博士都是做金枪鱼基础研究，硕士是做渔场学，平时更多的是在做一些数据分析整理或预测工作，然后开始自己做一些资源评估方面的工作。

资源评估是什么？那时候国内还没有资源评估，资源评估也不像现在这么重要，更多的是做一些基础目录。我读硕士的时候，中国人的科研水平和国际视野跟现在都没法比。虽然只有十几年的差距，但是那个时候更多的是在国内做研究，水平比较有限，也没有现在那么多国际合作，从我读硕士开始逐步有较多的国际合作和国际会议要参与，例如金枪鱼会议要参加，中日韩三国会议也要参加。参加国际会议给我提供了很多锻炼机会，这对于提升视野很有帮助。

后来读博士时，我原本想到北京中科院地理所去读。我是四月份去考试的，那时北京还挺冷，我一到北京就发烧，四十一度，挂点滴，躺到第三天去考试，坐在考场第一排，我一边流鼻血一边写字，考官都看不下去了，还给我递纸。我英语考了五十七分，以前都是五十五分就能上线，但我们那一届的分数线提到了六十分，我就没考上，专业课我考了那一届的第一名。后来我就回来考我们校长的博士。读博士期间，校长更多的是以我为主，就是我想做什么，他提供大的思路，然后我去做。

我的博士论文的课题是金枪鱼技术生物学。但是我一开始想做资源评估，戴老师说这是我们这边比较重要的一块。后来我做了一年资源评估,我开始积累这方面的知识和材料,积累了一年。第二年我和校长聊天提到这件事情,因为我出过海,知道我们的金枪鱼等各类渔业数据很多都是不合格的。我和校长说资源评估最重要的就是数据来源,我们一辈子都在做资源评估,不要等到六十岁退休了反过来看我这辈子做的事情,才突然发现我这辈子都在做错的事情。

后面都是在玩数据游戏,我不想浪费一辈子做这件事情,我情愿做一些更实际的工作,比如技术生物学或生态学。某个样本是我测的,某条鱼测出来十五厘米就是十五厘米,有可能是十五点一厘米,但不会有太大的误差,这条鱼重量就是这么多。这些数据非常重要,它为资源评估提供基础,我情愿做这个工作。当然还有一些其他的客观条件限制,所以我后面的方向就全部转移到技术生物学上了。那时候在中国也没有人在做这方面研究。我是做大眼金枪鱼的,我决心把这一领域系统地研究一下,把三个大洋的大眼金枪鱼数据积累在一起然后做分析。在当时的条件下做这些研究还是可以的,那时我对自己的研究成果还是比较满意的。当然,如果以现在的水准看,我那论文就不行了。

后来我就留校了。我当时也没出去找工作,博士嘛,都是做科研工作的,做完以后老师就觉得科研成绩还可以,我自己也没想着要到外面去找工作,很想继续待在这个学校,老师多年培养,感情非常深,自己也很喜欢这里的氛围。

我对海洋的事情还是感兴趣的。我在大学期间的成绩很好,也是班干部,当时有一个机会我是可以留校做辅导员的,那时候面试的几个老师我也都认识,他们知道我也去参加考研面试了,他们问如果考上研究生还会做辅导员吗?我说

朱国平在澳大利亚凯西站科考

考上就不做辅导员了，所以我就没去做辅导员。

那时候编制也比较紧张，学院方面说："要不你去海洋信息工程系吧。"海洋信息工程系就是我们现在的海科系。海科系就是海洋信息工程系转变来的，在这之前，我们有一个渔业信息中心，后来慢慢转成了现在的海科系。我留校后就被安排在海洋信息工程系，当时在四楼，所以现在我和很多海科的老师关系还是挺好的。进来了还是做金枪鱼的事情，我2007年博士毕业，那时候也是做金枪鱼，主要是延续我博士的工作，但是有更多的是跟信息系的这些老师的研究有一些交叉，这样就拓展了我之前的研究范围。我和杨老师现在还有些合作，他做空间分析，我做渔业研究，空间信息可以和渔业结合起来，利用他的空间信息手段解决渔业问题。杨晓明老师和我的合作也很好。我当时还是跟许老师做研究，但是做的手段不一样，我还是在许老师的团队，但是当时是挂在信息系，当时我做的事是延续之前的工作，研究手段有了更多的创新和交叉，技术被应用到我们的渔业领域里面。

二、教书育人，用一颗责任心教好学生

我教的课程就是专业英语，现在海洋技术和海洋信息专业的专业英语是我开的，我当时花了很多精力设计课程，包括结合国外的信息和海信专业的相关信息，首先要看海信专业的基础课是什么，然后结合相关专业的自身特点，完善资料并汇编成册，用这些设计好的课程资料给他们上课。

能给他们上课，靠的是我在本科阶段打下的基础。那时候天天花五六个小时学习英语，还是有基础的，否则怎么开课呢？博士毕业也没用，博士的英语水平也不一定就能上课。为什么我能上专业英语？就是因为英语功底比较好，我对阅读理解和翻译比较擅长，专业英语课还是重在翻译，当时学校找不到合适的人来上这门课，于是我就接下了这门课。

我给日语系、韩语系和英语系的学生都上过专业英语课，是跟许老师一起上的，他的课我担任助教，有时候他出差就由我来上课。当时的

学生不太懂专业英语,他们对专业英语的理解有很多是不对的。

我认为学习英语不一定要出国,出国主要是获得更好的语境去锻炼口语,但提升口语有很多办法。除了专业英语课,我还上过其他课程。那个时候由于陈院长忙不过来,他就把他上的渔业信息分析课转给我了。我觉得上渔业分析课还挺好的,这也是英语基础性比较强的一门课,涉及到操作、数据分析等,是比较重要的一门专业课程。

年轻人上一门课不容易,我觉得关键是要对这门课感兴趣,兴趣加上责任心才能上好一门课。我上课会更多地把我的认识和经历融入到课堂上,让学生真切感受课程背后的东西。我的课基本上不用课本,如果有教材也是我自己编的。我这是向季星辉老师学习,他给我的印象很深,他上课从来不用教材,即便是带了教材也是放着不用的,全部用自己的话来讲课。我现在上课也是用PPT,PPT的内容都是我自己对课程知识的见解,我阐述知识点的方式不是照搬课本上的叙述方式,而是以我的理解结合个人经历和海上调研成果的方式,把一线的研究成果及时反馈到课堂上来,所以我的课程每年都在调整,不是固化的,每年都会根据最新研究成果作调整,我不大喜欢让学生死记硬背,而是重在激发他们的兴趣,促使学生真正理解贯通,这样才能学好一门课程。

我上课还是比较严格的,学生不能看手机,不准交头接耳。所以我每年得到的评价都不是很好,每年评优秀教师也和我没关系。能否获奖我是无所谓的,我是凭良心给学生上课,老师的职责就是这样,一定要对学生负责,对自己的课程负责,这是我的真实想法,也是我的一贯态度。生物海洋学现在是重点课程,我花了很多精力在这门课程上,每次到国外我都要在 Google 上搜集与生物海洋学相关的课件、资料,下载下来存放到电脑里,我还会到国外图书馆查找资料,这样我每年的课件都能不断更新和调整。

我上课是纯英语授课的,我的出发点是想让学生多学东西,既然承担了这门课我就要上好,我最终是想让学生在课堂上学到想要学的东西和接收到我要传达的知识,至于他能不能接受是另一回事。我的课程基本上不考试,但是中间会有很多考察、报告、PPT和汇报等。

上一次我们学院做本科评估,有一个同学问我:"朱老师,你这么多材料分数是怎么组成的?"我说我是有公式的,我电脑里有 excel 编的公式,每一项占多少分都是有依据的。这个公式是我自己做的,我的课程按照这个评价体系来评价,我认为是合理的,我觉得考试没有太大意义,学生对课程感兴趣自然就会努力去学,他要是不想学,考完试还是会忘记。课程内容硬背下来没用,得应用它,要活学活用,今天背明天考,即使考了 100 分,但考完又忘了,还给了老师,那也没啥用。所以大学考试改革要跟形势接轨,考核内容也要调整,这样教学才能有成效。

我认为我的这种教学方式是我自己能接受的,但不一定说考试就是不对的,这就要看具体的课程内容设置了。专业英语是选修课,可以不用教材,教务处也没有具体要求,教材是可以自己编的,可以根据参考书定制课程,有些内容是我自己添加进去的,教材里不一定有。这是我自己的教学方式,但我肯定是在教务处的大框架下教学的,这样做是否完全合理不好说,至少目前我们还没有出事,而且看起来效果还不错。

我上过挺多课的,包括渔业生态学、专业英语、生物海洋学、渔业信息分析、渔业生态学,我们学校这些课程都是我开创的。渔业生态学现在编了一本书,但由于学科调整,现在这门课可能不会放在教学计划里面,但是这本书还是会编写出来。

三、出海锻炼,晕船也没放弃搞研究

2003 年 6 月我出海去了。那一年发生了一件很大的事情,就是非典。那时候由于非典造成了封闭,很多事情要等到非典结束后才能着手去做。大概到了六月份的时候,非典的态势差不多平稳了,我就先跟大连那边的船联系好,然后乘飞机到大连。飞机上没有几个人,大家都戴着口罩,一句话不说。我在大连一下飞机,公司就把我接到一个非常隐蔽的地方,我现在去大连都找不到这个小旅馆了。第二天凌晨三四点钟有人敲门,我一开门就看见两个警察,他们先看了我的身份证,一看我是上海来的,就让我先跟他们走一趟。那时候全国各地的形势很紧张,如果在非典期间从一个城市到另外一个城市,不管发不发热,首

先要隔离十五天。我一看,隔离十五天还得了,会耽误行程的!于是我就给公司打电话,公司那边帮忙协调,然后我就被安排到了大连一个相对比较好的宾馆,在那里天天吃方便面。

朱国平在澳大利亚莫森站科考

我那一次在大连待了半个月,之后就从大连出海到太平洋做金枪鱼研究。戴老师从天津走,我从大连走,我们上的是两个不同公司的船。那时候在船上主要做什么事情呢?我是研究金枪鱼的,主要工作是记录金枪鱼种类、收集金枪鱼样本和取样,然后再把样本带回实验室作分析。我的硕士论文和博士论文的一部分内容都是以这一次调查的成果为基础的。那时候工作时间很长,我一天睡觉时间差不多只有五个小时,但在海上工作也不需要睡太多时间,反正我是这样。我晕船很严重,晕船的时间我都在睡觉。

我那次晕船持续了好长时间,大概晕了二十天,主要因为我本身就容易晕船,第一次进行远洋航行,又没有经验,我把窗户打开了,水灌进来了,把我的床全弄湿了。公司还是挺好的,给了我一条新被子,就是被子质量相对差一些,有点变质了,再加上晕船让我整个人的状态很不好,所以我就晕了好长时间,这二十多天我基本上不吃饭,吃什么吐什么,还吐血、吐胆汁。

后来船长说，如果我继续这样的话，他只能开船回去了。他怕我出危险，在他看来，硕士出海毕竟还是很难的。船长也挺好的，据说他是大专或中专毕业的，我在船上有一些不太懂的知识，他还是挺有耐心地教我的。有一天他给我吃了一个梨罐头，第二天我竟然就好了，也不知道什么原因，可能是到极点了，否极泰来，也可能是那时候我基本适应了船上的生活，已经快要好了。我在最痛苦的时候也没有放弃搞研究，那时候没想那么多，晕船总归是很难受的，比喝酒喝多了想吐吐不出来的感觉还要难受，那个过程是很痛苦的。我这次去法国科考也是很痛苦的，晕船的时候我还是要工作的，那里有法国人，不能丢中国人的脸。熬过来以后，就不会再晕了。大概到了接近南纬30°的海域，风浪特别大，船都已经倾斜到30°到45°了，桌子上凡是不固定的东西全部都掉到地上去了，我们还得照样干活，收集样本。

朱国平参于南极磷虾探捕

经历了一个这么大的项目，无论挫折也好，困难也罢，个人的心态调整是非常重要的。经历了那么艰苦的环境，今后再遇到困难和挫折，肯定会看得淡一些。

别人晕一个礼拜就不晕了，我晕了二十多天，但无论如何，我还是比较喜欢做科研工作的。兴趣肯定是第一位的，我们招学生进来，我一般第一个谈到的就是兴趣，他要是不喜欢这个专业，可以马上转到其他实验室。

四、挑战自我，做好南极磷虾研究

我怎么会想到去极地研究南极磷虾的呢？这是挺有缘的事情。其实我自己也不知道有一天会进入到极地里面去搞研究。我之前是做金枪鱼研究的，也很喜欢做金枪鱼研究，积累了很多材料，做得还可以。我当时拿到自然基金了，那时候青年基金也不多。我是在 2010 年拿到的基金，正好那个时候国家开始启动南极磷虾的项目，从 2008 年开始，学院里的许老师和陈院长就参加专题研讨会，讨论怎么启动南极磷虾研究的事情。大概 2008 年和 2009 年的时候，他们就把我带进去了，因为我们很早就已经在做金枪鱼研究了，后来我被要求转去做南极磷虾研究，一方面是因为没有合适的人做，另一方面是因为金枪鱼研究团队已经很大了，人也很多，他们就让我做极地。我当时心里还很不愿意，毕竟我在金枪鱼领域已经做得很好了。

从一个研究了很多年的熟悉的领域，转到一个不熟悉的领域，我心里还是有点想法的，不是特别愿意的事，让我转到一个一穷二白的领域，什么都没有，转过来的过程还是很艰难的。但没办法，为了抓紧时间工作，我每天都回去得很晚，都是十一二点才回去。

那时候我每天都要积累资料，了解南极磷虾到底是什么，当时我什么概念都没有。国家要启动研究，学校要准备相关事项，所有事情基本上都落在我头上。我每天都是在整理资料、翻译、编成书。现在我们用的金枪鱼册子也是我编的，都是我当时一点一点总结出来的，我花了很多精力做这件事情，到了 2009 年年底的时候，这个项目就启动了。

这中间还有 4 个月的时间我是在国家基金委挂职的，但是那个时候还是在做这项工作。这一年我是怎么转型的呢？主要是一个积累的过程，查资料、编书，我要了解南极这个项目怎么做，到后来再确定要去南极。第一次磷虾项目是我去的，2009 年年底，我和东海所的黄宏亮

朱国平(左)在南极科考

一同出发，他是总指挥，我是副总指挥，我们两个人一人一艘船，就去南极了。在去南极之前，我们对南极生物资源管理的措施、规则、安全事项等都要了解，对公司还要宣传、协调，单位之间都要花精力去做工作。

关于研究手段主要就是查资料、编成册，自己要深入了解这些东西。东海所的许老师他们去搞调研，我更多的是在做后备的工作，为项目启动等做准备。我做准备都准备了哪些东西呢？我编写了南极磷虾的《资源环境渔场培训手册》，大概两三百页，里面有很多内容，有一部分内容是其他单位提供的，但大部分材料是我自己翻译并整理成册的。我们国内材料比较少，都是靠一点点积累起来的，直到 2009 年底，这本手册开始用于培训。我翻译材料花了多少时间已经没法统记了，平时都是用零星时间来做的，因为还要上课。我用了半年时间把册子做出来。我现在要编另外一本书，我从 2002 年开始就想编这本书，那时候已经积累了很多材料，积累到现在。我这次上法国的科考船，在船上终于有时间了，我完善了这本书的大部分内容，预计今年应该能完成。

对于南极磷虾的调查，其实很早就有了。之前东海所所长以及前任老所长郭南鳞他们跟着"东方红号"去南极调查，做了些资源评估和探捕工作，但后面工作断掉了。直到 2009 年和 2010 年才有这个项目。虽然研究比较困难，但研究一年下来收获还是挺大的。现在我还是愿意多花精力去南极调查。刚开始的时候蛮痛苦的，到 2009 年和 2010 年去南极考察的时候，就从痛苦变成喜欢了。我觉得这可能是一种科研精神的传承吧，虽然我丢掉了金枪鱼转到了磷虾研究，这其中经历了一个痛苦的过程，但是既然已经转过来了，而且还是在做科研工作，慢慢也就适应了。

重新开始研究还是蛮有意思的。那时研究南极的人还少,第一次去到南极的时候,我还是很喜欢那里的。我在海上的时候,因为对南极不了解,所以我有很多的想法,并且想去实现它。当时我们在东南太平洋,还没有去南极,我乘的那条船在捕鲈鱼和其他鱼种。跟我们同船的黄海所和东海所的工作人员都在打游戏或做其他事情,我就一个人跑到渔场里面去把鱼挑出来,然后测量体长、体重、性别等数据并记录下来,把这些数据都带回来。我做下来的感觉就是这是我愿意去做的事情,所以不觉得累。

这次去南极对中国来说意味着什么呢?我当时并没有太多的想法,那时候的人对知识以及对事物的看法没有现在这么深入。那个时候刚到南极,我只知道我们要捕南极磷虾,对南极还有什么资源并没有太多的概念,不知道南极对我们国家有多重要,后来参与了国际谈判等工作之后,才逐步意识到我们有很多利益在南极,或者有其他的国家战略考量在里面。

我去南极之前没有太多准备,我的学生们都知道,我们每次出去,方便面、榨菜、衣物、基础药品之类的东西都是必备的,我没有太多考虑个人生活方面的东西。我记得出航去南极的那一天是2009年的12月14日,我们飞到南美的乌拉圭首都蒙得维的亚,再从那边上船。跟我们一起去的科研人员,一个是东海所现在的船办主任冯春雷,他也是我们学院毕业的,一个是黄海所现在的"北斗号"首席科学家,我们学校去的就只有我一个人。我们上的是大连公司的"安心海号"拖网船,载重7800吨左右。

我们从乌拉圭出发,先到阿根廷的一个小城市尼克奇亚,因为有一个配件在那里,要带上这个配件去南极。到南极之前,我们在一个鱿钓渔场拖网拖了一段时间,在那里捕鱿鱼,我们到南极应该是一月份,从那个阿根廷外海渔场到南极要七八天。这段时间我们要经过西风带,风浪很大,还好我那个时候对于晕船已经适应了,虽然后面还是会晕船,每次都会晕个两三天,但是没有之前那么严重了。

当时是一月份,我们准备得也不够充分,第一次去也不知道要带什么物品，只知道要带防寒服之类的东西，但在南极也没怎么穿，因为白天不是非常冷，但是晚上在住的地方冷极了，我们没有带防护手套。当时能冷到什么程度呢？差不多零下二十几度吧，水都结冰了。

我的学生杨洋去过南极，第一年也没带手套。有时候我们在海上调查，风很大，还是挺艰苦的。我们要连续做站，船从两个站之间开就要三个小时，也就是说，三个小时就要做一个站，而事实上我们在做站之前还要准备仪器，然后调试，调试完了放到水里再收上来，最后再把数据导出来，所以基本上没法睡觉，我们就衣服也不脱，躺在床上休息一会儿。

一共有四五十个站点，要连续调查，那几天基本没睡过觉。我们衣服不脱躺在床上，刚躺一会就有人叫我们起来准备仪器 CTD，还有一些样品和水样要收集，都要准备好。我们还要协调船上怎么放 CTD 和网，然后再收起来，把样品收集好，再把样品加进去，这些过程都要在三个小时之内完成，基本上没时间休息。我们没有时间，船上的水手也没有时间，水手们靠在那里就睡着了。那段时间是比较艰苦的。吃饭就更简单了，三菜一汤，和船员一起吃。第一年我们对船上情况也不太清楚，配合和协调方面都需要进一步完善，后来我们和公司协调，让观察员吃得好一点，不要太差。

南极作业和其他海区作业有什么不一样呢？主要是渔业特点不同。磷虾的作业方式和其他鱼类不一样，磷虾比较小，游速比较慢，又容易被挤坏，所以拖速不能太快，通常是 2.5 节到 3 节这样的速度，但也要看它的集群，如果集群比较大，可能要五分钟，放下去马上就拉上来了，可能几十吨就上来了。网洞通常是在 1.5 厘米到 2 厘米之间，太大就漏掉了，网是比较大的，但网洞比较小。冷网拖上来

朱国平在做磷虾研究

是不结冰的，因为速度较快，再说，渔船不可能在冰比较厚的地方拖曳，都是在开阔水域或者冰缘区拖曳。

磷虾一般在多少米水深区域活动呢？我们以前的知识是磷虾在表层到三百米水深区域活动，但是我上个礼拜请了一位澳大利亚的南极局首席科学家做讲座，他说现在的磷虾可能在海底。我们发现八百到一千米的深处有磷虾，八百米深处可能有大量磷虾存在，这是一个新的发现，有可能颠覆以前所有的知识体系，现在国际上很多人都在做这项工作，我们也参与其中，我有学生在做声学，将来如果在这方面有突破，也是为国家服务。如若更多的磷虾是在海底活动，那么原来设定的配额就不对，就要突破之前的设定，这需要做评估工作，我们童剑锋老师也在做这项工作。

在站点上面主要测什么数据呢？磷虾肯定要做，还有一些基础的生物学数据，温、盐、深、密度以及溶解氧都要测。水样是我们单位要做的项目，我提出要做水样，水样拿回来都是给生态学院高老师测试的，其他数据都是我们自己人在实验室里做。那时候晚上的温度大约零下十度，水一倒下来就结成碎冰了。我们没有手套，也不要手套，因为操作也不方便。到了晚上，手抓住瓶子就不能动了，僵住了动不了，非常冷，而且还是三个小时连续做站。

到了一个站点，前后加起来半个小时左右，还是很冷的，所以我们会尽快处理事情，然后到船舱里面坐着。有时候还会遇上暴风雪，我有几张照片是穿着军大衣照的，确实很冷。对一般人来说，这个过程还是很辛苦的。第一次去比较艰苦，后面也很艰苦，但是因为我们去过了，提示他们要准备什么，可能稍微好一点，而且我们是夏季去，现在都是冬季去，条件比较恶劣。

那要拖多少吨呢？这要看资源，一般十几吨比较常见，少的有一两吨，多的时候可能有四十吨，看资源分布状况，晚上和白天的情况也不一样。我第一次去，虾捕上来都是冻的，虾上来经过水槽，然后到加工间装盘后放到冻库，等到第二天上面结了一层冰后再放到深冻，大概程序就是这样。后面还要打包、装箱，我们那时候基本上都是冻上的，现在可能更多的是用来做虾粉或虾油。

我那次出去时间不长,前后大概一个月,前面在西南大西洋待了有差不多一个月,在海上总共加起来大概三个月。我们在南极待了一个月,主要就是做站位,做完站位后就在这些站位里捕鳞虾。我们现在也是这样的,他们做站的时候,连续几天把这一块区域调查完,其余时间就在捕鳞虾。我们上海海洋大学和东海水产研究所、黄海水产研究所这三个科研单位一起协商确定今年去做环境调查和生物资源调查的区域,设定好站位后再去做调查。

那次科考收获还是挺多的,第一次去南极,感受也不一样。我们代表上海海洋大学跟其他两个单位进行协调。在船上,我相当于是队长,另外两个单位配合我们一起做,收集了大量样本。有这些样本之后我就可以做我想做的很多事情。我的手还是比较快的,利用在海上收集到的大量数据,我在海上就差不多把论文写完了。我在收集样本的时候就开始分析数据,然后就写论文了,我回来后就把论文投出去了。这里有一个小故事,我们的数据是大家共享的,我有这个数据,其他单位也有这个数据,大家用相同的数据写论文,就看谁手快谁手慢了。我出海回来就把论文投出去了,那年我们大概是三月份回来的,等到九十月份的时候,我们几个单位一起开会,我旁边就坐了另外一个单位的科研人员,我看他在修改论文,他跟我用的是同样的数据,但是他用那个数据在写另外一篇文章,方法也差不多。

我说我的文章已经发出来了,人家就很诧异,他们没想到我的动作那么快。现在我对学生的要求也是这样,做科研一方面是要带着想法,另一方面在海上就要积极思考怎么去做好工作。要先设计好,出海研究过程中再作调整,做完了要及时整理。我写的那篇文章题目叫做《基于渔业

朱国平参与南极科考

数据的南极磷虾种群年龄结构分析》,发表在《生态学报》上。

我在海上就把数据分析好了,完成了回来就投。他们科研单位的性质跟我们不一样,他们忙其他事情就没空写论文了。我还想说另外一件事情,北师大有个搞情报的人,他写了一篇关于中国南极磷虾研究的文章,他从情报的角度对全国的各个研究磷虾的单位及研究人员进行了分析。其中就有对我们上海海洋大学的分析,我们单位应该是2010年才刚开始做南极工作,而像水科院和中科院海洋所,他们早在20世纪80年代,最早的是1979年,就开始做南极工作了,积累到现在,而我是2010年才开始积累的,他们分析认为上海海洋大学在南极磷虾这一领域的研究发展迅猛,才几年时间我们就排到了全国第二,人家单位虽然研究了几十年,但是就论文数量来说还是我们最多。

2016年我又去了澳大利亚的科考船,今年去了法国的科考船,加上第一次,总共去了三次。大概在2012年的时候,学校开始实施上海市市教委的一个青年教师出国计划,许老师对我说:"你要是想出去就出去待一年吧,把英语等各方面都提高一下。"于是我就申请了。我申请的时候就想,我肯定是要去一个纯粹是美国人的、没有华人的单位学习进修。正好中间有一些偶然的机会,经人介绍,包括程英老师也帮忙联系了一下,我最终去进行研修的单位是美国弗吉尼亚的欧道明大学,我在那里的实验室待了一年。

我当时的想法是要解决南极磷虾领域内全球多年来都没有解决的问题。我知道美国在这一领域有解决办法。具体是解决什么事情呢?就是测定南极磷虾的年龄。到目前为止,全世界都没有办法准确测定南极磷虾的年龄。甲壳类动物是周期性蜕壳的,磷虾是两到四个礼拜就蜕一次壳,像鱼类有耳食,剖开耳食磨一下就知道了鱼的年龄,而磷虾没有,不知道要怎么测它的年龄。我2009年和2010年所做的论文里,对于甲壳类动物都是用体查来转换成它的年龄的,有模型和公式。

南极磷虾和我们平常见到的虾有什么不同呢?其实从外表看,他们长得是一样的,但是磷虾不是虾科,不是虾这一类,我们以前都认为它是浮游动物,但是上个礼拜我们请来做报告的一个老外认为磷虾更接近游泳动物,因为它有一定的游泳速度和能力,所以被认为是游泳动物。现在不太好鉴定它到底是游泳动物还是浮游动物，但不管怎么样，它是甲壳类动物，所以没有办法通过硬质部位来鉴定他的年龄。美国毕竟比我们先进，有些好的地方我们也要向他们学习。还有一个，我觉得单位之间、国家之间的合作也是美国或其他国家的科考船的一个很大的差别，他们对于合作比较 open，数据也很 open。就是可以大家协商，当然，数据是在知识产权协商好的前提下共享的，但数据来源要讲清楚。这样合作比较好，不同单位或小组之间可以协调起来工作。当然也会有一些矛盾，但更多的是合作。我觉得国内在这方面还有需要完善和改进的地方。

他们在船上也讨论学术问题，每个礼拜会有一些组会，会上有一个人作报告，就是一个科学家根据自己在做的项目作报告，通常是项目负责人作报告，其他人在下面讨论，每个礼拜都有，在几条科考船上都是这样的模式，澳大利亚和法国也都是这样。我在北极差不多一个月。回来后就主要是在实验室做数据分析和其他一些科研工作，国内的事情也同时在做。我在实验室是很少出去的，基本不出去玩。我周围的人感觉很奇怪，他们好奇我一直待在实验室里面研究什么呢？其实我主要是在跟人家沟通做试验，国内的一些研究项目也要继续做下去，同时我还要带研究生。

其实我也没想着要出去玩，我觉得还是要多待在实验室里，前八个月我是在一个实验室，后四个月我又到了另外一个实验室。另外一个实验室里是一个到美国工作的英国人，他现在是我非常好的朋友，我跟他在一起的那段时间里，我英语提高得非常快，他的英语说得很慢，不过他是个话痨。他人很好，我天天在他的实验室做试验，分析仪器等所有东西都是他的，每天吃饭的时候我们就在一起聊天。我经常主动到别的班级去听课，包括我现在开设的生物海洋学课程，是我在听课的基础上想到要在我们学校开起来的。

我在那边就写过 email 给一个教授，问能不能听他的课，在那边听课是要给钱的，一个学分很贵，要九百美元。我在国外留学时交了很多学术上的朋友，眼界开拓了，英语也变好了。所以现在我的学生要出国，我不会把他送到华人科学家那里去。刚开始去听课听不懂，听不懂就把课件拿回来二次学习，一点一点积累。我虽然是旁听生，但也参与他们的讨论，那些老外都把我当学生，他们有一些分组讨论，我也跟着参加。

我留学了一年多一个月。当时我们同一批出去的人想法各不相同。我的想法是，一是要学习人家的想法和思维方式，二是要构建网络，我需要认识这个领域的更多专家，这是非常重要的目的之一，有些人现在还在和我合作，所以写论文并不是我最主要的工作内容。这中间有一次我去另一个教授的实验室参观，教授问我来了半年时间写了多少论文，我说："不好意思，我还没有写出论文。"他说："不行呀，你要写论文呀！"我说："对呀，是要写论文。"但我

朱国平在南极科考

还是坚持自己的原则，后来论文也有了，但是只有一两篇 SCI 论文。有些实验室的老板可能只有两三篇论文，但他在某一领域里还是公认的权威，这和国内的体制不一样。我待了一年左右就回来了，我是 2013 年 8 月回来的。2014 年我又去了，后面 4 个月待在实验室，有专门的实验室合作项目，专门做南极鱼类的饵食，所以我带了很多饵食过去，和他合作，待了三个月。方法不一样，处理手段也不太一样，主要是因为我们研究的是南极鱼类，和其他地方的鱼类不太一样，技术手段也不一样，也希望有国际上的合作。对于处理方式的选择，现在我们实验室可能会拿国外实验室的方法和我们的方法作比较，看哪种更好。

五、南极遇险，却不忘试验和科研

2016 年我去了澳大利亚科考船，做大型生态系统调查，这是澳大利亚方面近三十年来做的第一次大型调查，机会很难得。国内做的海

洋研究,很多都是在海洋物理方面进行研究,不太关注海洋生物方面。

澳大利亚科考船那次是到南极调查,到印度洋上去,这是去年开始探索磷虾的一个区域。现在这里很复杂,涉及很多政治因素,有很多国家考量在那里,因为澳大利亚现在对于东南极这一块,他们想建海洋保护区,他们认为南极是他们的后花园,这一块都是他们的,他们有领土主张。我们那次就是在这一区域做调查,我的团队主要是做鱼类调查,当然,我还有一部分工作是做磷虾,这两块我都有参与。

我是1月1日到达澳大利亚的。我们1月8日从澳大利亚出发,我回到国内是4月4日。这中间我们的船因为暴风雪而出了故障,在给南极科考站补给的时候搁浅了,那天的暴风雪是科考站历史上最大的,把我们的缆绳崩掉了,船直接撞在了岩石上。当时船都是斜的,挂在了岩石上。过了两天,暴风雪过去以后,我们发现大梁、主机都撞坏了,我们只能转移到科考站里,等着人来救我们。当时国内没有报道这件事,因为我是船上唯一的中国人,东方人的惯例是不能随便在公共媒体发消息,所以我也没有发消息,我们这边都不知道这件事。后来许老师接到澳大利亚官方的电话,他们就说:"你们单位的朱国平同志在我们船上,我们在南极搁浅了,但目前还是安全的。"当时大家也是很紧张,许老师报告给陈院长,陈院长也没有对外公开,所以国内很少知道,国外报道也很少,我们在陌生的科考站内待了十天。

当时是什么情况呢? 搁浅的时候我还在睡觉,突然"轰"的一声,船上的喇叭马上就响了,里面通知让所有科考队员赶紧带上救生包到餐厅集合,到了之后喇叭里说我们的船因为暴风雪搁浅了,但是问题不大,要大家待在会场不要出去。大概过了一两天,暴风雪过去了,能看到外面了,才看到船是挂在岩石上了。船上第一次通知说"我们的船搁浅了,但问题不大",第二次说"我们遇到了点问题,但可以解决",到了第三天晚上就说"我们的船搁浅了,回不去了,我们会想办法把你们转移到科考站上",然后我们就在那里等待救援了。船上负责人说:"你们的'雪龙号'就在附近考察,我们联系看看是不是能把你们带回澳大利亚,或者别的地方。"他们联系了两天,说"雪龙号"不行,中国科学家已经很多了,没有那么多空间。后来说,美国空军军机可以把我们送过去，但联系了之后也说不行。每天都有不同的消息，上午和下午的消息都在变。有些人还是很紧张的，而我不紧张，反正无所谓，我还是很享受那个过程的，可以经历很多东西，有些科学家遇到这种情况还是很慌的。

在南极的时候，我印象最深的就是，从我们科考站开车开三四个小时能到达冰山顶上，那是个全是冰的世界，远处冰和天连在一起，非常漂亮，人在那个地方心里会非常安静。后来到另外一个科考站，每天都有教练教我们滑雪，我每天跟着他们一起滑雪，居然学会了。那个科考站有电话和网络，可以跟家里联系。我们在船上的时候不能说搁浅的事，在第一个科考站事情没确定的时候也不能说，现在这件事情已经发生了就可以说了，后来日本报纸都登出来了。

当时船搁浅这件事只有澳大利亚报纸有报道，后来日本报纸也有报道了，其他国家基本上很少有报道。这第一个科考站是在 1958 年就建好的，叫"陌生站"，这里有 1958 年就建好的房子，已经相当于古迹了，都被保护起来了。那里的娱乐设施只有一个篮球架，篮筐都是歪的，球都没有气，我闲着无聊会投一下。第二个科考站条件倒是可以，有酒吧，老外隔三差五总要找个理由去聚一下。

老外对我们东方不是很了解，我正好跟他们讲讲。我说："中国不是他们在报纸上看到的那个样子，报纸上写的也不一定是对的，有机会你们可以来中国。"我后来邀请很多老外来中国，目的就是想让他们看看真正的中国是什么样子的。我邀请的这些人影响力很大，他们的受众很广，辐射面很大，把这些人请过来看看中国，可以更真实地宣传中国。

这一次去的法国调查船，跟我们之前的磷虾、网具调查船相比，很多东西都是新的。这其中的工作方式、样品处理、团队之间的合作等都需要我去学习，看人家怎么做，再把这些东西带回来，看看我们应该怎么做。当然我还要自己收集样本，中间也有一些小插曲，每个国家都有各自的收集方式，比如澳大利亚是很谨慎的，如果我想要某个样本，他们就不一定给我，甚至宁愿倒掉都不给我。所以有时候他们把样本倒进垃圾桶，我都是等他们吃完饭休息了，我再跑到垃圾桶，从里面把样本拿回来再处理，所以我现在实验室很多样本都是捡回来的。要做个有心人才行，否则什么都弄不到，反正我是把我能获取的样本全都拿到了。

我的实验室里有很多样本都是捡回来的。当然，他们后面也给了我很多样本，但当时并不知道他们后面会不会给我，所以我把我能获取到的样本全部拿到了，回来把文章写完之后和他们交流，他们都没想到我手上的样本那么多。记得去年十月份去澳大利亚的时候，他们就说："厉害，厉害，你手很快，文章这么快就出来了，我们的文章都还没出来。你在船上太刻苦了，我们在休息的时候你还一个人在实验室工作。"

我没有助手，也没有人帮忙，鱼肠、耳石之类都很小，都是我一个人在弄，得让老外知道，中国科学家不是窝囊废，我们也是很坚毅的。这次去法国科考船也是这样。我是今年 1 月 1 日去法国科考船的，2 月 28 日回到国内，中间在船上待了大概一个半月。

我去南极主要是做鱼类调查，还有磷虾调查。这次去南极收获比较大，有很多我没见过的新物种，这次都见到了。之前我编了一本书，叫《深海生物》，是汪品鲜牵头的，其中一册由我来编。当时我的学生还帮忙收集材料，我编的时候对深海生物、鱼类还没有太多概念，只是收集资料、整理，以我的理解去做。这次在科考船上，这些鱼类、生物都在现实中见到了，收获非常大。

磷虾主要是在南极。从我国的战略角度来说，我们更多的是关注南极的生物资源，其他资源不在我们关注的范畴内。生物资源主要是南极鱼类和南极磷虾，这是我们比较专注的领域。平时我们作报告，以及到澳大利亚参与谈判的工作，也是围绕这两块展开的。关于磷虾这一块，我们 2009 年和 2010 年去做了磷虾项目。为什么派我们的渔船去？因为邹晓荣他们做的竹荚鱼渔场的渔业资源衰退了，大型拖网渔船没有地方可去，磷虾是靠大型拖网船作业的，所以我们当时考虑是不是可以转移渔场，去南极捕磷虾，将其作为后备渔场。后来其他国家的大型渔船也到那边去了，现在慢慢发展起来了，有更多公司参与了进来。磷虾现在是在发展过程中，我们的发展速度不算很慢，但也不像国外媒体担心的那样快，有的国家担心中国会发展得非常快，之前有一些不正确的报道,我有时在公共场合也会澄清这个事情。我们现在的速度没有之前想象的那么快,国内企业也想尽快发展,企业也想获利,不获利他们也不愿意去做,这是从经济角度来看问题。

六、据理力争,多方维护国家海洋权益

我第一次参加国际会议是在 2010 年 10 月。其实我在参加这次南极会议之前已经参加过金枪鱼的会议,是和宋利明老师一起去西班牙参加国际谈判会议,我当时已经大致了解了国际谈判是怎么回事。那个时候也还没轮得上我说话,主要是宋老师说话,他是团长,我坐在后排学习。南极会议前面是工作组会议,只有我一个人参加,工作组会议以科学研究为主,我可以根据我的知识和见解发表意见,虽然不是第一次发言,但还是比较紧张的,因为在场坐着的都是科学家,就像我平时上课和学生说的那样,有的时候坐在我们对面的可能就是写出我们平时所看文献的那个大牛,现在的情况就是这个样子,在坐的很多都是科学界大牛,算是开眼界了。

第一次讨论的基本问题就是渔业以及磷虾。虽然每天都有很多议题,但是每天什么时间讨论什么议题都是设定好的,会议安排得非常紧凑,最多一个小时休息,时间非常紧张。就南极的资源养护以及利用问题,能明显感受到各个国家之间的利益争夺。

我也发言了,发言内容不多,是关于渔业的配额以及关于渔业的一些基础的生物学和生态学的问题,在这方面我是有基础的,在对应的问题上,如果觉得这样做会更好,我就会提出一些建议,和他们一起讨论。因为我是第一次发言,也不知道什么状况,说多了也不好。后来我才知道,在这种国际场合里,说多了不行,说少了也不行。因为中国现在的地位十分重要,所以我们不能随便表态,有些时候尽管我们知道,也要看情形,要在适当的时候说话,而不是知道的都要说。例如,西方国家和东方国家、渔业国家和非渔业国家之间的争论,我们中国通常不参与进去,让他们争论就好了,不会有什么大事,但是一旦中国参与进去了,就是第三股力量了,而且是很强大的力量,有时候就会左右他们的决定

了。我们说一句话，他们就要考虑一下这个事情怎么解决，最后还要跑来问问中国在这件事上是什么意见。所以现在很多场合我们都不能随便发表意见，想发表意见可以在会后茶歇的时候，私下沟通交流一下。尤其是后来的科委会和委员会会议，我们前面的牌子上写的就是"中国"，上面没有写我的名字，我们是不能随便说话的，一旦说错了，后面就很麻烦，可能会把中国带到一个问题或斗争的漩涡里。

从 2010 年到现在，我基本每年都会去参加南极会议，今年是第九年了。这些年来，会议上主要讨论什么问题呢？我们为中国争取到了哪些利益？我参加的比别人可能多一点，比如鱼类的工作组会议，中国这边一直以来就只有我一个人参加，主要是谈磷虾等事情。这些年我一直参加的就是鱼类工作组会议和科委会会议。我自己的工作是做科学研究，我主要是给中国代表团提供科学背景资料。我的压力非常大，国旗就在前面，前面的牌子写的就是中国，这个时候说话就要很谨慎了，但是遇到国家利益需要我们去争取的时候，我们是一点都不能客气的，就算对面坐着的是平时一起吃饭的朋友，也要明白这个时候我们代表的是国家。

在争取国家利益的方面有个例子，前年的时候，美国成立了一个海洋保护区，当时美方就讲到中国的磷虾渔业问题，他们一直限制我们的磷虾渔业发展。然后他们找来很多证据说是磷虾渔业的发展导致小企鹅饿死，因为磷虾是海鸟、企鹅等动物的摄食对象。我们研究发现，磷虾渔业在大西洋，小企鹅饿死的地方在很远的地方，美方把这两件偶然事件联系在一起，说磷虾渔业潜在地影响了企鹅的生存。美国人还准备了很厚的一叠报告，很详细，模型很复杂。在工作组的会议里已经讨论过，认为这个结论是不对的，因为没有直接证据，美方不能这样说。后来在委员会上美方还是这么说，我就请示领导关于这个事可不可以说，领导说行，然后我们就举牌子，我说："你这个文本里面的表达都是磷虾渔业貌似、可能、似乎影响到企鹅的生存。首先，你作为一个科学家或者说我们所有的结论都是以科学为基础的，不能有任何的可能性或者可能是怎么样的，必须是确定的。其次，你说的这两件事情是偶然事件，没有必然联系，企鹅可能是冻死的，也可能是因为其他原因死亡的,他们两者之间不可能有直接的关系。所以基于以上两点,我认为你刚才的表述或者说你刚才的判断是不正确的。"当时那个美国人很不爽,因为美国做了很多工作,然后就这么一说就使得他们所有的工作全都白费了,他们后来也不说话了。不管美方代表服不服气,反正这件事情就过去了,这件事情后来也没有按照他们设想的程序走。各国都有利益在里面,而科学是为政治利益服务的,所谓的科学最后还是要归结到国家利益上去。我们学院其他老师也都是以这样的原则去参与国际谈判方面的工作的。

我们在谈判的时候,每一个字都会据理力争,这里有一个小故事。大概两三年前,我们在澳大利亚开完两个礼拜的会议,最后有一个报告,要求所有的成员国都要坐在那儿统一通过,而且是一段一段地过,中间哪一段有问题大家都会争,争到所有人都同意了,这一段才能算过。有一段内容涉及鱼类资源评估会议,虽然是鱼类会议但是也关注到磷虾,报告用了一个单词叫"recommend",就是建议,意思是说工作组建议磷虾渔业怎么怎么样。当时我就不愿意了,我说:"不行,我不同意用这个单词。"他说:"那你想用什么单词?"我说可以用"encourage",就是鼓励。鼓励就是我想做就做,你鼓励我,但我不一定要做。我觉得"建议"的语气会强一点,不能用在这里。当时工作组的人就说先用"recommend",后面我们再来讨论。后来作报告的时候,2016年曾经和我在同一艘船的同一个团队工作的一个澳大利亚人提议说用"recommend"更好一些,当时我就举牌了,我说不行,我不同意,我说要用"encourage"。他说:"那也没有太大的差别嘛。"我说:"不是的,英语是你们的母语,你们觉得差别不大,但是对我们中国人来讲,我认为'encourage'比'recommend'在这个语境下面会更好一点。"后来就改成"encourage"了,用"recommend"我是坚决不会同意的。

另外一个是在意大利参加工作组会议的故事。报告中间有一段话,要求磷虾渔船百分之百上观察员。上观察员我们国家就要支付费用,而且各方面都会受到限制,所以我们不同意磷虾渔船百分之百上观察员,百分之五十或者百分之多少就可以了,西方国家一直要求百分之百,这是中国每年都遇到的一个很大的议题。我们一直在坚持不要百分之百，他们就向中国磷虾渔业提出百分之百的要求，当时我说我不同意，我说这个委员会他们已经下结论了，对观察员的工作已经定性了，就是说目前这个观察制度，不到百分之七十五，已经完全满足科学要求了，也是合理的、系统的，没必要再增加观察员的覆盖率到百分之百。

现在我们的观察员比例是百分之七十五，按这个线先坚持下来再说。当时英国、乌克兰等国家不同意，因为有他们的利益在里面。后来会议主席建议先休会，让我们几个人在下面协商，协商好给他一个结果。然后我和当时的科委会主席、英国代表、乌克兰代表总共三四个人到一个小房间里开始协商起来，其中，英国这方是一个很强势的小女孩，三四个人轮番围攻我。最后，我还是不同意，我给他们一段话，他们说这个不行，我说这是我觉得最合理的一种方式。大家一看都没说话，就英国人说话了，那个强势的英国小姑娘就说："你写一段话，我也写一段话。"她也写了一段话，她写的还算比较中立，最后大会主席说："这两段话都没有太大意义，全删了吧。"最后大家写的都没有发上去，但是结果对我们是有利的，对他们是没有利的，这个结果达到我的要求了，没有达到英国人的要求，这件事情就这样过去了。散会后，英国人都没跟我打招呼就直接走掉了，国际礼节都没有了。我们一般散会了都会礼节性地握握手，不管会上再怎么争论也会说一些寒暄的话，但英国人不讲礼节就走了。我们回来和赵新勇汇报，大家都觉得太长士气了。

国际上认为磷虾数据是没有用的，那时候我们这个报告投过去之后，当时就专门成立了一个研讨小组，讨论两件事情，一是讨论我们的报告，二是讨论如何融合磷虾数据，就是磷虾渔业数据怎样和声学数据结合起来，这样就差不多改变了堪培拉原本在这个领域的优势了。

现在我们也在研究磷虾渔业的数据，主要是研究磷虾渔业的数据怎么与声学数据结合起来使用。因为他们一直认为磷虾渔业的数据是没有用的，只承认声学的数据是有用的。但是我们一旦建立了这两者之间的联系，那么我们就可以把渔业数据纳入进来，渔业数据一旦纳入进来，我们中国就拥有渔业数据了，到时候我们在这个领域就可以发挥作用，慢慢地我们就可以主导整个管理趋势。我们现在要做好引导工作，这样我们国家才会拥有主动权。这方面的工作平时看起来可能不那么重要，但一旦到了关键时刻就会发挥很大作用。如果只有我们拥有磷虾渔业数据和分析成果，我们就能评价资源的好与坏，评估可以捕捞多少量、配额多少等问题，我们在资源评价、捕捞配额方面也就掌握了话语权。

前面所讲的是一个部分，后面的部分是大概在十月份左右，我牵头做了两份关于鱼类耳石硅化现象的报告，我的两个学生承担了主要的研究工作，做了很大贡献。报告完成后，我们也投过去了，这两份报告得到了外国科学家的一致好评，国外学者和研究人员对于报告中的研究方法十分感兴趣，但其实之前有一个智利科学家也做过类似研究，方法是类似的，但是他们在口头报告中讲述得不好，没能把问题讲清楚，同时，他们成果也没有我们做得好。我讲完报告后收到很多评价，基本都是正面评价，就连许多之前与我们针锋相对的人都表示中国在这方面的科学研究做得很不错，作出了很大的贡献。

报告结束之后，许多国外研究人员找到我，想要在这一领域的研究上与我们进行合作，南非、日本等许多国家的研究人员都想和我们合作。前段时间我还在海上的时候，韩国有科学家通过邮件和我联系，想在三月底到我们实验室来学习，但是我没有理他，我不太喜欢与韩国人进行合作。

我们现在的实验室叫做"极地海洋生态系统实验室"，是挂靠在大洋渔业资源开发重点实验室下面的，主要是我在负责。现在实验室的很多研究工作都和国家联系了起来，研究的内容都是纯科学的，我们要用科学数据来支撑国家利益，对接国家需要。

我所提交的报告有些是基于渔业数据，有些是基于出海调查得到的样本所收集的数据，这些数据在实验室中经过分析才能得出研究结论，包括对于磷虾的研究也是这样进行的，可以根据磷虾肌肉等来判断磷虾的摄食、年龄等生理信息，这样就可以进行科学研究。王悦现在在美国就是利用我们的渔业数据来进行磷虾资源评估的。

农业部所属的上海海洋大学、东海所和黄海所三个单位在以前农业部有课题组时，每个单位都要向课题组派人，现在我们单位派的人多一些，因为我们的学生比较多，数据也肯定是我们拿到的更多。现在挪威、中国、韩国、智利在南极有磷虾渔业，乌克兰以前也有，现在没有了。磷虾渔业竞争很激烈，其中，挪威的磷虾渔业规模最大，它的技术很先进。磷虾肉很鲜，挺好吃，但不能随便吃，要先把壳剥掉，不然会氟超标，磷虾的氟都是在虾壳里面的，剥掉壳就没有问题了。氟超标问题也是为什么现在磷虾抓回来不能直接在市场销售的原因，国家标准也还没有突破，目前氟和砷这两个国家标准还没有解决，都是超标的。所以磷虾要经过加工，在海上会加工成虾粉、虾糜之类的产品，我们有脱壳机，是渔基所研究的，可以直接将虾仁和虾壳分离，只剩下虾仁，虾仁可以直接食用，但是非常小，并没有多大，总共才 1 克。虾油的营养价值还是很高的。

总的来说，磷虾渔业是不赚钱的，那为什么我们还有这么多船去捕捞呢？主要是战略需要。赚钱主要是看公司，有些公司也赚钱。其实中国现在做任何事情其他国家都会很敏感。现在中国强大了，人太多，力量太大，不是爱做这件事情，而是强大到必须做这件事情，这是国家战略。

七、做好科学研究，服务国家谈判

回国后，我主要是做鱼的耳石、肌肉、鳍条的研究。我们把当时在国外收集的样本带回来，就是为了做研究。我们对金枪鱼做的研究倒是不多，因为它的耳石很难取。金枪鱼头很大，很硬，用电钻钻才能取到耳石，而且取的人要有经验，所以一般很难取到金枪鱼的耳石。

对于虾的样本研究，与我要做的工作有关，如果要做得比较细，可以现场把眼柄取下，也可以带单体的虾，用 5 毫升的单管就可以保存一整只虾。如果想要更细的、质量更好的，可以取磷虾的肠胃，单独用酒精或者用 1.5 毫升的单管取肠胃、耳石之类的。把磷虾的眼柄取下来泡到单管里面，然后放起来冷冻，就这样我们把样本取了回来。现在我们的实验室冰箱里有很多这种样本。很多人是基于这些样本在做试验，这些样本都是我们用科学方法采样拿回来的，完全是科学的样本。样本都是在零下 20 度的低温环境中保存带回来的，飞机不可以带，必须是坐船带回来。样本回来后被送到实验室,然后放进超低温冰箱。

我们做试验对工具的要求很高。在海上我们做试验都是戴绝缘手套的。我自己上过科考船,对于怎么采样比较了解。为了防止人为污染,做同位素、脂肪酸时肯定要戴手套,在实验室做也要戴手套,这都是科学的、程序化的操作。我们研究单管虾,如果把所有的虾放到一起,虾个体之间可能也会有污染,因此我们在做这类实验的时候会带很多小管子,把每一只虾放到一个小管子里,这样虾之间就不会有污染,这些都要考虑到。

同位素试验就在我们学院楼 206 实验室做,我们的 GSMATH 也是用生化仪器进行操作的,仪器还是很高端的。这些仪器基本上都是我从美国回来以后引进的,有些仪器是我们实验室的,有些仪器是其他实验室的,大家慢慢构建起来。我们做了一些工作得到了认可,现在逐渐有一些老外说要把样本寄到这边来测试,这说明我们在这方面的水平和地位很高了。

我们学院唐建业老师主要参加科委会和委员会,从事谈判、履约、法律和政策等工作。我和他参加的是同一个组织,分工上稍有不同,他偏法律和政策,我偏自然科学。国际会议上提出的一些政策,也是在自然科学提供的科学依据基础之上制定的。

这么多年来,南极争论的焦点就是"想捕"与"不让捕"的关系,对中国来说,就是我们想进去,其他国家不让我们进去,因为人家已经存在了。他们搞一大堆理由,就是不想让我们去捕,争夺的核心还是资源,有陆地资源、矿产资源以及生物资源,我们在南极谈判中谈得最多的就是生物资源。

海洋方面,美国划了全球最大的海洋保护区。我们是后来者,国家正在计划,陆地上已经没了,我们也应该在海洋上占一块。

我们建站的目的是做科学考察,有外国人就说我们只建站不干活,老外给了我们这样的评价——"你们中国没有科学贡献,光在建站"。说白了就是指责我们在占地方,但他也不能阻止我们占地方,因为那也不是他们的领土。我们占保护区做研究是可以的,我们是做科学研究而不是开发,开发可能行。这叫"共享科学",南极有这样一个基本原则。

关于海上的划分，我们每年都在谈判，每年都要花很多精力去应付这些事情。美国要划分，我们不让它划分，于是大家就谈判。前两年中国和俄罗斯是全球最大的阻止建立海洋保护区的国家。我们一开完会，外面就有非政府组织在示威，反对美国等国以保护的名义划分领土。美国实际上就是要抢占地盘，将来想开发就开发。我们中国要阻止这种划分。

再讲一个故事。2016 年，美国那个保护区已经在全球通过了，那年 8 月我在江苏南通开一个南极的会，跟学校的人在一起，刚开完会就接到外交部打来的电话，来电说"朱老师，你到北京来一趟"，我就从上海转机直接到北京去了。去了一看就知道了，原来是澳大利亚代表团到中国来谈判，他们希望中国支持他们的南极保护区。农业部渔业局、外交部条法司、中国南极代表团等各部门领导都来参加，大家坐在一起就开始谈，澳大利亚代表说："美国的保护区已经通过了，那中国是不是可以考虑支持一下澳大利亚的保护区。"农业部领导就说了一句："我们中国人做事要一件一件来，我们现在很忙，没有空。"就这样。

挑明了说，就是中国实际上不想支持澳大利亚。你澳大利亚跟美国情况不一样，我们现在不想与你谈。当时澳大利亚南极局局长听了这话后很尴尬，这件事情就没法谈了，也就这样过去了。所以说还是研究实力的问题，我们中国有研究实力做这件事。而美国的南极保护区，他们很早就开始提了，理由就是保护生物资源、保护环境和景观、防止人为破坏等。这个保护区大概在 2010 年开始启动，2016 年划好，是全球最大的一个海洋保护区。中国每年都在反对，一个要划，一个要反对，双方一直在碰撞。

美国划保护区找的都是科学理由，所以说科学研究很重要，要找科学理由，不能找政治理由。虽然后面是政治，但是站在台前的肯定是科学。美国在这个保护区成立前，有一块专门的区域叫磷虾研究区，其他国家可以到里面去抓磷虾，但是一旦美国保护区划好了，其他国家要进去就很难了，就要得到美国允许了。

2016 年，美国划定的保护区通过了，我们国家是 2015 年同意的，我当时没参加会议,美国派副国务卿带队来中国谈这个事情,美国人自己也傻了,没想到中国会同意。美国人当时就慌了神,跑到屋里问日本人保护区要怎么划合适。实际上他们自己也没想好,就是强词夺理,靠国家实力来压我们,实际上它也没想保护南极,只是想搞一块领土。俄罗斯第二年也同意了,那没办法,美国跟俄罗斯肯定有交易的。然后2016年就划好了第一个南极保护区,也是目前为止南极区域内唯一的一个保护区。之前也有一个很小的保护区,在南奥克尼群岛,那个保护区倒没有太大的影响,主要是重在科学研究。要划一个保护区,就要这个组织的25个成员国都同意,在南极所有事情都要协商一致,只要有一个国家不同意,这件事情就办不成。南极保护区建立起来以后,美国在南极的整个政策都变了。中国也有一个想法,但是没对外公布。我们国家还是很强的,虽然那里面情况很复杂,但中国现在在那个场合说话还是很管用的。

在南极,还没有磷虾配额的说法,船的配额也没有,但是那个区域有总配额,打个比方说,这个区域有48万吨磷虾资源,但一年只能抓15.5万吨,这就是总配额。所有国家都可以在这边抓磷虾,这叫奥林匹克渔业,谁抓得多谁就更赚。因为只有15.5万吨总配额,大家抓满了就都撤出来,这个限额对每个国家都是一样的。我们中国也在积极争取配额,但最后各个国家没有谈拢,大家就还是维持现状。为什么要让我们的学生做声学和资源评估?目的就是要为将来培养年轻人才,让他们强大起来,让他们承担更多工作,这样以后去谈判,我们就有了科学依据。现在事情就应该这么干,先培养人才,让他们真正派上用场那是后边的事情。毕竟我们国家的实力跟人家还有差距,别的国家开发南极都已经100多年了,我们才几年,我们对南极生物的开发就更少了。虽然起步晚,但我们学校在这一领域还是有一些进展的,总的来说,进展挺快的。

图书在版编目(CIP)数据

渔权即海权：国际履约谈判纪实/江卫平主编.—上海：上海
三联书店,2020.1
ISBN 978-7-5426-6535-5

Ⅰ.①渔… Ⅱ.①江… Ⅲ.①海洋权-权益保护-中国
Ⅳ.①D993.5

中国版本图书馆 CIP 数据核字(2018)第 245746 号

渔权即海权：国际履约谈判纪实

主　　编 / 江卫平

责任编辑 / 殷亚平　宋寅悦
装帧设计 / 一本好书
监　　制 / 姚　军
责任校对 / 张大伟

出版发行 / 上海三联书店
　　　　　(200030)中国上海市漕溪北路 331 号 A 座 6 楼
邮购电话 / 021-22895540
印　　刷 / 上海展强印刷有限公司

版　　次 / 2020 年 1 月第 1 版
印　　次 / 2020 年 1 月第 1 次印刷
开　　本 / 640×960　1/16
字　　数 / 450 千字
印　　张 / 30.75
书　　号 / ISBN 978-7-5426-6535-5/D·406
定　　价 / 168.00 元

敬启读者,如发现本书有印装质量问题,请与印刷厂联系 021-66366565